Nonne, Königin und Kurtisane

»Die gelehrte Frau«
Tuschezeichnung von Joh. Heinr. Ramberg, 1802
(Niedersächsisches Landesmuseum, Inv. Nr. Z820, Neg. N. X3319)

Michaela Hohkamp / Gabriele Jancke (Hg.)

Nonne, Königin und Kurtisane

Wissen, Bildung und Gelehrsamkeit
von Frauen in der Frühen Neuzeit

Ulrike **HELMER** Verlag

Bibliografische Information Der Deutschen Bibliothek

Die Deutsche Bibliothek verzeichnet diese Publikation in der
Deutschen Nationalbibliografie; detaillierte bibliografische Daten
sind im Internet über http://dnb.ddb.de abrufbar.

© 2004 Copyright Ulrike Helmer Verlag, Königstein/Taunus
Alle Rechte vorbehalten
Druck und Bindung: Wilfried Niederland Verlagsservice, Königstein/Taunus
Printed in Germany
ISBN 3-89741-145-8

Gesamtverzeichnis sendet gern: Ulrike Helmer Verlag,
Altkönigstraße 6a, D-61462 Königstein/Ts.
E-Mail: ulrike.helmer.verlag@t-online.de

Besuchen Sie uns im Internet: www.ulrike-helmer-verlag.de

Inhalt

Vorwort 7

Michaela Hohkamp, Gabriele Jancke
Einführung 8

Monika Mommertz
Geschlecht als »tracer«: Das Konzept der Funktionenteilung
als Perspektive für die Arbeit mit Geschlecht als analytischer
Kategorie in der frühneuzeitlichen Wissenschaftsgeschichte 17

Gertrude Langer-Ostrawsky
Die Bildung, der Beruf und das Leben. Lebenszusammenhänge
der Absolventinnen des Civil-Mädchen-Pensionates zwischen
Staatsräson und Bildungspolitik 1786–1803 39

Annette Fulda
»Da dergleichen Exempel bey dem weiblichen Geschlechte
insonderheit in Deutschland etwas rar sind«: Gelehrtes Wissen,
ärztliche Praxis und akademische Promotion Dorothea Christiana
Erxlebens (1715–1762) 60

Katherine R. Goodman
Learning and Guildwork. Luise Gottsched as »Gehülfin« 83

Gisela Mettele
Theologische Gelehrsamkeit versus innere Erfahrung.
Narrative Theologie in der Herrnhuter Brüdergemeine
des 18. Jahrhunderts 109

Cornelia Niekus Moore
»Dasselbe will ich den Gelehrten überlassen.« Dichterinnen
und Gelehrtenpoesie 122

Karin Schmidt-Kohberg
Repräsentationen gelehrter Frauen in »Frauenzimmer-Lexika«
des 17. und 18. Jahrhunderts 135

Jutta Schwarzkopf
Die weise Herrscherin. Gelehrsamkeit als Legitimation weiblicher
Herrschaft am Beispiel Elisabeths I. von England (1558–1603) 153

Elena Taddei
Bildung als Beruf, Bildung für den Beruf: Die Kurtisane
als »gebildete« Frau 178

Eva Cescutti
Quia non convenit ea lingua foeminis – und warum
Charitas Pirckheimer dennoch lateinisch geschrieben hat 202

Renate Jacobi
Gelehrte Frauen im islamischen Spätmittelalter 225

Über die Autorinnen 247

Vorwort

Der vorliegende Band geht auf die Tagung »Wissen – Bildung – Gelehrsamkeit: Gelehrte Frauen in der Frühen Neuzeit?« zurück, die 2001 am Friedrich-Meinecke-Institut des Fachbereichs Geschichts- und Kulturwissenschaften im Rahmen eines interdisziplinär angelegten Programms der Freien Universität Berlin zur Geschlechterforschung stattgefunden hat. Zwei Tage lang hatten die Teilnehmerinnen und Teilnehmer dieser Tagung Gelegenheit, über die Möglichkeiten des Erwerbs, des Gebrauchs und der Vermittlung von Wissen aus verschiedenen Jahrhunderten und in unterschiedlichen religiösen und konfessionellen Kontexten zu diskutieren. Die auf der Tagung gehaltenen Vorträge sind in diesem um die Aufsätze von Eva Cescutti und Elena Taddei erweiterten Band abgedruckt. Wir bedanken uns auch bei Magdalene Heuser und Lucia Koch, die bereit waren, an unserer Tagung mit Vorträgen teilzunehmen, obwohl abzusehen war, dass sie aus zeitlichen Gründen an diesem Band nicht würden mitarbeiten können. Der Vortrag von Wolfgang Maaz war zum Zeitpunkt der Tagung bereits zur Publikation an anderer Stelle eingeplant und und konnte daher ebenfalls nicht in diesem Band erscheinen. Die Anordnung der Beiträge folgt hier einer umgekehrten Chronologie.

Es ist uns ein Anliegen, dem Fachbereich Geschichts- und Kulturwissenschaften der Freien Universität Berlin für die Bereitstellung der Räumlichkeiten und für Gewährung finanzieller Unterstützung aus Mitteln zur Frauenförderung der FU und aus Leistungsmitteln der Frauenbeauftragten des Fachbereichs Geschichts- und Kulturwissenschaften zur Durchführung der Tagung und der nunmehr erfolgten Drucklegung des vorliegenden Bandes zu danken.

Nicht weniger herzlich bedanken wir uns bei allen TeilnehmerInnen der Tagung und den Beiträgerinnen dieses Bandes für die anregenden Diskussionen und das angenehme gemeinsame Arbeiten. Bei der redaktionellen Arbeit und den Korrekturen hat Ulrich Müller wertvolle Hilfe geleistet. Unser Dank gilt auch dem Ulrike Helmer Verlag für die gute Zusammenarbeit.

Berlin, im April 2004
Michaela Hohkamp und Gabriele Jancke

Michaela Hohkamp, Gabriele Jancke

Einführung

Gegenwärtige Gesellschaften sind Wissensgesellschaften. Die modernen Kommunikationsgefüge scheinen das gesamte zeitgenössische Wissen allen Menschen gleichberechtigt und weltweit verfügbar zu machen. In den partikular und ständisch organisierten Gesellschaften der europäischen Frühen Neuzeit war der Zugang zum Wissen hingegen ungleich verteilt. Bücher waren in der Regel sehr kostspielig, lesen zu können war ein Privileg und Schulunterricht nicht allgemein üblich. Aber auch Wissen, das nicht unter eine bislang übliche Definition von Gelehrsamkeit oder Bildung zu subsumieren ist, wie etwa alchimistisches oder heilkundliches Wissen oder auch bestimmte handwerkliche Fertigkeiten, waren nicht allgemein verfügbar. Ständische und rechtliche, ökonomische, geographische und klimatische, aber auch religiöse oder geschlechterspezifische Hindernisse bzw. Beschränkungen regulierten und beschränkten die Zugänge zu den zeitgenössischen Wissensbeständen.

Indem die Zeit zwischen gelehrtem Wissen, falscher Gelehrsamkeit und Wissenschaft, die auf bloßer Gedächtnisleistung beruht, unterschied, hat sie überdies Wissensformen und Anwendungsbereiche von Wissen segregiert. Dadurch wurden in der Gesellschaft komplexe Prozesse von Dehierarchisierung und Hierarchisierung auch entlang geschlechterdifferenzierender Achsen in Gang gesetzt, die allerdings nicht in einem linearen und unumkehrbaren Verlauf mündeten. Bis heute gängige Vorstellungen von Gelehrsamkeit sind in dieser Periode der Geschichte miterzeugt worden. Die Differenz der frühneuzeitlichen Gesellschaften und ihrer Wissensbestände zur Gegenwart lässt deshalb diese Epoche für die Beschäftigung mit »Wissen«, »Bildung« und »Gelehrsamkeit« aus geschlechtergeschichtlicher Perspektive als besonders geeignet erscheinen.

Wie und wo hat sich Wissen vermittelt, in welchen Kontexten war welches Wissen angesiedelt, wie ist es gebraucht worden? Was bedeutete es für Frauen in der Frühen Neuzeit – christliche, muslimische oder jüdische –, an Wissen teilzuhaben? Gab es für Frauen in der Frühen Neuzeit überhaupt eine soziale Rolle der

Gelehrten analog zur männlichen sozialen Rolle des Gelehrten? Am Beispiel von Frauen in unterschiedlichen religiösen und sozialen Milieus sollen im vorliegenden Band deshalb Fragen nach der Situierung des üblicherweise als Bildung oder als gelehrt bezeichneten Wissens gestellt werden.

Als Sparte der »History of Knowledge« hat sich die deutsche wie die englische Bildungsgeschichte[1] bisher auf Forschungsfelder wie Gelehrsamkeit und formalisierte Ausbildung, z.b. auf Lateinschulen und Universitäten, auf städtische Milieus sowie auf die Männer, die als Lehrer und Schüler an diesen Orten sichtbar werden, konzentriert – nicht zuletzt deshalb, weil sie eine Fülle von Texten hinterlassen haben.

Dabei liegt – meist implizit – ein Konzept von Bildung zugrunde, das sich nur auf bestimmte gesellschaftliche Teilbereiche bezieht und zugleich andere Bereiche ganz ausblendet. Damit werden die Merkmale des thematisierten Ausschnittes (z.B. Institutionen, soziale Gruppen, Zugänge zu Wissen und Ausbildung, Inhalte und Fertigkeiten sowie Anwendungsweisen und -situationen) zur Norm erhoben, an der dann nicht nur die konkreten Beteiligten, sondern auch alle(s) andere(n) gemessen wird und werden.

Problematisch wird dies spätestens dann, wenn man sich mit der ländlichen Bevölkerung und/oder speziell Frauen beschäftigt und dabei Stadt-Land-Beziehungen oder Geschlechterverhältnisse untersucht. Folgende Probleme lassen sich ausmachen: (1) *Personen*: Man konzentriert sich auf bestimmte Männer. Werden Frauen berücksichtigt, so wird gewöhnlich nach »women in men's activities« gefragt; (2) *Orte*: In den Vordergrund treten Institutionen, die auf Gelehrsamkeit bzw. Bildung spezialisiert sind, schon weniger Aufmerksamkeit wird dem Primarschulwesen geschenkt. Orte, an denen Bildung informell vermittelt wurde, etwa familiäre oder klösterliche Haushalte, Höfe oder andere soziale Räume, werden in den Hintergrund gerückt; (3) *Inhalte*: Die Aufmerksamkeit fokussiert sich auf Schriftlichkeit und insbesondere auf nichtreligiöse

---

[1] Neuerer Forschungsüberblick zum deutschsprachigen Raum: Sauer, Michael: Literaturbericht Bildungsgeschichte. Teil I. In: Geschichte in Wissenschaft und Unterricht 11 (1998), S. 761-774; Teil II. In: ebd. 1 (1999), S. 50-59; Teil III. In: ebd. 2 (1999), S. 120-128; Teil IV. In: ebd. 3 (1999), S. 181-191; zur Bildungsgeschichte von Frauen v.a. Kleinau, Elke/ Opitz, Claudia (Hg.): Geschichte der Mädchen- und Frauenbildung. Bd. 1: Vom Mittelalter bis zur Aufklärung. Frankfurt, M./New York 1996; ferner Gieseke, Wiltrud (Hg.): Handbuch zur Frauenbildung. Opladen 2001. Darin nur einleitend ein insgesamt knapper Teil »Historische Aspekte in der Frauenbildung«, S. 25-56, der mit der Rousseau-Rezeption in Deutschland im 18. Jahrhundert einsetzt.

Schriften der griechischen und römischen Antike; (4) *Funktionen*: Ämter und Positionen, die mit gelehrter Bildung in den gelehrten Bildungsinstitutionen zu erreichen waren, erhalten einen großen Stellenwert; (5) *Generalisierung*: Man nimmt die Dauer und Allgemeinheit dieser Vorstellungen an und berücksichtigt weder einen historischen Wandel von Bildungskonzepten oder Vorstellungen von Gelehrsamkeit noch sozial unterschiedliche Standards; (6) aus all dem ergibt sich die implizite *Abwertung* von allem, was diesen Kriterien nicht entspricht. All dies wird in der Regel kombiniert mit einer Sicht auf die Geschichte, die den Ausschluss von Frauen aus spezialisierten Institutionen im Feld von Wissen, Bildung und Gelehrsamkeit zur *Masterstory* werden lässt.

Die Vermittlung und der Gebrauch von Wissen, Bildung und Gelehrsamkeit waren aber nie nur an Institutionen und ihre Öffentlichkeiten gebunden, sondern fanden (und finden) zu großen Teilen im Hause statt, in Haushalten und anderen sozialen Räumen, und auf informelle Weise. Insbesondere gilt das auch für frühneuzeitliche Gesellschaften, die institutionelle Bildungsmöglichkeiten in weit geringerem Ausmaß kannten als die modernen Industriegesellschaften.

Deshalb müssen, fragt man nach Wissen, Bildung und Gelehrsamkeit von Frauen in frühneuzeitlichen Gesellschaften, besonders Haushalte, verstanden in einem umfassenden Sinne, als Orte gesehen werden, an denen diese vermittelt wurden. Haushalte waren in dieser Hinsicht aber nicht nur für Frauen von großer Bedeutung. Wie dies Jakob Katz für die jüdische Gesellschaft schon vor Jahren beschrieben hat[2], war auch für Männer der Haushalt zentrales Element ihrer Ausbildung und ihres professionellen Lebens. Frühneuzeitliche Haushalte sind aber keineswegs als isolierte Entitäten anzusehen.[3] Vielmehr sind sie in ihrer Verflechtung mit institutionellen, stärker öffentlich sichtbaren und bisher bevorzugt erforschten Orten in größere Zusammenhänge einzuordnen[4]. Es könnte also

---

[2] Katz, Jacob: Tradition and Crisis. Jewish Society at the End of the Middle Ages. Transl. and with an afterword and bibliography by Bernard Dov Cooperman. New York 1993 (zuerst hebr. 1958), ch. 18: Educational Institutions, S. 156-169.

[3] Sehr konsequent an der Relativierung von Objektivität und damit an der Auflösung von Entitäten arbeiten die innovativen Studien von Wobbe, Theresa (Hg.): Zwischen Vorderbühne und Hinterbühne. Beiträge zum Wandel der Geschlechterbeziehungen in der Wissenschaft vom 17. Jahrhundert bis zur Gegenwart. Bielefeld 2003; ferner Schiebinger, Londa: The Philosopher's Beard. Women and Gender in Science. In: Roy Porter (ed.): The Cambridge History of Science. Vol. 4: Eighteenth-Century Science. Cambridge etc. 2003, S. 184-210; siehe auch Clark, William: The Pursuit of the Prosopography of Science. In: ebd., S. 211-237, hier S. 232f.

[4] Wie wichtig für ein Universitätsstudium auch der Zugang zum Haushalt der Professoren war, beginnt sich gerade erst abzuzeichnen. Vgl. Jancke, Gabriele: Autobiographie als soziale Pra-

sein, dass wir unsere Kategorien überprüfen müssen, die bislang systematisch zum Ausschluss von verschiedenen materiellen, ökonomischen und sozialen Aspekten geführt und Frauen zu Objekten einer »Ausschlussforschung« gemacht haben.[5] Diese Sichtweise zu verändern, würde bedeuten, in Bezug auf Wissen, Bildung und Gelehrsamkeit von Frauen – und dies gilt nicht nur für geschlechtergeschichtliche Forschungen – über Orte und Räume in der Frühen Neuzeit anders zu reden als bisher.[6] Es ist nicht sinnvoll, Orte wie Universitäten, Lateinschulen und Akademien mit allem, was sich dort abspielte, und mit allen, die sich dort als Akteure bewegten, in der Forschung zu privilegieren. Der Allgemeinplatz, dass Frauen immer sehr schnell ausgeschlossen werden, bezieht sich, vor diesem Hintergrund gesehen, nur auf einen Teil des gelehrten Geschehens und des Bildungswesens, nämlich auf die spezialisierten Institutionen und deren Geschichte.

Eine auf den Ausschluss zugeschnittene Perspektive hat z.B. Peter Burke zu der Feststellung gebracht, dass »eine vergleichende Untersuchung darüber, in welchem Ausmaß Frauen vom intellektuellen Leben an verschiedenen Orten, zu verschiedenen Zeiten und in verschiedenen Disziplinen ausgeschlossen wurden ...«, noch ausstehe.[7] Sind Wissen, Bildung und Gelehrsamkeit denn wirklich so klar geschlechterspezifisch zugewiesen, lassen sich Frauen, wie es Burke in seiner »Social History of Knowledge« anklingen lässt, tatsächlich bloß am Rande von Wissensfeldern ausmachen?

Dorothea Schlözer z.b. (1770-1825), Tochter des Göttinger Historikers Ludwig August Schlözer, scheint Burkes Vermutung zu bestätigen. Von ihrem Vater

---

xis. Beziehungskonzepte in Selbstzeugnissen des 15. und 16. Jahrhunderts im deutschsprachigen Raum. Köln/Weimar/Wien 2002, insbes. S. 109f.

[5] Zu Wissen als Kategorie siehe demnächst Lutter, Christina: Geschlecht & Wissen, Norm & Praxis, Lesen & Schreiben. Monastische Reformgemeinschaften im 12. Jahrhundert (ungedruckte Habilitationsschrift, Wien 2003; Drucklegung Wien: Oldenbourg, voraussichtlich 2004).

[6] Wegweisend ist hier das Themenheft »Geortete Herrschaft(en)« von WerkstattGeschichte, Nr. 16, Jg. 6 (1997). Im Editorial heißt es, dass in Gesellschaften mit einem geringen Institutionalisierungsgrad Herrschaft an Personen und Orte gebunden sei, und weiter: »Ihre Lokalität erschöpft sich nicht in den Herrschaftsorten, in den Schlössern und Palästen, Kirchen und Altären.« (S. 4). Vgl. ferner Biagioli, Mario: Galileo, Courier. The practice of science in the culture of absolutism. Chicago 1993.

[7] Burke, Peter: Papier und Marktgeschrei. Die Geburt der Wissensgesellschaft. Berlin 2001 (engl. 2000), S. 17.

zu Hause unterrichtet, galt sie mit ihrer Beherrschung von unter anderem sechs Sprachen als Wunderkind. Mit 17 Jahren promovierte sie dann an der Philosophischen Fakultät in Göttingen, durfte dann allerdings bei der Verleihung der Doktorwürde in der Göttinger Pauliner Kirche nicht anwesend sein. Wie die Überlieferung berichtet, war sie von der offiziellen Zeremonie aber nicht ganz ausgeschlossen. Hinter einem Fenster stehend, das gerade an diesem Tag wegen einer zerbrochenen Scheibe nicht ganz schloss, konnte sie dem feierlich begangenen Akt ihrer Promotion immerhin zusehen und den in ihrem Namen geleisteten akademischen Eid zumindest hören.[8] War die Teilhabe von Frauen an dem gelehrten, dem wissenschaftlichen Bereich also tatsächlich eine Frage der zerbrochenen Fenster, der Lücken, der Durchlässigkeit, der Zufälle und Ausnahmen? Zahlreiche biographisch orientierte Studien im Kontext der Frauen- und Geschlechtergeschichte haben bereits begonnen, gegen diese Annahme zu sprechen.[9]

Haben wir es also bei den Bildern, Begriffen und Konzepten von Wissen, Bildung und Gelehrsamkeit mit einem im Geschichtsverlauf selbst entstandenen Definitionsproblem zu tun? Haben die entlang einer mehr und mehr essentialisierenden Konstruktion von Geschlecht sich vollziehenden Prozesse der Professionalisierung von Arbeit, Institutionalisierung von Gelehrsamkeit und die damit einhergehende Trennung von öffentlichen und privaten Räumen den Blick verstellt für Orte und Kontexte, an denen verschiedene Formen gelehrten Wissens tatsächlich produziert und Bildung vermittelt worden ist, die aber unsichtbar bleiben müssen, weil sie sich den gängigen allgemeingeschichtlichen Zuordnungen von Beruf bzw. professionalisierter Wissenschaft oder bestimmten Wissensdefinitionen nicht fügen?[10] Verstellen traditionelle institutionen- und behördengeschichtliche Arbeiten über Bildungseinrichtungen oder klassische wissenschaftsgeschichtliche Forschungen den Blick für Anderes? Hat die nicht nach

---

[8] Vgl. Kern, Bärbel/ Kern, Horst: Madame Doctorin Schlözer. Ein Frauenleben in den Widersprüchen der Aufklärung. München 1988.

[9] Ihren Ausgangspunkt bei einzelnen Frauen, aber »um den Nachweis strukturbildender Entwicklungen bemüht«, nehmen die von Marion Kintzinger unter dem Stichwort »Frauenleben in der Frühen Neuzeit« besprochenen neueren Sammelbände, in denen zahlreiche gelehrte Frauen der Frühen Neuzeit vorgestellt werden (Rezension in: L'Homme. Zeitschrift für Feministische Geschichtswissenschaft 13,2 (2002), S. 283-289); vgl. ferner Querelles. Jahrbuch für Frauenforschung 1996, Bd. 1: Gelehrsamkeit und kulturelle Emanzipation. Hg. v. Angelika Ebrecht, Irmela von der Lühe, Ute Pott, Cettina Rapisarda, Anita Runge. Stuttgart/Weimar 1996.

[10] Zu solchen Überlegungen vgl. Clark (wie Anm. 3), S. 233: »These developments essentially removed women or gendered them invisible assistants in the now private sphere of the home.«

Geschlecht bzw. Geschlechterbeziehungen fragende Geschichtsschreibung an dieser Stelle eine historische Faktualität geschaffen, die keine ist? Endgültig zu klären sind solche Fragen augenblicklich noch nicht. Allerdings weisen die Überlegungen von Karin Hausen über die »Nicht-Einheit« in der Geschichte in diese Richtung: »Die gesellschaftlich erwünschte Dominanz und Privilegierung des männlichen Geschlechts hat auch in den Ausdrucksmöglichkeiten der Sprache, der Bilder und sonstigen Medien eine feste Verankerung gefunden, und die im 19. Jahrhundert auch in dieser Hinsicht modernisierten Sprach- und Bildungsmuster der Kommunikation und Wahrnehmung sind bis heute geläufig geblieben. Während uns bei Texten und Bildern früherer Jahrhunderte deren Fremdartigkeit auffällt und zur Analyse und Kritik herausfordert, behindert uns bei den Quellen des 19. Jahrhunderts der Mangel an Distanz zu den damaligen Ausdrucksgewohnheiten häufig so sehr, daß uns das Identifizieren wirkungsmächtiger Konstruktionen nicht immer gelingt. Wenn im 19. und 20. Jahrhundert die Rede davon ist, daß Frauen Hilfsarbeiten leisten, (…) dann sind diese nicht nur von Männern, sondern auch von Frauen überlieferten Aussagen mitnichten schlichte Belege für historische Fakten. Sie vereinheitlichen vielmehr häufig genug höchst divergierende Phänomene diskursiv zu einer als Einheit gedachten Wirklichkeit, indem sie Nicht-Paßförmiges unberücksichtigt lassen.«[11]

Doch auch wenn wir es tatsächlich mit einer Konstruktion, mit einer Metaerzählung zu tun haben, werden wir als Ergebnis vieler sozialgeschichtlicher Studien zur Frühen Neuzeit festzuhalten haben, dass Wissen, Bildung und Gelehrsamkeit für Frauen in der Frühen Neuzeit alles andere als selbstverständlich und nicht unbedingt erwünscht war. Will man sich mit Frauen im Kontext von Bildung und Gelehrsamkeit befassen, muss deshalb zuallererst die Frage nach den *Möglichkeiten des Wissenserwerbs* und der möglichen *Funktion von Wissen* beachtet werden; zu unterscheiden wäre allerdings zwischen Wissen, Bildung und Gelehrsamkeit.[12] Hierbei handelt es sich aber nicht um eine inhaltliche Unterscheidung. Wir gehen vielmehr davon aus, dass Gelehrsamkeit an *soziale Rollen*

---

[11] Vgl. Hausen, Karin: Die Nicht-Einheit der Geschichte als historiographische Herausforderung. Zur historischen Relevanz und Anstößigkeit der Geschlechtergeschichte. In: Hans Medick/ Anne Charlott Trepp (Hg.): Geschlechtergeschichte als Allgemeine Geschichte. Herausforderungen und Perspektiven. Göttingen 1998, S. 15-55, hier S. 33f.

[12] Auch wenn diese Unterscheidung historisch-empirische Probleme aufwirft (vgl. Vierhaus, Rudolf: Umrisse einer Sozialgeschichte der Gebildeten in Deutschland. In: Quellen und Forschungen aus italienischen Archiven und Bibliotheken 60 (1980), S. 395-419), so scheint sie uns für geschlechtergeschichtliche Forschungen aus heuristischen Gründen doch geeignet.

und damit auch an kommunikatives Geschehen geknüpft war[13] (und ist) und dass die Frage, ob es sich bei den entsprechenden Kompetenzen um bloßes Wissen, um Bildung oder um Gelehrsamkeit handelte, eng mit deren sozialen, politischen oder repräsentativen Funktionen verbunden war bzw. von den Möglichkeiten der Lebensgestaltung und des Wissensgebrauchs abhing. Auf solche Zusammenhänge verweisen deutlich etwa die Arbeiten von Gadi Algazi zur Herausbildung des gelehrten Habitus im europäischen Spätmittelalter und der Frühen Neuzeit.[14]

Aufgrund solcher Überlegungen haben die Beiträge der Tagung und des vorliegenden Bandes nicht die Würdigung der jeweiligen gelehrten Qualifikationen der hier vorgestellten Frauen in den Mittelpunkt gestellt. Dagegen wollten wir uns vor allen Dingen die sozialen Rollen von als gelehrt geltenden und/oder als gebildet bezeichneten Frauen genauer ansehen. Soziale Rolle ist hier allerdings nicht als feststehender Sachverhalt zu verstehen. Vielmehr sehen wir sie als einen Knotenpunkt von Selbst- und Fremdzuschreibungen sowie von interaktiv hergestellten Handlungsräumen. Aus dieser Perspektive hat sich zunächst einmal gezeigt, welche Bedeutung den Vernetzungen von Frauen in ihren sozialen Kontexten zugemessen werden muss. Ferner ergab sich überdeutlich, wie wichtig nicht so sehr die Frage nach dem *Wissen-Haben*, sondern nach den *Anwendungsweisen und -situationen* von Wissen ist.

In diesem Buch werden gut dokumentierte, außergewöhnliche Frauen vorgestellt. Handelt es sich bei diesen Beispielen um Ausnahmefrauen, so dass auch hier eine Geschichte des Ausschlusses von Frauen erzählt wird und die Institution letztlich doch wieder als Königsweg erscheint? Claudia Ulbrich hat kürzlich auf das Problem aufmerksam gemacht, das in der Beschreibung solcher Frauen als Ausnahmen liegt. Sie sieht darin eine Art der Essentialisierung und Naturali-

---

[13] Zu sozialen Rollen auch Whitehead, Barbara J.: Introduction. In: dies. (Hg.): Women's Education in Early Modern Europe. A History, 1500-1800. New York/London 1999, S. ix-xvi, hier xii; zu gelehrten Debatten als kommunikatives Geschehen vgl. die wichtige Studie von Gierl, Martin: Pietismus und Aufklärung. Theologische Polemik und die Kommunikationsreform der Wissenschaft am Ende des 17. Jahrhunderts. Göttingen 1997.

[14] Algazi, Gadi: Gelehrte Zerstreutheit und gelernte Vergesslichkeit. Bemerkungen zu ihrer Rolle in der Herausbildung des Gelehrtenhabitus. In: Peter von Moos (Hg.): Der Fehltritt. Vergehen und Versehen in der Vormoderne. Köln u.a. 2001, S. 235-250; ders.: Scholars in Households: Refiguring the Learned Habitus 1480-1550. In: Science in Context 16, 1/2 (2003), S. 9-42. Ob es dazu ein weibliches Pendant gibt, wäre noch zu untersuchen. Das Frontispiz dieses Bandes zeigt eine mögliche Präsentation weiblicher Gelehrtheit.

sierung der Geschlechterdifferenz: »Während außergewöhnliche Männer in der Regel weder als Ausnahme noch vor der Folie ›männlicher Normalität‹ interpretiert werden, dient – aufgrund der asymmetrischen Konstruktion von Geschlecht – die Erwähnung des Außergewöhnlichen der ›Ausnahmefrau‹ häufig dazu, die ›normale‹, d.h. die passive, untergeordnete Frau zu konstruieren. Von diesem Ansatz führt also kein Weg zur Änderung der Narrative.«[15]

Wie die Frage nach dem Außergewöhnlichen trotzdem sinnvoll mit strukturgeschichtlichen Fragen verknüpft werden kann, hat Natalie Zemon Davis in »Women on the Margins« beeindruckend vor Augen geführt.[16] Auf die Frage, ob Glikl bas Judah Leib, Maria Sibylla Merian oder Marie de l'Incarnation Heldinnen und damit Ausnahmefrauen seien, antwortete sie: »Yes, these three women were exceptional, but they were not insulated heroines. In their inventiveness and courage, they drew on cultural resources of their time. If they were located on ›margins‹ – that is, far from centers of power and learning – they derived some benefit from the choices available to them in these fluid settings«.[17] Davis untersucht das Handeln von Menschen im Sinne einer »Geschichte der Möglichkeiten« in Positionen an den Rändern, und auch in ihren Studien sind es nicht zuletzt Haushalte, verstanden als soziale Räume, die dadurch als wichtige gesellschaftliche Orte in den Blick treten. Damit kann sie »eine Vielzahl von Handlungsoptionen aufdecken, die den Menschen verfügbar waren, wenn auch nicht unbedingt als durchgängige, weit verbreitete Muster.«[18] Diesem Ansatz sehen sich die vorliegenden Beiträge verpflichtet: Sie behandeln das Besondere – aber eben das im kommunikativen Prozess regelhaft wiederholbare Besondere.

Haushaltungen, Beziehungsnetze und die hieran aus geschlechtergeschichtlicher Perspektive anknüpfenden Fragen nach den Bedingungen, dem Gebrauch, der Produktion und der Verteilung für und von Bildung, Wissen und Gelehrsamkeit, aber auch nach der Bedeutung solcher Begriffe und Konzepte für eine Allgemeine Geschichte als Geschlechtergeschichte haben die Diskussionen um die Beiträge des vorliegenden Bandes bestimmt. Dieses Buch soll ein Beitrag sein

---

[15] Claudia Ulbrich in: dies./ Sabean, David W.: Personkonzepte in der Frühen Neuzeit. In: Claudia von Braunmühl (Hg.): Etablierte Wissenschaft und feministische Theorie im Dialog. Berlin 2003, S. 99-112, hier S. 106.

[16] Davis, Natalie Zemon: Women on the Margins. Three seventeenth-century lives. Cambridge, Mass./London 1995.

[17] Dies.: Heroes, Heroines, Protagonists. In: L'Homme. Zeitschrift für Feministische Geschichtswissenschaft 12,2 (2001), S. 322-328, hier S. 328.

[18] Jancke, Gabriele/ Ulbrich, Claudia: Einleitende Bemerkungen zu Natalie Zemon Davis. In: ebd., S. 322.

zur Geschlechtergeschichte als einer Disziplin, die, wie es Joan Scott formuliert hat, »nicht mehr von festen Beziehungen zwischen Entitäten aus[geht], sondern [sie] behandelt sie als die veränderlichen Resultate von – zeitlich, kulturell, historisch – spezifischen Machtdynamiken.«[19]

Das hier angesprochene Verständnis von Geschlechtergeschichte impliziert aber wohl auch, künftig nach Wissen, Bildung und Gelehrsamkeit von *Männern und Frauen* der Frühen Neuzeit aus geschlechtergeschichtlicher Perspektive zu fragen. In diesem Zusammenhang wäre künftig zu überlegen, wie und nach welcher Maßgabe zwischen verschiedenen Männern bzw. Frauen unterschieden worden ist. Der Zedler belehrt uns, wie dringlich dieses Projekt tatsächlich wäre, denn: »Es ist ein Unterschied zu machen, wenn man die Gelehrsamkeit als ein Neben Werck, und wenn man sie als ein Haupt-Werck ansiehet. Das erste stehet allen Menschen frey: Das letztere gehöret nur vor eine gewisse Art derer Männer. Das gute Frauenzimmer hat genug zu thun, wenn es diejenigen Tugenden ausüben will, welche ihnen eigen sind. Warum will man, wir wollen nicht sagen die Ordnung der Natur, sondern nur die Ordnung des gemeinen Wesens durch die Gelehrsamkeit des Frauenzimmers verkehren? Warum tadelt man an einem Schuster, wenn er will Lateinisch mit uns reden? Warum verachtet man einen Schneider, der sich einer Erfahrung in der *Mathesi* rühmt? Und will doch ein Frauenzimmer erheben, welches sich in fremde Händel mischt, worinnen sie doch meistentheils nichts als blose [!] Pfuscher sind.«[20] Der vorliegende Band versucht Antworten auf solche Fragen zu geben.

---

[19] Scott, Joan: Feministische Echos und Nachbeben. In: WerkstattGeschichte Nr. 33, Jg. 11 (2002), S. 59-77, hier S. 63.

[20] Johann Heinrich Zedler: Großes Universallexikon, Art. Kinder-Zucht, Bd. 15 (1737), Sp. 654-662, hier Sp. 659f.

Monika Mommertz

Geschlecht als »tracer«: Das Konzept der Funktionenteilung als Perspektive für die Arbeit mit Geschlecht als analytischer Kategorie in der frühneuzeitlichen Wissenschaftsgeschichte

Von der Laborarbeit bis zur Feldforschung, von der chemischen Analyse bis zum Teilchenbeschleuniger, vom quantitativen Interview bis zum Lehrstuhl – wenn wir uns typische wissenschaftliche Arbeitskontexte insbesondere der Naturwissenschaften in den Sinn rufen, so wird greifbar, dass die dort erforderlichen Tätigkeiten und Aufgaben oft von mehr als einer einzelnen Person und von anderen als den »offiziell« benannten Autor/innen ausgeführt werden. Auch in der Vergangenheit wurden unterschiedliche Beiträge zu einer wissenschaftlichen Arbeitsleistung keineswegs immer markiert, als solche wahrgenommen, anerkannt oder überliefert. Unterhalb der Ebene offizieller Mitgliedschaft in wissenschaftlichen Institutionen wie Akademie oder Universität ist es nicht immer möglich, Wissensproduktion und deren Aufteilung sowie Repräsentation zu erfassen. Undokumentiert und mit ihrer »Herkunft« nicht verzeichnet, blieben zahlreiche Formen der Zusammenarbeit von der historischen Wissenschaftsforschung daher lange unbeachtet. Erst in jüngster Zeit konnte sich ein Forschungsfeld etablieren, das insbesondere die Leistungen von Frauen herausstellt. Mittlerweile liegen zahlreiche Studien vor, die in dieser Perspektive die Betätigungsmöglichkeiten, die intellektuellen und professionellen Chancen von Frauen untersuchen und gesellschaftliche Hindernisse beleuchten, die Handlungsspielräume in den Wissenschaften einengten.[1] Vordergründig aufgrund der

---

[1] Da der Umfang dieses Bandes aus verlegerischen Gründen begrenzt wurde, beschränke ich mich in den folgenden Fußnoten auf Hinweise zur aktuellen Forschung mit Schwerpunkt auf den frühen »Wissenschaften von der Natur«. Zur biographischen Orientierung: Abir-Am, Pnina G./ Outram, Dorinda (Hg.): Uneasy Careers and Intimate Lives. Women in Science 1789-1979. New Brunswick/London 1989; Ceranski, Beate: »Und sie fürchtete sich vor niemandem«. Über die Bologneser Physikerin Laura Bassi. Frankfurt, M./New York 1996; Findlen, Paula: Science

Quellenlage dominieren hier im deutschsprachigen Raum frauengeschichtliche und insbesondere biographische Zugänge – Frauen in den frühneuzeitlichen (Natur-)Wissenschaften werden in der Regel als Ausnahme eingestuft. Die internationale Wissenschaftsforschung integriert daneben zunehmend frauen- und geschlechtergeschichtliche Perspektiven mit bislang unter diesem Blickwinkel nicht bearbeiteten Themen[2], darunter die Zuarbeit und Mitarbeit in den frühen (Natur-)Wissenschaften – ein Feld, in dem die Forschung marginalisierte männliche Akteure wie Handwerker, Techniker, Laborhelfer, Instrumentenbauer etc.

---

as a Career in Enlightenment Italy. The Strategies of Laura Bassi. In: Isis 84 (1993), S. 461-469; Querelles. Jahrbuch für Frauenforschung 1996, Bd. 1: Gelehrsamkeit und kulturelle Emanzipation. Hg. v. Angelika Ebrecht, Irmela von der Lühe, Ute Pott, Cettina Rapisarda, Anita Runge. Stuttgart/Weimar 1996; Kern, Bärbel/ Kern, Horst: Madame Doctorin Schlözer. Ein Frauenleben in den Widersprüchen der Aufklärung. München 1988; Goodman, Dena: Enlightenment Salons. The Convergence of Female and Philosophic Ambitions. In: Eighteenth-Century Studies 22 (1989), S. 329-350; Guentherodt, Ingrid: Urania Propitia (1650) – in zweyerlei Sprachen: lateinisch- und deutschsprachiges Compendium der Mathematikerin und Astronomin Maria Cunitz. In: Sebastian Neumeister/ Conrad Wiedemann (Hg.): Res Publica Litteraria. Die Institutionen der Gelehrsamkeit in der frühen Neuzeit. Wiesbaden 1987, Bd. 2, S. 619-640; Hunter, Lynette/ Hutton, Sarah (Hg.): Women, Science and Medicine 1500-1700. Mothers and Sisters of the Royal Society. Gloucestershire 1997; Kaiser, Helmut: Maria Sybilla Merian. Eine Biographie. Düsseldorf/Zürich 1997; King, Margaret L.: Frauen in der Renaissance. München 1993; Ogilvie, Marylin Bailey: Women in Science. Antiquity through the Nineteenth Century. A Biographical Dictionary with Annotated Bibliography. Cambridge/London 1993; Phillips, Patricia: The Scientific Lady. A Social History of Women's Scientific Interests 1520-1918. London 1995; Schiebinger, Londa: Wissenschaftlerinnen im Zeitalter der Aufklärung. In: Claudia Opitz/ Elke Kleinau (Hg.): Geschichte der Mädchen- und Frauenbildung, Bd. 1: Vom Mittelalter bis zur Aufklärung. Frankfurt, M. 1996, S. 295-308; Schroder, Anne L.: Going Publick Against the Academy in 1784. Mme de Genlis Speaks Out on Gender Bias. In: Eighteenth-Century Studies 32 (1993), S. 376-382.

[2] Vgl.: Ceranski, Beate: Wissenschaftlerinnen in der Aufklärung. Überlegungen zu einem vergleichenden Ansatz. In: Christoph Meinel/ Monika Renneberg (Hg.): Geschlechterverhältnisse in Medizin, Naturwissenschaft und Technik. Bassum/Stuttgart 1996, S. 55f.; Crnjanski Petrovich, Vesna: Women and the Paris Academy of Science. In: Eighteenth-Century Studies 32 (1993), S. 383-390; Dixon, Susan M.: Women in Arcadia. In: Eighteenth-Century Studies 38 (1999), S. 371-390; Goldgar, Anne: Impolite Learning. Conduct and Community in the Republic of Letters, 1680-1750. New Haven 1995; Kuczynski, Ingrid: Reisende Frauen des 18. Jahrhunderts. ›A Nonconformist Race?‹ In: Feministische Studien 1 (1995), S. 22-34; Seibert, Peter: Der Literarische Salon. In: Neumeister/ Wiedemann: Res Publia Litteraria (wie Anm. 1), Bd. 1, S. 159-217; Shapiro, Barbara: Early Modern Intellectual Life. Humanism, Religion and Science in Seventeenth-Century England. In: History of Science 29 (1991), S. 45-71; Sheets-Pyenson, Susan: Popular Science Periodicals in Paris and London. The Emergence of a Low Scientific Culture, 1820-1875. In: Annals of Science 42 (1985), S. 549-572.

zu Tage gefördert hat. Parallel wurde auf die Einbeziehung von Ehefrauen, aber auch die von Töchtern, Schwestern und anderen Verwandten aufmerksam gemacht und unter dem Schlagwort des »scientific couple« oder auch der »family firm« die Brücke zu dieser »Social and Cultural History of Science« geschlagen, jener Richtung innerhalb der Wissenschaftsgeschichte also, die sich nicht mehr allein der »Heldengeschichte« prominenter männlicher Gelehrter, »Entdecker« und Wissenschaftler widmet.[3]

Um sich der Geschichte der frühneuzeitlichen »Wissenschaften von der Natur« anzunähern, hat die Geschlechtergeschichte eine Reihe weiterer Zugänge entwickelt. Neben die bereits angesprochenen traten in den letzten zwei Jahrzehnten weitere stärker geschlechtergeschichtlich einzustufende Herangehensweisen – man denke an die Erforschung von Konstrukten des »Männlichen« und »Weiblichen«, des männlichen Weisen/Gelehrten/Wissenschaftlers oder seiner weiblichen »Pendants« etc.[4] Ebenso wurden für verschiedenste Wissensbereiche die je wirksamen Geschlechterdiskurse herausgearbeitet und vorgeführt, wie Metaphoriken, Symbole bzw. Ikonologien oder Konzepte von Geschlecht die Naturwissenschaften prägten – etwa in den so genannten Lebenswissenschaften, der Naturgeschichte, der Anatomie oder auch in der wissenschaftlichen Selbstrepräsentation und Außendarstellung.[5]

So sehr solche Problemstellungen rein frauengeschichtliche Herangehensweisen erweitern, erweisen sie sich doch für das Gros der – auf der inhaltlichen Ebene – scheinbar »geschlechtsneutralen« bzw., was die soziale Präsenz von Männern angeht, sozusagen bis zur Banalität geschlechtlich überdeterminierten Wissensgebiete als wenig weiterführend – man denke an weite Teile der Naturphilosophie und -geschichte, der Mathematik, der Physik und Astronomie etc.

---

[3] Berti-Logan, Gabriella: The Desire to Contribute. An Eighteenth-Century Italian Woman of Science. In: American Historical Review (1994), S. 785-811; Harkness, Deborah E.: Managing an Experimental Household. The Dees of Mortlake and the Practice of Natural Philosophy. In: Isis 88 (1997), S. 247-262; Pycior, Helena M. u.a. (Hg.): Creative Couples in the Sciences. New Brunswick 1996.

[4] Z.B. Lundt, Bea: Weiser und Weib. Weisheit und Geschlecht am Beispiel der Erzähltradition von den ›Sieben Weisen Meistern‹ (12. bis 15. Jahrhundert). München 2002 oder Beiträge in Querelles. Jahrbuch für Frauenforschung 1996 (wie Anm. 1).

[5] Interessant etwa: Koerner, Lisbet: Goethe's Botany. Lessons of a Feminine Science. In: Isis 84 (1993), S. 470-495; Schiebinger, Londa: Nature's Body. Gender in the Making of Modern Science. Boston 1993; Terrall, Mary: Salon, Academy and Boudoir: Generation and Desire in Maupertuis's Science of Life. In: Isis 87 (1996), S. 217-229; dies.: Emilie du Chatelet and the Gendering of Science. In: History of Science 33 (1995), S. 283-310.

Denn gerade dort beziehen sich Zeitgenossen/innen häufig *nicht* explizit oder implizit auf Geschlechtermodelle, Geschlechterkonzepte, -konstrukte oder -bilder, so dass die historiographischen Möglichkeiten sich darin erschöpfen zu müssen scheinen, die weitgehende Dominanz von Männern und wenige weibliche Ausnahmefälle zu konstatieren.

Wenn im Folgenden die Rolle der Kategorie »Geschlecht« in den frühen »Wissenschaften von der Natur« reflektiert wird, so ist zunächst ebenfalls auf das weite und noch keineswegs aufgearbeitete Spektrum informaler, semiformaler bzw. nicht formal organisierter Arbeit und auf bislang unbeachtete Leistungen von »Frauen« unterschiedlichster Herkunft aufmerksam zu machen. Eigentliches Ziel dieses Aufsatzes ist jedoch, neue Möglichkeiten einer genuinen »Geschlechtergeschichte« der frühneuzeitlichen Wissenschaften von der Natur jenseits der bislang erschlossenen Terrains zu erproben, um so den angesprochenen Problemen zu begegnen. Warum nun aber auch noch »Frauen« in Anführungszeichen setzen – warum nicht in gewohnter Weise von Frauen und Männern sprechen? Dazu einige weitere Vorbemerkungen.

Eine Neuigkeit ist es nicht gerade: Die Einheit und Homogenität, die »biologische« Fundierung der Kategorien »Frau« bzw. »Mann« als einander gegenüberstehend und darin andere Differenzen ausschließend etc. werden nicht zuletzt von der neueren Körper- und Wissenschaftsgeschichte der Frühen Neuzeit mit guten Gründen zurückgewiesen – ganz zu schweigen von virulenten Debatten über die Grenzen der fundamentalen Unterscheidung von »sex« und »gender«, auf die an dieser Stelle nicht weiter eingegangen werden muss.[6] Nimmt man neuere Arbeiten zur frühneuzeitlichen Anatomie, den Lebenswissenschaften und anderen Wissenschaftszweigen zur Kenntnis, so sieht sich eine »Frauengeschichte« wissenschaftlichen Arbeitens vor ein zweites Dilemma gestellt, das Dilemma jeder »Frauengeschichte«, die sich diesen neueren Diskussionen öffnet. Kurz gesagt steht die Frage im Raum, ob man nicht das, was Untersuchungsgegenstand sein soll, selbst durch die Kategorisierung von historischen Akteur/innen in »Mann« und »Frau« überhaupt erst erzeugt. Allerdings – und darin dürften sich Vertreter/innen der unterschiedlichsten Richtungen einig sein – ist mit der »Entbiologisierung« von »Frauen« und »Männern« nicht überflüssig geworden, verschiedenste historische Zuschreibungen von Geschlechtszuge-

---

[6] Exemplarisch zur Wissenschafts- und Körpergeschichte die in Isis, Nr. 94 (2003) ausgetragene Debatte zwischen Thomas Laqueur, Michael Stolberg und Londa Schiebinger. Empfehlenswert zur »sex-gender«-Debatte der von Claudia Honegger und Caroline Arni herausgegebene Band zu Scott, Joan: Gender – die Tücken einer Kagegorie. Zürich 2001.

hörigkeit und deren Folgen zu eruieren. Geschlechterforscherinnen bestehen darauf, dass Einteilungen und Konnotationen von heterogensten Wirklichkeiten entlang der Grenze zwischen – in der Regel – *zwei* Geschlechtern für die meisten Menschen der Frühen Neuzeit in zahlreichen sozialen, politischen bzw. kulturellen Konstellationen eine nicht unwesentliche Rolle spielten – und sie müssen sich nach wie vor bemühen, ihre Ergebnisse in jene Forschungsfelder einzubringen, die sich solcher Erkenntnis gerne versperren. So ist auch an dieser Stelle zunächst auf der Notwendigkeit einer reflektierten Verwendungsweise von »Frau« und »Mann« zu bestehen: Wir untersuchen Menschen als »Frauen« nicht, weil wir immer schon wissen können, wie, ob und in welcher Weise historische Menschen »Frauen wie wir« oder eine irgendwie in sich homogene soziale Gruppe waren, sondern weil uns die historischen Prozesse interessieren, die Einteilungen und Hierarchisierungen nach Geschlecht hervorbrachten, welche wiederum nicht zuletzt die einmal als »weiblich« gekennzeichneten Personen und Verhältnisse – oft im Zusammenspiel mit vielen anderen Differenzen – tendenziell als nicht geschichtsrelevant hervorbrachten.

Die Auseinandersetzung um die Nützlichkeit von Geschlecht als analytische Kategorie ist nicht der einzige Grund, »Geschlecht« in der frühneuzeitlichen Wissensgeschichte so zu benutzen, wie ich es hier anregen möchte. Mein Vorschlag geht von einer Metapher aus, denn ich möchte »Geschlecht« in gewissem Sinne wie einen »tracer« benutzen. Ein »tracer« – dieser Begriff meint im allgemeinen Sprachgebrauch z.b. eine Spurensucherin oder einen Spurensucher. In den modernen Naturwissenschaften wird damit eine Substanz oder Markierung bezeichnet, aus deren Reaktionen auf eine vorgegebene Untersuchungsumgebung neue Erkenntnisse gewonnen werden. Auf nicht ganz unähnliche Weise – wenn auch nicht biologisch oder chemisch – lässt sich auch die Kategorie Geschlecht als eine »Spurensucherin«, als Erkenntnismittel zur Erforschung der Untersuchungsumgebung »frühneuzeitliche Wissenschaften« einsetzen. Dies setzt aber voraus, Geschlechtszugehörigkeit, wie überhaupt jede historische Bezugnahme auf Geschlecht, als eine »Markierung« zu fassen, deren historische Bedeutungen es jeweils zu eruieren gilt – bis hin zur Denkmöglichkeit, Geschlecht als in mancherlei Hinsicht völlig bedeutungslos zu konzipieren! Geschlecht als Markierung zu denken macht die Distanz deutlich, die wir als Untersuchende zur geschlechtlichen Zuschreibung einnehmen, und erfordert keine absolute Verankerung von Geschlechtszugehörigkeit in einem überzeitlich gültigen Bezugrahmen – das angedeutete Dilemma der Essentialisierung wäre also entschärft. Vorgestellt als Markierung wird Geschlecht vor allem aber als »tracer« einsetzbar, weil damit die strikte Bindung von Geschlecht an »Männer« und »Frauen« sich erübrigt. So lässt sich die »frauengeschichtliche« (bzw. »männergeschichtliche«!) Blickrichtung gezielt umkehren: Statt nach den Folgen für »Frauen« stehen die Wirkungen der Geschlechterdifferenz in der und auf die Untersuchungsumgebung »Wissenschaft« zur Debatte. Um diese Perspektivverschiebung umzusetzen, arbeite ich in diesem Beitrag mit dem im folgenden Teil zu erläuternden methodischen Konzept der »Funktionenteilung«. Es wird zu zeigen sein, wie in einem Forschungsfeld, in dem sich die Präsenz von weiblich markierten Personen auf »Einzelfälle« zu reduzieren scheint, nicht nur biographisch bzw. »frauengeschichtlich« vorzugehen ist – allgemeine Fragen der Institutionalisierung, der Professionalisierung, Differenzierung und letztlich sogar der inhaltlichen Entwicklung von in ihren Aussagen und Methoden scheinbar »geschlechtsneutralen« (Natur-)Wissenschaften sind hier vielmehr als Fragen von Geschlechtergeschichte zu stellen. Am Beispiel einer Berliner Astronomenfamilie wird deshalb zunächst zu belegen sein, wie die Kategorie Geschlecht in einer ausgewählten, wenn auch sicher nicht einzigartigen historischen Konstellation, für Frauen *wie* Männer – beide hier verstanden als geschlechtlich »markierte« Personen – hoch bedeutsam wurde. Indem ich das Handeln der weiblichen und männlichen Mitglieder des Haushalts Winkelmann-Kirch in einer Jahrzehnte überdauernden Zusammenarbeit mit der Berliner Akademie der Wissenschaft nach 1700 und davor »verfolge«, werde ich Wirkungen der Geschlechterdifferenz in der frühneuzeitlichen Astronomie herausarbeiten. Abschließend sind einige Thesen und Desiderata zur Rolle von Geschlecht in der Entstehungsgeschichte der Naturwissenschaften im ausgehenden 17. und im 18. Jahrhundert zu entwickeln.

»Arbeitssystem« und »Funktionenteilung« – methodisches Instrumentarium einer nicht »geschlechtsblinden« Wissenschaftsgeschichte

Wer Geschlecht als »tracer« einsetzen möchte, hat sich zunächst mit verdeckten »Rückseiten« von Wissenschaft zu befassen – und mit den von der einschlägigen Geschichtsschreibung immer noch unbearbeiteten Lücken in der Repräsentation weiblicher Arbeit in und für die Wissenschaften. Es versteht sich, dass derartige Lücken nicht aus einer »Wissenschaftlergeschichte« heraus zu füllen sind, die sich den »großen«, selbstredend männlich gedachten Wissenschaftlern verschrieben hat.[7] Auch andere, traditionelle Zugänge der Wissenschaftsforschung und -historiographie sind in dieser Hinsicht wenig hilfreich: Sowohl die gängige Geschichtsschreibung zum Wandel der für die Wissenschaften wegweisenden Ideen als auch eine Geschichte, die Wissenschaft als ständigen »Fortschritt« zu immer »besserem« Wissen versteht, haben bekanntlich eher dazu beigetragen, weibliche Beteiligung an Wissenschaft unbemerkt zu halten. Eine sich dagegen abgrenzende, etwa in der Nachfolge Thomas S. Kuhns an den paradigmatischen Brüchen der Wissensentwicklung interessierte Wissenschaftsgeschichte hat allerdings mit Blick auf Geschlecht per se ebenso wenig Neues zu Tage zu fördern wie eine Institutionengeschichte in der immer noch üblichen, über professionelle Zugehörigkeit und offizielle Mitgliedschaft definierten Ausrichtung.[8] Nicht wenige Vertreter/innen dieser Ansätze haben bisher versäumt, jene aus heterogenen sozialen Verhältnissen stammende Frauen zur Kenntnis zu nehmen, die sich vor allem dadurch zu einer über ihre Geschlechtszugehörigkeit definierbaren Gruppe zusammenfassen lassen, dass sie in den Augen der Zeitgenossen/innen durchaus »Wissenschaft« betrieben, in den einschlägigen Geschichtserzählungen aber bis in jüngste Zeit in dieser Eigenschaft nicht vorkamen.[9] Nun lässt sich kaum bestreiten, dass weibliche Geschlechtszugehörigkeit zumal in der Frühen Neuzeit in den allermeisten institutionellen Zusammenhängen der Wissenschaften tatsächlich ein verhältnismäßig kohärentes Ausschlusskriterium darstellte, mithin Ausbildungs- und Forschungsmöglichkeiten vielfach vollständig verstellte.[10] Dies war, daran ist zu erinnern, in jeder Untersuchungs-

---

[7] Vor allem deutschsprachige Wissenschaftsgeschichte stellt diesen Ansatz erst zögernd in Frage. Einblicke in die internationale Diskussion geben Shapin, Steven: Die wissenschaftliche Revolution. Frankfurt, M. 1998; Hagner, Michael: Wissenschaftsgeschichte. Frankfurt, M. 2002.

[8] Exemplarisch zu diesen Ansätzen: Emerson, Roger L.: The Organization of Science and its Pursuit in Early Modern Europe. In: Robert C. Olby (Hg.): Companion to the History of Modern Science. London 1996, S. 960-979; Shapin, Steven: The Scientific Revolution. Chicago 1996; Stichweh, Rudolf: Zur Entstehung des modernen Systems wissenschaftlicher Disziplinen. Physik in Deutschland 1740-1890. Frankfurt, M. 1984; Turner, Steven: The Great Transition and the Social Patterns of German Science. In: Minerva 25 (1987), S. 56-76.

[9] So bleibt selbst in Publikationen einer neueren, an gesellschaftlichen Kontexten früher Naturwissenschaften interessierten und damit grundsätzlich für die Frage nach Geschlecht sehr viel offeneren »Social History of Science« die Abwesenheit von Frauen in der historiographischen Produktion häufig selbstverständlich und wird z.b. mit deren postulierter Abwesenheit in zentralen Institutionen historischer Naturwissenschaften begründet. Vgl. z.B. Shapin, Steven: A Social History of Truth. Civility and Science in Seventeenth-Century England. Chicago 1994.

[10] Allgemein: Opitz/ Kleinau: Geschichte der Mädchen- und Frauenbildung (wie Anm. 1); Bennholdt-Thomsen, Barbara/ Guzzoni, Anke/ Guzzoni, Alfredo: Gelehrte Arbeit von Frauen. Mög-

periode auch für einen Großteil der Männer der Fall, denn Ausgrenzung funktionierte selbstredend auch über ständische, religiöse und andere Merkmale. Das Problem der Ausgrenzung von Frauen aus Universitäten, Akademien und anderen wissenschaftlichen Feldern wurde dennoch zu Recht in der feministischen Wissenschaftsforschung seit jeher breit diskutiert und so ist das Interesse an entsprechenden Hemmnissen und Hinderungen ja selbst heute, etwa in soziologischen Studien zu Karriereverläufen und -barrieren im akademischen System, alles andere als obsolet geworden.[11] Weniger beachtet wurde bisher, wie diejenigen, die in verschiedenen historischen Zusammenhängen über Geschlecht vom Zugang zu den meisten wissenschaftlichen Institutionen offiziell noch lange ausgeschlossen waren, eben inoffiziell in die wissenschaftlichen Aktivitäten durchaus mit einbezogen und integriert wurden.

In dieser Hinsicht allerdings erweisen sich übliche, einem klassischen Muster der »Frauengeschichte« verpflichtete Zugänge ebenfalls als nur bedingt brauchbar: Denn der Fokus auf berühmte oder doch wenigstens »echte« Wissenschaftlerinnen, obwohl diese nicht selten im Informellen der jeweils untersuchten Periode operierten, begrenzt notwendig den Blick auf wenige, weil herausragende und oft genug auch als Einzelfall gut dokumentierte Frauen. Mit einem vergleichbaren Manko ist der in der Frühneuzeitdebatte wichtige Begriff der »gelehrten Frau« behaftet, der als historiographisches Instrument fragwürdig bleibt, insofern in ihm ein ganzes Bündel historischer Konnotationen mitschwingt, das einem analytischen Gebrauch entgegenwirkt – sei es, weil die »gelehrte Frau« bereits als »Fahnenwort« wie in den historischen »Querelles« um Frauen und Männer besetzt ist, sei es, weil der Terminus historisch zum Streitterrain diente in auf Geschlecht nur vordergründig bezogenen Debatten wie etwa die der Aufklärung um die Bildbarkeit des Menschen.[12] Im Vergleich mit dem von Ge-

---

lichkeiten und Grenzen im Deutschland des 18. Jahrhunderts. In: Querelles. Jahrbuch für Frauenforschung 1996 (wie Anm. 1), S. 48-77.

[11] Für weitere Literatur z.B.: Wobbe, Theresa: Die longue durée von Frauen in der Wissenschaft. Orte, Organisationen, Anerkennung. In: dies. (Hg.): Frauen in Akademie und Wissenschaft: Arbeitsorte und Forschungspraktiken 1700-2000. Berlin 2002, S. 1-30.

[12] Vgl. dazu etwa Bennholdt-Thomsen/ Guzzoni/ Guzzoni: Gelehrte Arbeit (wie Anm. 9); Utermöhlen, Gerda: »Die gelehrte Frau im Spiegel der Leibniz-Korrespondenz«. In: Neumeister/ Wiedemann (Hg.): Res Publica Litteraria (wie Anm. 1), Bd. 2, S. 603-618; Irwin, Joyce: Anna Maria van Schurmann – eine Gelehrte zwischen Humanismus und Pietismus. In: Opitz/ Kleinau: Geschichte der Mädchen- und Frauenbildung (wie Anm. 1), S. 309-324; Schabert, Ina: Bürgerinnen in der Republik des Geistes? Gelehrte Frauen im England der Aufklärung. In: Querelles. Jahrbuch für Frauenforschung 1996 (wie Anm. 1), S. 77-104.

schlechterpolemiken eher unbelasteten und selbstredend männlich besetzten Begriff des »Gelehrten« erweist sich die »gelehrte Frau« denn auch kaum als gleichartiges Gegenstück. Im üblichen alltagswissenschaftlichen Gebrauch bleibt der Begriff unscharf, weil er kaum über das hinausweisen kann, was der »gelehrten Frau« die männlichen bzw. weiblichen Zeitgenossen/innen jeweils zuschrieben. Zwar bleibt weiter zu untersuchen, was denn überhaupt zu welchen Zeiten mit Blick auf Frauen überhaupt als »gelehrt« galt oder nicht, nach wessen Maßstäben und unter welchen historischen Umständen der Status der Gelehrtheit Frauen oder Männern verliehen bzw. abgesprochen wurde etc. All jenen Frauen aber, die dem Schema der mehr oder minder zeitgebundenen, impliziten oder expliziten Kriterienkataloge nicht entsprachen, wird der Begriff nicht gerecht.

Um Frauen sichtbar zu machen, deren wissenschaftliche Leistung bisher unbeachtet blieb, wurde im »Arbeitskreis Frauen in Akademie und Wissenschaft« an der Berlin-Brandenburgischen Akademie der Wissenschaften das Konzept von »Wissenschaft als Arbeitssystem« weiterentwickelt. Angeregt von der Arbeits- und Segregationsforschung, der pragmatisch orientierten Wissenschaftsethnologie und -soziologie und ebenso von der Organisationssoziologie[13], wurde anhand unterschiedlicher Perioden und Disziplinen erforscht, wie die Arbeitsorganisation von Wissenschaft die Art und Weise strukturierte, wie Frauen in den Wissenschaftsbetrieb integriert waren: Wie waren Frauen in das Wissenschaftssystem einbezogen? Was bestimmte ihre Chancen und Möglichkeiten, wie strukturierten Disziplinen und Organisationen als Arbeitskontexte Karrierewege?[14]

Mit dem dieses Konzept erweiternden Begriff der »Funktionenteilung« beziehe ich mich zudem auf Diskussionen mit meinen Kolleginnen Britta Görs, Ina Lelke und Petra Hoffmann, in denen nicht nur die konkrete Aufteilung von Arbeiten und Tätigkeiten – all das, was man als »Arbeitssystem« von Wissenschaft im engeren Sinne bezeichnen kann – angesprochen wurde. Der Begriff der Funk-

---

[13] Zum Konzept des Arbeitskreises: Daston, Lorraine/ Wobbe, Theresa: Der Arbeitskreis Frauen in Akademie und Wissenschaft. In: Berlin-Brandenburgische Akademie der Wissenschaften, Jahrbuch 1998. Berlin 1999, S. 293-303; diess.: Arbeitskreis Frauen in Akademie und Wissenschaft«. In: Berlin-Brandenburgische Akademie der Wissenschaften, Jahrbuch 1999. Berlin 2000, S. 257-270; Mommertz, Monika: Neue Perspektiven zu Geschlecht und Wissenschaft: Der »Arbeitskreis Frauen in Akademie und Wissenschaft«. Konzept des AK und Tagungsbericht. In: Feministische Studien 3 (1999), S. 185-193; Wobbe: Die longue durée (wie Anm. 11). Zur soziologischen Wissenschaftsforschung: Felt, Ulrike/ Nowotny, Helga/ Taschwer, Klaus: Wissenschaftsforschung. Eine Einführung. Frankfurt, M./New York 1995, insbes. Kap. 4, S. 85-113.
[14] Wobbe: Die longue durée (wie Anm. 11), S. 5.

tionenteilung – er wird weiter unten aufgeschlüsselt – trägt vielmehr dem Umstand Rechnung, dass Wissenschaft zu jedem historischen Zeitpunkt in verschiedenen wissenschaftlichen wie *nicht wissenschaftlichen* Feldern oder Segmenten betrieben wurde: Disziplinen, Forschungseinrichtungen und andere Institutionen grenzten sich erst im Zuge ihrer historischen Etablierung voneinander ab bzw. profilierten sich gegeneinander. So »teilten« sie sich im Verlauf ihrer Geschichte häufig auch bestimmte *Aufgabengebiete* – untereinander und eben auch mit anderen gesellschaftlichen Bereichen. Gerade in der Frühen Neuzeit funktionierten viele Wissenschaften nur, weil und soweit sie Formen der »Binnenkooperation« sowie der Kooperation mit und zwischen verschiedenen institutionellen und außerinstititutionellen Wissensfeldern zu entwickeln in der Lage waren.

Zu analysieren ist Funktionenteilung deshalb auf folgenden, grundsätzlich aufeinander bezogen zu denkenden Ebenen:
– die Ebene der Aufteilung von Tätigkeiten und Arbeiten, die in irgendeiner Weise zum Funktionieren von Wissenschaft beitrugen,
– die Ebene der Aufteilung von Tätigkeiten und Arbeiten auf der Ebene der wissenschaftlichen Arbeit selbst,
– die Ebene der Beziehungsformen und sozialen bzw. kulturellen »Ordnungen« zwischen Einzelleistungen und -tätigkeiten wissenschaftlichen Arbeitens,
– die Ebene der Beziehungen zwischen ganzen Arbeits- und Tätigkeitsfeldern und Segmenten, Stufen, Abschnitten der Wissensproduktion innerhalb des Wissenschaftsbetriebs,
– die Ebene der Beziehungsformen zwischen wissenschaftlichen und den Kulturen der so genannten Lebenswelt.

Auf der einen Seite muss in dieser Perspektive natürlich ebenfalls interessieren, wie Funktionenteilung auf den genannten Ebenen sich auf Chancen und Leistungen weiblich markierter Personen auswirkten – in unserem Falle auf verschiedene Generationen der Mitglieder der Familie Winkelmann-Kirch im geschlechtergeschichtlichen Vergleich: Wie wurde ihre Arbeit bewertet und repräsentiert? Wie wurden ihre Ausbildungs- und Qualifizierungsmöglichkeiten durch Geschlechtszugehörigkeit strukturiert?

Auf der anderen Seite ist – der Metapher von Geschlecht als »tracer« weiter nachgehend – der Blick bewusst nicht nur auf die einzelne Frau und nicht auf »Frauen« bzw. »Männer« zu richten. Die Fragerichtung ist vielmehr umzukehren, indem nach den *Leistungen der Kategorie Geschlecht für das jeweils untersuchte Wissensfeld*, für die hier untersuchte »Disziplin« und für deren Verhältnis zu außerwissenschaftlichen Feldern gefragt wird: Welche Rolle spielte Geschlecht für die Art und Weise, wie wissenschaftliche und nichtwissenschaftliche Arbeiten und Tätigkeiten ineinander griffen? Wie wirkte sich Geschlecht auf die Aufteilung von Verantwortungsbereichen, Zuständigkeiten und Ressourcen aus? Welche inhärenten Hierarchien zwischen Arbeitspraktiken und -feldern wurden so geschaffen? Wie ging Geschlecht in die Aufteilung, Anordnung und Verknüpfung von Funktionen ein und prägte sie? Wie wurde Geschlecht als Kategorie selbst Element und vielleicht auch Motor von Prozessen der Institutionalisierung, Professionalisierung und Differenzierung von Wissenschaft?

Funktionenteilung zwischen dem astronomischen Haushalt der Familie Winkelmann-Kirch und der Berliner Akademie der Wissenschaften im 18. Jahrhundert[15]

Die Geschichte der Astronomenfamilie Winkelmann-Kirch fällt in eine wichtige Phase der Entstehungsgeschichte der modernen Naturwissenschaften und betrifft zentrale Aspekte der Ausdifferenzierung, Formalisierung und Institutionalisierung dessen, was wir heute unter wissenschaftlicher Forschung verstehen. Der bereits mit Renaissance und Humanismus einsetzende Auf- und Ausbau der »neuen Wissenschaften von der Natur« mündete in der zweiten Hälfte des 17. Jahrhunderts u.a. in die Gründung großer internationaler Gelehrtenakademien in ganz Europa. Mit den ersten wissenschaftlichen Akademien entstand, was man in unserer Perspektive als einen eigenartigen und eigenständigen Funktionsbereich von Wissenschaft erkennen kann – ein Funktionsbereich, der neben die und zum Teil gegen die traditionsreichen Lehrinstitutionen wie die Universitäten (an-)trat. In den zwar meist von Fürsten unterstützten, allerdings räumlich und sozial weitgehend in Eigenregie gestalteten Einrichtungen wollte man gesellschaftlich nützliche Forschungen und Erfindungen sowie bis dahin vernachlässigte Kenntnisse und Fähigkeiten unterschiedlichster Art fördern und sammeln. Die dazu nötigen Aktivitäten sollten kollektiv organisiert, letztlich das gesamte menschliche Wissen erschlossen werden – so jedenfalls die anfänglich optimistische Erwartung.

---

[15] Für Literatur und Quellen zu diesem Abschnitt sei auf meine ausführlichere Darstellung des Falles und seiner wissenschaftsgeschichtlichen Hintergründe mit vollständigen Quellen- und Literaturangaben verwiesen: Mommertz, Monika: Schattenökonomie der Wissenschaft. Geschlechterordnung und Arbeitssysteme in der Astronomie der Berliner Akademie der Wissenschaften im 18. Jahrhundert. In: Wobbe: Frauen in Akademie und Wissenschaft (wie Anm. 11), S. 31-64.

Im Spannungsfeld solcher Ansprüche situierte sich von Beginn an die zeitgenössisch auch so genannte »Sternenkunde«. Bereits seit dem 16. Jahrhundert war neben der altehrwürdigen, vorwiegend in ihrer mathematisch-philosophischen Variante auch an Universitäten betriebenen Astronomie, die teils aus privatem oder fürstlichem Interesse, teils gewerblich, d.h. zur Herstellung von astrologisch-astronomisch orientierten Almanachen und Kalendern betriebene Observationsastronomie erstarkt. Eine empirisch fundierte Astronomie profilierte sich denn auch als eine der Leitwissenschaften der akademischen Bewegung. Mit den ersten Akademiegründungen wie der 1660 in London ins Leben gerufenen »Royal Academy for the Improvement of the Common Good« und den folgenden Gründungen in Paris, Berlin, Sankt Petersburg und anderen europäischen Städten ging die Errichtung repräsentativer Observatorien einher. Zwar verstanden sich die gelehrten Akademien zunehmend als »geschlossene Gesellschaften«, doch waren in die astronomische Beobachtung anfangs nicht nur Gelehrte und auch nicht nur Personen männlichen Geschlechts einbezogen.

Nicht universitär bzw. nicht institutionell eingebunden war zunächst auch die Berliner Kalendermacher- und Astronomenfamilie Winkelmann-Kirch. Die Untersuchung dieser Familie gibt Einblicke in einen Bereich astronomischen Arbeitens, der nach den Maßstäben der Zeit durchaus als wissenschaftlich galt. Die zuerst im sächsischen Guben ansässige Familie siedelte im Jahre 1700 in die Residenzstadt Berlin über, wo der Vater und Ehemann Gottfried Kirch zum Astronomen der im gleichen Jahr gegründeten Akademie der Wissenschaften berufen worden war.

Interessanterweise änderten sich Arbeitsweise und Lebensform der Familie mit diesem Schritt nicht sofort. Wie überlieferte Beobachtungstagebücher dokumentieren, stellt sich die Arbeitsorganisation für die Periode *bis* 1700 – also solange der Vater noch nicht an der Akademie beschäftigt war – und für die Zeit von 1700 bis 1709 – dem Jahr, in dem das königliche Observatorium beziehbar wurde – in vielen Aspekten unverändert dar[16]: Trotz des dazwischen liegenden Ortswechsels wurden in diesen beiden Phasen die astronomischen Arbeiten, d.h. die Observationen, die Berechnungen, die Kalenderarbeiten und vieles mehr, im gleichen räumlichen und sozialen Umfeld durchgeführt. Man arbeitete in privaten Wohnhäusern und mit weitgehend familieneigenen Instrumenten bzw. Tabellen. Astronomische Tätigkeit war eingebettet in die Lebenswelt, so dass wir es

---

[16] Quellengrundlage zur Arbeitsteilung sind vorwiegend Observationstagebücher von Gottfried Kirch und Maria-Margaretha Winkelmann-Kirch.

zunächst mit einem »Haushaltssystem« wissenschaftlichen Arbeitens zu haben. Die Observation war von alltäglichen Besuchen und Erledigungen bestimmt, vor allem aber auch vom Wechsel des Wetters oder von unterschiedlichen Beobachtungskonditionen bei Tag und bei Nacht. Alle weiblichen Mitglieder der Familie mussten und konnten sich an den anfallenden Aufgaben beteiligen, sie erhielten auf diese Weise eine umfassende häusliche Ausbildung. Christina und Maria Kirch erwarben in ihrer Jugend zunächst die gleichen Kenntnisse und Fähigkeiten wie ihr Bruder Christfried, der allerdings später die Universität besuchen durfte. Die Aufteilung der konkreten Arbeiten bei der Observation konnte und musste situativ funktionieren. Astronomische Arbeit war deswegen weitgehend nicht geschlechtsspezifisch und nur bedingt altersspezifisch aufgeteilt. Sie war nur insofern hierarchisiert, als das Erlernen von neuen Fähigkeiten durch die Kinder dies nötig machte. Außerwissenschaftliche und wissenschaftliche Tätigkeits- und Arbeitsfelder gingen in diesem Umfeld ineinander über.

Mit dem im Jahre 1700 erfolgten Umzug nach Berlin setzten dennoch folgenreiche Veränderungen ein. Aus einem völlig unabhängigen Funktionsbereich der Wissensproduktion entwickelte sich ein Arbeitszusammenhang, der nun für die Akademie bestimmte Funktionen übernahm. Indem man den Haushalt in die Akademie einbezog, integrierte man diesen von Beginn an in die entstehende Institution. Bevor die Sternwarte im Jahre 1709 bezugsfertig wurde, observierte und berechnete die Familie Winkelmann-Kirch ihre Kalender zwar räumlich und vom Arbeitssystem her gesehen weiter zu Hause, aber sie tat dies bereits im Auftrag und in Abhängigkeit von der Akademie. Der von ihm geförderten »Societät« hatte Friedrich I. das lukrative Kalendermonopol für seine Territorien verliehen. Sie finanzierte sich deshalb von diesem Zeitpunkt an fast vollständig durch den Verkauf von Kalendern, die im Haushalt der Kirchs berechnet und zur Edition vorbereitet wurden. Die Eingliederung des astronomischen Haushalts erfolgte von 1700 bis 1709 ausschließlich über den Ehemann, nur dieser hatte vollen und anerkannten Zugang zu Räumen, Ressourcen und Privilegien der Akademie. Nachdem Geschlecht in der ursprünglich familiären Observation zunächst keine entscheidende Rolle gespielt hatte, wurde vor diesem Hintergrund die Bedeutung der Kategorie einseitig verstärkt: obwohl sich an der praktischen Observationstätigkeit zunächst wenig änderte, wurde die Vermittlungsfunktion zwischen Haushalt und Akademie »männlich besetzt«.

Als 1710 Gottfried Kirch starb, bewarb sich Maria-Margaretha als seine Witwe und nunmehriger Haushaltsvorstand um die Aufnahme als Astronomin an der Akademie. Doch ihr Gesuch wurde zurückgewiesen. Die Aufnahme wurde

Maria-Margaretha verweigert, obwohl sie eine bekannte Astronomin war, die mit Kometenbeobachtungen und Publikationen an die Öffentlichkeit getreten war, und Leibniz sie persönlich für diese Aufgabe empfohlen hatte. Zwar hatte die gesamte Familie einschließlich der drei Kinder bis zu diesem Zeitpunkt regelmäßige Observationsarbeit geleistet – was der Akademie wohlbekannt war –, doch wurde eine weiblich besetzte, öffentlich sichtbare Vermittlungsposition zur Akademie trotz der sachlichen Qualifikation Maria-Margarethas nicht akzeptiert. Es lässt sich festhalten, dass damit Geschlecht als fundamentales Ausschlusskriterium für die offiziell anerkannte Ausübung der Vermittlungsfunktion für die Institution installiert wurde.

Dies bedeutete jedoch nicht, wie man lange annahm, den endgültigen Ausschluss von Frauen aus der Akademie. Während sich die Geschichtsschreibung zur Berliner Akademie im Wesentlichen auf die Erforschung der offiziellen Mitglieder beschränkte und deshalb die männlichen Mitglieder der Familie Winkelmann-Kirch als eingeschriebene Observatoren und Astronomen der »Societät« durchaus Beachtung fanden, befasste sich die Akademieforschung mit Maria-Margarethas Fall nur am Rande, mit dem ihrer Töchter Christina und Maria so gut wie gar nicht. Entsprechend blieb bislang im Dunkeln, was in und mit dieser Familie nach diesem scheinbar radikalen »Wendepunkt« geschah – die Historikerin Londa Schiebinger spricht in diesem Zusammenhang von einem »turning point for women in science«.[17] Doch dies trifft die Entwicklung nicht wirklich, denn tatsächlich waren die weiblichen Winkelmann-Kirchs mehr als acht Jahrzehnte für die und in Kooperation mit der Berliner Akademie der Wissenschaften wissenschaftlich tätig. Wenn wir nicht allein auf die institutionelle Ebene fokussieren, sondern die beiden Arbeitssysteme und Funktionsbereiche »Haushalt« und »Akademie« in ihrem Verhältnis zueinander analysieren, so ist statt von einem radikalen Bruch viel eher von einem Phasenmodell auszugehen.

In den folgenden zwei Jahren kam es zu eher unterschwellig ausgetragenen Auseinandersetzungen zwischen Maria-Margaretha und dem Nachfolger ihres Ehemannes Johann Jakob Hoffmann auf der einen Seite sowie dem Konzil der ehrwürdigen Einrichtung auf der anderen. Die Akademie war während dieser Periode auf die Fähigkeiten und Kenntnisse der Astronomin Maria-Margaretha weiter angewiesen. Ungeübt und nur rudimentär ausgebildet in der Observations- und Berechnungsarbeit wie in der »Kalendermacherei«, bedurfte nämlich

---

[17] Schiebinger, Londa: Maria Winkelmann and the Berlin Academy. A Turning Point for Science. In: Isis 78 (1987), S. 174-200.

Hoffmann ihrer ständigen Unterstützung, so dass die Witwe weiter im Observatorium präsent war. Dem nunmehr berufenen Observator vermittelte sie nun ihr Wissen und führte selbstständig oder mit ihm oder anderen zusammen regelmäßig Observationen durch. Im Konzil aber bestand man darauf, dass Maria-Margaretha ihre Arbeit und Anwesenheit geheim zu halten habe. Der Öffentlichkeit und besonders auch auswärtigen Gästen gegenüber wurde sie verborgen, weil man um die »Ehre der Societät« fürchtete. Die Auseinandersetzungen gingen so weit, dass die Familie sich schließlich ganz aus der Akademie zurückziehen musste. In der Produktion und im Verkauf von Kalendern fand sich vorübergehend kaum hinreichender Unterhalt. Allerdings konnte man wegen des königlichen Privilegs der Akademie Kalender nur außerhalb Preußens, z.B. in Nürnberg oder Danzig, vertreiben – für die Familie die letzte Möglichkeit, einen unabhängigen Funktionsbereich zu nutzen, um ein eigenes Einkommen zu erwirtschaften.

1716 wurde der Sohn Christfried als Observator der Akademie eingestellt. Vorwiegend nur anhand indirekter bzw. versteckter Quelleninformationen lässt sich für diese Periode rekonstruieren, dass die Mutter und beide Schwestern wieder zu Hause und für Christfried arbeiteten, während dieser selbst in den folgenden Jahren wechselweise im Wohnhaus und im königlichen Observatorium Himmelsphänomene beobachtete. Auch die Kalenderproduktion fand wahrscheinlich weitgehend im Haushalt statt. Ähnlich wie in der mit der Inbetriebnahme des Observatoriums einsetzenden früheren Phase, fand die astronomische Arbeit nun wiederum in zwei voneinander getrennten, dennoch vielfach aufeinander bezogenen Funktionsbereichen statt. Diese wurden mit einer jeweils eigenen, charakteristischen Arbeitsorganisation ausgefüllt, sie lassen sich als Arbeitssysteme, d.h. als »Haushaltssystem« und »Akademiesystem«, verstehen. Bezeichnenderweise wurden jedoch die Leistungen der weiblichen Familienmitglieder in den zwei Jahrzehnten dieser Phase unter der Leitung Christfrieds in den entsprechenden Beobachtungstagebüchern praktisch unsichtbar gehalten. Den Frauen der Familie wurde vom Konzil nahe gelegt, das zum zentralen Repräsentationsraum der Akademie ausgebaute Observatorium nicht mehr zu betreten und notgedrungen scheinen sie sich diesem Verbot weitgehend gefügt zu haben. Mit der Berufung Christfrieds zum Astronomen war also für die darauf folgende Zeit eine Form der Funktionenteilung endgültig durchgesetzt, in der Haushaltskultur und das Arbeitssystem der Akademie nach außen hin völlig getrennt, in der täglichen Praxis aber miteinander verschränkt waren. Die Beziehung zwischen den beiden Funktionsbereichen aber wurde nunmehr eindeutig über Geschlecht geregelt: Die eine Hälfte der für die Akademie geleisteten Arbeit – faktisch in vielem die gleiche, die der männliche Astronom zu verrichten hatte – war praktisch unsichtbar geworden.

Als schließlich 1740 auch Christfried starb, ging die Beobachtungsarbeit auf der Sternwarte an verschiedene männliche Observatoren über. Seine Schwestern, von denen vor allem Christina quellenmäßig gut greifbar ist, übernahmen von diesem Moment an den vermutlich größten Teil der für die Akademie ja existentiellen Kalenderberechnungen. So die des nach der Eroberung Schlesiens hinzugekommenen so genannten »Schlesischen Kalenders«, dessen Verkauf der finanziell ständig überforderten Akademie bedeutende Summen einbrachte.

Die Relation der beiden Bereiche »Haushalt« und »Akademie« hatte sich in dieser Phase also wiederum verschoben: War der Haushalt bereits zuvor gegenüber dem gelehrten Publikum marginalisiert, so arbeitete er nunmehr für einige weitere Jahrzehnte fast ganz unsichtbar, wenn auch in unmittelbarem Auftrag der Akademie, die nun in direktem Austausch mit den weiblichen Mitgliedern der Familie stand: Bis ins Jahr 1756 sind Maria und Christina gemeinsam als Gehaltsempfängerinnen der Institution belegbar. Danach wurde die Letztere Haushaltsvorstand, die Akademie kommunizierte mit ihr über die Entlohnung der Leistungen, die sie mit ihren Familienangehörigen erbrachte. Zur Unterstützung Christinas, deren Sehkraft mit dem Alter nachließ, wurde dem Haushalt bald auch ein Schreiber zugeordnet, dem die Verschriftlichung der durch Observation und Berechnung gewonnenen Daten oblag und der von der Akademie besoldet wurde. Obwohl sie nun nicht einmal schlecht bezahlt wurden, hatten die Schwestern keinerlei institutionell garantierten Anteil an den ausschließlich offiziellen Mitgliedern vorbehaltenen Akademieprivilegien wie Korrespondenzen, Publikationen, internationale Kontakte, Informationen, Ehre etc. Selbstständig pflegten sie dennoch eine begrenzte wissenschaftliche Brief- und Besuchskultur und Indizien sprechen dafür, dass sie trotz solcher Einschränkungen eine weitere weibliche Verwandte astronomisch ausbildeten.

Ergebnisse und Thesen

Die Berliner Akademie der Wissenschaften konnte sich finanziell und in Hinsicht auf die astronomisch-wissenschaftliche Arbeit nur aufgrund der verdeckten Mitarbeit von Frauen überhaupt funktions*fähig* erhalten. In einem über fast acht Jahrzehnte sich hinziehenden Prozess waren tatsächlich zwei »Systeme« wissenschaftlichen Arbeitens, zwei Kulturen des Zusammenlebens und Forschens ständig in wechselseitiger Abhängigkeit begriffen. Die dafür ausschlaggebenden Arbeitsbereiche – Observations- und Kalenderarbeit – waren angesiedelt zwischen Haushalt und Akademie; es ist daher von einem äußerst komplexen Verhältnis zweier getrennter, aber funktional aufeinander bezogener Arbeits- und Lebensbereiche auszugehen. Geschlecht war ein entscheidender Faktor dafür, dass diese beiden Kulturen überhaupt aufeinander bezogen waren und bleiben konnten.

Wenn wir der wechselhaften Geschichte der Frauen und Männer der Familie Winkelmann-Kirch folgen, wenn wir Geschlecht mithin als einen »tracer« im eingangs erläuterten Sinne verstehen, so kann die Kategorie Geschlecht das Verhältnis zwischen Akademie und Haushalt auf verschiedenen funktionellen Ebenen erhellen. In einer wesentlichen Phase von Professionalisierung, Differenzierung und Formalisierung der modernen Naturwissenschaften lässt sich Geschlecht dabei als strukturierendes Element der Astronomie an der Berliner Akademie der Wissenschaften fast während des gesamten 18. Jahrhunderts festmachen. Die vielfältigen Phasenverschiebungen im Verhältnis der beiden wissenschaftlichen Kulturen belegen Formen der Funktionenteilung, nach denen sich ein wesentlicher Teil wissenschaftlicher Aktivität komplementär-nachgeordnet zu den von offiziellen Akademiemitgliedern ausgeführten Arbeiten verhielt. Ein weiteres Merkmal dieser besonderen Aufteilung war, dass diese veränderliche, wechselweise und immer wieder stark hierarchische Nutzungsformen hervorbrachte – eine »Schattenökonomie« der Wissenschaft wurde etabliert. Im Verlauf des 18. Jahrhunderts kam es vor dem Hintergrund einer spezifischen »Geschlechterordnung« zur »Marginalisierung« einer traditionellen Form astronomischen Arbeitens in den neuen Wissenschaften von der Natur. Bezeichnenderweise wurden im Falle der Astronomie *zuerst* Funktionen entlang der Geschlechtergrenze aufgeteilt, ohne dass sich noch die eigentlichen Beschäftigungsfelder und Tätigkeiten veränderten. Die über Geschlecht vermittelte funktionelle Differenzierung bezog sich auf den Raum (Observatorium und Haus) einerseits, und andererseits auf Faktoren wie Autorität, Repräsentationen, Reputation, Ressourcen (z.B. Kontrolle der Observation, publikumswirksame Anerkennung etc.) – auf Faktoren mithin, die der eigentlichen Observationsarbeit *nicht notwendig inhärent* waren.

Aus der geschlechtsspezifischen Funktionsteilung leitete sich wiederum die weitgehende Unsichtbarkeit der Arbeit der im Haushalt tätigen Frauen ab. Zwar blieb diese Arbeit nicht ohne jegliche Anerkennung – sie wurde immerhin zeitweise entlohnt. Trotz eher marginaler Veränderungen in seiner konkreten Organisation wurde der astronomische Haushalt damit als Funktionsbereich zu einer flexiblen Ressource der »neuen« akademischen Wissenschaft, der die durch diverse organisatorische Transformationen der Akademie entstehenden Lücken und Engpässe ausgleichen konnte.

Die Aufteilung von Funktionen nach Geschlecht hatte spezifische Folgen für alle Beteiligten. An der Akademie produzierte man »neues« astronomisches Wissen, indem man sich eine bereits existierende Geschlechterordnung zu Nutze machte. In dieser »alten« Ordnung – die sich an dem orientierte, was man in der Frühneuzeitforschung gemeinhin unter dem Begriff des »Arbeitspaares« versteht – hatten weibliche Mitglieder der Kernfamilie eigene Zuständigkeiten, Ressourcen und Herrschaftsrechte und erfuhren eine gewisse abgeleitete, dennoch offene Anerkennung der von ihnen geleisteten Arbeit. Zwischen Ausbildungs- und Arbeitsbereichen war im Rahmen des Haushalts noch keine Funktionenteilung etabliert. Durch die Institutionalisierung der Observation regelte sich dieses Verhältnis entlang der Kategorie Geschlecht neu, denn die Weiterbildung bzw. Ausbildung von Frauen blieb zwar weiter eine Aufgabe des astronomischen Haushalts, doch erwarben die männlichen angestellten »Observatoren« ihre Fähigkeiten auch durch »Anlernen«, d.h. durch praktische Ausbildung allein am königlichen Observatorium.

Aus einer »alten« Geschlechterordnung ließ sich also im Verlauf des 18. Jahrhunderts eine eigene »Geschlechterordnung des neuen Wissens von der Natur« entwickeln. Diese von der Akademie favorisierte Ordnung hatte Folgen für die Organisation und Bewertung wissenschaftlicher Arbeit überhaupt: In der Berliner akademischen Astronomie war von Beginn an eine Aufteilung der Arbeiten und Praktiken in niedrig bzw. höher bewertete, schlechter und besser, unmittelbar oder vermittelt entlohnte, öffentlich repräsentierte und unsichtbare Praktiken geschaffen, die aus »astronomischen« Gründen keineswegs zwingend gewesen wäre.

Bemerkenswerterweise scheint der Berliner Fall keine Ausnahme: Nach meinen bisherigen Recherchen waren auch andere Frauen während des 18. Jahrhunderts für die Berliner Akademie bzw. in Projekten dieser Einrichtung tätig. Anderseits lassen sich in weiteren europäischen Städten, in London, Bologna und Paris, weibliche Haushaltsmitglieder nachweisen, die für oder mit ihren an den dortigen wissenschaftlichen Akademien beschäftigten Brüdern oder Ehemännern astronomische Arbeiten erledigten. Ähnliche Formen der Funktionenteilung dürften also auch in anderen wissenschaftlichen Arbeitszusammenhängen üblich gewesen sein. Eine recht breite Verankerung von Formen einer über Geschlecht »organisierten« Wissensarbeit im 18. Jahrhundert ist demnach wahrscheinlich – erste Thesen zum Verhältnis von Geschlecht und Wissenschaft im weiteren Kontext der Akademiebewegung also nahe liegend:

1. Die Suche nach Funktionenteilung entlang der Kategorie Geschlecht macht für eine entscheidende Phase der Entwicklung früher Naturwissenschaften die Bedeutung von Personen sichtbar, die bisher durch das Wahrnehmungsraster einer an Zugehörigkeit und Mitgliedschaft orientierten Akademiegeschichte ausgeblendet wurden. Statt aber dabei stehen zu bleiben, »Geschlecht« als ein Synonym für »Frauen« bzw. »Männer« zu verwenden, könnten wir es als »tracer« nutzen und so deutlich machen, in welchem Maße die in dieser wegweisenden Einrichtung vertretenen Wissenschaften auf den Bezug zur nicht wissenschaftlichen Welt angewiesen waren und in welchem Maße sie auf traditionelle Systeme der Arbeits- und Funktionenteilung zurückgriffen. Festzuhalten ist zunächst, dass trotz restriktiver Zulassungsregelungen an wichtigen Zentren von Lehre und Forschung der Ausschluss lediglich *eine* und keineswegs die einzige historische Variante war, in der die Kategorie Geschlecht für weiblich markierte Personen wirksam wurde. Aus dem Prozess wissenschaftlichen Arbeitens waren Frauen nicht wegzudenken, weibliche Kräfte offenbar in die Weiterentwicklung von Wissenschaft immer wieder involviert. Der hier vertretene Ansatz widerlegt, dass die Frage nach Frauen in der Wissenschaft gleichbedeutend sei mit der Frage nach anerkannten, gar berühmten, herausragenden, als »gelehrt« titulierten bzw. als »gelehrte Frau« bekannten oder aber mit formalen Qualifizierungsbestätigungen und Titeln ausgestatteten »Wissenschaftlerinnen«. Funktionenteilung zu untersuchen, bringt damit auch wieder ins Spiel, dass neben Geschlecht andere Verhältnisse für die Handlungsspielräume von Frauen eine Rolle spielen konnten – der Ansatz würde ebenso erlauben, den Einfluss von anderen Faktoren/Zugehörigkeiten auf Frauen in der Wissenschaft systematisch vergleichend zu erschließen.

2. Von der Frage nach den tatsächlichen Leistungen von Frauen bzw. Männern zu unterscheiden ist die Frage nach den Repräsentationen und Anerkennungen ihrer wissenschaftlichen Arbeit. Vergleicht man die tatsächliche Beteiligung von Frauen damit, in welchem Maße und in welcher Weise ihre Arbeit jeweils anerkannt wurde, so liegt die Vermutung nahe, dass Geschlechtszugehörigkeit die Wahrnehmung der in den Wissenschaften geleisteten Arbeit von Frauen mehr oder minder systematisch behindern oder verzerren konnte (nicht etwa »bloß« verhinderte!). Statt hierarchisch eingegliederte Arbeit »unter weiblichem Vorzei-

chen« vorschnell als »Hilfsstruktur« und »Zuarbeit« zu verbuchen – im Lichte der bisherigen Ergebnisse wäre dies sicher ein Zirkelschluss –, ist von geschlechtsspezifischen Konsequenzen der Funktionenteilung auf die Bewertung von Leistungen beider Geschlechter in der Wissenschaft auszugehen. Dabei ist anzunehmen, dass sich Geschlecht langfristig auch dort differenzierend auf Anerkennungssysteme auswirkte, wo nur Frauen oder nur Männer tätig waren – also keine »aktuelle« Funktionenteilung stattfand.

3. Die Kategorie Geschlecht wurde demnach nicht nur für Frauen, sondern in hohem Maße auch für Männer relevant – übrigens weit über das hinaus, was heutzutage gern im Rahmen so genannter »Männergeschichte« auf »Männlichkeiten« begrenzt thematisiert wird.[18] Mit der Untersuchung von Funktionenteilung ist es demgegenüber möglich, gerade die unsichtbare Anwesenheit bzw. das Verhältnis von Ausgrenzung und Einbeziehung von Frauen als strukturierend eben auch für die Arbeits- und Aktionsmöglichkeiten männlicher Wissenschaftler zu denken. Letztlich ist unter dem Blickwinkel der Funktionenteilung das Geschlechterverhältnis deshalb in solchen Zusammenhängen als relevant zu berücksichtigen, die durch vollständige Abwesenheit von Frauen charakterisiert wurden! So ist z.b. davon auszugehen, dass Geschlechtszugehörigkeit als eine machtvolle, wenn auch sicher nicht für alle Männer gleich wirksame »Ressource« im Wissenschaftsbetrieb funktionierte.

4. Mit dem Instrumentarium der Frage nach Funktionenteilung erhalten wir also nicht zuletzt Aufschluss auch über »harte«, d.h. einer Geschlechteranalyse scheinbar unzugängliche Aspekte der Geschichte der Naturwissenschaften. Wenn grundsätzlich beide Geschlechter auf die eine oder andere Weise, mit mehr oder weniger eigenständigen, mehr oder weniger wissenschaftsnahen Tätigkeiten häufig Wissensarbeit leisteten; wenn Wissenschaft als institutionelle Arbeitsform in vielen Konstellationen nicht ohne die Arbeit beider Geschlechter durchführbar und funktionsfähig war, so ist die Aufteilung von Funktionen nach Geschlecht grundsätzlich als organisierendes Prinzip von Wissenschaft zu postulieren.[19] Ob wir die Ebene der Wechselbeziehungen zwischen den Arbeitsberei-

---

[18] Für den allgemeinen Ansatz, Geschlechtergeschichte über »Bilder« des Männlichen zu erarbeiten, etwa jüngst Schmale, Wolfgang (Hg.): MannBilder: Ein Lese- und Quellenbuch zur historischen Männerforschung. Berlin 1998.

[19] Interessanterweise thematisiert man im Rahmen einer sozial- und kulturgeschichtlich orientierten »History of Science« bereits seit längerem, wie die Zusammenarbeit von männlichen Gelehrten mit männlichen Handwerkern, Technikern, Instrumentenbauern, Helfern etc. die Wissenschaftsentwicklung beeinflusste. Exemplarisch Shapin, Steven: The Invisible Technician.

chen und Disziplinen betrachten oder jene zwischen Abschnitten und Abfolgen von Wissenschaftsarbeit, ob wir zwischen unterschiedlichen Terrains der wissenschaftlichen Institution oder zwischen innerhalb und außerhalb dieses »Betriebs« angesiedelten Tätigkeits- bzw. Ausbildungsbereichen unterscheiden – das Zusammenwirken verschiedener Ebenen der Funktionenteilung von Wissenschaft scheint auch über Geschlecht beschreibbar. Wenn in weiteren Fällen tatsächlich eine Art »Schattenökonomie« wissenschaftlichen Arbeitens zu Tage zu fördern ist, so erlaubt die Kategorie Geschlecht – angewendet im Kontext von Funktionenteilung – neue Einsichten in den *Prozess* der Institutionalisierung von Wissenschaft – und der Marginalisierung von Haushalten. Als eine bisher weitgehend unbeachtete Variante im Verhältnis von Wissenschaft und Geschlecht zeichnet sich hier ab, was man ein profitables Nutzungsverhältnis nennen muss: Bei niedrigen Kosten und bei hohem Gewinn für die Institution konnte Geschlecht zu einer Kategorie werden, die eben wegen ihrer Uneinsehbarkeit unverzichtbar war. Über Geschlechtszugehörigkeit sich herstellende Unterbewertung und Niedrigstufung bestimmter Arbeiten erlaubte den Institutionen »passgenaue« Formen der Flexibilisierung – die Kategorie Geschlecht wäre also als eine »Wissenschaftsressource« besonderer Art zu erforschen.

5. Damit wird nicht zuletzt die Frage aufgeworfen, ob die Wechselbeziehung von Funktionenteilung und Geschlecht nicht auch Folgen für den inhaltlichen und methodischen Wandel von Wissenschaft hatte. Funktionenteilung meint ja nicht nur in den Naturwissenschaften die Aufteilung, Anordnung, Relationierung und oft die Hierarchisierung von Arbeitsschritten und Forschungsabläufen. Folgt man der verbreiteten Alltagsmeinung, so leitet sich wissenschaftliche Funktionenteilung aus »sachlichen« Gründen her, ergibt sich scheinbar nahtlos aus den der jeweiligen Disziplin notwendig immanenten »wissenschaftlichen« Faktoren – eine Haltung, die von einer kontextualisierend vorgehenden Sozial- und Kulturgeschichte der Wissenschaften ja seit langem zurückgewiesen wird. Soweit aber Funktionenteilung als Effekt von Geschlechterordnungen nachzuweisen ist, wäre die Schlussfolgerung zwingend, dass Geschlechterordnungen sich ebenso auf die innere Struktur von Wissenssystemen auswirkten wie auf deren Wandel: Begreift man mit der neueren Wissenschaftsgeschichte die ausschlaggebende Bedeutung kulturell geprägter »Praktiken« für die »innere« Struktur von Wissenschaft, so scheint die Forschungsperspektive auf Funktionenteilung deshalb

---

In: American Sciences 77 (1989), S. 554-563, sowie verschiedene Beiträge in Jardine, Nicholas et al. (Hg.): Cultures of Natural History. Cambridge 1996.

viel versprechend, weil sie über die Wirkungen der Kategorie Geschlecht auf Arbeitsabläufe, Forschungsgänge und Versuchskonstellationen sowie auf die konstruktiven Verfahren der Aufteilung, Relationierung, Hierarchisierung Auskunft geben kann. Entscheidend scheint mir, dass Geschlechterforschung in der hier vertretenen Perspektive auch in diesem Bereich unabhängig von expliziten und impliziten Bezügen der historischen Akteure/innen auf Geschlechterdiskurse etc. arbeiten könnte – denn das Konzept der Funktionenteilung bezieht systematisch das Verhältnis von wissenschaftlichen und nichtwissenschaftlichen Kulturen ein. Die im deutschsprachigen Raum zunehmend ebenfalls aufgegriffene Frage nach »Wissen als gesellschaftlichem Konstrukt«, die Sichtweise, dass ein »wissenschaftliches Ding« erst in den Praktiken wissenschaftlichen Arbeitens konstruiert wird, die es hervorbringen, bekämen so eine weitere geschlechtergeschichtliche Dimension.[20] Es gehört zu den anspruchsvollsten Zielen feministischer Wissenschaftsforschung, die epistemologischen Bedeutungen von Geschlecht zu rekonstruieren. Es scheint, als könne die Kategorie Geschlecht sich unter der hier vertretenen Perspektive als integrales Moment der für die Entstehungsgeschichte der modernen Wissenschaften grundlegenden Entwicklungen der Vorgehensweisen herausstellen – und zwar auch dort, wo wir, wie so häufig, *keine* Geschlechterbilder, Geschlechtermetaphoriken oder unmittelbar auf Geschlechterkonstrukte beziehbare Inhalte und Methoden ausfindig machen können.[21] Damit aber führt uns der »tracer« Geschlecht nicht nur an die Ränder oder zu den »Rückseiten« der wissenschaftlichen Einrichtungen, sondern unmittelbar zum Kernbereich wissenschaftlicher Denkstile, Wissensordnungen, Theorien oder Methoden.

---

[20] Anregend etwa: Zedelmaier, Helmut/ Mulsow, Martin (Hg.): Die Praktiken der Gelehrsamkeit in der Frühen Neuzeit. Tübingen 2001; Rheinberger, Hans-Jörg: Experimentalsysteme und epistemische Dinge: Eine Geschichte der Proteinsynthese im Reagenzglas. Göttingen 2001.
[21] Alcoff, Linda/ Potter, Elizabeth (Hg.): Feminist epistemologies. New York 1993; Haslanger, Sally (Hg.): Feminist Perspectives on Language, Knowledge and Reality. Norman/Fayetteville 1995; Tanesini, Alessandra: An Introduction to Feminist Epistemologies. Malden 1999.

Gertrude Langer-Ostrawsky

Die Bildung, der Beruf und das Leben. Lebenszusammenhänge der Absolventinnen des Civil-Mädchen-Pensionates zwischen Staatsräson und Bildungspolitik 1786-1803

Im Jahre 1786 wurde in Wien von Kaiser Joseph II. eine »Art öfentlicher Erziehungsanstalt für das weibliche Geschlecht« ins Leben gerufen, deren Schülerinnen nach der Auffassung des Herrschers »einzig und allein dahin gebildet werden, dass sie einstens gouvernanten oder Lehrerinnen der Jugend« werden und die »zur Bildung des Herzens und des Verstandes erhaltenen Grundsätze nacher durch den weiteren Unterricht so wohl in der Hauptstadt als in den Provinzen ausbreiten«.[1] Mit der Gründung dieses Pensionates für die Töchter der Beamten wurde eine öffentliche Berufsbildungsstätte für Frauen geschaffen, die wieder im öffentlichen Dienst ihren Arbeitsplatz finden sollten. Schon 1775 war auf Anregung des Hofkriegsrates in Sankt Pölten das k. u. k. Officierstöchter-Erziehungs-Institut zur standesgemäßen Versorgung und Ausbildung von Offizierstöchtern geschaffen worden, das eine ähnliche Entwicklung wie das Civil-Mädchen-Pensionat nahm.[2]

Das »Civil-Mädchen-Pensionat«, wie die Anstalt bald offiziell und programmatisch bezeichnet wurde, beschäftigte in den folgenden Jahren in intensivster Weise den Kaiser, die oberste Schulbehörde – die Studienhofkommission – und die niederösterreichische Regierung. Im Jahre 1803 verfügte Kaiser Franz die Evaluierung dieser Anstalt, da es zu Unstimmigkeiten mit der Leitung und zu Beschwerden etlicher Eltern gekommen war. Der Kaiser forderte eine genaue Liste der derzeit im Pensionat befindlichen Zöglinge und ebenso »ein genaues Verzeichnis über alle in das Pensionate seit seiner Entstehung aufgenommenen,

---

[1] ÖSTA, AVA, STHK 83, Fasz. 20.
[2] Flich, Renate: »Die Erziehung des Weibes muss eine andere werden« (Louise Otto-Peters). Mädchenschulalltag im Rahmen bürgerlicher Bildungsansprüche. In: Brigitte Mazohl-Wallnig (Hg.): Bürgerliche Frauenkultur im 19. Jahrhundert. Wien/Köln/Weimar 1995, S. 269ff.

und wieder ausgetretenen Mädchen mit der Anmerkung, in welchem Alter jedes dahin gekommen, wie lange darin verblieben, und was nach ihrem Austritte aus ihr geworden sey«.[3] Der daraufhin erfolgte Bericht ist eine seltene Quelle für Frauenleben und Frauenbildung im ausgehenden 18. Jahrhundert im Österreich des aufgeklärten Absolutismus. Für jede der Absolventinnen wurde stichwortartig ein Curriculum verfasst, das über berufliche Laufbahn, Eheschließung oder auch den frühen Tod Aufschluss gibt. Darüber hinaus liegen in den Akten der Studienhofkommission, der obersten Unterrichtsbehörde[4], die politisch-theoretischen Überlegungen der Staatsführung und die Diskussion der beteiligten Gruppierungen wie Kaiser, Studienhofkommission und der niederösterreichischen Regierung als zuständige Behörde über diese Bildungseinrichtung vor. Mein Interesse gilt nun dem Zusammenhang von Staatstheorie, Bildungspolitik für Frauen und der Schnittstelle von beiden Parametern in ganz konkreten Frauenleben – welche Frauen wurden von dieser Ausbildungsmöglichkeit betroffen, welche Positionen konnten sie erreichen, welche Lebensmöglichkeiten standen ihnen offen?

Die Bildungspolitik der Habsburgermonarchie im aufgeklärten Absolutismus

Die Kurzformel vom »aufgeklärten Absolutismus« kennzeichnet die Regierungszeiten Kaiserin Maria Theresias (1717-1780; Regentin in den habsburgischen Ländern 1740-1780) und vor allem Kaiser Josephs II. (Alleinregent in Österreich 1780-1790), der seinem Jahrzehnt den Stempel »Josephinismus« aufgedrückt hatte. Joseph II. stand vielen Ideen der Aufklärung positiv gegenüber, soweit sie für die Durchsetzung monarchisch-staatlicher Interessen nutzbar zu machen waren und verfolgte in seiner kurzen Regierungszeit mit Kompromisslosigkeit und Radikalität seine Vorstellungen von einem modernen zentralistischen Wohlfahrtsstaat. Sein Nachfolger Leopold II. (Kaiser 1790-1792) verfolgte eine gemäßigtere Linie. Unter Kaiser Franz (1792-1806 dt. Kaiser, 1804-1835 Kaiser Franz I. von Österreich) verstärkten sich die reaktionär-absolutistischen Tendenzen. Gerade im Bereich des Bildungswesens stießen die unterschiedlichen Vorstellungen der aufklärerischen Pädagogik und des absoluten Staates

---

[3] NÖLA, NÖ Regierung V, Civil-Mädchen-Pensionat, Fasz. 21/1800, Note Graf Kuefsteins an Kaiser Franz vom 12. 11. 1800.
[4] ÖSTA, AVA, Akten der Studienhofkommission.

aufeinander. Für den Staat stand der/die gut ausgebildete Untertan/Untertanin im Vordergrund. Eine moderne Bildung sollte besser gebildete, effizientere UntertanInnen erzeugen. Das Problem für den absolutistischen Herrscher bestand darin, gerade so viel Bildung zu ermöglichen, um die Leistung der Untertanen zu optimieren, aber nicht so viel, dass es zu einer politischen Mündigkeit und zum Wunsch nach Reform, ja sogar Revolution der bestehenden Verhältnisse kam. Die Lösung hierfür wurde in einer ständischen Differenzierung des Schulwesens und in einer Betonung des Primarschulsektors gesehen.[5]

Das Verhältnis der Habsburgermonarchie zur Mädchenbildung

Die Forderung nach besser gebildeten, effizienteren Untertanen inkludierte ganz explizit auch die Frauen: Programmatisch ist dies in der Präambel Maria Theresias zur »Allgemeinen Schulordnung für die deutschen Normal-, Haupt- und Trivialschulen« 1774[6] formuliert. Als Beweggrund für die Einführung der allgemeinen Schulpflicht wird die Einsicht genannt, dass die »Erziehung der Jugend, *beyderley Geschlechtes*[7], die wichtigste Grundlage der wahren Glückseligkeit der Nationen« sei. Qualität und Ausmaß des Unterrichts jedoch wurden klar ständisch definiert: Lebensart, Denken und Fortschritt hingen von einer guten Erziehung in den ersten Lebensjahren ab, und dazu sei notwendig, dass durch »wohlgetroffene Erziehungs- und Lehranstalten die Finsterniß der Unwissenheit aufgekläret, und jedem *der seinem Stande angemessene* Unterricht verschaffet« werde.[8] Die Mädchen waren im bildungspolitischen Diskurs durchaus präsent:

> »Kinder, *beyderley Geschlechts*, deren Eltern oder Vormünder in den Städten eigene Hauslehrer zu unterhalten nicht den Willen, oder das Vermögen haben, gehören ohne Ausnahme in die Schule, und zwar sobald sie das 6te Jahr angetreten haben, von welchem an sie, bis zu vollständiger Erlernung der für ihren künftigen Stand und Lebensart erforderlichen

---

[5] Siehe Bruckmüller, Ernst: Sozialgeschichte Österreichs. Wien/München 1985, S. 321ff.; Sandgruber, Roman: Ökonomie und Politik. Österreichische Wirtschaftsgeschichte vom Mittelalter bis zur Gegenwart. Wien 1995, S. 152ff.
[6] Allgemeine Schulordnung, für die deutschen Normal-, Haupt- und Trivialschulen in sämmtlichen Kaiserl. Königl. Erbländern d. d. Wien 1774. Zit. nach Engelbrecht, Helmut: Geschichte des österreichischen Bildungswesens 3. Von der frühen Aufklärung bis zum Vormärz. Wien 1984, S. 491-501.
[7] Ebd., S. 491, Hervorh. d. Vf.
[8] Ebd., S. 491, Hervorh. d. Vf.

Gegenstände die deutsche Schule besuchen müssen. (...) Wo es die Gelegenheit erlaubt, eigene Schulen für Mägdlein zu erhalten, da besuchen sie solche, und sind daselbst, wenn es füglich angeht, auch im Nähen, Stricken und in andern ihrem Geschlechte angemessenen Dingen zu unterweisen; Wo aber eigene Mädchenschulen nicht sind, müssen sie in die gemeine Schule gehen, jedoch nicht unter den Knaben, sondern auf eigenen Bänken von denselben abgesondert sizen, und werden übrigens mit den Knaben in einerley Klasse unterwiesen, mit welchen sie zugleich alles lernen, was sich für ihr Geschlecht schicket.«[9]

Die »Erfindung« der weltlichen Lehrerinnen

Dieser Anspruch des Staates, Kinder beiderlei Geschlechts auszubilden, war verbunden mit der Forderung nach weiblichen Lehrpersonen in den öffentlichen Mädchenschulen. Die staatliche Lehrer-Ausbildung erfolgte an den in den großen Städten eingerichteten »Normalschulen«, zu denen aber Frauen der Zutritt qua Geschlecht verwehrt war. Diesem Mangel an Ausbildungsstätten für Mädchen sollte die Gründung des Institutes Abhilfe schaffen. Die Ausbildung für Mädchen war bis dahin nur durch die katholischen Lehrorden, allen voran die Ursulinerinnen, die Englischen Fräulein und die Schulschwestern, erfolgt. Die Ordensschwestern boten Bildungsmöglichkeiten für Mädchen auf zwei Ebenen an: Die Anstalten ermöglichten einerseits – gegen Bezahlung – den Erwerb einer über die elementarsten Kenntnisse hinausreichenden Bildung, die sonst nur durch Privatunterricht erworben werden konnte. Daneben führten auch Orden, die sich nicht ausschließlich der Bildung verschrieben hatten, kostenlose Elementarklassen für Mädchen, vor allem in den Vorstädten von Wien. Als infolge der Säkularisierung des Schulwesens unter Joseph II. etliche dieser Klöster und Ordensgemeinschaften aufgelassen wurden, entstand gerade im Bereich der Mädchenerziehung ein gewisses Vakuum, vor allem im Primarschulbereich. Als säkulare Gegenstücke wurden 1791 und 1793 in Wien zwei kaiserliche Mädchenschulen eröffnet – in der Bäckerstrasse in der Inneren Stadt und in der Leopoldstadt. Das Lehrpersonal für diese beiden Schulen sollte mit Absolventinnen des Civil-Mädchen-Pensionats besetzt werden.

---

[9] Ebd., Punkt 12, S. 496, Hervorh. d. Vf. Hier sind Kinder vom 6.-12. Lebensjahr gemeint.

»Dass sie einstens Gouvernanten oder Lehrerinnen der Jugend werden« – das staatliche Ausbildungsziel des Civil-Mädchen-Pensionates

Durch diese Institutionalisierung quasi öffentlicher Bildungsanstalten für Lehrerinnen wurde die staatspolitische Instrumentalisierung der Bildungspolitik vorangetrieben. Die Erläuterung der Frage, ob die in dem zu schaffenden Institut zu erziehenden Mädchen »entweder zum Dienen oder nur zum gesellschaftlichen oder ehelichen Stande oder zur Verbreitung der besseren Erziehung ihres Geschlechtes«[10] gewidmet werden sollen, führte bei Joseph II. zur ganz klaren Zielvorgabe einer Ausbildung von Erzieherinnen. Neben dem utilitaristischen Moment – »Wenn man also aus dem Beitrage des Staates einen vorzüglichen Nutzen anhoffen will, so muss man sich lediglich beschränken, Erzieherinnen zu bilden«[11] – ist das staatspolitische Ziel ganz wesentlich. Es ging um die Schaffung einer einheitlichen UntertanInnenklasse, um Normierung von Frauen. Die am Civil-Mädchen-Pensionat ausgebildeten jungen Frauen »sollen einzig und allein dahin gebildet werden, dass sie einstens Gouvernanten oder Lehrerinnen der Jugend werden und die zur Bildung des Herzens und des Verstandes erhaltenen Grundsätze nacher durch den weiteren Unterricht so wohl in der Hauptstadt als auch den Provinzen ausbreiten«.[12] Tatsächlich wurde in späteren Jahren auch die Aufnahme von Mädchen aus den Provinzen des Reiches forciert, um auch in den anderen Habsburgischen Erbstaaten eine einheitliche Ausbildung der weiblichen Bevölkerung zu institutionalisieren. Bereits 1792 sollte für Ungarn ein Plan zur Errichtung eines Mädchen-Institutes ausgearbeitet werden.[13] Die Haupt- und Residenzstadt Wien war das Zentrum des gesamten Habsburgerreiches für Mädchenbildung – in der Provinz waren nur noch St. Pölten, Graz und Villach vertreten. Seit Beginn des 19. Jahrhunderts wurden auch verstärkt Mädchen aus weiter entfernten Gebieten der Habsburgermonarchie aufgenommen: 1806 wurden 12 Stiftungsplätze für Mädchen aus Galizien geschaffen, die auch wieder in Galizien als Lehrerinnen eingesetzt werden sollten. Aber auch Laibach, Venedig, Lemberg, Krain etc. finden sich als Herkunftsorte der Schülerinnen.

---

[10] Resolution Josephs II. an die Studienhofkommission. Zit. nach Branky, Franz: Das k.k. Civil-Mädchen-Pensionat in Wien. Eine Gedenkschrift zur Säcularfeier. Wien 1886, S. 4, Hervorh. d. Vf.
[11] Ebd., Hervorh. d. Vf.
[12] Ebd., Hervorh. d. Vf.
[13] ÖSTA, AVA, STHK Nr. 19616 W2 de 1791.

Die Gründung des Pensionats – Experiment und Adaption

Es ist anmerkenswert, dass die offiziellen Stellen die Privatinitiative einer Frau aufgriffen, deren geplantes Pensionat eigentlich eine etwas diffuse Orientierung auf die Bildung höherer Töchter aufzeigte. Die Initiatorin der Anstalt, Therese Luzac, eine geborene Französin, mit einem österreichischen höheren Beamten verheiratet, hatte die offensichtliche Marktlücke in der Hof- und Residenzstadt Wien, die für die Bildung von Mädchen höherer Stände bestand, erkannt. Als der Staat die Kosten des Institutes übernahm, erfuhren jedoch sowohl die Ausrichtung als auch der Organisationsplan des Instituts erhebliche Veränderungen. Ein wesentlicher Argumentationspunkt für die Anstalt, die primär auf die Gouvernanten-Ausbildung hinzielte, war das Hinausdrängen französischer Gouvernanten aus dem Erziehungswesen und das Ersetzen dieser »ausländischen Personen« durch gut ausgebildete einheimische Erzieherinnen. Diese Zielvorstellung korrespondierte bestens mit den politischen Zielen des Habsburgerstaates des ausgehenden 18. Jahrhunderts, wurde doch die Infiltration der Gesellschaft mit dem gefährlichen Gedankengut der Französischen Revolution und das Umsichgreifen umstürzlerischer Ideen durch »ausländische« Einflüsse, nicht zuletzt auch durch das Erziehungspersonal, befürchtet. Das ursprüngliche Konzept der Privatanstalt wurde, als der Staat die Kosten übernahm, modifiziert: Innerhalb weniger Monate – von Mai bis November 1786 – konkretisierte und verschob sich der Zweck des Instituts von der Ausbildung von Erzieherinnen für die »vermöglicheren Stände« auf den Schwerpunkt der Heranbildung weltlicher Lehrerinnen für Mädchen-Trivialschulen.[14] Die Eröffnung des Pensionats erfolgte am 1. März 1787, und der Betrieb wurde mit vorerst 20, dann 24 Zöglingen begonnen. Die Erhaltung der Pensionärinnen und die Kosten für den Unterricht wurden vom Staat getragen. 1815 kamen sechs Plätze dazu, die von den niederösterreichischen Ständen gestiftet wurden und deren Besetzungsrecht beim niederösterreichischen Landesausschuss lag.

Die Instrumentalisierung der Mädchenbildung

Der Zugriff auf diese vom Staat ausgebildeten Mädchen sollte durch eine verbindliche Verpflichtung gewährleistet sein, »daß sich diese Zöglinge nach voll-

---

[14] Branky: Das k.k. Civil-Mädchen-Pensionat (wie Anm. 10), S. 18.

brachter Unterweisung durch 6 Jahre der öffentlichen Schullehre gegen Erhaltung eines angemessenen Unterhaltes, da, wo man es nöthig finden wird, widmen«.[15] Diese Regelung wurde um 1790 schon wieder fallengelassen.[16] In einer Note Graf Kuefsteins, des niederösterreichischen Regierungspräsidenten, an Kaiser Franz wird der Verzicht auf diese Erklärung damit begründet, dass einerseits nicht jedes eintretende Mädchen »im zarten Alter« (von 6-10 Jahren) die Tragweite ihrer Verpflichtung zum öffentlichen Lehrdienst einschätzen könnte, andererseits, weil anzunehmen sei, dass sich unter den Mädchen genügend finden würden, »die sich sehr gern und freywillig, da sie sich dadurch einen Unterhalt verschaffen können, diesem Geschäft widmen werden«.[17] Zu einer Wiedereinsetzung der Regelung kam es aber bereits wieder 1803,[18] obwohl die wirtschaftliche und politische Situation in nachjosephinischer Zeit dem Ausbau des Bildungssystems nicht gerade förderlich war und die Erklärung faktisch vermutlich obsolet geworden war.

Welche Bildung – welches Wissen? Die Diskussion über Frauenbildung
im Civil-Mädchen-Pensionat

In den folgenden Jahren lässt sich eine geradezu stürmische Debatte über Zweck und Ziel der Frauenbildung erkennen.[19] Die Intensität der geführten Diskussion zeigt, welch unterschiedliche Konzeptionen und Konzepte der Frauenbildung sowohl bei den staatlichen Stellen, bei den Lehrkräften und auch bei den Eltern der Zöglinge selbst bestanden. Die Diskussion und gesellschaftspolitische Um- und Neubewertung der Institution wurde auch in den folgenden Jahren und Jahrzehnten weiter geführt. Die primäre Intention Josephs II., die mit der Gründung des Instituts verbunden war, nämlich weltliche Lehrerinnen für das Primar-

---

[15] NÖLA, NÖ Regierung V, Civilmädchenpensionat (wie Anm. 3).
[16] NÖLA, NÖ Regierung 61/65, Normalien der sämtlichen Mädchen Pensionats Curatels Akten 1786-1826. Hofdekret Nr. 1158/6 vom 26. Juni 1790.
[17] NÖLA, NÖ Regierung V, Civilmädchenpensionat (wie Anm. 3).
[18] NÖLA, NÖ Regierung 61/65, Normalien der sämtlichen Mädchen Pensionats Curatels Akten 1786-1826. Allerh. Entschl. von J. 1805.
[19] In den ersten Jahren des Pensionates kam es immer wieder zu Uneinigkeiten und Unregelmäßigkeiten in der Führung der Anstalt, so dass im Jahre 1793 im Direktorium der Studienhofkommission über eine etwaige Auflösung der Anstalt diskutiert wurde. Anhand der erhaltenen Akten-Resolutionen, Berichte und Referate an den Kaiser lassen sich prinzipielle Positionen in der Diskussion um die Frauenbildung ausmachen.

schulwesen auszubilden, wurde zwar stets angeführt, aber auch jeweils unterschiedlich gewichtet und akzentuiert. Der strittige Punkt war immer wieder der Lehrplan und die Verteilung der Lehrstunden, die Gewichtung zwischen Religion, den eigentlichen Lehrfächern – Sprachen, Naturwissenschaften – und den so genannten »häuslichen Arbeiten«. Innerhalb des engen Kreises der Studienhofkommission bzw. des Direktoriums waren Vertreter unterschiedlicher gesellschaftspolitischer Strömungen vertreten: Die wichtige Funktion des »Oberaufsehers der Deutschen Schulen« hatte ein Geistlicher – der Domherr und Scholastiker Joseph Spendou – inne. Spendou gehörte zwar zu den Reformierern des Schulwesens, vertrat aber bezüglich der Mädchenbildung einen Standpunkt, der klerikal geprägt war und unverhohlen in Richtung der Erziehung der Mädchen zu »Hausmüttern« tendierte. Einer seiner wichtigsten Kritikpunkte war die Vernachlässigung der »weiblichen Handarbeiten« im Unterricht.[20] Ganz im Sinne der wohl aufgeklärten, dezidiert auf das Staatswohl ausgerichteten josephinistischen Konzeption stand der Präsident der niederösterreichischen Regierung (die im übrigen der Haltung des Domherrn zuneigte), Graf von Saurau, der schließlich von Kaiser Franz beauftragt wurde, das Institut zu reformieren und näher seiner ursprünglichen Intention zuzuführen. Saurau sprach sich vehement für die in letzter Zeit zunehmend ablehnend beurteilten öffentlichen Erziehungsanstalten aus und betonte, dass in jenen »doch manches taugliche Subjekt gebildet werde«.[21] Er argumentierte für die Beibehaltung des Pensionats: »Daß es sehr zu wünschen ist, für die Bildung der weiblichen Jugend aller Stände Lehrerinnen, und für jene der höheren Stände gut *gesittete*, gut *gesinnte* und selbst gut unterrichtete einheimische Erzieherinnen zu erhalten, und nicht an den *ersteren* wirklichen Mangel zu haben, und *letztere* fast allzeit aus dem Ausland herholen zu müssen, die meistens selbst gar keine Bildung, oft einen zweydeutigen Charakter, und noch öfter gar keine andere Empfehlung haben, als daß sie französisch sprechen, oft von der widrigsten Volksklasse und schlechtesten Sitten sind, dieser 2fache Endzweck kann nur in einer zu dieser Absicht wohl eingerichteten Erziehungsanstalt erreicht werden.«[22] Saurau war überzeugt von der »Nothwendigkeit einer guten Bildung für die Jugend überhaupt, und besonders der Weiber, von denen als Mütter die erste Erziehung der zartesten Jugend so ganz allein

---

[20] ÖSTA, AVA, Studienhofkommission K. 829/20, ad 2937/331, Vorschlag des Direktoriums in cameralibus et publico Politicis an den Kaiser, fol. 6, 1797.
[21] ÖSTA, AVA, StHK 829/20, ad 2937/331, Stellungnahme Gf. v. Sauraus zum Bericht von Spendou, fol. 36.
[22] Ebd., fol. 42, Hervorh. im Original.

abhängt«.[23] Ohne diese Institution würde sich »die Möglichkeit ganz auflösen, gebildete einheimische Lehrerinnen zu erhalten, deren man doch nach aufgehobenen so vielen Frauenklöstern, die alle Schule zu halten vormals verbunden waren, mehrer jährlich bedarf«.

Ambivalenz des Frauenkonzeptes

Dieses staatlich verordnete Frauenbild war bei weitem nicht unumstritten und auch innerhalb der Institution nicht voll akzeptiert. Die Nachfolgerin der Gründerin, die Obervorsteherin Barbara Zehe, favorisierte weiterhin den Gouvernanten-Beruf, machte die Stellung einer öffentlichen Lehrerin verächtlich und trug dazu bei, dass sich innerhalb der Mädchen zwei Parteien bildeten, die scharf ihr jeweiliges Berufsziel verteidigten und miteinander konkurrierten. Die genannte Vorsteherin vertrat ein Frauenbild, das dem der staatlichen Stellen zuwiderlief: Es wurde kritisch angemerkt, dass sie gegenüber ihren Schülerinnen Lerneifer als »Ehrgeiz« und das verständliche laute Antworten als »Unanständigkeit« diskreditierte. Sie trat also ganz offensichtlich gegen (männliche) »bürgerliche Tugenden« wie individuelles Streben und Anstrengung bzw. Selbstbewusstsein bei Frauen auf. Hier sehen wir bereits das bürgerliche Idealbild der sanften, zurückhaltenden, ehrgeizlosen, ihr Schicksal aus anderen als den eigenen Händen empfangenden »weiblichen« Frau, wie es das ausgehende 18. Jahrhundert festzuschreiben versuchte.

Wessen Bildung? Anmerkungen zur sozialen Herkunft der Zöglinge

Wer waren nun die Mädchen, die in diesem Pensionat ihre Ausbildung erfahren sollten? Bei der Gründung war auf ausdrückliches Mandat Josephs II. keine Einschränkung des Standes oder der Klasse vorgesehen – nur die physische und sittliche Eignung sollten ausschlaggebend sein.[24] Die Gruppe derer, die zum Besuch der Anstalt berechtigt waren, wurde aber relativ rasch eingeengt. Nur wenige Wochen später verfügte der Kaiser, ins Pensionat nur Mädchen von einem etwas *besseren Stand*, bevorzugt Kinder, die Waisen seien und Pensionen hät-

---

[23] Ebd., fol. 44.
[24] Branky: Das k.k. Civil-Mädchen-Pensionat (wie Anm. 10), S. 10.

ten, aufzunehmen – d.h. also von Beamten bzw. Offizieren (die Offizierstöchter wurden dem 1775 gegründeten Offizierstöchter-Institut, das ebenfalls Erzieherinnen und Lehrerinnen ausbilden sollte, zugewiesen). Er wies auf die soziale Inkompatibilität von Gouvernanten niedriger Herkunft hin, die in herrschaftlichen Häusern arbeiten sollten – im Gegensatz zur Intention der Studienhofkommission, die auch Mädchen aus dem Kaiserspital, einer Armenstiftung, die 20 Stiftplätze für Töchter von Stall- und Jägerpersonal hatte, berücksichtigen wollte.[25] Um 1800 wurde endgültig eine Beschränkung auf die Töchter von »Civil-Beamten«, deren Väter im unmittelbaren Staatsdienst gestanden hatten oder noch standen, festgelegt.

Die Beamtentöchter

Das absolutistische System hatte seit dem Beginn der modernisierenden Verwaltungsreformen unter Maria Theresia den Apparat der Bürokratie gewaltig vergrößert.[26] Die Konzeption von finanziell abhängigen Beamten, die auf ihre jährlichen Gehälter angewiesen waren, bildete eine grundlegende Neuerung und einen substantiellen Unterschied gegenüber den nobilitierten Hofbeamten, die materiell abgesichert waren. Von finanziell abhängigen Beamten konnte man erwarten, dass sie den Weisungen Folge leisteten und sich mit den Verwaltungsaufgaben identifizierten, die sie zu erfüllen hatten. Die Beamten vor allem der unteren Ränge waren schlecht bezahlt und konnten sich kaum Familie leisten. Die bahnbrechende Sozialleistung war der Pensionsanspruch für Beamte vom 31. 3. 1784, mit dem eine allgemeine Beamtenpension, auch für Witwen und Waisen, eingeführt wurde. Die Witwenpension war auch für den Unterhalt der Kinder bestimmt, die ansonsten noch bis zur Erreichung des »Normalalters« einen Erziehungsbeitrag bekamen. Für Töchter pensionsfähiger Beamter galt ein Normalalter von 18 Jahren, für Söhne 20 Jahre. Die Zukunftsaussichten von Kindern von Staatsdienern, die ja über kein Vermögen verfügten und sich über individuelle Bildungs- und Berufskarrieren Subsistenzmöglichkeiten schaffen mussten, waren unsicher und im gerade erst entstehenden Berufsbeamtentum noch von keinen sozialen oder kulturellen Erfahrungswerten ausgehend. Ent-

---

[25] Ebd., S. 13.
[26] Die Ausführungen folgen im Weiteren dem Standardwerk von Heindl, Waltraud: Gehorsame Rebellen. Bürokratie und Beamte in Österreich 1780 bis 1848. Wien 1991, S. 21ff.

sprechend den Vorgaben zur Aufnahme stammten die Mädchen aus Familien des niederen bis mittleren Beamtentums. Leider sind aus den ersten Jahren des Pensionats keine »Competentenlisten« erhalten, aber aus den Hof- und Staatsschematismen[27], die die Namen, Funktionen und Adressen aller Beamten enthalten, lassen sich die Herkunftsfamilien rekonstruieren. Als Berufsbezeichnung des Vaters finden sich: »Kanzlist der k.k. milden Stiftungs- und Armeleutesachen-Oberdirektion, Haushofmeister, Kreissekretär, Unterbeamter, Hofbrunnmeister, niederösterreichischer Regierungssekretär, Regierungsadjunkt der böhm.-österr. Hofkanzlei, Offiziant beim Tazamt[28], Adjunkt beim Kasten- und Proviantamt«. Dazu kamen einige wenige Nobilitierte und höhere Beamte, wie z.B. der kaiserl. königl. Konsul Johann v. Rosarowitz, Konsul zu Kerson auf der Krim. Die Wohnungen dieser Beamten lagen teilweise im Bereich der Inneren Stadt, also im Umkreis der Residenz, teilweise aber auch schon in den etwas weiter entfernten Vorstädten. Dies ist ein Hinweis auf die materiell nicht gerade günstige Lage der Beamtenschaft – die Institution der Hofquartiere war ja von Joseph II. aufgehoben worden –, und viele Beamte sahen sich gezwungen, in die Gegenden mit niedriger Miete umzuziehen. Dieser Umstand diente auch als Argument zur Befürwortung einer Beibehaltung des Pensionatsbetriebes: Es sei Mädchen aus mittellosen Beamtenfamilien, die sich keine Dienstmagd leisten konnten, nicht zuzumuten, täglich den langen und von allerlei moralisch gefährlichen Situationen bedrohten Weg von der Vorstadt zum Unterricht zurückzulegen.[29]

Die Normierung der Zöglinge – gescheit, gesund

Neben dem primären Kriterium, der Angehörigkeit zum Beamtenstand und der damit fast zwangsläufig verbundenen Mittellosigkeit, existierten Normierungs- und Gleichschaltungsvorschriften, die individuell-persönliche Eigenschaften und Fähigkeiten der Mädchen betrafen. Ein wichtiges Kriterium war die intellektuel-

---

[27] Hof- und Staats-Schematismus der röm.kais. auch kais. königlich und erzherzoglichen Haupt- und Residenzstadt Wien, derer daselbst befindlichen höchsten und hohen unmittelbaren Hofstellen, Chargen und Würden, niedern Kollegien, Instanzien und Expeditionen. Wien 1785ff.
[28] Auch Tatz oder Täz. Getränkesteuer, auch für »Verzehrsteuer« verwendet. Institut für österr. Dialekt- und Namenlexika (Hg.): Wörterbuch der bairischen Mundarten in Österreich 4. Wien 1998, Sp. 970-972.
[29] ÖSTA, AVA, STHK 829/20, ad 2927/33, Votum des Hofrathes von Fechtig über das Referat des Hofrates von Greiner betr. das Civil-Mädchen-Pensionat.

le Kapazität – gemessen wurde diese an den Noten der Primarschule bzw. den Ergebnissen der Aufnahmsprüfung. Ebenso wichtig war auch die körperliche Verfasstheit: Eine ärztliche Untersuchung musste den physischen Zustand der Mädchen evaluieren. Auffallende körperliche Gebrechen und Gesundheitsmängel, die entweder ekelhaft oder ansteckend wären, verunmöglichten die Aufnahme. Auch die festgesetzte Altersgrenze wurde strengstens eingehalten. Die freien Plätze wurden nach einem Verfahren vergeben, das in einer ersten Vorauswahl der in Frage kommenden Competentinnen bestand, in dem Fähigkeiten, Talente, Alter und familiäre Verhältnisse gegeneinander abgewogen wurden. Die Obervorsteherin schlug eine Reihung der Besetzung vor, die durch den Kaiser bzw. die niederösterreichischen Stände und Regierung bestätigt wurde oder auch abgeändert werden konnte.

Wer waren nun diese Mädchen?

Die Auswertung der ersten erhaltenen »Competentinnen«-Tabelle, die die Jahre 1815-1820 umfasst, zeigt ein bestimmtes Sozialprofil:[30] Viele Mädchen hatten einen Elternteil verloren oder waren überhaupt Waisen, die unter der Vormundschaft eines Bruders oder nahen Verwandten standen. War die Mutter krank, stellte dies ein Argument für die Aufnahme dar, da diese sich nicht der Erziehung ihrer Tochter widmen könne, d.h. dass die Erziehung primär als Aufgabe der Mutter gesehen wurde. Das familiäre Umfeld war geprägt von Kinderreichtum. Die Mädchen hatten bis zu 10 Geschwister. In etlichen Fällen wurden auch mehrere Töchter einer Familie aufgenommen. Die ökonomischen Verhältnisse der Familien waren schlecht, die Eltern(-teile) verfügten über kein Vermögen und waren auf das Gehalt oder die Pension angewiesen. Die Väter waren lang gediente Staatsbeamte und hatten teilweise schon jahrzehntelang im Staatsdienst gestanden. Da die Länge der Dienstzeit auch mit ein Faktor zur Gewährung eines Ausbildungsplatzes war, wundert es nicht, wenn die Väter Dienstzeiten von 25-52 Jahren angaben. Das heißt auch, dass die Väter relativ alt waren. In den ersten beiden Dezennien des 19. Jahrhunderts hatte sich offensichtlich schon eine Beamtenschicht herausgebildet, die bereits auf eine gewisse Tradition blikken konnte und dies auch als Argumentation für eine Berücksichtigung der Töchter verwendete. Die Treue zum Staat, konkretisiert durch eine lange

---

[30] NÖLA, NÖ Regierung V, Civil-Mädchen-Pensionat, Fasz. 11/6.

Dienstzeit, brachte die Verpflichtung des Staates, sich um die Kinder der Beamten zu kümmern, mit sich. Zum Teil war schon die zweite Generation im Beamtenstand tätig und auch von mütterlicher Seite eine diesbezügliche Verbindung zum Staatswesen vorhanden. Die Ablösung älterer Formen der Verbundenheit, nämlich zum Herrscher selbst, durch die Treue zum allgemeinen Staatswesen wird durch das Beispiel der Rosalia Spenn deutlich, deren Vater Maximilian 38 Jahre »zur Zufriedenheit seiner Vorgesetzten« gedient und die Position eines k. k. General Hoftaxamts-Offizials innehatte. Im Ansuchen wurde extra darauf hingewiesen, dass dieser von der Kaiserin Maria Theresia zur Taufe gehoben worden war – sein Vater hatte als Kammerdiener seiner Majestät über 58 Jahre gedient.[31]

Gebildete Mütter – gebildete Töchter

Ein interessanter Punkt ist, dass auch von der Bildungskarriere der Mütter, die sonst leider noch recht unerforscht sind, eine hohe Affinität zu einer höheren Frauenbildung bzw. zu dieser Bildungsanstalt bestand. Unter den 24 in der »Competentinnen«-Tabelle genannten Mädchen befindet sich Maria Anna Worowansky. Ihre Mutter, eine geborene Jäger, gibt an, dass sie »selbst das Glück genoß, im Pensionate erzogen wurden zu werden« und die obligaten sechs Jahre an einer Stadtschule unterrichtet habe. Nun sei sie mit dem Polizey Oberdirectionsprotokollisten Michael Worowansky verheiratet und Mutter von sechs Kindern zwischen 10 Jahren und 3 Monaten. Eine ähnliche Biographie zeigt die Mutter von Sophie Kirzinger. Der Vater der am 16. Mai 1810 geborenen Sophie, ein Militär, war seit einer Gemütsverwirrung vier Jahre zuvor vermisst. Die Mutter, eine geborene Straßky, »hatte nicht selbst das Glück in diesen Pensionate einen Stiftplatz zu genießen«.[32]

Die Motivation

Warum wählten die Mädchen diese Ausbildungsschiene, einen Bildungsweg, der eigentlich nur einer winzig kleinen Gruppe von Frauen offen stand? Welche

---

[31] NÖLA, NÖ Regierung V, Civil-Mädchen-Pensionat, Fasz. 11/6 ad Zl.4030, Prot.nr. 24.
[32] Ebd., Prot.nr. 10.

Erwartungen knüpften sie an diesen Bildungsgang? Wir können kaum etwas über die persönliche Befindlichkeit dieser Mädchen sagen, über ihre Wünsche, Befürchtungen und Lebensziele. Es gibt so gut wie keine Ego-Dokumente der Absolventinnen. Etwas leichter ist es, den Beweggründen der Eltern nachzuspüren. In der noch etwas diffusen Anfangszeit des Pensionates war eine zielorientierte Berufsbildung mit einem formalen Abschluss nur wenigen Eltern ein eindeutiges Anliegen. Viele wollten ihren Töchtern eine kostengünstige gute Ausbildung geben, aber sobald sie ihrer – aus welchen Gründen auch immer – bedurften (Pflege, Heiratsaussichten, eine andere Stelle), nahmen sie die Mädchen ohne Rücksicht auf den Ausbildungsgang aus der Erziehungsanstalt heraus. Dies war in den Augen der Staatsmacht ein Missbrauch der Ressourcen und wurde bald durch eindeutige Bestimmungen unterbunden. Wie bereits erwähnt, war die Anstalt für Töchter mittelloser Beamter konzipiert. Die Möglichkeit einer kostenlosen Berufsausbildung, die den Mädchen, die auf keinerlei Familienvermögen zurückgreifen konnten, ihren Lebensunterhalt sichern konnte, war für viele Eltern sicherlich ein Hauptgrund, sich um einen Ausbildungsplatz für ihre Tochter zu bewerben. Recht interessant sind die Eingaben und Bittschriften der Mütter oder Väter, die um einen freien Stiftplatz einkamen. Im weiteren Sinne können wir diese Ansuchen – ähnlich den Supplikationen – als Ego-Dokumente interpretieren. Natürlich werden Topoi verwendet, die Aussicht auf Erfolg versprechen, aber es ist zumindest aufschlussreich zu untersuchen, welche Argumentationsstrategien gerade im Hinblick auf auszubildende Mädchen und von Frauen, ihren Müttern, verwendet wurden. In einigen Ansuchen finden wir lediglich Hinweise, dass ohne Aufnahme in das Civil-Mädchen-Pensionat keine standesgemäße oder überhaupt keine Ausbildung für das Mädchen möglich sei. Gerade aber auch Mütter verwenden sehr prononciert das Argument einer Berufsausbildung, die den Mädchen ein eigenes Fortkommen sichern würde, oder verweisen auf den Nutzen für Staat und Gesellschaft.

Der Unterricht

Der Unterricht verfolgte ein sehr engagiertes Bildungsziel und umfasste neben den Elementargegenständen auch Religion und Sittenlehre, vaterländische Geschichte, Naturgeschichte, Naturlehre, Geographie und in der Oberstufe auch Methodik. Die Lehrmethode war identisch mit der an den Normalschulen, an denen die männlichen Lehrer ausgebildet wurden. Auch die Lehrbücher waren dieselben, die für die öffentlichen Schulen vorgeschrieben waren. Dazu kamen noch Schönschreiben, Handarbeiten, häusliche Arbeiten, Musik, Tanzen und einiges mehr.[33] Der Leistungsdruck, unter dem die Mädchen standen, war hoch, freie Stunden selten. Die Lernerfolge wurden halbjährlich durch eine öffentliche Prüfung beurteilt. Schülerinnen, die im Semestralzeugnis nicht in der »ersten Abtheilung« reüssierten, wurden ermahnt und bei Nicht-Erbringen einer besseren Leistung von der Schule verwiesen. Die Attraktivität dieser Ausbildungsstätte, die noch dazu kostenlos war, war dennoch groß – um einen einzigen freien (»erledigten«) Stiftsplatz bewarben sich bis zu 60 Mädchen.[34]

Der Beruf – die Lehrerinnen

Die ersten Absolventinnen des Civil-Mädchen-Pensionats fielen unter die Verpflichtung zum sechsjährigen Dienst an öffentlichen Mädchenschulen. 1790 wurde diese Bestimmung außer Kraft gesetzt, aber bereits 1803 wieder eingeführt. Der Arbeitsmarkt für Lehrerinnen war äußerst klein, denn von Seiten des Staates waren kaum Maßnahmen gesetzt worden, die Anzahl der Mädchenschulen deutlich zu steigern. Dennoch konnten etliche der Absolventinnen des Civil-Mädchen-Pensionats eine Berufskarriere verfolgen, die sie den vorgeschriebenen Weg über Schulgehilfin, Lehrerin bis hin zur Direktorin gehen ließ. Über ein Drittel der Mädchen, deren Ausbildung in die Zeit unmittelbar nach der Gründung fiel, ergriffen den Lehrberuf. Die als Lehrerinnen arbeitenden Frauen erhielten ihre geregelte Bezahlung. Dieses Einkommen entsprach mit etwa 200 Gulden dem der männlichen Lehrer (Zuverdienstmöglichkeiten ausgeschlossen). Im Jahre 1804 wurden die Lehrerinnen der Stadtmädchenschulen auch für pensionsfähig erklärt.[35] (Die männlichen Lehrer an Normal- und Hauptschulen waren schon 1788 als pensionsberechtigt erklärt worden.)[36]

---

[33] ÖSTA, AVA, STHK, ad Nr.1450 ex 1792. Siehe auch Flich: »Die Erziehung des Weibes muss eine andere werden« (wie Anm. 2), S. 269ff.
[34] Branky: Das k.k. Civil-Mädchen-Pensionat (wie Anm. 10), S. 14.
[35] Hofkanzleidekret vom 10. Februar 1804. Zit. nach von Hempel-Kürsinger, Johann Nepomuk: Haupt-Repertorium über die (…) polit. Gesetzessammlungen 1740-1821, 8. Bd., S. 254.
[36] Ebd.

Das Privatleben – soziale Positionierung

Die Berufskarrieren der Frauen als Lehrerinnen waren kein Hindernis für eine Eheschließung, die Frauen arbeiteten auch noch als verheiratete Frauen weiter. So zum Beispiel heißt es über Josepha Grafenhuber, eine Absolventin der ersten Ausbildungsphase: »Ist mit 18 Jahren als Schullehrerin ausgetretten, jetzt mit Baron Werner vereheligt, verwaltet aber noch ihr Amt als erste Vorsteherin und respective Schullehrerin am alten Fleischmarkt.«[37]

Offensichtlich bestand zu dieser Zeit kein Berufsverbot für verheiratete Lehrerinnen, wie es aus dem späten 19. Jahrhundert bekannt ist. Der Heiratskreis der Frauen bewegte sich innerhalb des mittleren bis höheren Beamtenstandes: Als Ehemänner finden wir einen Hofmusiker, einen Haushofmeister, zwei Juristen, einen Arzt, aber auch nobilitierte Beamte sowie Militärs.

Die Gouvernanten

Entsprechend der offiziellen Zielsetzung des Civil-Mädchen-Pensionats, Lehrerinnen oder Erzieherinnen auszubilden, war die zweite Berufsgruppe die der Gouvernanten.

Ganz deutlich wird der Unterschied zwischen den Frauen, die als öffentlich angestellte Lehrerin – so schlecht bezahlt sie sein mochten – ihre Selbstständigkeit erlangt hatten, und den Gouvernanten, die in irgendeiner Form doch in die vormoderne hausrechtliche Abhängigkeit der Familie, bei der sie beschäftigt waren, gerieten: Keine der als Gouvernanten arbeitenden Frauen war verheiratet, und keine der verheirateten Frauen hatte eine Karriere als Gouvernante hinter sich. Etliche Mädchen fanden eine Anstellung als Gouvernante in herrschaftlichen oder großbürgerlichen Kreisen. Unter den Familien, die um die »Überlassung eines Zöglings« ansuchten, finden wir bekannte Namen wie Montecuccoli und Batthiany, Zichy, aber auch unbekannte Familien aus der Provinz. Es wäre interessant herauszufinden, welche Faktoren innerhalb der Absolventinnengruppe den Weg zu den unterschiedlichen Lebensformen beeinflussten. Dabei spielte offensichtlich der Stand der Herkunftsfamilie eine eminente Rolle: Mädchen aus kleinbürgerlichen Verhältnissen versus Töchter aus – wenn auch armen oder verarmten – nobilitierten Familien. Vorsichtig formuliert waren die Gouvernan-

---

[37] NÖLA, NÖ Reg. V, Civil-Mädchen-Pensionat, Zl. 21 ad nr. 7.

ten die etwas »schlechtere« Alternative. Mädchen, die eine Stelle als Gouvernante fanden bzw. denen eine solche angeboten wurde, konnten jederzeit – auch während des Schuljahres – das Civil-Mädchen-Pensionat verlassen, die Lehrerinnen-Aspirantinnen mussten hingegen die Endprüfungen absolvieren. 1813 bzw. 1815 wurde auch für die Gouvernanten eine Bestimmung erlassen, dass alle Erzieherinnen der weiblichen Jugend in Privathäusern eine Prüfung und somit ein Zeugnis über Erziehung und Lehrmethode auszuweisen hätten.[38] Aber auch rein körperliche Kriterien konnten ausschlaggebend sein: Die Bestimmung von Frauen qua ihrer körperlich-erotischen Anziehungskraft setzte auch hier ganz klare Grenzen. War diese (in einem bestimmten Ausmaß) gegeben, so konnte sie durchaus als Investition in die Zukunft, sprich Eheschließung, eingesetzt werden, fehlte sie gänzlich, war mit zwingender Konsequenz ein Lebensweg einzuschlagen, wo fehlende Attraktivität nicht als Mangel, sondern im Gegenteil, sogar als Vorzug angesehen werden konnte. Recht »brutal« – wenn auch in der Logik der Zeit ganz ehrlich – zeigt dies ein Schreiben der Obervorsteherin Therese Richter an die niederösterreichische Regierung betreffend die Entlassung des Pensionatszöglings Catharina Sterzinger von Streitenfeld. Nach ihrem und ihres Vormundes Wunsche möge dieser gestattet werden, die ihr angebotene Stelle einer Erzieherin in dem Hause des Rittmeisters Chalaupka zu Grätz anzunehmen:

»Euer Exzellenz Herr Rittmeister v. Chaloupka wünscht (…) den ständischen Zögling Catharina Sterzinger von Streitenfeld als Erzieherin zu seinen Fräulein Töchtern, nach dem solche ein gutes fleißiges Mädchen ist, aber kein ausgezeichnetes Talent besitzt, auch nicht ganz vortheilhaft in Rücksicht des Äußerlichen von der Natur begabt ist (welches man sich gerade in diesem Hause wünscht).«[39]

Das Wirken als Gouvernante musste nicht unbedingt in einer lebenslänglichen abhängigen Stellung in einem fremden Hause enden. So gelang es etwa 1826 der ehemaligen Absolventin Magdalena Lenz, die Stelle der dritten Untervorsteherin am Civil-Mädchen-Pensionat zu erhalten. Die Obervorsteherin Theresia Richter befürwortete ihre Bewerbung an die niederösterreichische Landesregierung und hob ihre Erfahrung als Gouvernante in Herrschaftshäusern als eine ihrer Qualifikationen hervor. Alle anderen Bewerberinnen seien sicher auch qualifiziert, sie betonte aber, dass Lenz als

»ausgetretener Zögling des k.k. Civil-Mädchen-Pensionats, welche ihren guten Ruffe in der

---

[38] NÖLA, NÖ Reg. 61/55, Normalien der sämtlichen Mädchen Curatels Akten 1786 bis 1826.
[39] NÖLA, NÖ Reg. V, Civil-Mädchen-Pensionat. 1800-1844, Fasz. 11/6 Nr.6137/1826.

Welt beybehalten hat, sich weiter fortgebildet, und sich Ehren erworben hat, jeder anderen Person vorzuziehen wäre, weil sie mit den Gebräuchen des Hauses, der Einrichtung und Erziehungsweise bekannt [sei]; schon als Zögling zeichnete sie sich durch ihr sittliches Betragen und Fleiß in jeder Rücksicht aus; in denen Herrschaftshäusern in welchen sie als Erzieherin die Ehre zu dienen hatte, machte sie sich Ehre, und war sehr gut angesehen und geschätzt. Sie hat sehr viel Verstand, und was noch mehr ist, viel gesunde Vernunft und Beurtheilungskraft, welches bey der Erziehung eine wünschenswerte Eigenschaft ist. Übrigens ist sie sehr wissentlich, hat sich in der grossen Welt noch mehr gebildet und spricht sehr gut die französische Sprache (...)«.[40]

Die Studienhofkommission bewilligte die Verleihung der Stelle an Magdalena Lenz, vermerkte aber, in Zukunft sei bei Besetzung einer Stelle ein »Concurs« auszuschreiben. Ob eine Absolventin eine Stelle als Lehrerin finden konnte oder als Gouvernante diente, hing natürlich auch vom Arbeitsmarkt ab, der besonders in politischen Krisenzeiten und in Zeiten der Finanzschwäche des Staates sehr prekär war (1811 war der österreichische Staat praktisch bankrott). So ist es gerade für die Krisenjahre 1810-1815 auffallend, dass viele Mädchen eine Stelle als Gouvernante antraten – für den Ausbau des Bildungssystems, und überhaupt für die Mädchenbildung, waren keine Mittel vorhanden.

Ein großer Teil der Mädchen war zu den Eltern(-teilen) zurückgekehrt und lebte in deren Haus. Manche kümmerten sich als Quasi-Erzieherin um die Kinder von Verwandten. Wir können annehmen, dass nicht alle eine eigene Familie gründen konnten oder eine Möglichkeit fanden, ihren Lebensunterhalt selbst zu verdienen. Sie werden wohl als unbezahlte Tanten von Verwandten unterstützt worden sein oder sich um eine der vielen Fonds, Stiftungen oder wohltätige Gaben bemüht haben.

Auffallend hoch ist die Zahl der in der Pensionatszeit Verstorbenen. Obwohl nur gesunde Mädchen aufgenommen wurden, war die Sterblichkeit offensichtlich auch im Jugendalter hoch; als Todesursachen finden sich Diphtherie, Faulfieber, Auszehrung. Die Lungentuberkulose war weit verbreitet, und die schlechten räumlichen Verhältnisse – zugige Stiegen und Korridore, ein feuchter kellerartiger Speisesaal, die vorwiegend sitzende Lebensweise und zu wenig Bewegung an der frischen Luft – trugen sicher zur Ausbreitung von Infektionskrankheiten bei.[41]

---

[40] NÖLA, NÖ Reg. V, Normalien, K.4710 1826-1833, 22896/1826.
[41] Vgl. Lougee, Carolyn C.: »Its Frequent Visitor«. Death at Boarding School in Early Modern Europe. In: Barbara J. Whitehead (ed.): Women's Education in Early Modern Europe. New York 1999, S. 193-224.

Zusammenfassend lässt sich sagen, dass die offizielle Bildungspolitik des Habsburgerstaates für das Civil-Mädchen-Pensionat eindeutig von utilitaristischen Zielsetzungen des monarchischen Absolutismus bestimmt war. Die Absolventinnen sollten durch eine Verbesserung des Bildungsstandes der Mädchen zum *bonum commune* beitragen und wurden als Lehrerinnen in staatstragender und systemstabilisierender Funktion eingesetzt. Hier wird in einem dualen Zugriff ein wahrer Spagat zwischen absolutistischer Beherrschung der Untertanen und moderner = aufgeklärter Bildungsoffensive versucht: Die Bildung der Töchter wird gefördert, um ihre spätere Versorgung klarzustellen – damit bindet der Staat seine Beamten enger an sich. In dem Beispiel der Frauen des Civil-Mädchen-Pensionats zeigt sich, wie sinnvoll es ist, Geschlecht als eine relationale Kategorie zu sehen: Diese Frauen waren nicht nur qua Geschlecht definiert und determiniert, sondern ganz explizit auch durch ihre Herkunft aus dem Beamtentum und durch ihr Alter (ganz scharfe Aufnahmekriterien, die auch nicht überschritten werden durften – »Normalalter«), durch ihre körperliche Verfasstheit (physische, ärztlich kontrollierte Konstitution) und ihre intellektuelle Leistung (Prüfungsnoten). Die Lehrerinnen unter diesen Frauen hatten innerhalb des Staates eine vielleicht zu wenig beachtete Stellung. Sie wurden vom Staat ex lege beachtet, wenn auch die staatsrechtliche Konsequenz von Frauen im öffentlichen Dienst nicht konsequent zu Ende gedacht wurde. Sie waren die ersten Frauen, die eine professionelle Berufsausbildung vom Staat erhalten hatten[42] und in Ausübung dieser Profession auch bezahlt und sogar in das Pensionssystem eingebunden waren. Sie führten ein im Bildungsbürgertum verankertes Leben und tradierten dessen Wert- und Normenvorstellungen auch bei ihren Töchtern. Die Frauen, die ihre Subsistenz aus dem Gouvernantendasein sicherten, führten sicher ein abhängigeres Leben als die Lehrerinnen, doch war der Gouvernantenberuf einer der wenigen Bildungsberufe, für die überhaupt ein Arbeitsmarkt vorhanden war.[43] Durch die weitere politische Entwicklung im Habsburgerreich wurde die Priorität dieser Bildungsinstitution weit nach hinten gereiht. Das Civil-Mädchen-Pensionat arbeitete, ohne große Förderungen zu er-

---

[42] Vgl. Barth-Scalmani, Gunda: Geschlecht: weiblich, Stand: ledig, Beruf: Lehrerin. Grundzüge der Professionalisierung des weiblichen Lehrberufs im Primarschulbereich in Österreich bis zum Ersten Weltkrieg. In: Brigitte Mazohl-Wallnig (Hg.): Bürgerliche Frauenkultur im 19. Jahrhundert. Wien/Köln/Weimar 1995, S. 343-400.

[43] Hardach-Pinke, Irene: Erziehung und Unterricht durch Gouvernanten. In: Elke Kleinau/ Claudia Opitz (Hg.): Geschichte der Mädchen- und Frauenbildung, Bd. 1. Vom Mittelalter bis zur Aufklärung. Frankfurt, M. 1996, S. 409-427.

fahren, aber auch ohne behindert zu werden, bis zur großen Schulreform – der Einführung des Reichsvolksschulgesetzes 1869 und der damit verbundenen staatlichen Lehrerinnenausbildung – weiter und erhielt ein eigenes Statut und 1875 schließlich das Öffentlichkeitsrecht. Bis dahin war es zusammen mit dem Offizierstöchter-Pensionat die einzige Institution zur Lehrerinnenausbildung in Österreich gewesen.

Über das Selbstverständnis der Mädchen ist mangels autobiographischer Schriften nur zu mutmaßen. Sicherlich waren sie sich bewusst, dass das erworbene Wissen und die Bildung, die sie in dieser Institution erworben hatten, ihr einziges Kapital und ihre Ressource für ein eigenständiges Leben waren. Als Illustration mag hier ein Festgedicht dienen, das von einer Absolventin zur Abschlussfeier 1820 gedichtet wurde:

Wissen als Kapital/Ressource

»Ich trete hier aus dem verehrten Kreise
für den mein Herz so heiß vom Danke schlägt,
Wo man mit zarter liebevoller Weise
zum Guten mich geführt – geschützt – gepflegt;
Das Leben ist, so sagt man – eine Reise
Das Wissen ist der Reichthum, den man trägt,
wohl uns! Stets war es hier der Obern Streben
Uns viele solcher Schätze mitzugeben«.[44]

Abkürzungen

ÖSTA Österreichisches Staatsarchiv
AVA Verwaltungsarchiv
STHK Studienhofkommission
NÖLA Niederösterreichisches Landesarchiv

---

[44] NÖLA, NÖ Reg. V, Civil-Mädchen-Pensionat, Fasz. 11/6, Nr. 2675/1820. Dies ist auch der Abbildungsnachweis für nebenstehendes Festgedicht, das die oben zitierte Strophe enthält.

Ich taumle noch aus einem Rausche
Für den mein Herz so heiß vom Danke schlägt,
Wo man mit zartem liebevollem Reize
Zum Guten mich geübet, – geschützt, – gepflegt;
Das Leben ist, – so sagt man – eine Reise,
Das Wissen ist der Reisestab, den man braucht,
Recht süss! Bald wird ein Obern Knaben
Und einen solchen Schätzen mitzugeben.

Annette Fulda

»Da dergleichen Exempel bey dem weiblichen Geschlechte insonderheit in Deutschland etwas rar sind«: Gelehrtes Wissen, ärztliche Praxis und akademische Promotion Dorothea Christiana Erxlebens (1715-1762)

Die erste Promotion einer Frau in Deutschland

Noch bevor an der neu gegründeten Universität Halle der Lehrbetrieb aufgenommen wurde, forderte Christian Thomasius 1691 den Abschied von weltabgewandter, pedantischer Gelehrsamkeit: »Miste für allen Dingen deinen Verstand aus, das ist, lege die Verhinderungen weg und bestreite die praejudicia als den Ursprung aller Irrtümer.«[1] Vorurteilskritik und eine naturrechtlich geprägte Argumentation führten dazu, dass er Frauen nicht nur intellektuelle Ebenbürtigkeit zugestand, sondern auch Partei für Autorinnen gelehrter Bücher nützlichen Inhalts ergriff.[2] Dorothea Christiana Erxleben geb. Leporin aus Quedlinburg berief sich auf seine Auffassung, als sie feststellte, »daß Weibes- so wol als Mannes-Personen zur Gelehrsamkeit fähig seyn.«[3] Sie war die erste Frau Deutschlands, die 1754 an der Universität Halle im Fach Medizin promoviert wurde.[4] Mehr zufällig hatte ihr Vater entdeckt, dass sie als Kind gerne lernte,

---

[1] Thomasius, Christian: Ausübung der Vernunftlehre. Hildesheim 1998, S. 16.
[2] Ebd., S. 248f.
[3] Leporin, Dorothea Christiana: Gründliche Untersuchung der Ursachen, die das weibliche Geschlecht vom Studiren abhalten (1742). Hildesheim 1975, S. 57.
[4] Kaiser, Wolfram/ Krosch, Karl-Heinz: Zur Geschichte der Medizinischen Fakultät der Universität Halle im 18. Jahrhundert: Zum 250. Geburtstag von Dorothea Christiana Erxleben (1715-1762). In: Wiss. Zs. der Martin-Luther-Univ. Halle-Wittenberg 14 (1965), S. 269-302; Böhm, Heinz: Dorothea Christiana Erxleben. Quedlinburg 1985; Knabe, Lotte: Die erste Promotion einer Frau in Deutschland zum Dr. med. an der Universität Halle 1754. In: 450 Jahre Martin-

und hatte sie daher am Unterricht ihres jüngeren Bruders teilhaben lassen. Ihrem Vater, einem wissenschaftlich vielseitig interessierten Arzt, und dessen gebildetem Umkreis verdankte sie vieles: Unterweisung in der lateinischen Sprache, Zugang zu den wichtigsten medizinischen Autoren ihrer Zeit und praktischen Unterricht am Krankenbett. Dorothea Christiana hatte schon 1741 von Friedrich II. die Sondererlaubnis erwirkt, mit ihrem Bruder an der Universität Halle Medizin studieren zu dürfen. Danach war sie 1742 mit einer »Gründlichen Untersuchung der Ursachen, die das weibliche Geschlecht vom Studiren abhalten« an die Öffentlichkeit getreten, in der sie Kritik an Vorurteilen und überkommenen Gewohnheiten übte, die als falsche Denkgewohnheiten zu entlarven seien. Der Plan, die Universität zu besuchen, kam nicht zur Ausführung, weil sie im selben Jahr den verwitweten Diakon Erxleben heiratete, der fünf Kinder mit in die Ehe brachte. Gemeinsam hatten sie noch vier weitere. Durch die wachsende Zahl von Patientinnen und Patienten, die sich von ihr behandeln ließen, zog sie sich den Zorn der ordentlich approbierten Ärzte zu. Eine Beschwerde gegen ihr unerlaubtes Praktizieren gab ihr erst den Anstoß, sich um eine Promotion zu bemühen. Der medizinischen Fakultät der Universität Halle reichte sie eine Dissertation pharmakologischen Inhalts ein und bestand das Rigorosum. Promoviert wurde sie erst, nachdem sich die Fakultät noch einmal der Rechtmäßigkeit dieses Vorgangs beim König vergewissert hatte. Der König band seine Zustimmung zu ihrer Ausübung des Arztberufs an die Einhaltung der gültigen Vorschriften. Allen war die nationale Bedeutung der ersten Promotion einer Frau an einer deutschen Universität bewusst, denn gelehrte Frauen waren in Deutschland seltener anzutreffen als beispielsweise in Italien oder Frankreich. Mit ihrer Pro-

---

Luther-Univ. Halle-Wittenberg Bd. 2, Halle 1952, S. 109-124; Scheffold, Andrea: Dorothea Christiana Erxleben, geb. Leporin, Diss. Univ. Münster 1995; Reitzammer, Margrid: Dorothea Christiana Erxleben: »Ich urteilte, daß auch Frauenspersonen nach Gelehrsamkeit trachten sollten (...)«. In: Iris Bubenik-Bauer u.a. (Hg.): Frauen in der Aufklärung. Frankfurt, M. 1995, S. 194-213; Haase, Annemarie: Dorothea Christiana Erxleben. In: dies. (Hg.): Können, Mut und Phantasie. Weimar 1993, S. 57-70; dies.: Dorothea Christiana Erxleben, geb. Leporin. In: Dieter Dolgner (Hg.): Zur Kultur- und Sozialgeschichte Sachsen-Anhalts. Halle 1995, S. 209-215; Niemeyer, Beatrix: Ausschluß oder Ausgrenzung? Frauen im Umkreis der Universitäten im 18. Jahrhundert. In: Claudia Opitz/ Elke Kleinau (Hg.): Geschichte der Mädchen- und Frauenbildung, Bd. 1: Vom Mittelalter bis zur Aufklärung, Frankfurt, M. 1996, S. 275-294; Beaucamp, Gerta: Das Testament der Dr. Dorothea Christiana Erxleben. In: Mitteldeutsches Jahrbuch für Kultur und Geschichte 4 (1997), S. 59-67; Fischer-Defoy, Werner: Die Promotion der ersten deutschen Ärztin, Dorothea Christiana Erxleben, und ihre Vorgeschichte. In: Archiv für Geschichte der Medizin 4 (1911), ND Wiesbaden 1964.

motion hatte sie es der berühmten Laura Bassi in Bologna gleichgetan, die nach der Promotion in Physik 1732 sogar einen Lehrstuhl innehatte. Als Ärztin praktizierte Dorothea Christiana Erxleben nach zeitgenössischen Quellen in einer »weitläufigen und sehr glücklichen Praxis.«[5] Sie starb mit 47 Jahren 1762 in ihrer Heimatstadt Quedlinburg. Ihr Stiefsohn sagte von ihr, sie habe »nie bloß maschinenmäßig, sondern nach reiflicher Überlegung in jedem Fall« gehandelt.[6]

Hatten die zeitgenössischen Forderungen nach Geltung der Vernunft in allen Lebensbereichen vereinzelt auch praktische Konsequenzen für den Zugang von Frauen zu Bildung und Wissenschaft eingeschlossen, so änderte sich dadurch nichts am männlichen Zugangsmonopol zur Universität. Ihre Promotion an einer höheren Fakultät einer deutschen Universität sollte ein Einzelfall für die nächsten 150 Jahre bleiben, bis eine reguläre Ausbildung von Ärztinnen auch hier durchgesetzt werden konnte.[7]

Die wenigen Frauen, die im 18. Jahrhundert promoviert wurden, waren Ausnahmeerscheinungen. Erste Vergleiche der Handlungsmöglichkeiten von Frauen mit wissenschaftlichen Interessen lassen sich anstellen, wenn, wie es Beate Ceranski vorgeschlagen hat, verschiedene typisierende Modelle des Wissenserwerbs gebildet werden.[8] Diese können in lang tradierten Kontexten stehen oder auf spezifisch aufklärerische Ideale zurückgehen. Für Dorothea Christiana trifft vieles nicht zu, weder das Wunderkind-Modell des Renaissance-Humanismus noch das Modell der hochadeligen Gastgeberinnen zur Zeit des aufblühenden Akademiewesens des 17. Jahrhunderts noch die wissenschaftlich interessierte Frau als Zielgruppe für die Popularisierung wissenschaftlicher Erkenntnisse. Nach Ceranskis Systematik ist sie vielmehr zu den Frauen zu zählen, die nach

---

[5] Nachricht von einigen Gelehrten des schönen Geschlechts. In: Hannoverische Beyträge zum Nutzen und Vergnügen, 41. Stück, 4. Teil, 21. 5. 1762, S. 662.

[6] Erxleben, Friedrich Georg Christian: Nachricht von einigen Lebensumständen der Fr. Dorothee Christiane Erxleben. In: Journal von und für Deutschland 6 (1789), S. 352.

[7] Dorothea Schlözer wurde 1787 in Göttingen an der philosophischen Fakultät, die nicht zu den höheren Fakultäten zählte, promoviert. Im 19. Jahrhundert erhielten 1817 und 1819 zwei Frauen aus der Familie von Siebold den Doktortitel für das medizinische Teilgebiet der Geburtshilfe an der Universität Gießen, Charlotte Heidenreich von Siebold 1817 sowie ihre Mutter Regina Josepha von Siebold 1819 ehrenhalber.

[8] Ceranski, Beate: Wunderkinder, Vermittlerinnen und ein einsamer Marsch durch die akademischen Institutionen. In: Tugend, Vernunft und Gefühl. Hg. von Claudia Opitz. Münster 2000, S. 288; dies.: Wissenschaftlerinnen in der Aufklärung: Überlegungen zu einem vergleichenden Ansatz. In: Meinel, Christoph (Hg.): Geschlechterverhältnisse in Medizin, Naturwissenschaft und Technik. Stuttgart 1996, S. 55-61.

dem Modell des Handwerks und der Werkstatt »in zunftähnlich angelegten Strukturen, meistens von der Familie ausgehend, Zugang zu den verschiedensten Wissenschaften«[9] erlangten. Handwerkstraditionen prägten im frühneuzeitlichen Europa – besonders in Deutschland – nach wie vor das Arbeitsleben, und diese starken Traditionen konnten Frauen den Weg in die Wissenschaft ebnen.[10] Daher liegt auch die Vermutung nahe, dass in vielen Forschungen und Publikationen des 17. und 18. Jahrhunderts »noch weit mehr Frauenarbeit steckt, als wir heute wissen.«[11] Konzentrierte man dieses Modell auf Wissen, das von der Familie ausgehend erworben wurde, hieße das, vom Modell des Haushalts überhaupt zu sprechen. In der Heilkunde konnten Frauen durch Gehilfinnentätigkeit praktische Kenntnisse erwerben, die sich durch Bücherstudium fundieren ließen. So wird der Blick auf die weniger bekannten gelehrten Frauen gelenkt, die zwar nicht zur Berühmtheit einer Laura Bassi oder Dorothea Christiana Erxleben gelangten, denen es in vergleichbaren Strukturen aber ebenfalls gelang, einen hohen Bildungsgrad zu erwerben.[12]

Geförderte Begabung und Rollenkonflikte einer jungen Frau

Dorothea Christiana entzog sich der Beschwerde der Ärzte über ihr unerlaubtes ärztliches Praktizieren durch eine Promotion. Die Voraussetzungen waren durch ihren Vater Christian Polycarp Leporin geschaffen worden, in dem sie einen »getreuen Vater, einen geschickten und vorsichtigen Arzt und unermüdeten Lehrer«[13] gehabt hatte. Dessen Unterricht hatte sie sich »fleißig zu Nutze« gemacht,

»wenn er meinen Bruder zu seinen academischen Studiis vorzubereiten, so wol die theoretischen als practischen Teile der Medizin mit ihm durchging (…) Er unterließ auch nicht, die von ihm vorgetragenen theoretischen und praktischen Lehren durch Exempel, die seiner Praxis vorfielen, zu erläutern und zu befestigen (…) Zuweilen mußte ich zu meiner Übung schwere in

---

[9] Ceranski: Wunderkinder, S. 289.
[10] Das Werkstatt-Modell kommt besonders bei den astronomisch tätigen Frauen zum Tragen. Londa Schiebinger errechnete, dass 14% aller Astronomen in Deutschland zwischen 1650 und 1710 Frauen waren. Schiebinger, Londa: Wissenschaftlerinnen im Zeitalter der Aufklärung. In: Opitz/ Kleinau (Hg.): Geschichte der Mädchen- und Frauenbildung (wie Anm. 4), S. 299.
[11] Ebd.
[12] Zum Beispiel die Astronominnen der Familie Kirch in Berlin, die Astronominnen Caroline Herschel und Maria Cunitz, die Botanikerin und Pädagogin Catharina Helena Dörrien. Schiebinger, Londa: Schöne Geister. Frauen in den Anfängen der modernen Wissenschaft. Stuttgart 1993.
[13] Reitzammer: Dorothea Christiana Erxleben (wie Anm. 4), S. 202.

seiner Praxi vorgefallene Casus ausarbeiten, auch wenn er krank oder abwesend war, seine Patienten besuchen und abwarten.«[14]

In ihrer anlässlich der Promotion verfassten Vita schreibt sie, dass der gemeinsame Unterricht für beide Kinder förderlich gewesen sei, denn sie habe dadurch ihre ständigen Krankheiten besser ertragen und ihr Bruder mehr Gefallen am Lernen gefunden. Sie lernte an der Seite ihres Bruders Latein, Griechisch und Französisch[15] sowie »humaniora« und »nützliche Wissenschaften«. Zum häuslichen Unterricht trugen Personen, die mit ihrem Vater bekannt waren, wie der Rektor und der Konrektor des Gymnasiums, bei. Diese ermutigten sie, sich weiterhin intensiv dem Studium zu widmen. Sie umging so erfolgreich die Ausgrenzung, die das humanistische Gymnasium für Mädchen bedeutete[16], und sicherte sich mit der Kompetenz im Lateinischen eine Zugangsvoraussetzung zur Universität. Ihr Vater zählte keineswegs zu denen, die ihren Töchtern die Bücher aus den Händen rissen, sobald diese ihre »Gemüter durch die darin enthaltenen Lehren verbessern wollten«[17], aber auch nicht zu denen, die von vornherein ein gelehrtes Wunderkind heranbilden wollten.

Dorothea Christiana setzte sich mit dem Vorwurf auseinander, dass eine studierende Frau die Haushaltsführung vernachlässige und keine gute Ehefrau und Mutter sei. In Zedlers Universallexikon heißt es dazu, Frauen seien oft an gelehrten Studien interessiert, und es sei kein Zweifel daran, dass »Weibs-Personen studiren können. (…) Denn die Natur teilt auch oftmals diesem Geschlechte hinlängliche Fähigkeiten mit; und wir haben Exempel vieler gelehrten Frauenzimmer.«[18] Solle ein Studium aber der Befähigung zu einem Beruf dienen, so seien sittliche Gegebenheiten zu beachten. Da die Menschheit nun aus Männern und Frauen bestehe und es Gottes Absicht sei, dass die Frauen »vornehmlich dem

---

[14] Ebd., S. 201.
[15] Tobias Eckard sandte ihr »epistolas graecas latinasque Olympiae Fulviae«. Vgl. Anhang zu Dorothea Christiana Erxlebens »Akademische Abhandlung von der gar zu geschwinden (…) Heilung der Krankheiten«. Halle 1755. Die Ärzte sprechen vom Lateinischen und Französischen, dessen sie sich bedienen wolle, um doktormäßig zu erscheinen. Fischer-Defoy: Die Promotion (wie Anm. 4), S. 452.
[16] Seine Etablierung hatte die Kluft in der Ausbildung zwischen Jungen und Mädchen verschärft, die auch durch vereinzelte Beiträge weiblicher Schulorden zur höheren Mädchenerziehung nicht aufgefangen wurde. Wensky, Margret: Mädchen- und Frauenbildung in der spätmittelalterlich-frühneuzeitlichen Stadt. In: Wilhelm Janssen (Hg.): Mitteleuropäisches Städtewesen in Mittelalter und Frühneuzeit. Köln 1999, S. 21-40.
[17] Lehms, Georg Christian: Deutschlands galante Poetinnen, 1715, Vorrede.
[18] Art. Studiren, Studien. In: Johann Heinrich Zedler: Großes vollständiges Universallexikon, Bd. 40 (1744). ND Graz 1962, Sp. 1202.

Hauswesen vorstehen sollen, so haben sie sich auch vornehmlich um solche Dinge zu bekümmern, und wo sie studieren, solches nach diesen moralischen Umständen einzurichten.«[19] Die Vereinbarkeit von Studium und Haushalt war also für Zedler eine conditio sine qua non des Frauenstudiums. Dorothea Christiana war wie Zedler der Meinung, dass jede Frau etwas von Haushaltsführung verstehen müsse, entschied jedoch, dass dies kein Hindernis für das Studium darstelle. Da sich die für den Haushalt erforderliche Zeit oftmals beschränken lasse,[20] könne Zeit für das Studieren gewonnen werden. Gegebenenfalls sei auf die Mithilfe anderer Personen im Haushalt zurückzugreifen. Sie selber sagte über sich in ihrer Vita, »daß es sehr wohl möglich sey, bey verschiedenen häuslichen Geschäften so wol ein Buch mit Nutzen zu lesen, als auch den Unterricht des Lehrenden anzunehmen.«[21] Die Unterweisung ihres Vaters und der Lehrer nahm sie »umso williger an«, als sie erkannt hatte, dass »alle wohlgesittete junge Frauenspersonen in denen Studiis eben so fleißig, als in Dingen, die Haushaltung betreffend, müßten unterwiesen werden.«[22] So konnte sie ein »gelehrtes Frauenzimmer« werden, ohne mit den traditionellen Frauenrollen der Hausfrau und Mutter in inneren Konflikt zu geraten. Das traditionelle Frauenbild hatte sie, ähnlich wie Christiana Mariane von Ziegler in ihrer »Abhandlung, ob es dem Frauenzimmer erlaubt sey, sich nach Wissenschaften zu bestreben« (1739),[23] »keineswegs verworfen«.[24]

Bei ihrer Promotion im Alter von 39 Jahren wurde besonders zur Kenntnis genommen, dass es sich bei der Kandidatin um eine gestandene Frau, eine Matrone, handelte, die ihre Ausführungen mit »bewundernswürdiger Annehmlichkeit und Ernsthaftigkeit«[25] machte. Andere Frauen, die im 18. Jahrhundert an deutschen oder italienischen Universitäten akademische Grade erhielten, genannt seien Laura Bassi (1732), Anna Christina Ehrenfried von Balthasar

---

[19] Ebd.
[20] Leporin: Gründliche Untersuchung (wie Anm. 3), S. 102.
[21] Reitzammer: Dorothea Christiana Erxleben (wie Anm. 4), S. 201.
[22] Ebd.
[23] Christiane Mariane von Ziegler trug diese Abhandlung vor der Deutschen Gesellschaft in Leipzig vor und veröffentlichte sie 1739 in ihren vermischten Schriften. Zit. nach: Niemeyer: Ausschluß (wie Anm. 4), S. 281.
[24] Haase: Dorothea Christiana Erxleben (wie Anm. 4), S. 60.
[25] Programma der Dissertation, Anhang zu Dorothea Christiana Erxleben (wie Anm. 15), S. 143.

(1750)[26] oder später Dorothea Schlözer (1787), waren dagegen noch sehr junge, unverheiratete Frauen gewesen.[27] Als sich Dorothea Christiana zur Promotion entschloss, zogen die ärztlichen Kollegen über das »ordentliche Paradoxon« her, das sie als gerade noch schwangere Ehefrau und Mutter darstellte, die »aus dem Wochen Bette unter dem Doctor Huth kriechen« wolle.[28] Dieses Paradoxon erwies sich aber als keineswegs unlösbar, denn sie stellte mit ihrer Promotion unter Beweis, dass die Pflichten einer Hausfrau und Mutter der ärztlichen Tätigkeit und der wissenschaftlichen Qualifikation nicht notwendig zuwiderlaufen mussten.

Wege zu medizinischen Kenntnissen: Bücherstudium, gelehrter Unterricht und praktische ärztliche Tätigkeit

In der Beschwerde gegen das unerlaubte Praktizieren zogen die Ärzte Dorothea Christianas Können auch deswegen in Zweifel, weil es Bücherwissen sei. Sie kombinierten diese Polemik mit einem Angriff auf ihren »foemininischen Verstand.« Jemand, der das ärztliche Praktizieren lernen wolle, müsse »Mutterwitz« mitbringen, sonst sei »alle Gelehrsamkeit vergebens.«[29] Die Notwendigkeit, den akademischen Ärzten bereits an der Universität Einblicke in die Praxis zu vermitteln, hatte sich Mitte des 18. Jahrhunderts in den Curricula niedergeschlagen. Obwohl sie keine Universität besucht hatte, mangelte es Dorothea Christiana nicht an gründlichem Studium der Schriften berühmter Ärzte und an ärztlicher Praxis.[30]

Als Beleg dafür, »daß auch das weibliche Geschlecht bloß durch Lesung guter Bücher zu einer guten Wissenschaft«[31] kommen könne, führte ihr Vater die

---

[26] Schönfeld, Walter: An deutschen Universitäten graduierte Frauen des 18. Jahrhunderts. In: Gerhardt Katsch (Hg.): Das 500-jährige Jubiläum der Universität Greifswald 1956. Greifswald 1961, S. 261-264.

[27] Laura Bassi wurde im Laufe ihrer akademischen Karriere als Ehefrau und Mutter »sorgfältig daraufhin beobachtet, ob sie den damit verbundenen Aufgaben und Pflichten zufrieden stellend nachkam«. Ceranski: Wunderkinder (wie Anm. 8), S. 300.

[28] Fischer-Defoy: Die Promotion (wie Anm. 4), S. 448.

[29] Ebd., S. 453.

[30] Sie nennt in ihrer Vita Stahls Theoria medica vera, Albertis Introductio in universam medicinam, Joh. Junckers Conspectus Physiologiae und Heisters Compendium Anatomiae. Reitzammer: Dorothea Christiana Erxleben (wie Anm. 4), S. 201.

[31] Leporin, Christian Polycarp: Kurze doch gründliche Erörterung einiger die zurückgebliebene Nach-Geburt betreffende Fragen. Leipzig 1728, Anm. S. 18. Justina Siegemund hatte den Beruf

berühmte brandenburgische Hofhebamme Justina Siegemund an. Auch Johanne Charlotte Unzer, geb. Ziegler (1724-1782), die dichtende und philosophierende Zeitgenossin, sprach die Schwierigkeit an,

»ohne Unterricht von selbst gelehrt zu werden. Ein mündlicher Vortrag prägt sich dem Gemüt weit mehr ein als ein schriftlicher: allein es gibt unter uns wenig Gelegenheit, von andern unsers Geschlechts durch mündlichen Vortrag etwas zu lernen, und Mannspersonen sich in diesem Stücke anzuvertrauen, wollte ich niemandem raten; nicht weil ich etwan glaubte, als wäre es unserm Geschlechte unmöglich, mit einer Mannsperson umzugehen, ohne in einem verliebten Kriege entweder zu siegen, oder überwunden zu werden; sondern, weil es, vornehmlich hier zu Lande, fast unmöglich fällt, mit einer Mannsperson umzugehen, ohne in den Verdacht zu geraten, dass man mit ihr nichts Gutes vornehme. (...) Man muß sich also mit Schriften behelfen.«[32]

Dagegen glaubte Dorothea Christiana, dass die sittlichen Bedenken gegen die Koedukation überwunden werden müssten, ebenso wie viele andere alte Gewohnheiten, an denen man aufgrund von Vorurteilen festhalte.[33] Dennoch übersah sie die Schwierigkeiten nicht, wenn sie von der Vorsicht sprach, die »dabei walten müsse, wenn das weibliche Geschlecht fremden Praeceptoribus soll anvertrauet werden, insonderheit aber wie bedenklich es seyn würde, Frauens-Personen in die Fremde mitten unter die Herren Studiosos zu senden.«[34] Ihr war bewusst, dass die Verhältnisse im Elternhaus großen Einfluss auf die Ausbildung von Mädchen hätten, vor allem, wenn sie durch fehlende Bücher, Unterricht und finanzielle Mittel gekennzeichnet seien. Mit dem ihr eigenen Optimismus forderte sie, diese Schwierigkeiten aber nicht größer zu machen, als sie wirklich seien. Dies führe sonst aus Bequemlichkeit zur Konsequenz, dass die Mädchen »frühzeitig aus der Schule lauffen, und zum Spinn Wocken ihre retirade nehmen, welchen zu erreichen nicht solche Schwürigkeiten im Wege stehen.«[35] Bücherstudium und gelehrten Unterricht nahm sie als unabdingbare Voraussetzungen für den Studienerfolg an. Sie gab aber zu bedenken, dass ohne die eigene »Meditation«[36] über die Gegenstände sich dieser schwerlich einstellen werde.

---

der Hebamme gewählt, obwohl sie selber keine Kinder geboren hatte. Ihr theoretisches Interesse an der Geburtshilfe war geweckt worden, nachdem sie selber von verschiedenen Hebammen und Ärzten wegen einer Scheinschwangerschaft behandelt worden war.

[32] Zit. nach: Gehring, Thomas A.: Johanne Charlotte Unzer-Ziegler 1725-1782. Frankfurt, M. 1973, S. 9.
[33] Leporin: Gründliche Untersuchung (wie Anm. 3), S. 82.
[34] Ebd., S. 73.
[35] Ebd.
[36] Ebd., S. 76f.

Gewichtige Einwände gegen das Frauenstudium kamen zum Tragen, wenn es um die praktische medizinische Ausbildung von Frauen ging. Vorstellungen von Schicklichkeit und Scham und von einem spezifischen »pudor sexus« standen besonders dem Erwerb von Kenntnissen in der Anatomie entgegen, weil das Anschauen eines nackten Körpers stark tabuiert war. Daraus nun für die ärztliche Tätigkeit die Forderung abzuleiten, dass »die Natur fordere, daß Männer Männer und Frauen Frauen heilen«,[37] findet sich bereits 1671/1676 in Dissertationen bei Jacob Thomasius. Dorothea Christianas Vater Christian Polycarp Leporin war in dieser Frage der Auffassung, dass eine Ärztin »Mannes Personen gar nicht, oder doch wenigstens bey gewissen Fällen nicht in die Cur nehmen«[38] solle. Er gab zu bedenken, dass es auch keine Beleidigung der Scham darstelle, wenn »das Frauenzimmer sich selbst und andere nach der Struktur und denen im Cörper vorkommenden Verrichtungen kennen lernet, und weiß wie es im gesunden und kranken Menschen daher gehet.«[39] Um der Vorstellung, dass eine Frau auf der Universität Vorlesungen bei einem »gravitaetischen Professoris« hören sollte, ihren Schrecken zu nehmen, stellte er einen Vergleich an: einmal »ein erwachsen Frauenzimmer, [das] in einer so nöthigen Sache einen ehrbaren Lehrer mit geziemender Behutsamkeit von natürlichen Dingen raisoniren höret, oder davon lieset«, und zum anderen »Predigten [, in denen] von eben solchen Materien ohne Noth und ohne Nutzen dergestalt safftig gehandelt wird, als in einem Collegio Physiologico nicht nöthig sein würde.«[40]

Anders als in der Bittschrift »Anlegung einer Universität für das schöne Geschlecht« (1747), nach der auch medizinische Spezialfächer wie Physiologie, Anatomie, Pathologie, Diätetik und Therapeutik in den Lehrplan integriert wer-

---

[37] Thomasius, Jacob (Praeses)/ Sauerbrei, Smalcius: De foeminarum eruditione (1676). Zit. nach Gössmann, Elisabeth: Das wohlgelahrte Frauenzimmer. München 1984, S. 108. Siehe auch: Nachricht von einigen Gelehrten des schönen Geschlechts (wie Anm. 5), Sp. 666: »In der Arzneygelahrtheit würde es eine würdige Bemühung der Frauenzimmer und von vorzüglichem Nutzen seyn, wenn sie sich nach dem Beispiel einer Erxlebin, einer Sigemundin, einer Voisenon u.a.m. eine Kenntnis derselben zu erlangen bemühten; wie viele Krankheiten gibt es nicht, von welchen manches Frauenzimmer seinem jungen Herrn Doctor die Ursache anzugeben sich scheuet, und welche es seines gleichen mit größter Offenherzigkeit entdecken würde?« Dieses Argument wurde im Kampf um die Zulassung der Frauen zum Medizinstudium im 19. Jahrhundert immer wieder angeführt.
[38] Leporin: Gründliche Untersuchung (wie Anm. 3), Vorrede Christian Polycarp Leporin, § 75 (ohne Pag.).
[39] Ebd., § 77.
[40] Ebd., § 78.

den sollten,[41] forderte Dorothea Christiana keine institutionalisierte medizinische Ausbildung für Frauen. Grundlegende Kenntnisse der Medizin hielt sie aber für nützlich, denn diese könnten zum Beispiel dabei helfen, einen geeigneten Arzt zu finden oder sich bis zu dessen Eintreffen als »vernünftiger Patient aufzuführen«.[42] Sie selber verfügte durch ihr Elternhaus über alle Voraussetzungen, sich für die ärztliche Tätigkeit nach dem Stand der Zeit zu qualifizieren. So konnte sie mittels Bücherstudium Kenntnis über einzelne Krankheitsbilder und die zugehörigen Therapieformen und Arzneimittel erwerben. Durch die Gehilfinnentätigkeit in der Praxis ihres Vaters erhielt sie darüber hinaus die Möglichkeit, Anamnese, Diagnose und Therapie praktisch zu erlernen.[43]

Nicht nur aus praktischen Gründen plädierte sie für medizinische Kenntnisse. Vielmehr bezog sie sich auf die Hoffmannsche »vernünftige Physikalische Theologie«,[44] nach der die Natur nicht bloß Kreatur sei, sondern am ursprünglichen göttlichen Sein Anteil habe. Da in ihr »die Kraft des göttlichen Wirkens lebendig«[45] werde, könne Naturerkenntnis zugleich Gotteserkenntnis sein, zu der beide Geschlechter berufen seien. So ließen sich an die physiko-theologische Anschauung emanzipatorische Forderungen anknüpfen. Die physiko-theologische Auffassung beeinflusste auch das Therapiekonzept pietistisch geprägter Ärzte. Statt der Verabreichung starker Brech-, Purgier- und schweißtreibender Mittel plädierten sie, allen voran Georg Ernst Stahl, für eine abwartende Haltung im Vertrauen darauf, dass die Natur von selber daran arbeite, das Schädliche aus dem Körper zu entfernen. Dorothea Christiana schloss sich dem in ihrer Disser-

---

[41] Der mutmaßliche Verfasser dieser in Göttingen erschienen Abhandlung ist Johann David Michaelis. Zit. nach: Hakemeyer, Ida: Bemühungen um Frauenbildung in Göttingen 1747. Göttingen 1949, S. 7. Einen »Vorschlag einer Jungfer-Academie« hatte Nicolaus Hermann Gundling, Professor in Halle, 1707 veröffentlicht. Auf Anregung von Luise Adelgunde Gottsched war 1744 in Königsberg eine »Frauenzimmer-Akademie« eingerichtet worden. Vgl. ebd., S. 3.

[42] Ebd., S. 152. Die ärztliche Literatur der Zeit ist voller »endloser, variationsreicher und drastischer Klagen« der Ärzte über die unvernünftigen Kranken, die in ihrer Unwissenheit, Sturheit und ihrem Aberglauben nicht den Arzt, sondern den Pfuscher »oder schlimmer noch die weise Frau« aufsuchten. Vgl. Loetz, Francisca: Faktoren ärztlicher Inanspruchnahme in Deutschland 1780-1830. In: Thomas Schnalke (Hg.): Die Grenzen des Anderen. Köln 1998, S. 30.

[43] Die Abhandlung ihres Vaters Christian Polycarp Leporin: »Der vernünftige und vorsichtige Haus-Arzt«. Leipzig 1730, S. 63, enthält einen Katalog von 37 Fragen, die an die Patienten gestellt werden konnten.

[44] Leporin: Gründliche Abhandlung (wie Anm. 3), S. 151.

[45] Cassirer, Ernst: Philosophie der Aufklärung. Hamburg 1998, S. 53.

tation an[46] und riet dazu, nur einfach zusammengesetzte Medikamente zu verabreichen, in der Therapie Stetigkeit zu wahren und sich dabei nicht von der Ungeduld des Patienten beeinflussen zu lassen.

Von der Kurpfuscherin zu Frau Dr. med. Erxleben

Die herabsetzende Bezeichnung »Pfuscher«, die Dorothea Christiana traf, bezog sich weniger auf die mangelnde Kompetenz als die Ungesetzlichkeit ihres Tuns. Mit den »Pfuschern« waren nicht nur die Laienbehandler gemeint, sondern auch approbierte Heilkundige, die die Grenzen ihres Faches überschritten oder nicht anerkannte Verfahren anwandten.[47] Ungesetzliche Überschreitungen des Kompetenzbereichs betrafen vor allem das »innerliche Curieren«, das von Rechts wegen den approbierten Ärzten vorbehalten war. Innerlich wirkende Arzneimittel waren in der Praxis aber nicht nur durch den Besuch eines meist kostspieligen Arztes erhältlich. Ob der Arzt immer die wirksamste Therapie anzubieten hatte, ist fraglich, denn es ist davon auszugehen, dass in den unterschiedlichen Heilkulturen gleichwertige Heilerfolge erzielt werden konnten.[48] Die Medizinalordnungen bemühten sich immer wieder um die klare Aufteilung der Kompetenzbereiche zwischen den lizenzierten Berufsgruppen wie Arzt, Chirurg und Apotheker und um die Ausgrenzung anderer Heilkundiger. Wie anderen Verordnungen, Edikten und Erlassen auch,[49] fehlte ihnen aber die normative Kraft. Die häufigen standespolitischen Klagen der Ärzte, die einen ausgesprochenen Eifer im Denunzieren von Pfuschern entwickelten, belegen, dass Ärzte gegen Konkurrenz mit allen Mitteln vorzugehen gesonnen waren und wie wenig wirksam das im preußischen Medizinal-Edikt von 1725 ausgesprochene Verbot der nicht-lizenzierten medizinischen Tätigkeit war. Die Beschwerde der Quedlinburger Ärzte 1753 machte deutlich, dass sie nicht nur Recht und Gesetz wie-

---

[46] Sie vertraute zwar auf die Weisheit der Natur, ihr Krankheitskonzept kam aber ohne den Begriff der Seele aus und unterschied sich daher von demjenigen Stahls. Scheffold: Dorothea Christiana Erxleben (wie Anm. 4), S. 64-69.
[47] Vgl. Probst, Christian: Fahrende Heiler und Heilmittelhändler. Rosenheim 1992, S. 49.
[48] Vgl. Loetz: Faktoren (wie Anm. 42), S. 44; Probst: Fahrende Heiler (wie Anm. 47), S. 44.
[49] Das gilt z.B. für Schuledikte und die strafrechtlichen Edikte, die von staatlicher Seite nur unzureichend durchgesetzt werden konnten. Vgl. Schlumbohm, Jürgen: Gesetze, die nicht durchgesetzt werden: ein Strukturmerkmal des frühneuzeitlichen Staates? In: Geschichte und Gesellschaft 23 (1997), S. 651.

der herstellen wollten, wenn sie sich gegen das unerlaubte »innerliche curieren« von Feldschern, Badern, Barbieren, Hebammen und anderen, insbesondere der Frau Erxleben wandten. Vielmehr sahen sie durch deren Tätigkeit ihre wirtschaftliche Existenz und ihre Ehre als Ärzte gefährdet.[50]

Der Prozess der »Vereinheitlichung heilpraktischer Kompetenzen zugunsten akademisch ausgebildeter männlicher Ärzte« war mit der Verdrängung anderer Berufsgruppen, wie zum Beispiel der Handwerkschirurgen,[51] verbunden und nicht zuletzt auch mit der Ausgrenzung heilkundiger Frauen. Grundlegendes Wissen um das Heilen von Krankheiten und die Anwendung von Heilkräutern gehörte aber nach wie vor zur Hausmutterpflicht.[52] In der zeitgenössischen medizinischen Literatur ist von karitativer Tätigkeit der Frauen gehobener Stände die Rede, die kostenlose Dienste am Kranken taten und einfache Arzneimittel an Bedürftige verteilten. Dagegen findet sich Polemik gegen Frauen, die sich nicht aus karitativen Motiven um Kranke kümmerten, sondern als Krankenwärterinnen oder Hebammen tätig waren. Auf sie wurden angeblich typisch weibliche Eigenschaften wie »Aberglaube, Klatschsucht, Vorwitz, Zank- und Streitsucht, dreiste Dummheit und Falschheit« projiziert.[53]

Dorothea Christiana Erxleben nahm in ihrem ausführlichen Schreiben, das sie zu ihrer Rechtfertigung an den Stiftshauptmann von Schellersheim übersandte, beides auf. Niemals sei sie »durch zu langes und unordentliches Gewäsch denen Patienten zur Last gewesen, daß dadurch üble Folgen wären veranlasset worden.«[54] Sie zählte sich vielmehr zu den karitativ tätigen Frauen, die aus »christlicher Liebe«[55] als Armenärztin wirkten.[56]

»Die größeste Zahl meiner Patienten machen solche aus, welche hoch und theuer versichern, und von denen man gewiß seyn kan, daß sie keinen Pfennig an ihre Gesundheit wenden können, wie ich denn bedürffenden Falls eine zieml. Anzahl darbringen könte, die ich unter dem Bey-

---

[50] Fischer-Defoy: Die Promotion (wie Anm. 4), S. 444.

[51] Sander, Sabine: Handwerkschirurgen: Sozialgeschichte einer verdrängten Berufsgruppe. Stuttgart 1989.

[52] Empfehlungen bei Autoren der Hausväter- und Hausmütterliteratur wie Florinus und Germershausen. Diesen Hinweis verdanke ich Frau Silke Lesemann.

[53] Elkeles, Barbara: Medicus und Medikaster: Zum Konflikt zwischen akademischer und empirischer Medizin im 17. und frühen 18. Jahrhundert. In: Medizinhistorisches Journal 22 (1987), S. 201.

[54] Fischer-Defoy: Die Promotion (wie Anm. 4), S. 449.

[55] Ebd.

[56] Auch ihr Stiefsohn Friedrich Georg Christian Erxleben sprach von ihrer »Uneigennützigkeit und Menschenliebe, die sie in Ansehung armer Kranker bewies«. Erxleben: Nachricht von einigen Lebensumständen (wie Anm. 6), S. 352.

stand Gottes von gefährlichen Zufällen glücklich befreyet, die mir aber nichts als die redlichsten Wünsche darvor gegeben, was haben meine Herren Gegener darüber zu zürnen für Uhrsach, wollen sie mir diese auch mißgönnen? oder womit wollen sie mich zwingen, denen würcklich Armen diese Arth des Almosens zu versagen? Sind einige gewesen, welche mich bezahlt haben, so ist dennoch die Bezahlung sehr billig gewesen.«[57]
Sie habe ihren Nächsten stets in redlicher Absicht mit dem dienen wollen, was sie rechtschaffen gelernt habe. Hätte der Stiftshauptmann von Schellersheim dem Gesuch der Ärzte nachgegeben und Dorothea Christiana ihre ärztliche Tätigkeit untersagt, wäre dies juristisch gesehen ein gewöhnlicher Vorgang gewesen.[58]

Im Grunde galt die Beschwerde wohl »besonders ihr, auf die es wahrscheinlich allein abgesehen war«, wie ihr Stiefsohn später nicht zu Unrecht mutmaßte.[59] Da Dorothea Christianas Fähigkeiten auf für die Zeit modernen wissenschaftlichen Kenntnissen beruhten und sie bereits über die Genehmigung zur Promotion verfügte, eröffnete ihr der Stiftshauptmann den Weg, diese nachzuholen.

Patronage

Dorothea Christiana erwarb ihre wissenschaftlichen und praktischen Kenntnisse und Fähigkeiten durch die Förderung ihres Vaters. Dennoch ist eine verengte Fokussierung auf die Vater-Tochter-Beziehung wenig hilfreich. Vielmehr soll, Beate Ceranskis vergleichendem Ansatz folgend, gezeigt werden, dass sie und ihr Vater in eine stabile Patronagesphäre eingebunden waren. Eine Sphäre bildet danach einen ganzen Mikrokosmos: in ihr werden von sozialen Gruppen, oft auch nur auf lokaler Ebene, »gemeinsame Interessen, Aktivitäten, Ideale oder Normen« verfolgt.[60] Laura Bassi und Christiane Erxleben waren jeweils in eine Patronagesphäre und in eine kollegiale Sphäre eingebunden, beide hatten es mit Ausschließungsbestrebungen von Kollegen zu tun, und beide konnten zu ihrer Unterstützung auf die Patronage eines aufgeklärten absolutistischen Fürsten zählen.

Beim Versuch, die Zusammensetzung der Patronage-Sphäre um Dorothea Christiana zu rekonstruieren, stößt man auf ein theologisch geprägtes Gelehrten-

---

[57] Ebd., S. 450.
[58] Kaiser/ Krosch: Zur Geschichte (wie Anm. 4), S. 278.
[59] Erxleben: Nachricht von einigen Lebensumständen (wie Anm. 6), S. 354.
[60] Ceranski: Wissenschaftlerinnen (wie Anm. 8), S. 56.

milieu in Quedlinburg: Kirche und Gymnasium dominierten das geistige Leben der Stadt.[61] Ihre Schriften und die ihres Vaters zeigen, dass alles, was im 75 Kilometer entfernten Halle an der 1694 gegründeten Reformuniversität und an den Franckeschen Anstalten in Glaucha bei Halle vor sich ging, in Quedlinburg Gegenstand intensiver Auseinandersetzung war. Während der Frühaufklärung war im Raum um Halle und um Leipzig ein »Netzwerk von ganz neuartiger Dichte«[62] entstanden.

Die wichtigste Person innerhalb der Patronagesphäre war sicherlich ihr Vater Christian Polycarp Leporin. Wie angesehen er als Arzt und Publizist tatsächlich war, ist nicht unumstritten.[63] Bereits zu Beginn seiner Tätigkeit hatte er Streit um neue Heilmethoden entfacht.[64] Noch in den Angriffen der Ärzte auf Dorothea Christiana kam zur Sprache, dass er als der Erfinder einer Frieselcur gelten wollte.[65] Der Konflikt mit den Stadtärzten, der den Anstoß zur Promotion bildete, reichte so gesehen bereits über zwei Generationen, ein Detail, das Aufschluss über die »durch den Generationenzusammenhang mitbestimmten mikrosozialen Verhältnisse« gibt.[66]

---

[61] Vgl. Rienäcker, Christa: Quedlinburgs Kulturleben im 18. Jahrhundert. Große Töchter und Söhne der Stadt. In: Festschrift 1000 Jahre Markt-, Münz- und Zollrecht Quedlinburg. Quedlinburg 1994, S. 137.

[62] Weigl, Engelbert: Schauplätze der deutschen Aufklärung: Ein Städterundgang. Hamburg 1997, S. 17.

[63] Für Kaiser und Krosch spricht Leporins Verarmung gegen seine Reputation als Arzt. Vgl. Kaiser/ Krosch: Zur Geschichte (wie Anm. 4).

[64] Der Streit um die unterlassene Amputation einer Hand mit dem Stadtphysikus Bollmann ist durch entsprechende Publikationen belegt. Leporin, Christian Polycarp: Warhaffte Nachricht von einen Hand-Schaden eines Knaben. Quedlinburg 1715, und ders.: Continuatio Fortsetzung der warhafften Nachricht von einen Hand-Schaden eines Knaben. Quedlinburg 1716. Diesen Hinweis verdanke ich Frau Gerta Beaucamp.

[65] Vgl. Fischer-Defoy: Die Promotion (wie Anm. 4), S. 453.

[66] Vgl. Ash, Mitshell G.: Räume des Wissens, was und wo sind sie? In: Berichte zur Wissenschaftsgeschichte 23 (2000), S. 238. Generationenverbände konnten soziale Positionen vorprägen, und Arbeiten und Leben standen immer auch »in diesem auch subjektiv als sinnstiftend wahrgenommenen Kontext.« Wunder, Heide: »Er ist die Sonn, sie ist der Mond«: Frauen in der Frühen Neuzeit. München 1992, S. 95.

Theologisches Gelehrtenmilieu: Pastoren, Rektor des Gymnasiums und ein publizistisch tätiger Arzt

Dorothea Christianas Vater Christian Polycarp Leporin (1689-1747) stammte aus einer Pastorenfamilie aus Dreyleben bei Magdeburg und war als Schüler des Gymnasiums nach Quedlinburg gekommen.[67] In dessen Rektor, Tobias Eckhard (1662-1737), hatte er einen Lehrer gefunden, dessen »Gelehrsamkeit, Geschicklichkeit zum docieren, Aufrichtigkeit und unermüdeten Fleiß«[68] er sehr schätzte und bei dem er 1708 eine philosophisch-theologische Abhandlung über die Selbstliebe verfasst hatte.

Eckhard entfaltete neben seiner Aktivität als Rektor nicht nur eine rege Publikationstätigkeit, sondern veranstaltete gelehrte Zusammenkünfte nach dem Modell einer gelehrten Sozietät, um mit Gleichgesinnten gemeinsam über Gegenstände der Theologie oder der Alten Geschichte zu disputieren.[69] Spätestens seit 1730 kannte er auch Dorotheas Gatten, Johann Christian Erxleben, als dieser als Subkonrektor eingeführt wurde.[70] In der Frage, wer studieren solle, vertrat Eckhard die Auffassung, dass sich diese Entscheidung ganz unabhängig vom Willen und Stand der Eltern, sondern allein nach Begabung und Wunsch des Schülers zu richten habe.[71]

Eckhards Schüler Christian Polycarp Leporin immatrikulierte sich 1708 an der Universität Halle für Medizin,[72] absolvierte dort aber nur ein kurzes Studium, um sich dann autodidaktisch fortzubilden. Sein besonderes Interesse galt der Arzneimittelkunde. Nachdem ihn der Stadtarzt Bollmann nicht als prakti-

---

[67] Dieses zog weit über die Grenzen Quedlinburgs Schüler an und zählte zu der Zeit etwa 600 Schüler, wobei nicht vom regelmäßigen Besuch aller Schüler auszugehen ist. Kleemann, Selmar: Kulturgeschichtliche Bilder aus Quedlinburgs Vergangenheit. Quedlinburg 1922, S. 271.

[68] Leporin, Christian Polycarp: Verbesserte Nachricht (…) D. Christoph Matthäi Pfaffens Leben (…). Leipzig 1726, Widmungsvorrede. Je »mehr Früchte von Dero klugen Unterweisung ich täglich erndtete und je ausnehmender die Liebe war, welche Ew. Hoch-Edl. mir damals zu widmen geruheten, je mercklicher wuchs meine Gegen-Liebe«.

[69] Unter seinen 88 Schriften befinden sich Disputationen, Lebensbeschreibungen, eine Abhandlung über die öffentlichen Bibliotheken in Quedlinburg und Huldigungsgedichte an die Äbtissin des Stifts, die die Aufsicht über das Schulwesen ausübte.

[70] Eckhard, Tobias: Ad actum inauguralem quo Berhardum Prolwitz et Jo. Christianum Erxleben renunciabit, invitat. Halberstadt 1730.

[71] Eckhard, Tobias: Lebensbeschreibung des (…) George Leuckfelds. Wolfenbüttel 1727 (lateinische Fassung 1728).

[72] Beaucamp, Gerta: Johann Christian Polycarp Erxleben. Versuch einer Biographie und Bibliographie. Göttingen 1994, S. 317. Dort weitere, sehr genaue Angaben zum Lebenslauf Christian Polycarp Leporins. Leporin: Continuatio (wie Anm. 64), S. 58.

schen Arzt hatte prüfen wollen,[73] wurde er 1711 an der Universität Erfurt promoviert und heiratete im selben Jahr Anna Sophia Meineke, die jüngste Tochter des Pastors der Nikolaikirche, Albert Meineke (1630-1719). Nicht ohne Stolz zählte Dorothea Christiana Erxleben die Titel dieses Großvaters zu Beginn ihrer Vita auf.[74] Aufschluss über die Beschaffenheit der Patronagesphäre, in die Dorothea Christiana eingebunden war, geben auch die Widmungen und Vorreden der Schriften ihres Vaters, in denen er seine verwandtschaftlichen Beziehungen zu angesehenen Ärzten gerne herausstellte.[75]

Mit der Gemeinde St. Nikolai in der Quedlinburger Neustadt war die Familie Leporin-Erxleben über drei Generationen verbunden.[76] Die religiöse Einstellung in Dorothea Christianas Elternhaus war wohl pietistisch geprägt. Dafür sprechen Zitate aus den Werken Philipp Speners, die Christian Polycarp Leporin in der Vorrede zur »Gründlichen Untersuchung« seiner Tochter anbrachte.[77] Quedlinburg war durch Christian Scriver und Johann Heinrich Sprögel für den frühen enthusiastischen Pietismus, der besonders starken Zulauf von Frauen hatte, ein wichtiges Zentrum gewesen.[78] Vom Pietismus gingen auch neue Impulse auf das

---

[73] Eine weitere Dimension des Streits mit dem Stadtarzt Bollmann betraf des jungen Leporins Kritik an den teuren Gold-Tinkturen und Gold-Ölen, mit denen sich der 1706 in Konkurs gegangene Bollmann finanziell sanieren wollte. Vgl. Beaucamp: Zum 300. Geburtstag (wie Anm. 72), S. 318.

[74] Konsistorialrat der Äbtissin, Pastor der Gemeinde St. Nikolai, Ältester des Kirchenkonsistoriums und Inspektor des Gymnasiums.

[75] Z.B. Leporin, Christian Polycarp: Memoria Wolfiana oder das merckwürdige Leben Johannis Christiani Wolfii. Leipzig 1725 an »Anne Catharina Wolf, Weyl. Hoch-Fürstl. Schleswig-Holstein-Quedlinburgischen Leib-Medici, Burgemeisters und Scholarchens nachgelassenen Frau Wittwen und (…) Alberto Christopher Meinecken, Medicinae Doctori und weitberühmten Practico zu Goslar«; ders.: Kurtze doch gründliche Erörterung (wie Anm. 31), Widmung an Michael Kaulitz: »Hoch- und weitberühmten Medicinae Doctori und Practico«.

[76] In der Neustadt gab es seit 1539 eine Mädchenschule. Kleemann: Kulturgeschichtliche Bilder (wie Anm. 67), S. 274. Die Einwohnerzahl Quedlinburgs betrug Mitte des 18. Jahrhunderts etwa 7500. Vgl. Rienäcker: Quedlinburgs Kulturleben (wie Anm. 61), S. 135.

[77] Christian Polycarp Leporin erwähnte Spener auch in seiner Biographie des Thomasius in seiner »Germania literata vivens«. Quedlinburg 1724, S. 274.

[78] Geyer-Kordesch, Johanna: Pietismus, Medizin und Aufklärung in Preußen im 18. Jahrhundert. Tübingen 2000, S. 63. Der Zulauf von Frauen war nicht frei von negativen Konnotationen, wie der Titel eines anonym erschienenen Dramas von Luise Adelgunde Victorie Gottsched zeigt: »Die Pietistery im Fischbein-Rocke; oder die Doctormäßige Frau« (1736). Das Drama behandelt den »unheilvollen Einfluß egoistischer und betrügerischer Pietisten auf eine Hausgemeinschaft während der vorübergehenden Abwesenheit des Hausvaters. Einige Frauen geben sich gelehrt, ohne es wirklich zu sein«. Heuser, Magdalene: Luise Adelgunde Victorie Gottsched.

Erziehungswesen[79] aus, zu den Frühaufklärern und den modernen mathematischen Naturwissenschaften setzte er sich eher in Opposition. Der Pietismus war »keine Reaktion auf die Aufklärung, sondern eine Parallelbewegung. Beide haben zur Säkularisierung des Denkens und Verhaltens, aber auch zur Selbstvergewisserung des Menschen beigetragen, indem sie ihn zur Selbständigkeit des Denkens und Empfindens ermutigten«.[80]

Christian Polycarp Leporins Stellung innerhalb der ohnehin übermäßig zahlreichen Ärzteschaft Quedlinburgs[81] dürfte nicht unangefochten gewesen sein. So erhielt er bei einer Kandidatur zur Wahl des Stadtarztes keine einzige Stimme. Aufgrund seiner pharmakologischen Studien und wohl auch der Protektion seines Schwiegervaters Albert Meineke hatte er das Amt des Inspektors der Hofapotheke des Quedlinburger Stifts inne.[82] Ob auch ihn Ausschließungsbestrebungen seiner Kollegen trafen, die zur Folge hatten, dass das Titelblatt der »Gründlichen Untersuchung« seiner Tochter ihn als Verfasser einer Vorrede nur noch als Medicus practicus und nicht mehr, wie in seinen Veröffentlichungen bis 1730, als gelehrten und praktischen Arzt (Med. doct. et pract.) auswies, muss offen bleiben.

Seit 1717 entfaltete er eine rege Publikationstätigkeit, die er mit einer Sammlung von Biographien gelehrter Männer, die im 18. Jahrhundert verstorben waren, eröffnete. Bis 1730 veröffentlichte er unter anderem eine umfangreiche Biographie des Christian Thomasius sowie Abhandlungen medizinischen, theologischen und volksaufklärerischen Inhalts. Sein »Vorschlag, wie fast alle Städte gleichsam zu Academien zu machen« (1724), zielte weniger auf eine Institution für Gelehrte als vielmehr auf die Verbesserung der Ausbildungsmöglichkeiten für die Allgemeinheit.

Jedoch befand er sich 1730 in einer finanziell so angespannten Lage, dass er seinen Buchbesitz zwecks Gewährung eines Kredites verpfänden musste.[83] In

---

In: Kerstin Merkel/ Heide Wunder (Hg.): Deutsche Frauen der Frühen Neuzeit. Darmstadt 2000, S. 175. Das Stück wurde aufgrund eines eigens verschärften Zensuredikts 1737 verboten.

[79] August Hermann Franckes Experiment einer höheren Schule für Mädchen, des Gynäceums scheiterte zwar nach kurzer Zeit, Schulen nach seinem Modell, in denen Kinder zu ständiger Tätigkeit angehalten wurden, wurden jedoch weltweit gegründet, auch im Quedlinburg benachbarten Halberstadt.

[80] Vierhaus, Rudolf: Deutschland im Zeitalter des Absolutismus. Göttingen 1978, S. 439, S. 440.

[81] Kaiser und Krosch sprechen von etwa 20 Ärzten um 1723. Kaiser/ Krosch: Zur Geschichte (wie Anm. 4), S. 272.

[82] Leporin ‚Christian Polycarp: Continuatio (wie Anm. 64), S. 58.

[83] Zu den näheren Umständen der Verpfändung und zu seiner Publikationstätigkeit: Beaucamp: Zum 300. Geburtstag (wie Anm. 72), S. 316-329.

einer seiner Gelehrtenbiographien hieß es, »die Fremden hätten in Quedlinburg wenig zu erwarten.«[84] Ob er möglicherweise trotz der Einbindung in die weitläufige Verwandtschaft seiner Frau und seiner Beziehungen zum Gymnasium und zum Stift diese Erfahrung teilte, sei dahingestellt.

Zu den »homines novi« gehörte auch Johann Christian Erxleben (1697-1759), Dorothea Christianas Ehemann. Nach Theologiestudium in Wittenberg und Tätigkeit in Michaelstein wirkte er ab 1730 in Quedlinburg als Subkonrektor des Gymnasiums und ab 1736/37 als Diakon der Nikolaikirche. Nach dem Tod seiner ersten Frau, die auch aus der Familie Meineke stammte, schloss er mit Dorothea Christiana 1742 eine zweite Ehe. Die Kenntnis der Paten seiner neun Kinder, davon fünf aus erster und vier aus zweiter Ehe, gäbe weiteren Aufschluss über die Einbindung der Familie in »lokale Sphären«.[85] Als Pfarrfrau hatte Dorothea Christiana am Amt ihres Mannes teil und war dadurch dem Ideal der christlichen Hausmutter verpflichtet.[86] Sie konnte, wie etwa auch die Beamtenfrauen, auf »günstige Voraussetzungen für eine moralisch-geistige Emanzipation, bei aller gleich bleibenden starken ökonomischen Abhängigkeit«[87] hoffen. Dorothea Christianas Leben nahm durch die Verehelichung eine Wendung, die es ihr nach eigenen Worten ermöglichte, »in der Gesellschaft eines ver-

---

[84] Leporin, Christian Polycarp: Memoria Wolfiana (wie Anm. 75), S. 79. Deutung nach Beaucamp: Zum 300. Geburtstag (wie Anm. 72), S. 320. Vgl. auch Guentherodt, Ingrid: Cunitz, Merian, Leporin: das Wagnis der Erkenntnissuche. In: Frauen in der Aufklärung. Hg. v. Iris Bubenik. Frankfurt, M. 1995, S. 180: »Meine These ist, daß die Väter, der Vater von Cunitia und der Vater der Leporin, als Zugezogene nicht voll in das gesellschaftliche Leben der Stadt einbezogen waren, somit mehr Zeit hatten, und sich durch wissenschaftliche Leistungen profilieren wollten bzw. mußten, um Anerkennung zu finden. Durch die konkrete Erfahrung von Mißgunst und Ausgrenzung werden sie eher bereit gewesen sein, in einer Zeit, in der Frauen vom Universitätsstudium ausgeschlossen waren, ihren begabten Töchtern eine anspruchsvolle Bildung zu vermitteln«. Diese Schlussfolgerung ist allerdings spekulativ.

[85] Der älteste gemeinsame Sohn, Johann Christan Polycarp, hatte neben seinem Großvater Christian Polycarp Leporin J. M. Goeze, Pastor zu Aschersleben und später Hauptpastor in Hamburg, der durch den Streit Lessing contra Goeze bekannt wurde, und dessen Schwester D. M. Meineke geb. Goeze als Paten. Zit. nach Beaucamp, Gerta: Johann Christian Polycarp Erxleben. Göttingen 1994, S. 11.

[86] Schorn-Schütte, Luise: »Gefährtin« und »Mitregentin«. In: Wandel der Geschlechterbeziehungen zu Beginn der Neuzeit, 2. Aufl. Frankfurt, M. 1993, S. 153. Eine Form der Mitwirkung, quasi des Mitregierens im Amt ihres Ehemannes lässt sich anhand des Einnahmebuches des Diakonats zu St. Nikolai belegen, in dem einige Einträge von ihrer Hand stammen. Siehe Böhm: Dorothea Christiana Erxleben (wie Anm. 4), S. 24.

[87] Dülmen, Richard van: Kultur und Alltag in der Frühen Neuzeit, Bd. 1, 3. Aufl. München 1999, S. 47.

nünftigen Ehegatten noch vergnügter [zu] studiren«.[88] Die geplante Promotion rückte aber in weite Ferne.

Die Ärzte, die durch ihre Kurpfuschereianklage ihre Promotion letztlich anstießen, waren dagegen stärker mit der politischen Sphäre der Stadt verbunden. Sie praktizierten bereits seit mehreren Jahrzehnten in der Stadt und entstammten wie etwa der Doktor Heinrich Wilhelm Grashoff (1692-1781) einer der angesehensten Familien, die seit dem frühen 15. Jahrhundert in Quedlinburg ansässig war und über fünf Generationen den Bürgermeister und viele Ratsherren gestellt hatte.[89]

Äbtissin, Stiftshauptmann, König und Dekan

Die lateinische Fassung der Dissertation widmete Dorothea Christiana dem Stiftshauptmann Baron von Schellersheim, die deutsche Fassung der Äbtissin des Stifts Maria Elisabeth Herzogin von Holstein-Gottorp (1678-1755). Seit 1697 hatte Preußen die Schutzherrschaft über das freiweltliche Stift Quedlinburg übernommen. Damit war die 700-jährige Zeit zu Ende gegangen, in der die Macht in Händen von Frauen gelegen hatte. Das Stift hatte seit seiner Gründung der Versorgung der Töchter des Hochadels gedient. Friedrich II. strebte nach politischem Einvernehmen mit dem Stift, denn er wollte einer seiner Schwestern eine lukrative Versorgung bieten.[90] Maria Elisabeth von Holstein-Gottorp, seit 1718 im Amt, konnte selber als gelehrte Äbtissin gelten, die um der Heiligen Schrift willen sogar Hebräisch gelernt hatte.[91]

Vor Beginn des Schlesischen Krieges wurde in Preußen eine so rigorose Rekrutierung betrieben, die keine Ausnahmen für immatrikulierte Studenten mehr zuließ. Das traf auch auf Dorothea Christianas Bruder Christian Polycarp zu. Als sie daraufhin anlässlich der Erbhuldigung für Friedrich II. gleichzeitig seine Freistellung und ihre Zulassung zum Studium erbat, genehmigte Friedrich in

---

[88] Reitzammer: Dorothea Christiana Erxleben (wie Anm. 4), S. 202.
[89] Lorenz, Hermann: Werdegang von Stift und Stadt Quedlinburg. Quedlinburg 1922, S. 343f.
[90] Die jährlichen Einkünfte der Äbtissin werden von Gooch mit 5000 Pfund angegeben. Vgl. Gooch, George P.: Friedrich der Große. Frankfurt, M. 1964, S. 158. Trotz des reformierten Bekenntnisses der Königsfamilie wurde zunächst Luise Ulrike, nach deren Verheiratung Anna Amalie Koadjutorin des bis dahin lutherischen Stifts. Letztere wurde 1755 Äbtissin, hielt sich aber sehr selten in Quedlinburg auf.
[91] Woods, Jean M./ Fürstenwald, Maria: Schriftstellerinnen, Künstlerinnen und gelehrte Frauen des deutschen Barock. Ein Lexikon. Stuttgart 1984, S. 54.

einem Kabinettsentscheid beides. Über seine Gründe, erstmals eine Frau zum Studium zuzulassen, lässt sich spekulieren. Es könnte sich auch um einen spontanen Entschluss gehandelt haben.[92] Das Reskript gab als Begründung an, dass das Motiv der wissenschaftliche Wettbewerb gewesen sei: »da dergleichen Exempel bey dem weiblichen Geschlechte insonderheit in Deutschland etwas rar sind und demnach dieser casus demselben zu nicht geringer Ehre gereichen würde.«[93] Angesichts der Aufsehen erregenden Promotion Laura Bassis und der langen Tradition gelehrter Frauen in Italien und Frankreich sollte auch in Deutschland eine Frau promoviert werden. Obwohl Friedrich zugab, dass viele Frauen den Männern an Begabung gleichrangig seien,[94] durchbrach er das männliche Zugangsmonopol zu den Universitäten nicht grundsätzlich. Er setzte sich zwar mit vorurteilsbelastetem Denken auseinander, hatte dabei jedoch weniger die Aufhebung von sozialen Schranken im Blick, sondern eher Aberglauben und religiöse Vorurteile, die er allerdings für dauerhaft hielt.[95]

In den Worten von Dorothea Christianas Stiefsohn kamen bei ihrer Promotion »seltene Gaben, ein einsichtsvoller Monarch und eine besonders bevollmächtigte medizinische Fakultät«[96] zusammen. Deren Dekan war der pietistische Theologe und Arzt Johann Juncker (1679-1759). Bereits in ihrer »Gründlichen Abhandlung« hatte Dorothea Christiana seine medizinischen Lehrbücher hoch gelobt.[97] Da er mit den Familien Unzer und Ziegler gut bekannt war, hatte er in Johanne Charlotte Ziegler (seit 1751 verehelichte Unzer) Umgang mit einer Frau, die 1752 zur Poeta laureata gekrönt und Ehrenmitglied der Deutschen Gesellschaften zu Göttingen und Helmstedt geworden war. Er lobte Dorotheas

---

[92] Kaiser/ Krosch: Zur Geschichte (wie Anm. 4), S. 300. Sie vermuten sogar, dass Friedrich II. der Universität Halle, der er 1740 nicht gerade wohl gesonnen war, eine schwierige Problematik aufgeben wollte.

[93] Reskript vom 20. März 1741. Zit. nach Knabe: Die erste Promotion (wie Anm. 4), S. 112.

[94] »Ich gestehe Ihnen, ich war oft empört bei dem Gedanken, wie gering man in Europa diese Hälfte des Menschengeschlechts schätzt. Das geht so weit, daß man alles vernachlässigt, was ihren Verstand ausbilden kann. Es gibt so viele Frauen, den den Männern nicht nachstehen! (...) Männlichere, kraftvolle Erziehung würde dem weiblichen Geschlecht das Übergewicht über das unsre verleihen; denn es besitzt schon die Reize der Schönheit. Aber sind die Reize des Geistes ihnen nicht vorzuziehen?« Friedrich II. von Preußen: Über die Erziehung. In: Die Werke Friedrichs des Großen, Bd. 8. Berlin 1913, S. 265.

[95] Friedrich II.: Aus der Prüfung der Abhandlung über die Vorurteile. In: Friedrichs des Großen pädagogische Schriften und Äußerungen. Braunschweig 1998, S. 300 und Friedrich II. an d'Alembert, 8. 1. 1770. In: Briefe Friedrichs des Großen, Bd. 2. Berlin 1914, S. 179.

[96] Erxleben: Nachricht von einigen Lebensumständen (wie Anm. 6), S. 358.

[97] Leporin: Gründliche Untersuchung (wie Anm. 3), S. 48f., S. 240.

»glückliche Accuratesse und modeste Beredsamkeit«, mit der sie die theoretischen und praktischen Fragen in lateinischer Sprache beantwortet habe.[98] Die Gratulationsgedichte, die sie als Zierde der Nation[99] feierten, wurden dem Anhang der deutschen Fassung der Dissertation beigegeben – nicht dagegen ein kleines Distichon voller Spott des Mathematikers Abraham Gotthelf Kaestner.[100] Die deutsche Übersetzung ihrer Dissertation ging auf die Veranlassung der Äbtissin zurück. Schließlich genoss sie bei den adeligen Damen des Stifts, zu denen bereits über ihren Großvater und Vater kontinuierliche Beziehungen bestanden, Vertrauen als Ärztin.[101] Die Protektion einer Reihe von hochrangigen Persönlichkeiten und Dorothea Christianas Einbettung in ein theologisch geprägtes, neuen wissenschaftlichen Strömungen aber aufgeschlossenes Gelehrtenmilieu im mitteldeutschen Raum bildeten die entscheidenden Stützen, um sich der Anklage wegen Kurpfuscherei erfolgreich durch eine Promotion entziehen zu können.

Gelehrtes Wissen zwischen Vielwisserei und Glückseligkeit

Die Promotion einer Frau in Deutschland war ein »casus novissimus«, der in deutlich erkennbarem Zusammenhang zu den ersten Promotionen von Frauen an den oberitalienischen Universitäten stand. Als ob die Neuartigkeit eine Rückversicherung an historischen Vorbildern erfordere, wurde Laura Bassi bei ihrer Promotion als Inkarnation der Minerva gefeiert. Für ihre Gelehrsamkeit berühmte historische Frauengestalten wie Hildegard von Bingen, Elisabeth I. von Eng-

---

[98] Kaiser/ Krosch: Zur Geschichte (wie Anm. 4), S. 283, S. 286.
[99] Johann Joachim Lange nahm deutlich Bezug auf die gelehrten Italienerinnen: »Nicht Latein macht sich allein nun groß / mit Töchtern von erhabnen Sinnen / Olympia war der Ferrarer Zier / Und lehrte, daß in jüngern Zeiten / Der Weiber Geist auch denken kann, wie wir / ja, daß er mit uns könne streiten / Nur Deutschland sah bisher dies traurig an / Der Doktorhut war stets nur von einem Mann (…).« In: Erxleben: Akademische Abhandlung (wie Anm. 25), Anhang.
[100] »Zusatz zu der Frau Doctorinn XXX Inauguraldissertation: Daß man bey Curen oft sich gütig übereilt / läßt sich Frau Doctorin, dir noch ein Beispiel sagen: / Daß dein Geschlecht oft von gewissen Plagen zwar schnell und angenehm, doch nicht gar sicher heilt«. In: Kästner, Abraham G.: Gesammelte poetische und prosaische schönwissenschaftliche Werke, 1. Teil. Berlin 1841, S. 13.
[101] Sie behandelte die Dechantin wegen einer Pockenerkrankung. Zur Therapie gegen die Pocken siehe Erxleben: Academische Abhandlung (wie Anm. 25), S. 41 und Wolff, Eberhard: Einschneidende Maßnahmen. Stuttgart 1998, S. 247.

land und Anna Maria van Schurman[102] wurden von Dorothea Christiana als Beweis dafür angeführt, dass der Tradition, nach der Frauen aus den Wissenschaften ausgeschlossen waren, keine Autorität zukomme. Mit althergebrachten Traditionen, für die es weder »historische« noch »beweisende«[103] Gründe gäbe, solle gebrochen werden. Ihrer Überzeugung nach sei es »möglich, nöthig und nützlich«,[104] dass Frauen gelehrsam seien. Eine begriffliche Differenzierung zwischen Gelehrsamkeit und Allgemeinbildung wurde erst ab ca. 1760 üblich.[105] Dorotheas Verständnis von Gelehrsamkeit war dem aufklärerischen Erziehungsoptimismus verpflichtet, denn diese sollte der Besserung des Willens und des Verstandes der Menschen dienen: »Unwissenheit des Verstandes und Boßheit des Willens sind die Quellen alles dessen, was mit der wahren Tugend streitet.«[106] Sie teilte die Kritik des Thomasius an Stubengelehrsamkeit, Pedanterie, Weltferne der Gelehrten und bloßer Vielwisserei. Die Glückseligkeit, die durch Vernunftgebrauch und Studien zu erlangen sei, beruhe auch auf der Beherrschung der Affekte.[107] Konflikte zwischen altlutherischer Orthodoxie und Pietismus kommen in ihren Ausführungen zum Tragen, wenn sie die Alternative zwischen der vorrangigen Besserung des Verstandes oder des Willens so aufzulösen sucht, dass der Verstand zuerst wissen müsse, insofern es einer Besserung des Willens bedürfe. Wenn der Verstand Wahrheiten einsehe, gegen die der Wille sich noch sträube, sei das Erlangen von Erleuchtung unmöglich. Die Herren »Consequentien-Macher«[108] dagegen – und damit spielte sie auf die Schule Christian Wolffs an, die auf mathematisch korrektes Schließen und begriffliche Klarheit großen Wert legte – wollten allein aus Vernunftschlüssen ein System schaffen. Ebenso präsent ist ihr das Problem des Atheismus.

Über das medizinisch-pharmazeutische Wissen hinaus wusste sich Dorothea Christiana mit den wesentlichen intellektuellen und religiösen Strömungen ihrer

---

[102] Diese stammten aus Paullini: »Hoch- und Wohlgelahrtes Frauenzimmer« (1705); siehe Leporin: Gründliche Untersuchung (wie Anm. 3), S. 51, 199, 211, 213.
[103] Ebd., S. 38: An dieser Stelle stehen die »sehr gemeinen Fabeln des Scholastischen Medicinischen Hauffens« zur Kritik.
[104] Zit. nach Kaiser/ Krosch: Zur Geschichte (wie Anm. 4), S. 277.
[105] Kord, Susanne: Die Gelehrte als Zwitterwesen in Schriften von Autorinnen des 18. und 19. Jahrhunderts. In: Querelles. Jahrbuch für Frauenforschung 1996, Bd. 1: Gelehrsamkeit und kulturelle Emanzipation. Hg. v. Angelika Ebrecht, Irmela von der Lühe, Ute Pott, Cettina Rapisarda, Anita Runge. Stuttgart/Weimar 1996, S. 158.
[106] Leporin: Gründliche Untersuchung (wie Anm. 3), S. 69.
[107] Ebd., S. 31.
[108] Ebd., Vorrede.

Zeit auseinanderzusetzen und vertrat eine Vernunftlehre, die auf christliche Grundwerte gegründet blieb. Sehr deutlich war sie von dem »neuen Geist von Halle«[109] geprägt, einem Aufbruch, der durch die Zuwendung zur unmittelbaren Erfahrung, zur Empirie, zu einer neuen Geltung naturrechtlichen Denkens und dem Abschied von der Autorität der scholastisch-aristotelischen Tradition gekennzeichnet war.

Schluss

Dorothea Christiana Erxlebens zur Promotion vorgelegte Vita zeigt, dass sie die Schwierigkeiten einer jungen Frau, zu einem wissenschaftlichen Studium zu kommen, eingehend reflektiert hatte.[110] Als sie in ihrer »Gründlichen Untersuchung« 1742 verbesserte Bildungschancen für Mädchen und Frauen forderte, war es bereits fünfzig Jahre her, dass Christian Thomasius positiv zur Frage der intellektuellen Ebenbürtigkeit von Frauen Stellung genommen hatte. Es war daher an der Zeit, praktische Konsequenzen zu entwerfen und selber, wenn auch schließlich eher unerwartet, in Form einer Promotion vorzuführen. Eine umfassende naturwissenschaftliche, philosophische und theologische Bildung, Berufspraxis als Ärztin und eine stabile Patronage-Sphäre schufen die Voraussetzungen für dieses Ereignis, das auch eine Facette des wissenschaftlichen Wettbewerbs zwischen Deutschland und Italien darstellt. Ohne die Promotion, durch die sie zu einiger Berühmtheit gelangte und sie oftmals nur als exotischen Sonderfall hat erscheinen lassen, wüssten wir vermutlich kaum etwas von ihr, genauso wie wir nur wenig über andere Frauen wissen, die in vergleichbaren Strukturen zu ähnlicher Bildung und Gelehrsamkeit kommen konnten.

---

[109] Schindling, Anton: Bildung und Wissenschaft in der Frühen Neuzeit 1650-1800. München 1994, S. 39.

[110] Die zur Promotion von Dorothea Schlözer vorgelegte Vita ist dagegen dürr und substanzlos. Diesen Hinweis verdanke ich Magdalene Heuser.

Katherine R. Goodman

Learning and Guildwork.
Luise Gottsched as »Gehülfin«

According to the Empress Maria Theresa (1717-1780), in the mid-eighteenth century Luise Gottsched (1713-1762) was the most learned woman in Germany (»die gelehrteste Frau von Deutschland«).[1] Arguably she was the most learned woman in all of Europe. For all of her married life, more than 25 years (1735-1762), she engaged publicly in the leading intellectual debates of her times. She knew German, French, English, Polish, Latin, and Italian (probably Dutch) and wrote plays, satires, and journalism. Her many reviews and translations helped to elevate German letters to western European standards, and her husband, Johann Christoph Gottsched (1700-1766), saw to it that the public knew of most of her literary efforts.[2] Indeed, by the end of her life she had grown tired of the role of »Wunderthier«.[3] During her lifetime no English or French woman maintained such a prolonged and public career in learned affairs.

Despite her well-known accomplishments, when they speak of her at all, mo-

---

[1] Maria Theresa expressed this opinion in a private audience with Louise Gottsched. The latter reported it to her friend Maria Regina Thomasius on 28 Sept. 1749. Gottsched, Johann Christoph: »Leben der seligen Frau Luise Adelgunde Victorie Gottschedinn«. In: Luise Adelgunde Victorie Gottsched: Sämtliche kleinere Gedichte. Leipzig 1762. S. ****6r. She omitted this detail when she wrote Friedrich Heinrich Seckendorf about her audience. Gottsched, Luise: Louise Gottsched – mit der Feder in der Hand. Briefe aus den Jahren 1730 bis 1762. Hg. von Inka Kording. Darmstadt 1999, S. 147-150.

[2] For instance in »Die deutsche Schaubühne« (1741-1745) readers were made aware of her authorship in her husband's preface. There her translations are attributed to »meine liebe Gehülfinn«, »meine fleißige Freundinn«, »meine fleißige Gehülfinn«, »meine Freundin«. If readers were familiar with these early prefaces, it did not take much imagination to determine who had written »Die ungleiche Heirath« or »Die Hausfranzösinn«, since these he noted were »von eben der Feder, die . . .«. Her tragedy »Panthea« is ascribed to »LAVG« and the translation of Voltaire's »Alzire« to »Luis. Adelg. Vict. Gottsched«. Of the plays in the »Schaubühne« only her controversial »Nachspiel«, entitled »Der Witzling«, truly appeared anonymously. Gottsched, Johann Christoph: »Die deutsche Schaubühne«, 6 Bde. ND. Stuttgart 1972, passim.

[3] Gottsched, Johann Christoph: »Leben« (wie Anm. 1) S. ******7r.

modern literary historians emphasize that she was her husband's »Gehülfin« and interpret this to mean she restricted herself, as his wife, to doing his bidding. This critical subordination of Luise Gottsched's work to that of her husband's is not entirely the fault of literary historians. While he is usually cited as the source for this epithet, Luise Gottsched also referred to herself in this way. Since scholars have long interpreted the use of this word exclusively in terms of Luther's prescriptions for wives, it has served in recent times to diminish enthusiasm for her work.[4] In this understanding of her self-fashioning Luise Gottsched's primary virtues become passive ones of obedience and domestic support. Additionally, the historical reception of her husband's efforts as pedantic and autocratic has not enticed scholars to investigate the work of a woman deemed to be his mere subordinate.[5]

Recently scholars have begun to differentiate her work from that of her husband's,[6] but in this article I am concerned with a question pertinent more to the social construction of her role than to the nature of her work. If ultimately these cannot be totally separated, for the moment I choose to focus on the former. For the miracle, if there was one, was not that Luise Gottsched was as learned as she was (there have always been learned women), but rather that she was tolerated in this public role. It was the nature of the role she fashioned that permitted her to play it. A brief survey of the larger situation will help clarify the issue.

In the late seventeenth century European nations waged a »battle of the books«, each asserting its cultural superiority relative to the others and to ancient cultures. In Paris Pierre-Daniel Huët, Charles Perrault and others (includ-

---

[4] Luther translated Genesis 2,18: »Und Gott der Herr sprach: Es ist nicht gut, dass der Mensch allein sei; ich will ihm eine Gehülfin machen, die um ihn sei.« Die Bibel oder die ganze Heilige Schrift des alten und neuen Testaments, nach der deutschen Uebersetzung Dr. Martin Luthers. Frankfurt M. 1869. While this leaves rich associations of the word Gehülfe open, the English King James version reads »(…) It is not good that the man should be alone; I will make him an help meet for him.« The English lacks any of the possible connotations of assistants or apprentices.

[5] Her prose texts remain uncollected, her letters remain unedited (Runckel's 1771/2 collection of some of them was reissued in 1999 but without a full scholarly apparatus and with the omission of non-epistolary texts), her journalism remains uninvestigated, many of her plays are not easily available. Gottsched, Luise: Louise Gottsched (wie Anm. 1).

[6] Ball, Gabriele: Moralische Küsse. Gottsched als Zeitschriftenherausgeber und literarischer Vermittler. Göttingen 2000, S. 171-200; Kord, Susanne: Little Detours. Letters and Plays of Luise Gottsched. Rochester, N.Y. 2000; Goodman, Katherine R.: Of Gifts, Gallantries, and Horace: Luise Kulmus (Gottsched) in Her Early Letters. In: Women in German Yearbook 17 (2001), S. 77-102.

ing Madeleine de Scudéry) claimed victory in this battle for France on grounds of the progress made in the realm of literature. They pointed with pride to *salonières* and women authors and the new genre of their creation, the novel. They also praised the neologisms of the *précieuses* for endowing French with new linguistic subtleties. Other Frenchmen, like Boileau, naturally disputed that this represented progress. Still, the concept of demonstrating cultural superiority by reference to »heroines of learning« – as they were sometimes called by their gallants – set an example tempting for those asserting Germany's rival status.[7]

Thus it was that in the late 1720s and early 1730s Gottsched – eager to assert and establish a vernacular culture rivaling that of the French – promoted a Leipzig *salonière* and poet, the widow Christiane Mariane von Ziegler (1695-1760). She was touted by some as the German Scudéry. Gottsched proposed her for membership in the prestigious *Deutsche Gesellschaft* and recommended her coronation as poet laureate. These honors accrued to her in 1731 and 1733, but the public reaction was extremely negative. She was slandered – publicly implicated in various scandals (including one that brought four students before the *Consistorium* in Dresden) – and her learned qualifications were cast in doubt. Leipzig men and women ostracized her, she claimed from jealousy. Ziegler's fashioning of the role of learned woman, based on French aristocratic forms, was rejected by the German public, particularly that in Leipzig. An unmarried woman competing with men in the public world of letters and accumulating male honors could not be tolerated where respectable women avoided publicity. Eventually Gottsched wearied of supporting her and, when he brought his bride to Leipzig in 1735, began to distance himself from Ziegler.[8]

While Johannn Christoph Gottsched remained eager to demonstrate the stature of German culture through the promotion of learned women, his fiancée refused to play the role he first proposed for her, the one modeled by the French *salonières*. She refused to translate a novel by Scudéry, as she disliked all novels.[9] She rejected absolutely the idea, with which he attempted to flatter her, that she was a German Sappho.[10] In response to a suggestion by him, she stated categorically she would never become a member of the *Deutsche Gesellschaft*, and

---

[7] On French salons, see Dejean, Joan: Tender Geographies: Women and the Origins of the Novel in France. New York 1991.
[8] For more details on these events, see Goodman, Katherine R.: Amazons and Apprentices. Women and the German Parnassus in the Early Enlightenment. Rochester, N.Y. 1999, S. 137-195.
[9] Gottsched, Luise (wie Anm. 1) S. 81.
[10] Ebd., S. 31.

kept her word.[11] Yet for twenty-five years her very public participation in intellectual affairs was tolerated, in Leipzig and in Germany. She transgressed acceptable boundaries for women by openly publishing not only dramatic, but also journalistic work, including translations. By her example she expanded the possible fields of occupation for women. Why did she succeed where Ziegler had failed?

In this essay I reinterpret the Gottscheds' use of the word »Gehülfin« as the key to this self-fashioning and place it in the context of guild work. After considering the semantic, social, and institutional context that made the appropriation of this concept both plausible for the social construction of a »learned woman« and tolerable to an indigenous population, I survey the German reception of an English proposal for educating women for signs of cultural differences. Finally I compare the biographies of two learned English women with that of Luise Gottsched. The construction of the »learned woman« as fashioned by the Gottscheds was more than serviceable, it allowed Luise Gottsched to exercise her talents and learning more actively than was the case for any of her European contemporaries.

I. Guilds and Universities – Semantic Fluidity

Both Gottscheds referred to male scholars, who helped them as »Gehülfen«. This usage requires us to rethink the connotations of the feminized version of the epithet when applied to Luise Gottsched. No doubt the Lutheran image of wife as »helpmate« to her husband served Luise Gottsched well with her contemporaries as well as with traditional literary historians. Interpreting this word as belonging to a less gendered context, it may be possible to evaluate the Gottscheds' work as more collaborative than purely hierarchical.

In fact Grimm's dictionary attests to a wide variety of semantic spheres for »Gehülfe«.[12] In the language of Luther it had religious associations (*gottes gehülfen*). However, Luther also used it to refer to those who helped him translate the bible. In other contexts the word also applied to assistants in various professions or occupations (*gehülfe im predigamt, reichsgehilfe, handelsgehülfe*). It came to refer to apprentices in the guilds, especially when the term »Geselle« no

---

[11] Ebd., S. 33.
[12] Grimm, Jacob/Grimm, Wilhelm: Deutsches Wörterbuch. Leipzig 1897, IV.2, Sp. 2555-2556.

longer seemed honorable enough. And naturally it also referred to women as life companions. This semantic fluidity does not exist in English where the terms apprentice, helpmate, apostle or disciple exist in separate semantic spheres. More general terms, like assistant or associate, are not used to refer to subordinates in guild work or to wives.

The range of semantic meaning for this word found in Luther's language may already evince the influence of guild structures on Luther's language. Or the course of the Reformation in Germany may have bolstered the robustness of its semantic fluidity. In Lyndal Roper's classic study of social mechanisms at work in Reformation Augsburg, it is clear that guilds played a decisive role in the success of the Reformation there and in legislating new family ideals.[13] New research on the social structure of family life in Lutheran pastors' families is also not inclined to view this ideal in exclusively negative light.[14]

This semantic fluidity in German would have underscored preexisting structural analogies between guild life and university life. Medieval universities had organized themselves as »guilds of learning« for which the knowledge of Latin was a prerequisite.[15] Education for the training of teachers was patterned in stages analogous to that of guild work, including the production of a work at the end of a period of study to demonstrate the skill of the candidate. Candidates often journeyed from university to university. Eventually only those who had qualified could teach others. Like guilds, universities established their own codes of behavior and were responsible for discipline of its members.

In Germany the strength of guilds would have supported the linguistic analogy of intellectual work to them. As noted above the terms »Geselle« and »Gehülfe« grew interchangeable in trade and guild work when the latter term was no

---

[13] »The ideal of marriage which [the new Discipline Ordinance] put into practice (...) was based on the old guild ideal of the household.« Roper, Lyndal: The Holy Household. Women and Morals in Reformation Augsburg. Oxford 1989, S. 22. For more on the guilds' role in the creation of this new morality, see Wunder, Heide: »Er ist die Sonn', sie ist der Mond.« Frauen in der Frühen Neuzeit. München 1992, S. 58-65 and Wiesner, Merry: Guilds, Male Bonding and Women's Work in Early Modern Germany. In: Gender and History 1 (1989), S. 125-137.

[14] Schaffenroth Gerta: »Im Geiste Freunde werden«. Mann und Frau im Glauben Martin Luthers, see also Schorn-Schütte, Luise: »Gefährtin« und »Mitregentin«. Zur Sozialgeschichte der evangelischen Pfarrfrau in der Frühen Neuzeit. In: Heide Wunder/Christina Vanja (Hg.), Wandel der Geschlechterbeziehungen zu Beginn der Neuzeit. Frankfurt M.1993, S. 97-108 and 109-153 respectively, especially S. 119.

[15] Larson, Magali Sarfatti: The Rise of Professionalism. A Sociological Analysis. Berkeley, CA. 1972, S. 3.

longer deemed honorable enough. Similarly »Geselle« was not used exclusively in the guilds. In 1556 the Chancellor of the University of Jena referred to his students as *Gesellen*.[16] In *Gelehrtenschulen* pupils were sometimes called Ober- Mittel- Untergesell.[17] The English equivalent of that position at Oxford or Cambridge was called a fellow. Unlike *Geselle* or *Gehülfe*, however, the word »fellow« was not used in guild associations. In Germany the analogy of guild work was made to other non-academic intellectual enterprises. The case of the Nürnberger *Meistersänger* is well known. In the seventeenth century Philipp von Zesen's regulations for the *Deutschgesinneten Genossenschaft* referred to the *Sprachgesellschaft* explicitly as a »Zunft« (1669).

In the early Enlightenment words like »Zunft« and »Handwerk« were still applied to many categories that were not organized as guilds. Cultural critics were called a »Zunft« and the term »Spötterzunft« is also documented.[18] Christiane Marianne von Ziegler referred to singers as a »Zunft«.[19] Often – though not always – the connotations were negative. Structural analogies and linguistic fluidity should not obscure the tendency to assert a social disparity between intellectual and craft enterprises. This grew more pronounced with the emergence of professions in the course of the eighteenth and nineteenth centuries. If anything, social and linguistic ambivalence may have made the distinctions more important to proclaim. In 1728 in his address to the university on the importance of »Weltweisheit" to all higher courses of study, Johann Christoph Gottsched employed the comparison in order to emphasize the distinction. »Zimmerleute und Grobschmiede, Schneider und Schuhmacher pflegen ja zu ihren unedlen Handwerken vier bis fünf Lehrjahre zu verlangen. Ist es also nicht lächerlich, die

---

[16] Paulsen, Friedrich: Geschichte des gelehrten Unterrichts auf den deutschen Schulen und Unviersitäten vom Ausgang des Mittelalters bis zur Gegenwart, 2 Bde. Leipzig 1919, Bd. 1, S. 269.
[17] Ebd., S. 299
[18] Johann Christoph Gottsched referred to »Spötterzunft« in a poem on the occasion of the death of Hedwig Eleonore Hantelmann. Gottsched, Johann Christoph (Hg.), Der Deutschen Gesellschaft in Leipzig Eigene Schriften. Leipzig 1734, S. 223-224. Anna Helena Volckmann referred to the »critisches Handwerk«, by which she meant critics of poetry. Volckmann, Anna Helena: Die Erstlinge Geistlicher und Moralischer Gedichte, oder Die Sprüche Salomonis. Breslau 1751, Preface. Gottfried Ephraim Scheibel denounced poetry when practiced as a »Handwerk«: »Ich will nicht sagen, daß [Poeten] immer Verse schreiben sollten, denn aus der Poesie wird wohl kein vernünfftiger ein Handwerck machen, er müste denn einen Hoff-Poeten abgeben (...)«, Scheibel, Gottfried Ephraim: Die unerkannten Sünden der Poeten. Leipzig 1734, S. 184. Here Scheibel means the term »Handwerk« in the sense of being able to earn a living by writing poetry.
[19] Von Ziegler, Christiane Mariane: Versuch in Gebundener Schreib-Art/Anderer und letzter Theil. Leipzig 1729, S. 307-308.

alleredelsten Künste und Wissenschaften gleichsam unter jene schmutzige Handthierungen hinabzustoßen?«[20] However, in the same year, in his farewell address to the *Rednergesellschaft*, a grateful Gottsched referred to himself as that society's »Lehrling«.[21] That the word »apprentice« would not be used in such a context in English suggests, I believe, a clearer distinction between the conceptual field of guilds and that of learning in Anglo-Saxon culture.

Social Fluidity

Fundamental for the ability of the Gottscheds to take advantage of the semantic fluidity inherent in designating Luise as Johann Christoph's »Gehülfin« – and thus fashion a new intellectual role for learned women – was the simple fact that German university professors in protestant states were often married. For, where professors remained unmarried, women could not fashion themselves as intellectual assistants for their husbands. As clerical institutions, pre-Reformation universities did not officially permit professors to marry.[22] In England, despite the Reformation, the universities of Oxford and Cambridge maintained the requirement for celibacy among their fellows until 1871 and 1882 respectively. Usually

---

[20] Gottsched, Johann Christoph: Zum Lobe der Weltweisheit. In: Philipp M. Mitchell (Hg.), Ausgewählte Werke. 12 Bde. Berlin 1976, Bd. IX/2, S. 412.

[21] Gottsched, Johann Christoph: Zum Abschied aus der vertrauten Rednergesellschaft zu Leipzig. In: Mitchell (Hg.), (wie Anm. 20), S. 533. The negative use of this analogy endured. When Christian Thomasius used the guild metaphor in reference to learning, he included the practice of junior academics marrying the daughters of their older colleagues. See the quotation in Leube, Hans: Orthodoxie und Pietismus. Gesammelte Studien. Bielefeld 1975, S. 210. Georg Forster applied the analogy to intellectuals in general in »Über den gelehrten Zunftzwang«. Goethe used it in a conversation with Eckermann on 2 June 1823. Goethes Gespräche mit J. P. Eckermann, 2 Bde. Leipzig 1908, Bd. 2, S. 360. But the negative application of Goethe's analogy did not prevent the poet from using it in a more positive -- and general -- way in his novels »Wilhelm Meisters Lehrjahre« and »Wilhelm Meisters Wanderjahre«. Scholars have perpetuated these analogies. Eugen Reichel describes the University of Leipzig in 1724 as a 'Gilde'. Reichel, Eugen: Gottsched, 2 Bde. Berlin 1908/1912, Bd. 1, S. 112. More recently the translator of Browning, Christopher R.: Nazi Policy, Jewish Workers, German Killers. Cambridge 2000 used »Historikerzunft« for the original English »historians« (there in the preface). Browning, Christopher R.: Judenmord. NS-Politik, Zwangsarbeit und das Verhalten der Täter. Frankfurt M. 2001, S. 10.

[22] For a brief summary of the long-standing controversy (beginning with Theophrast) about whether philosophers should marry, see Bennholdt-Thomsen, Anke/Guzzoni, Alfredo: Gelehrsamkeit und Leidenschaft: Das Leben der Ernestine Christine Reiske 1735-1798. München 1992, S. 50-51.

it was only at an advanced age that English professors married. By contrast, where the Reformation succeeded in Germany, professors were no longer required to live in the *Bursen* and *Kollegien*, and they pressured universities to increase their salaries so that they might support their families.

These increases in salary were frequently slow in coming, and the actual standard of living of the married professoriate was long close to that of craftspeople. State officials often assumed men in these professions would have other means of support, for example prebends, fees and licenses for other activities.[23] These licenses might contain the right to sell beer or to print books. Students might board with professors' families. By the eighteenth century, in these nonintellectual roles professors' wives would long have qualified as marital »Gehülfinnen«, for they clearly contributed to the household economies.[24] The Gottscheds' expansion of this concept to include the domain of the husband's professional activity in the public sphere, however, could only be facilitated by the tradition of guild practices.

In addition to the permeable boundaries between the professoriate and those involved in crafts – also within individual biographies – there are other consequences to the marriage of professors. Married academics could form professional dynasties – like guild families.[25] In Leipzig families like the Carpzovs, Menckes, and Ernestis are prominent examples. In one case the *Professur für Eloquenz* was virtually inherited through three generations. After the death of Johann August Ernesti (1701-1781) the chair passed to his nephew, August Wilhelm Ernesti (1733-1801). After the latter's death it passed to Johann Christian Gottlieb Ernesti (1756-1802). Although there is still little information about the women in these families, they frequently married within the professorial (or professional) circles in which they were born.

---

[23] Paulsen (wie Anm. 16), Bd. I, S. 338. Johann Christoph Gottsched had no salary as »extraordinarius«. Döring, Detlef: Johann Christoph Gottsched in Leipzig. Leipzig 2000, S. 39. Only in 1734 when he became an »ordinarius« with a salary would Luise Kulmus's family permit her to marry him.

[24] Literary historians have long emphasized the fact that the Gottscheds lived in the same building that housed their publisher's enterprise, an arrangement that resembled that of guild work. In addition Luise Gottsched also offered meals to students. Döring, (wie Anm. 23) S. 40. For a study of the economy of these relationships in general: Algazi, Gadi: Gelehrte Zerstreutheit und gelernte Vergeßlichkeit. Bemerkungen zu ihrer Rolle in der Herausbildung des Gelehrtenhabitus, in: Peter von Moos (Hg.), Der Fehltritt. Vergehen und Versehen in der Vormoderne. Köln 2001, S. 235-250.

[25] »Familienprofessuren«. Döring (wie Anm.23) S. 42.

Traditional patterns of guild work facilitated acceptance of the Gottsched's working relationship.[26] In the earliest days of the guilds women had formed their own guild organizations and they had been active members of some of them. By the early eighteenth century, however, their work in guild crafts was largely reduced to informal arrangements.[27] Daughters of masters were frequently trained in the assumption they would assist their future husbands. In hard economic times, when apprentices were rare, some guild wives would perform the entire range of craft tasks. When their husbands died, they were permitted to carry on the management of guild work under various conditions.[28] They were skilled workers, some nearly as skilled as their husbands, and their work was routinely acknowledged.

In guild families the woman's ability to help in her husband's enterprise was considered a kind of dowry. According to Johann Christoph Gottsched both partners in marriage were responsible for the support of the family: »Aus eben der Ursache ist es denn billig, daß eine Frau, die nichts zu erwerben geschickt ist, einen gewissen Brautschatz mitbringe ...«[29] Women without dowries could be expected to work. In the case of the Gottscheds it is interesting to note that Luise Kulmus's dowry was greatly reduced (if it did not disappear altogether) after the death of her father in 1731. She could thus easily have felt the need to compensate for this by joining her husband's »business«. By expanding the concept of »Gehülfin« to include intellectual work and by exploiting preexisting structural and linguistic analogies to women's work in guilds – in a lived metaphor – the Gottscheds could reduce public resistance to the social construction of a »learned woman«.

---

[26] On the strength of guilds in early modern Germany see Walker, Mack: German Home Towns. Community, State, and General Estate 1648-1871. Ithaca, N.Y. 1971. On their moral influence, for example in Leipzig, see Duclaud, Jutta/Duclaud, Rainer: Leipziger Zünfte. Berlin 1990, S. 17-21. On the historical importance of guild structures for German professions see Ziegler, Nicolas J.: Governing Ideas. Strategies for Innovation in France and Germany. Ithaca, N.Y. 1997, S. 17-39.

[27] Wissel, Rudolf: Des alten Handwerks Recht und Gewohnheit II. Berlin 1974, S. 435-450. See also Wunder (wie Anm. 13), S. 120-125.

[28] Rarely were they permitted to join the guild in their own right. Journeymen in closed guilds were not admitted as master until one of the master members died. Growing numbers of dissatisfied »ewige Gesellen« in the eighteenth century led to a »Gesellenbewegung«. Duclaud/Duclaud (wie Anm. 26), S. 26.

[29] Gottsched, Johann Christoph: Erste Gründe der gesamten Weltweisheit (1733). Frankfurt M. 1965, T. 2, S. 220.

Institutional Fluidity

Also important in considering the artisanal designation of the Gottscheds collaboration were forms of collaboration in newly emerging fields of scholarly enterprises. Around 1700 German universities found themselves at a critical historical juncture. General skepticism about their social function was indicated by dwindling enrollments. Traditionally institutions for the training of secondary school teachers, as well as theologians, doctors and lawyers, universities were ill equipped to educate students in fields such as the experimental sciences, the social and political sciences (including modern history) and modern (vernacular) literature and language. Gottfried Wilhelm Leibniz (1646-1716) had contemplated the lack of institutions for the new requirements of governments, but had sought to found academies for the promotion of scientific research rather than reform universities. Some of these emerging scientific fields also organized family life around these research activities, training wives and daughters, much as had guild families. The family of Prussian astronomer Gottfried Kirch (1639-1710) is one example.[30] The wife of Danzig astronomer Johann Helvelius (1611-1687), Catharina Elisabeth (née Koopmann) served as his assistant and, as his widow, edited three of his works. Danzig ornithologist Jacob Theodor Klein (1685-1759) – and friend of Luise Kulmus's family – trained his daughters to illustrate his books on birds.[31] During Gottsched's tenure as professor, the uni-

---

[30] See the contribution by Mommertz, Monika in this volume. Also Bennholdt-Thomson, Anke/Guzzoni, Alfredo: Gelehrte Arbeit von Frauen: Möglichkeiten und Grenzen im Deutschland des 18. Jahrhunderts. In: Querelles: Jahrbuch für Frauenforschung 1 (1996), S. 48-76.

[31] From a different direction, the definition of »Handwerk« was also contested. Beginning in the late seventeenth century authors of various handbooks, dictionaries and encyclopedias began debating the definition of a »Handwerk« as distinct from »Kunst« and even »Wissenschaft« (in the sense of »Kenntnis«). Non-gilded crafts, like portrait painting, had long been associated with »Handwerk«, and earnest scholars debated the classification of these fields. For more on this see Puschner, Uwe: Handwerk zwischen Tradition und Wandel. Das Münchner Handwerk an der Wende vom 18. zum 19. Jahrhundert. Göttingen 1988. In some cases they were concerned to emphasize the distinction from guilds. Hübner, Johann: Curieuses Natur- Kunst- Gewerck- und Handlungs Lexicon. Leipzig 1712, Sp. 703. Maria Sibylla Merian (1647-1717) is but one example of a woman artist from an artisanal social background. Her two daughters also painted. Another example is Dresden court miniaturist Anna Maria Werner (1688-1753; a friend of Luise Gottsched's) who was trained by her goldsmith and painter father and married a painter. Still, a confusion of terminolgy reigned. Toward the end of the century Adelung listed the following activities as »Künste«: »Apotheker, Bildhauer, Buchdrucker, Form- und Edelsteinschneider, Gärtner, Jäger, Juweliere, Kupferstecher, (Kunst-) Maler, Münz- und Siegelschneider, Musikanten, Perlenbohrer, »Thurner« und Trompeter sowie mitunter Uhrmacher und

versity at Leipzig began to transform itself into a modern university that included the natural sciences.[32]

In Leipzig Ernestine Christine Reiske (1735-1798) possessed deep admiration for Luise Gottsched. She learned Greek to help her husband, Johann Jacob Reiske (1716-1774) in his editions and translations – or used this as an excuse to learn Greek. After he died she continued his work, and when her scholarship was complimented, she quite literally justified it by reference to the work of women in the crafts: »Ew. Wohlgeboh. Beschämen mich mit Lobsprüchen, die ich nicht verdiene. Verdient man Lob, wenn man nur seine Pflichten erfüllt? Wie viele Weiber der Handwerksleute helfen nicht ihren Männern arbeiten. Solten nur die Weiber der Gelehrten zum Müßiggänge oder zu unnützen Zeitvertreiben bestimmt seyn?«[33] Patterns of guild work carried with them severe limitations for women, but in mid-eighteenth century Europe they also carried the singular and spectacular reward of creating the imaginative space which allowed women's public activity in learned professions.

It is not now possible to determine the motivation behind the fact that five Göttingen professors soon distinguished themselves by educating daughters who became quite active in intellectual fields. Translator Sophie Dorothea Liebeskind (1765-1853) was the daughter of Professor Rudolf Wedekind, an associate of Gottsched's. Novelist Therese Huber (1764-1829) was the daughter of Professor Christian Gottlob Heyne, who had studied in Leipzig. The first woman to be granted a Ph.D. in Germany, Dorothea Schlözer (1770-1825), was the daughter of Professor August Ludwig Schlözer. Novelist, translator and salonière, Caroline Schlegel (1767-1845), was the daughter of Professor Johann David Michaelis. Poet Magdalene Philippine Engelhard (1756-1831) was the daughter of Professor Johann Christoph Gatterer. At least two of these daughters – Hubner and Schlegel – went on to collaborate with their husbands. It is not unlikely that this flurry of professorial interest in training daughters for public intellectual work owed something to the example of Luise Gottsched.[34]

»Mechanici«. Adelung, Johann Christoph: Deutsches Wörterbuch. Leipzig 1793-1801, Bd. 1, S. 146.

[32] Döring (wie A. 23), S. 30-31, 34-35, 98-107.

[33] Quoted in Bennholdt-Thomson/Guzzoni:Gelehrsamkeit (wie Anm. 22) S. 40-41.

[34] Shortly after her death in 1762 Johann Christoph Gottsched published a biography of his wife detailing the extent of her intellectual work. Gottsched, Johann Christoph (wie Anm. 1).

II. Mary Astell's *Serious Proposal* (1684)

In protestant England fashioning the »learned woman« took a different form. The German reception of Mary Astell's plan for a »protestant monastery« for women illustrates national differences. By the end of the seventeenth century in England a decline in women's education became noticeable. It was attributed to the absence of any particular educational structure for women since the closing of convent schools in the wake of the Reformation. Proposals had been made since 1523.[35] I am here concerned with Astell's essay of 1694, *A Serious Proposal for the Ladies*.[36]

Astell was concerned with the hearts and souls of women. In the culture around her she observed superficial women incapable of determining what was good and just and true because they lacked sufficient education. For the edification of their souls and the strengthening of their characters she proposed a separate institution for the education of women, a monastery for women as she called it. While its main purpose might be to give women the philosophical foundation with which to support their faith, it was not conceived as an institution of the Church of England. Rather, its financial foundation would be secured by endowments to the academy by those women entering it – in her proposal 500 pounds per woman.

This so-called monastery would require no vows and women could enter and leave as they chose. There were to be »no impertinent Visits, no foolish Amours, no idle Amusements« (29). While she offers no description of a curriculum, Astell does refer to the »Learned Education« women would receive (22). Instruction, by women only, would be given in philosophical matters and only the most substantial books would be read: Descartes and Malebranche rather than novels and romances. Refined amusements, like music, would be encouraged. Women would be encouraged in the active practice of virtue as well as in the contemplative life. She did not propose that women should be trained to teach in the church or to »usurp Authority where it is not allow'd them« (23-24). She wanted a woman to »*understand* her duty«.[37]

The advantages of such an institution would be great, Astell promised. Individual women would be better prepared to encounter both the temptations of this

---

[35] See Springborn, Patricia. In: Astell, Mary: A Serious Proposal to the Ladies. Parts I & II. ND, London 1997, S. xi-xiii.
[36] A second volume followed in 1697.
[37] Astell (wie Anm. 35) S. 23-24. My emphasis.

world and their maker in the world beyond. Families with many children would not have to deplete their fortunes to secure respectable position for an unmarried daughter. Married women would become more charming wives as their understanding and conversation improved. Mothers would have a more beneficial effect on their children. Astell looked forward to a »Seminary to stock the Kingdom with pious and prudent Ladies«.[38]

Astell's proposal suffered a noisy reception. Some, like Richard Steele (1672-1729) in the *Tatler*, ridiculed her idea of an »order of Platonick Ladies« (1709, nos 32 and 64).[39] In her comedy *The Basset Table* (1706), dramatist Susanna Centlivre (c. 1667-1723) ridiculed a »little She-Philosopher« for founding a »College of Philosophy« where only women were admitted. But others, like George Wheler in *A Protestant Monastery* (1698), openly supported and acknowledged her. As late as 1752 Lady Mary Wortley Montagu (1689-1762), Astell's friend, admitted she found the idea of an »English monastery« for ladies attractive. Still others, like Daniel Defoe (1661?-1731) admired Astell's proposal, but argued against it, even as he proposed his own »Academy for Women« which differed in no significant way from Astell's.[40] So the idea was, in fact, taken seriously by some.

When we step back from all of these squabbles, one overriding image is striking. Even in protestant England, when men and women imagine a vehicle by means of which women may engage in intellectual matters they summon up the image of a convent. The core idea of this academy is to isolate women so that their minds will be free of distractions and fully able to explore knowledge, especially philosophy. It is clearly a proposal intended for the wealthier members of society, but it was not restricted to the aristocracy as was the Marquise de Maintenon's (1635-1719) school to aid impoverished nobility, the Maison de Saint Louis at St. Cyr (founded 1686). Astell's central idea was to foster an independent spirit, one that could withstand the temptations of »Custom«.[41] The academy was also conceived to encourage women to become active in matters

---

[38] Ebd., S. 21.
[39] For a long time Steele was credited with the authorship of »The Ladies' Library« (1714), although it was in reality George Berkeley. In that work Astell's »Proposal« (lengthy portions of both parts) was plagiarized. For literature on this see Springborn, Patricia. In: Astell (wie Anm.35), S. xxxviii, footnote 47. Luise Gottsched possessed a copy of »The Ladies' Library«. Gottsched, Johann Christoph (wie Anm.1), S. 526.
[40] Defoe, Daniel: »An Essay upon Projects«. (1697).
[41] Astell (wie Anm. 35), S. 33

of public welfare, aiding the poor and sick. And the academy recognized men as the dominant sex. This construction of the leaned lady ignores the gallant *salonière* whose public persona was largely restricted to works of the imagination: novels, poetry, dramas. Like Maintenon's St. Cyr the proposal is anti-gallant and manifests high social aspirations. However, it never pretended to be a model for educating women who would participate in the world of learning.

Astell's proposal may have been ridiculed in England, but it had been conceived in and for a culture with certain patterns of organization. In this sense it may be called culturally comprehensible. It is doubtful, however, that it was culturally comprehensible in Germany. Thirty years after Astell's original proposal, a version of the idea came to Germany. Not unexpectedly, it landed early in the seaport of Hamburg. In 1724 the third issue of the Hamburg moral weekly, *Der Patriot*, published a proposal for an academy for women.[42] The poet Barthold Heinrich Brockes (1680-1747) was the presumed author of this issue. Probably it was Defoe's proposal, in essence plagiarized from Astell, which prompted the Hamburg poet to make a similar suggestion.[43] A wealthy Hamburg widow had proposed supporting »eigene für Töchter anzulegende Academien.«[44] Civic-minded as he was, Brockes published the proposal in the context of improving civic culture by attending to the education of children. Better trained mothers could educate children to become good citizens. Girls would enter these separate schools at age 10, leave at age 15. The primary focus of their instruction (carried out by women) was housekeeping and Christian morality.[45] Clearly this concept is neither guild related, nor monastery related, even though the school would be segregated. Its roots lie firmly in a conservative interpretation of the Lutheran concept of marriage and the divine obligation of women to become mothers and wives.

The wealthy widow also proposed that universities should employ three »Leherinnen« for women. Under the guidance of these instructors women students would learn to bake bread, cook »Stock-Fisch und guten Kohl.« They would receive instruction in Christianity. Then followed rapid mention of languages, es-

---

[42] Bodmer and Breitinger's »Discourse der Mahlern« introduced the topic in the last issue of their moral weekly (1723, St. XX., S. 126). Certain women proposed to imitate the society of Mahler (as the Mahler had imitated the »Spectator »[*Beschauer*]) and form »eine weibliche Academie«. More than this is not described. Bodmer, J. J/Breitinger, J.J. Discourse der Mahlern. ND Hildesheim 1969, S. 126.

[43] Defoe's suggestion had appeared in German in »Auserlesenen Anmerkungen«. 1707, 4 Tl., S. 301ff.

[44] »Der Patriot«. Hamburg 1724, Bd. 1, S. 21.

[45] Ebd., S. 22.

pecially German, drawing, music, eloquence, »Vernufft- Natur- und Sitten-Lehre, Rechen- und Meß-Kunst, die Erd- und Himmels-Beschreibung, samt den vornehmsten Geschichten, insonderheit ihres Vaterlandes …« The students would be promoted to »Magisterinnen, Licentiatinnen und Doctorinnen,« and the widow would be the chancellor.[46] There is no mention of Descartes or Malebranche. Could a »university« with a core curriculum of baking and cooking be taken seriously? Again, Astell's retreat for the intellectual development of women has become a university to train women for their only divinely ordained profession as wife and mother.

Soon thereafter the matter would be the subject of various articles in Gottsched's *Die vernünfftigen Tadlerinnen* (1725-1726) and *Der Biedermann* (1727-1728). In contrast to Brockes's emphasis on the domestic sciences, Gottsched's representations of the idea of women participating in academic enterprises are dominated by chivalrous fantasies of equality which are all discounted. When the idea of women at a university appeared in the seventh issue of *Die vernünfftigen Tadlerinnen* (14 February 1725), it was decorated with gallant ornaments. Gottsched/Calliste described her fantasy of an Amazon state, in which there were no men, women ran the government (complete with executions) and appeared at the university as professors and students engaged in the same activities as male professors and students (debating whether men were human, frequenting coffeehouses, playing music in the streets for their academic ruler). While s/he imagines it, the scene is pleasing, but at night the idea turns into a nightmare in which women no longer dress to appeal to men. Their white skin and bosoms are no longer exposed (*Schnür-Leiber* were banned), the Amazons lack all grace (dancing masters were banished), mirrors lie cracked on the streets. The idea of women at a university was treated as a bad joke, but this is not its only treatment by the *vernünfftigen Tadlerinnen*.

The idea of women engaged in studies on a par with men appears again on 31 October 1725. The anecdote is twice distanced from the editor: firstly by virtue of appearing in a letter written by one Ehrenlieb von der Mulde, and secondly by virtue of merely being reported by this gentleman. He describes a man who has raised his son and his daughter exactly the same: each one learning from books and learning both to fence and to sew. Each also grew to feel comfortable in the clothes of the other sex (complete with *Schnürbrüsten*). The gentleman correspondent fails to see why a woman could not be »eine eifrige Predigerin, eine

---

[46] Ebd., S. 23.

muntre Küraßreuterin, eine ansehnliche Bürgermeisterin, eine geübte Bombenwerferin, eine erfahrne Steuermännin, u.s.w.«[47] Asked to comment on the letter, the editor Phyllis/Gottsched thanks Ehrenlieb von der Mulde for his »lustiger Einfall«, opines that had Brockes's proposal been realized, this young lady would not be the first to enroll in an academy for women. Again the idea is not treated seriously.

Later, in the *Der Biedermann* (15 September 1727), Gottsched published an anonymous letter (by N. N.). This author proposes a way to drive away students' repugnance at studying, indeed to turn students into diligent and clever men. He (or she) would banish men from the podium and only permit »lauter galantes und gelehrtes Frauenzimmer als Professorinnen und Doctorinnen«. »Alle unsere junge Herren [würden] von einer beliebten Dame ... weit mehr lernen ..., als von einem sauertöpfischen Grillenfänger.«[48] Morals and manners would improve. To those skeptical that learned women could be found, the author answers that women would be found who would enter the university if they saw »daß sie dadurch ihr Glück machen könnten, und Aemter zu bekleiden Hoffnung hätten, davon vorhin ihr Geschlecht ungerechter Weise ausgeschlossen worden.« Further, the republic would benefit from having women engaged in productive activities, rather than the vanities which now render them lazy and incompetent for anything useful.[49] In closing the author finds it necessary to assert that this is not meant as a joke.

On 8 December 1727 the »Biedermann« relates the reactions of various gentlewomen to this plan to place women behind university lecterns while male students listen. One doubts that women with systematic training could be found. Another one finds that the women must first be trained and even that would scarcely work, because of the dangers to women's virtue. Women professors would lose their good reputations and reap the hatred and envy of other women. Nor is it true that the prettiest professors would always be the most learned. In the end the hostess – portrayed as a model of intelligence and virtue – proposes that things are best if left the way they are.[50]

On 26 January 1728 a »Freiherr von N.« returns to the proposal and explains how an academy for women might be founded. Mothers should observe their

---

[47] »Die vernünfftigen Tadlerinnen«. Leipzig 1725-1726, hg. v. Brandes, Helga, 2 Bde. Hildesheim 1993, Bd. 1, S. 353.
[48] »Der Biedermann«. Leipzig 1727, hg. v. Martens, Wolfgang. Stuttgart 1975, S. 81.
[49] Ebd., S. 82
[50] Ebd., S. 125-128.

daughters, making sure that the talented ones received enough private instruction for them to enter the university, where they would study to become »Geistliche, Rechts-Gelehrte, Artzeney-Verständige und Welt-Weise, ja überhaupt alle Arten der Gelehrten«. In this proposal women should *not* become professors, because he feared »was vor Missbrauch entstehen würde, wenn die jungen studierenden Herren eine schöne Professorin vor sich sähen«. Rather women's academies should be founded with »Lehrstühle« for women. Male students would benefit from the competition. These women would still be good housewives if they spent their leisure time learning domestic arts and they would be the best housekeepers for learned men.[51]

In none of these proposals is the monastery model presented. It goes without saying that in none is the idea of women reading and engaging with the works of Descartes and Malebranche mentioned, much less suggested as desirable for women themselves. In those representations of this idea that pass through Gottsched's pen in these years, however, neither is the guild model operative. The reaction is conditioned by the gallant culture of Leipzig and the focus is primarily on the benefit to be derived for male university students. Interesting in all of these Leipzig versions is the fact that none is presented as Gottsched's view. They are all opinions expressed by a fictional editor, a correspondent, or the »Biedermann's« reports of a conversation among fictional (or pseudonymous) gentlewomen. In this sense the variety of opinion may resemble to some degree an actual diversity of opinion in Leipzig. Furthermore, even in the most serious representations of this idea the fictional author or correspondent is obliged to emphasize that this idea is not a joke. I infer from all of this that Astell's proposal for a monastery-like academy for women was an anathema to those in Hamburg and in Leipzig. They could not take it seriously, because the patterns of cultural construction of learning on which it was based were not present.

The reception of another foreign event sheds further light on the Gottscheds' construction of »learned woman« in Germany. In 1732 Italian mathematician Laura Bassi was awarded a doctorate and permitted to teach at the University of Bologna. Leipzig poet, Christiane Mariane von Ziegler cheered and challenged

---

[51] Ebd., S. 153-156. For more on the Leipzig reception of the idea of »learned women«, see Goodman, Katherine R. From Salon to »Kaffeekranz«: Gender Wars and the »Coffee Cantata« in Bach's Leipzig. In: Baron, Carol (Hg), Bach's Changing World. Rochester, N.Y. 2005, forthcoming. Women pietists attended a class at the university very briefly in the year 1689-1690. See Leube (wie Anm. 21), S. 185-189.

compatriots who supported women's intellectual enterprises to sing Bassi's praises.[52] Gottsched soon nominated Ziegler as poet laureate and on the occasion of her coronation proclaimed »Ein jedes Alter und Geschlecht/ Hat gleichen Lohn und gleiches Recht.« Germany could rival Italy and France (*die Welschen*) in women poets, he wrote.[53] His actions appear to be a response to Ziegler's challenge. However, despite the appearance that Gottsched favored equality, in the correspondence between Gottsched and his fiancée, Luise Kulmus, a different reaction is documented. Luise Kulmus asked Gottsched how he liked Laura Bassi? She ventured the opinion that when this young doctor lectured she would attract more spectators in the beginning than auditors thereafter. Kulmus was pleased when Gottsched agreed with her opinion.[54] In this exchange Johann Christoph Gottsched's support for Ziegler appears somewhat hypocritical. Neither Gottsched imagines a woman at the lectern meeting with great success.

III. Biographies

In this essay I use biographies to illustrate cultural patterns, but in *Die vernünfftigen Tadlerinnen* Gottsched had used them to illustrate the intellectual potential of women and to inspire imitation. Again and again he gave lavish praise to »heroines of learning«. One issue was devoted entirely to Anne Dacier.[55] She and her husband became internationally famous for their translations of Greek and Latin texts into the French vernacular. Anne Dacier even entered into public literary debates on the relative merits of classical authors with other French and English scholars, siding in favor of classical over modern culture. It is possible that this couple became the model for the Gottscheds. From the pen of a pseudonymous correspondent to *Die vernünfftigen Tadlerinnen*, one »Musophilus«, we learn of the pleasure he derives in contemplating the life André Dacier must have led with his learned wife. He imagines them sitting together, translating the wise sayings of Emperor Antoninus from Greek into French. An agreeable dispute arises in which each partner tries to outdo the other in learning, finally they agree and publish the book under both their names.[56] In 1733 Luise Kulmus

---

[52] Von Ziegler, Chrsitiane Mariane: Vermischete Schriften. Leipzig 1739, S. 57-58.
[53] Gottsched, Johann Christoph. In: Jacob Friedrich Lamprecht (Hg.), Sammlung der Schriften und Gedichte auf die poetische Krönung. Leipzig 1734, S. 25.
[54] Gottsched, Luise (wie Anm. 1), S. 22 and 24.
[55] »Die vernünfftigen Tadlerinnen« (wie Anm. 47), Bd. 1, S. 315-322.
[56] Ebd., Bd. 2, S. 392.

wrote her suitor that she envied the pleasure she imagines André Dacier took in translating Horace.[57]

In fact the Daciers had a working relationship that was not dissimilar to that of the Gottscheds. Anne Dacier had been trained in classics by her father, Tanneguy le Fevre, a professor at the protestant university in Saumur. André Dacier had been a student of her father's as well. The protestant couple became private scholars, but without a source of income they grew impoverished. After they converted to Catholicism in 1684, they received a pension from the King. The cultural dimensions of these biographical moves underscore the importance of the German and protestant circumstances in the case of the Gottscheds.

After the first issue on Anne Dacier, Gottsched claimed to have received complaints from women that this inspirational example was too lofty.[58] So on 28 June 1726 he provided an alternate model, Königsberg poet Gertraud Moller (1642-1705). Although she had married at age 14, born 15 children, and led an exemplary married life, Moller had still written poetry and been honored by the *Pegnitzschäfer*. And on 13 September 1726 he also devoted one issue to Anna Maria van Schurman's arguments in favor of women becoming scholars under certain conditions – namely if they possessed talent, money, and seriousness of purpose. Their scholarship would be conducted at home. He explicitly hoped the arguments of Schurman would encourage those women who might have been deterred from study by ridicule.

These examples illustrate again that Gottsched believed learning need not alter women's traditional roles. If we believe him, they also imply that he made an effort to be responsive to his audience. While his public had found the idea of women at the university ridiculous and had abhorred the example of gallant *salonières*, it also found certain examples of the private practice of learning unrealistic for women's circumstances. That he persevered by presenting the cases of Dacier and Schurman is surely to his credit, but Gottsched's effort to promote women's learning with culturally appropriate models was not an easy undertaking.

For purposes of comparison, before turning to Luise Gottsched, I would like to present the biographies of two Englishwomen: Mary Astell and Elizabeth Elstob (1686-1756).[59]

Mary Astell was born into a merchant family in Newcastle-upon-Tyne in

---

[57] Gottsched, Luise (wie Anm. 1), S. 48.
[58] Die vernünfftigen Tadlerinnen (wie A. 47) Bd. 2, S. 201.
[59] For biographies of many learned Englishwomen, see Reynolds, Myra: The Learned Lady in England 1650-1760. Boston 1920.

1666. Her uncle, curate Ralph Astell, early noticed her aptitude for learning and instructed her in philosophy, mathematics and logic. He also is thought to have taught her Latin and French. He died when she was 13. By age 18 Mary Astell was orphaned and two years later, reportedly, she set off for London with the aim of letting her own sex benefit by the information she had gained.[60] Soon she came into contact with Archbishop Sancroft when she sent him a copy of her *Collection of Poems* (1689). She also lived near and became a friend of Lady Catherine Jones, daughter of the Earl of Ranelagh. From the information we possess she immediately applied herself to studies: philosophy, politics, theology and history. Most of her works appeared in the decade between 1694 and 1705. At age 27 Astell had begun a correspondence with John Norris (1657-1711), Rector of Bemerton, near Salisbury, a late adherent of Cambridge Platonism and a student of Malebranche. For him God should be the sole object of our love and intellectual endeavors, for He was the source of all our sensations. Her correspondence with Norris on this subject was published as *Letters Concerning the Love of God* (1695). There followed *A Serious Proposal to the Ladies* (1694, Pt. II 1697) and *Reflections upon Marriage* (1700). These works were published anonymously, but it was generally known that Astell was the author. Her last work was a serious theological argument, *The Christian Religion as Profess'd by a Daughter of the Church of England* (1705). In sum, she acquired her learning from her family and on her own, never married, had a close circle of female friends, and lived simply. She never organized her academy for women, but she lived a virtually monastic existence, supported in part by the generosity of women benefactors.

Less well known is Elizabeth Elstob. Like Astell she was born in Newcastle-upon-Tyne. Her family circumstances remain largely unknown, except that at age 12 she moved to live with her brother, who was a fellow at Oxford. Since she expressed an interest in the Saxon language, he encouraged her to study it. In 1709 she published her translation of a homily together with a learned introduction to it. Six years later she published a Saxon grammar. Her planned translation of a Saxon *homilarium* remained uncompleted after her brother died in 1715.[61] Without other means of financial support she became a poorly paid teacher. As in the case of Astell, a woman benefactor appeared. When wealthy

---

[60] Hill, Bridget (Hg.): The first English Feminist. »Reflections Upon Marriage« and other writings of Mary Astell. New York 1986, S. 6

[61] Unlike Elstob after her brother's death, Reiske had continued her husband's scholarly work as a widow.

women learned of her situation they came to her aid and petitioned the Queen on her behalf. Queen Caroline had decided to support Elstob with 100 pounds every 5 years, but died before she could authorize the pension.[62]

Like Luise Kulmus neither of these Englishwomen was an aristocrat (Kulmus's father was a wealthy doctor), and like her they received good if not excellent home schooling. Both published at least two significant works in a scholarly discipline, but without independent means neither was able to support herself with her learning. Their productive years lasted eleven years in one case, six in another. Neither married, in fact many of the outstanding British women of the times remained unmarried: Jane Barker, Celia Fiennes, Anne Killigrew, Bathsua Makin and others.[63] In both cases women benefactors were found to support the »learned woman«.

By contrast Luise Kulmus sustained an active and public intellectual life for 25 years. Literary historians consider her contribution to the tradition of German comedy significant, but that represents only a portion of her scholarly work. Even before they married, her fiancé encouraged her to publish her work. A translation of Anne-Thérèse de Lambert's *Réflexions sur les femmes*, of Madeleine Angélique Poisson de Gomez's *Le Triomphe de l'eloquence*, and of Joseph Addison's *Cato*, and an adaptation of Guillaume-Hyacinthe Bougeant's *La Femme docteur* (*Die Pietisterey im Fischbeinrock*) were largely the result of her efforts before their marriage. She had expressed a desire to translate and selected these texts. With the exception of the last – a very controversial undertaking – all appeared under her name.

It becomes more difficult to document the Gottscheds' intellectual relationship after their marriage in 1735. The vigorous attacks on her husband, beginning at the end of that decade, virtually guaranteed that she would form a united public front with him. Differences in taste and perspective that may be apparent before 1735 become obscured.[64] Some things are known: most notably that he continued her training. He gave her lessons in Latin and music, she listened to his lectures on oratory behind a door cracked open, and he gradually introduced her to his work on journals. She excerpted books for his journals, began to write

---

[62] I know of no German ruler's consort granting a pension to a woman scholar.

[63] For a discussion, see Hill (wie Anm. 60), S. 14. Hill believes that in the early eighteenth century the British propertied class faced a crisis of what to do with unmarried girls. Daughters of the gentry reaching the age of 50 without marrying increased from 10 percent to 25 percent between 1675 and 1799.

[64] Goodman (wie Amn. 6).

reviews and satires, catalogued his library, collected material for his books, translated books and articles, wrote a history of German poetry (which she burned when it failed to find a publisher). He not only employed her skills and talents, he also encouraged her to publish works which appealed to her taste, like her translation of Addison and Steele's *The Guardian* (1749). This translation, with its numerous passages praising Shakespeare, was influential in the reception of that dramatist in Germany.[65]

The couple remained childless, and her married years were devoted to scholarly work. Much of what she translated or wrote was acknowledged as hers, however, with regard to her journalism we cannot be sure what to attribute to her. Most of the articles by contributors to his journals remained anonymous. In general, the extent of her influence on the couple's journalistic work has not been carefully examined, although Gabriele Ball has recently made a provocative and useful beginning with a judicious estimation of her work for the *Neuer Büchersaal* (1745-1750).[66] In Ball's estimation Luise Gottsched was more active on behalf of English writers, translating and reviewing their work. Independently of her work for this journal, her translations of English texts support this hypothesis. After Addison's *Cato* (1735) she translated Alexander Pope's *Rape of the Lock* (1744), most of Addison's *Spectator*, Addison's *Guardian* (1745), and a collection of works by Pope, Newton, and Eachard (1749). This makes her one of the first intellectuals to transmit significant amounts of English culture for German audiences.

Luise Gottsched's particular interest in English culture gives evidence of an independent spirit, but her selection of these texts did not undermine her husband's principles. Instead they could be said to augment it. This tends to support the hypothesis that the Gottscheds' collaboration as a real one. That hypothesis, admittedly, requires further substantiation and elaboration. This cannot happen, however, if scholars continue to view Luise Gottsched merely as the obedient disciple of her husband.

---

[65] Marsden-Price, Lawrence: English Literature in Germany. Berkeley, CA. 1953, S. 225. She also translated most of Addison and Steele's »Spectator«, but this was in collaboration with her husband. Gottsched, Johann Christoph (wie Anm. 1), ***r and ***6r-***6v.

[66] Ball (wie Anm. 6). Unfortunately, by standards of contemporary scholarship, Edith Krull's study is flawed. While it remains useful for suggestions of attributions, many of them cannot be verified. Krull, Edith: Das Wirken der Frau im frühen deutschen Zeitschriftenwesen. Diss. Berlin 1939.

Scholars have routinely focused on those statements from Luise Gottsched's later letters in which she has expressed her unhappiness with her husband and with the amount of work he gave her. She does sometimes express herself in the strongest terms, referring to her »Galeerenarbeit« and »Kettentracht« as well as her »Carthäuserzelle«.[67] Most of these comments occur fairly late in her letters and seem to involve her monumental – not to say Herculean – effort in translating *Geschichte der königlichen Akademie der schönen Wissenschaften zu Paris* (1749-1756; 11 volumes). However earlier, when her husband's literary program had come under attack in 1742, Luise Gottsched faced »die gegenwärtigen Beschwerlichkeiten eines gelehrten Lebenswandels« with equanimity because, she wrote explicitly, it was a life she had chosen.[68]

Not only did Luise Gottsched initiate certain projects (and reject others), not only did she choose an intellectual life, she also oversaw the work of other »Gehülfen«. The Gottscheds were engaged in an enormous scholarly enterprise, one that required them to employ other scholarly workers. In some cases Luise Gottsched oversaw the work of these »Gehülfen«. Before Reiske found a good, salaried position, he performed occasional work translating, reading proofs, and reviewing. During this time he worked for Luise Gottsched by preparing the index for her translation, *Geschichte der königlichen Akademie der schönen Wissenschaften zu Paris*.[69] In other instances the workers were friends enthusiastic about a particular project. These received no reimbursement. Luise Gottsched refers to Dorothea von Runckel as their »Gehülfin« when she assists them in the translation of Laurent Angliviel de la Beaumelle's biography of Mme. de Maintenon (1755-1757). Luise Gottsched recommended and encouraged Herr von Runckel in his translation of British philosopher Shaftesbury.

By the end of his life Gottsched claimed he had earned as much from his publications as from his university salary.[70] From this point of view, too, it is possible to say that Luise Gottsched contributed greatly to the family enterprise. It seems unlikely that the Gottscheds tarried long over debates about whether they were engaged in guild work or not. More likely they simply used social

---

[67] Gottsched, Luise (wie Anm. 1), S. 207, 232, 264. It is interesting to compare similar comments by J. C. Gottsched, for instance when he writes that he had become a four-year slave to a printer. Johann Chrsitoph Gottsched: »Die Schaubühne« (wie Anm. 2), S. 8.

[68] Gottsched, Luise (wie Anm. 1), S. 110.

[69] He was not paid for the commentary he voluntarily composed. Bennholdt-Thomson/Guzzoni, Gelehrsamkeit (wie Anm. 22), S. 43.

[70] Reichel, Eugen: Gottscheds Nichte: In: Deutsche Revue. November 1902, S. 244-249.

models readily available to them. The metaphors came easily to mind. Traveling in 1749 the couple made various stops along the way to visit acquaintances. Of this experience Luise Gottsched wrote their friend, Count von Seckendorf: »Nach unserer Carlsbader Cur, giengen wir über Beyreuth, Erlangen, Nürnberg bis Regenspurg zu Lande, wo wir uns denn an allen diesen Orten etwas aufhielten, um unsre Freunde und Handwerksgenossen, nach Handwerksgebrauch zu sehen und zu grüßen.«[71]

No doubt there is a touch of self-deprecating humor in this statement, but that does not mean the analogy was unimaginable. On the contrary, it can be read as a bemused assertion of the comparison. Whether or not the Gottscheds consciously employed the metaphor, their use of it rendered Luise Gottsched's scholarly work socially acceptable. It enabled her to participate in an activity which otherwise would have exposed her to ridicule, envy, and censure. In northern Europe at that time it was the optimal solution.

Zusammenfassung

Luise Gottsched (1713-1762), laut Maria Theresia »die gelehrteste Frau von Deutschland«, ist bislang als bloße Gehilfin ihres Mannes gewürdigt worden. Das war historisch deswegen zu vertreten, weil beide Eheleute Gottsched sie als »Gehülfin« bezeichnet haben. Im 18. Jahrhundert ist dieses Wort aber nicht nur in der eingeschränkten Bedeutung Martin Luthers gebraucht worden, der Frauen als bloße »Gehülfinnen« ihrer Ehemänner ansah. Im weiteren gesellschaftlichen Kontext sind auch Personen im Umfeld des zünftischen Handwerks als »Gehülfe« oder »Gehülfin« bezeichnet worden. Sie verrichteten selbständig Arbeiten und konnten auch Lehrling oder Geselle genannt werden. Diesen Umstand nutzten die Eheleute Gottsched. In einem Akt des »self-fashioning« bezeichneten sie sich selbst, ihre Beschäftigten und ihre Freunde aus dem gelehrten Umfeld der deutschen Aufklärung als »Gehülfen«. Die Tatsache, dass das Wort in diesem weiten semantischen Feld schwebte, konnten sie auf diese Weise nutzen, um Luise Gottscheds gelehrte Arbeiten einer Öffentlichkeit vorzulegen, die sonst nicht bereit war, solche Arbeit von Frauen zu akzeptieren.

Dieser Akt der Selbstzuschreibung ist kein ingeniöser Akt der Gottscheds gewesen. Denn noch im 18. Jahrhundert sind die gelehrten und die handwerklichen Welten nicht hermetisch voneinander abgeschlossen gewesen. Praktisch haben sie sich immer wieder berührt und alltäglich durchdrungen. Professoren verfügten etwa über das Recht

---

[71] Gottsched, Luise (wie Anm. 1), S. 147.

Bier auszuschenken oder Bücher zu drucken; Eltern von Professoren konnten Handwerker sein. Und so mancher Gelehrte ohne feste Anstellung hat seinen Lebensunterhalt als Lehrling, als »Gehülfe« im Verlagswesen verdient.

Die Bedeutung familiärer Kontexte für die tatsächliche Ausgestaltung des akademischen Milieus ist im nachreformatorischen Deutschland, das kein Zölibat im gelehrten Bereich mehr kannte, besonders hervorzuheben. Denn solche Familien konnten – wie im Handwerksmilieu üblich – als umfassende Haushalte organisiert sein in die auch Lehrlinge, Gesellen und »Gehülfen« als vollwertige Mitglieder integriert waren. Dass diese Sehweise nicht nur historische Spekulation ist, sondern durchaus der zeitgenössischen Wahrnehmung entspricht, lässt sich gut an einer Äußerung Luise Gottscheds ablesen, die diese anlässlich einer Reise im Jahr 1749 gegenüber ihrem Freund, Graf von Seckendorf, gemacht hat, wenn sie schrieb, dass sie und ihr Gatte auf ihrem gemeinsamen Weg durch Süddeutschland die Freunde und »Handwerksgenossen« nach »Handwerksgebrauch« sehen und grüßen wollten.

Wie ein genauer Blick auf die englischen Verhältnisse zeigt, könnte diese Organisation von gelehrter Arbeit im europäischen Vergleich etwas Besonderes gewesen sein. Denn in England favorisierten die Befürworter weiblicher Ausbildung ein klösterliches Lernmodell, das Frauen, mehrheitlich aus gehobenen Kreisen, Wissen vermitteln sollte. Im Mittelpunkt der Überlegungen stand allerdings nicht praktische Fertigkeiten, sondern solche philosophische Kenntnisse, die ein Fundament für die Festigung des Glaubens geben konnten. Zu diesem Zweck sollte es klösterliche Institutionen für Frauen geben, die jedoch nicht als abhängige Institution der Kirche von England gedacht waren. Der Vorteil solcher Einrichtungen sei immens, argumentierte die wohl bekannteste Vertreterin solcher Institute, Mary Astell (1694). Wenn sie Descartes und Malebranche läsen, seien Frauen, so schrieb sie, dadurch besser gegen die Versuchungen des Diesseits geschützt, sie könnten ihnen widerstehen und deshalb ihrem Schöpfer im Jenseits mit ruhigerem Gewissen gegenüber treten. Laut Astell gab es aber auch noch andere Vorteile. Denn wenn Töchter aus finanziell beschränkteren Verhältnissen gegen ein akzeptables Entgeld in solch eine klösterliche Einrichtung gegeben werden könnten, müssten sich ihre Familien für die Sicherung einer respektablen Versorgung der unverheirateten Töchter finanziell nicht mehr ruinieren. Was die später verheirateten Frauen beträfe, so würden sie durch den Aufenthalt in den klösterlichen Akademien sicherlich zu charmanteren Gattinnen werden und die Mütter unter ihnen zu fähigeren Erziehrinnen. Im Mittelpunkt der Überlegungen stand allerdings ein abgeschiedenes, dem Lernen und Lehren gewidmetes Dasein.

Als dieser Vorschlag wohl über die Vermittlung der Schriften Daniel Defoes, der die Ideen Astell kopiert hatte, zuerst in der Hamburger gelehrten Öffentlichkeit und später auch in Leipzig und anderswo diskutiert worden ist, stieß er zunächst auf Spott. Im deutschen Milieu favorisierte und diskutierte man andere Formen der Wissensvermittlung von und an Frauen. Denn über deutsche Lehranstalten bzw. Universitäten dachte man nicht in Kategorien von Klöstern und zölibatärem Leben, das ganz der Gelehrsamkeit gewidmet werden sollte. Das Modell von gelehrten Frauen in klösterlichen Akademien ließ sich im frühen 18. Jahrhundert nicht gut auf deutsche Verhältnisse übertragen, und die Vorstellung von Frauen als »salonières« erwies sich – kulturell gesehen – für Frauen im protestantischen aufgeklärten Deutschland ebenfalls als nicht praktikabel.

Solche kulturellen Unterschiede im gelehrten Bereich haben sich in den Lebensentwürfen und Lebensläufen der einzelnen Frauen konkret biographisch bemerkbar gemacht. Denn anders als auf dem Kontinent, waren im England der Frühen Neuzeit Frauen, die in der einen oder anderen Art am gelehrten Bereich teil nahmen, überwiegend nicht verheiratet. Ein weiterer Unterschied ist darin zu sehen, dass Engländerinnen, die mit ihren philosophischen und historischen Interessen in die Öffentlichkeit getreten waren in der Regel nur über eine kurze Zeitspanne in diesem Feld arbeiten konnten, weil ihnen häufig die finanziellen Möglichkeiten zur selbständigen Arbeit fehlten.

Mit Hilfe des Wortes »Gehülfin« in seiner historischen Bedeutungsvielfalt ist hier eine Sonde in die gelehrte und gebildete Welt der Frühen Neuzeit eingeführt worden. Auf diese Weise sind Blicke auf historische Konstruktionen von Gelehrsamkeit, Bildung und ihrer institutionellen Verankerung auch aus vergleichender Perspektive möglich geworden. Ein zentraler Aspekt des hier Dargelegten kann in der langsamen Trennung handwerklicher Arbeit von schöpferischer, künstlerischer oder gelehrter Arbeit gesehen werden, wie er sich im Laufe des 18. und 19. Jahrhunderts dann durchgesetzt hat. Es ist dies ein geschlechterspezifisch determinierter kultureller Wandel in dessen Verlauf sich ein Konstruktionsprozess vollzogen hat, der Bildung und Gelehrsamkeit faktisch und diskursiv mehr und mehr mit den Arbeiten männlicher Gelehrter verknüpft hat. Dadurch ist die Rolle der gelehrten frühneuzeitlichen »Gehülfin« in die Rolle der ungelernten »Gehilfin« umgeschrieben worden.

Ob die beiden Gottscheds das Wort eher strategisch oder eher unbewusst, kulturell gesteuert verwendet haben, kann jetzt nicht mehr ermittelt werden. Es kann aber gesagt werden, dass dieser Gebrauch des Wortes auf einen kulturellen Konsens traf, der die Gelehrtentätigkeit Luise Gottscheds gesellschaftlich akzeptabel machte. Dieser Umstand versetzte sie in die Lage, eine von ihr ersehnte Tätigkeit auszuüben – eine Tätigkeit, die andernfalls bespöttelt oder ganz der Zensur unterworfen worden wäre. Im damaligen nördlichen Europa ist die Gottsched´sche Art mit dem zeitgenössischen Problem weiblicher Gelehrsamkeit umzugehen daher sicherlich als eine praktikable und deshalb geschickte Lösung anzusehen.

Gisela Mettele

Theologische Gelehrsamkeit versus innere Erfahrung. Narrative Theologie in der Herrnhuter Brüdergemeine des 18. Jahrhunderts

Begrifflichkeiten wie »Gelehrsamkeit« oder »Bildung« sind für die Erfassung weiblichen Wissens und dessen öffentlicher Wirksamkeit problematisch. Eine geregelte schulische Ausbildung war in der Frühen Neuzeit für Frauen die Ausnahme, Zugang zu weiterführenden institutionellen Formen des Wissenserwerbs wie Universitäten oder Akademien hatten sie ohnehin in den allermeisten Fällen nicht. Eine an einem formalen Bildungsbegriff orientierte Analyse kann daher – wenig überraschend – oft nur die Abwesenheit von Frauen konstatieren. Im Folgenden soll stattdessen versucht werden, den Einfluß des lebensweltlichen Erfahrungswissens von Frauen bei der Ausformulierung der theologischen Konzepte einer religiösen Gruppe darzustellen. Im herkömmlichen Sinn »gelehrt« waren die meisten weiblichen Mitglieder der Herrnhuter Brüdergemeine, um die es hier gehen wird, nicht, dennoch hatten sie Teil an der Tradierung religiöser Weltbilder bzw. an einer weitgehend narrativ weitergegebenen Theologie.[1]

Die 1727 gegründete Gemeinschaft bestand zunächst vornehmlich aus mährischen Glaubensflüchtlingen, die sich seit 1722 auf dem Gut des Grafen Nikolaus

---

[1] Zur Geschichte weiblicher Bildung vgl. etwa Kleinau, Elke/Opitz, Claudia (Hg.): Geschichte der Mädchen- und Frauenbildung. 2 Bde. Frankfurt M. 1996; allg. Schindling, Anton: Bildung und Wissenschaft in der Frühen Neuzeit 1650-1800 (EDG 30). München 1999; auch Saurer, Michael: Literaturbericht: Bildungsgeschichte Teil 1-4. In: GWU 12 (1998), S. 761-774; 1 (1999), S. 50-59; 2 (1999), S. 120-129, 3 (1999), S. 181-191. Zum Konzept der »Narrativen Theologie« vgl. etwa Hirzel, Martin: Lebensgeschichte als Verkündigung. Göttingen 1998; Mautner, Josef: Das zerbrechliche Leben erzählen: erzählende Literatur und Theologie des Erzählens. Frankfurt M. 1994, sowie Schering, Ernst: Pietismus und die Renaissance der Mystik. In: Pietismus – Herrnhutertum – Erweckungsbewegung. FS Erich Beyreuther. Hg. v. Dietrich Meyer. Köln 1982, S. 39-70. Im angloamerikanischen Kontext etwa Goldberg, Michael: Theology and Narrative: A critical Introduction. Nashville 1982, vor allem Kapitel III und IV (Life stories). Im weiteren Sinn relevant ist in diesem Zusammenhang auch: Ricoeur, Paul: Figuring the sacred: religion, narrative and imagination. Minneapolis 1995.

Ludwig von Zinzendorf in der Oberlausitz niedergelassen hatten. Der neue Ort Herrnhut entwickelte sich schnell zum Anziehungspunkt: Aus ganz Europa zogen Frauen und Männer aus den unterschiedlichsten gesellschaftlichen Schichten zu – vom Dienstmädchen bis zur Reichsgräfin, vom Tagelöhner bis zum wohlhabenden Kaufmann –, die eine den pietistischen Frömmigkeitsidealen entsprechende Lebensform suchten.

Die Brüdergemeine strebte in der Gestaltung all ihrer Lebensbereiche nach christlichen Prinzipien. Das religiöse Leben war nicht beschränkt auf Gottesdienst und Andachten, vielmehr sollte das ganze Leben als Gottesdienst begriffen werden. Vom Brotbacken bis zur sexuellen Vereinigung, der Anspruch »liturgisch« zu leben war allumfassend.[2] Kennzeichnend für die Organisation der Gruppe war eine strikte Geschlechtertrennung besonders der ledigen Mitglieder in sogenannten Chorhäusern. Nicht die Familie war der zentrale Bezugspunkt des Gemeindelebens, sondern diese Chöre. Die strenge Geschlechtertrennung führte dazu, dass Frauen in einem erstaunlichen Ausmaß am religiösen Leben der Gemeinschaft beteiligt waren, bis hin zur Übernahme von Führungsrollen, denn auch die Seelsorge erfolgte zu einem guten Teil nach Geschlechtern getrennt. Nahezu alle Aufgaben mußten doppelt besetzt werden und so bot das Leben in der Brüdergemeine Frauen eine Vielfalt von Arbeits- und Entfaltungsmöglichkeiten jenseits gesellschaftlich tradierter Rollenbilder.[3] Auch wenn es dabei nicht um individuelle Emanzipation ging, sondern um ein Gott gefälliges Leben, lebten die Herrnhuter Frauen innerhalb der Gemeine in einer für ihre Zeit recht ungewöhnlichen Weise: sie arbeiteten in verschiedenen Berufen, übernahmen Leitungsfunktionen in ihren Chören; häufiger Ortswechsel – in einen anderen Gemeinort, ja in ein anderes Land – war auch für Frauen normal. Eine ledige

---

[2] Hahn, Hans-Christoph /Reichel, Hellmut (Hg): Zinzendorf und die Herrnhuter Brüder. Quellen zur Geschichte der Brüder-Unität von 1722 bis 1760. Hamburg 1977, S. 209-215.

[3] Zur Rolle von Frauen in der Brüdergemeine vgl. das Themenheft 45/46 (1999) der Zeitschrift Unitas Fratrum; zu Frauen als Predigerinnen im 18. Jhdt. Siehe Vogt, Peter: A Voice for Themselves. Women as Participants in Congregational Discourse in the Eighteenth-Century Moravian Movement. In: Beverly Mayne Kienzle/ Pamela J. Walker (Hg.): Women Preachers and Prophets through Two Millennia of Christianity. Berkely u.a. 1998, S. 227-247; Smaby, Beverly: Female Piety among Eighteenth Century Moravians. In: Pennsylvania History 64 (1997), S. 151-167; Faull, Katherine M. (Hg.): Moravian Women's Memoirs. Their Related Lives 1750-1820. Syracuse 1997; Dresser, Madge: Sisters and Brethren: power, propriety and gender among the Bristol Moravians, 1746-1833. In: Social History 21/3 (1996), S. 304-329; Smaby, Beverly: Forming the Single Sisters Choir in Bethlehem. In: Transactions of the Moravian Historical Society 28 (1994), S. 1-14.

Existenz, meist in einem Chorhaus, galt als akzeptierte Alternative zum ehelichen Leben. In der Ehe, die bis ins 19. Jahrhundert hinein per Losentscheid gestiftet wurde, wurde das Hauptinteresse auf die Interessen der ganzen Gemeine gelegt. Die Interessen des Individuums oder der Kernfamilie waren von untergeordneter Bedeutung. Mutterschaft hatte in dieser sogenannten »Streiterehe« keinen zentralen Stellenwert, Kinder wurden häufig nicht in der Familie erzogen, sondern, allein schon wegen der erwünschten frühzeitigen Geschlechtertrennung auch unter Geschwistern, meist im jungen Alter in spezielle Anstalten zur Erziehung und Schulbildung geschickt. Mädchen erfuhren in den Chorhäusern ein gewisses, im Vergleich zur Mehrheitsgesellschaft wohl sogar ein recht gutes Maß an schulischem Elementarunterricht. Im Synodalverlaß von 1801 wurde ausdrücklich festgelegt, daß die Begabungen von Mädchen gefördert und die Ausbildung eines Mädchens bei Befähigung von der Leitung der Brüdergemeine bezahlt werden soll.[4] Zweck der schulischen Erziehung von Mädchen wie Jungen war jedoch nicht der Erwerb gesellschaftlich relevanten Wissens sondern die Anleitung zu einem Leben »in Christus«.[5]

Zu weltlicher Gelehrsamkeit hatte die Brüdergemeine ein gebrochenes Verhältnis.[6] »Ich mag von dem Leben im Wissen, in der Erkenntnis nicht einmal reden, weil es sich für Kinder Gottes nicht reimt, denn das Wissen blähet auf«, so die dezidierte Meinung Zinzendorfs.[7] Diese Bildungsfeindlichkeit, die sich letztlich auf beide Geschlechter bezog, teilten viele Pietisten: Der Fromme geht seinen Weg durch die Welt und meidet falsche Gelehrsamkeit und trügerische Spekulation, die Einfalt des Herzens war der Königsweg zu Erweckung und göttlicher Gnade. Dieser Abwertung formaler theologischer Gelehrtheit stand die Aufwertung des gefühlten Verhältnisses des Einzelnen zu Gott gegenüber.

---

[4] Vgl. Synodalverlaß 1801; Archiv der Brüderunität Herrnhut R.2.B.

[5] Die Bildungsgeschichte Herrnhuts ist insgesamt noch wenig erforscht. Zum Erziehungskonzept Zinzendorfs, siehe Uttendörfer, Otto: Zinzendorf und die Jugend. Berlin 1923.

[6] Vgl. Marianne Doerfel: Die Brüdergemeine zwischen Bildungsbegeisterung und Bildungsfeindlichkeit. In: Freikirchenforschung 7 (1997), S. 51-63.

[7] Jüngerhaus-Diarium 9. August 1757. Zit. nach Uttendörfer, Otto: Zinzendorf und die Mystik. Berlin 1950, S. 335. »Wenn ein ordinäres Gemeinglied nach Weisheit verlangt, so ist es eo ipso ein räudiges Schaf. ER stellte ein Kind unter sie [...] Darum bin ich eben nicht mit dem Seminario zufrieden, weil ich gesehen habe, daß unsere jungen Leute mit dem Teufelsprinzip des Klug-und raffiniert-sein-Wollens nach dem Genio des Saeculi infiziert sind. Daß wir solchen Leuten Brot geben, das ist nicht der Mühe wert [...] Ich weiß positiv, daß die höchste Weltweisheit Kaff ist [...] Ich danke dem Heiland, daß ich heraus bin.« Zit. n. Hahn/Reichel (Hg): Zinzendorf und die Herrnhuter Brüder (wie Anm. 2), S. 286.

Frauen erfuhren im Pietismus eine besondere Wertschätzung, da sie doch zur Ebene des Gefühls als dem Ort religiösen Wissens einen privilegierten Zugang hätten. Darin spiegelt sich ein klassisches Geschlechterstereotyp, aber eben auch eine theologische Anerkennung weiblichen Wissens. Die religiösen Erfahrungen von Frauen wurden ernst genommen und in den religiösen Erneuerungsbewegungen des 17. und 18. Jahrhundert nahmen Frauen oft führende Rollen ein.[8]

Der Herrnhuter Glaube wurde geformt durch das innere Erleben, die Intuition, das Gefühl, und die Gemeinschaft konstituierte sich durch das Teilen dieser Erfahrungen. »Eine lebendige Gemeine muß sich immer alle Tage zusammendenken und -reden und -beten und -singen«, so Zinzendorf.[9] Kommunikation hatte daher konstitutive Bedeutung für die Gemeinschaft. Sie basierte auf dem kontinuierlichen Ausdruck und Austausch religiöser Erfahrungen und war dabei auf die aktive Teilnahme aller hin orientiert. Jedes einzelne Mitglied mußte in der Lage sein, seinen bzw. ihren Glauben persönlich zu artikulieren, sowohl in der Gemeine als auch vor der Welt als sogenannte »Glaubenszeugen« in der Mission.[10] Daraus ergab sich eine Vielfalt religiöser Kommunikationsformen, an denen Frauen Teil hatten und denen gegenüber die Sonntagspredigt als Ort einer eher eingleisigen Kommunikation in den Hintergrund trat. Das gegenseitige Mitteilen des »Herzensgangs« wurde sozusagen die neue Predigt.[11] Neben dem monatlichen Abendmahl existierten spezifische liturgische Formen wie Singstunde oder Liebesmahl, zu denen sich die gesamte Gemeinde versammelte. Die Mitglieder kamen aber auch mehrmals täglich in den eigenständigen Hausgemeinschaften der Chöre zusammen. Dort waren Männer und Frauen jeweils unter sich, in den Chorhäusern der weiblichen Mitglieder lag die spirituelle Leitung

---

[8] Z. B. Johanna Petersen, Eva von Buttlar, Antoinette Bourignon, Madame Guyon. Zur Rolle von Frauen im Pietismus vgl. etwa Witt, Ulrike: Bekehrung, Bildung Biographie. Frauen im Umkreis des Hallischen Pietismus. Tübingen 1996; dies.:»Wahres Christentum« und weibliche Erfahrung. Bildung und Frömmigkeit in Pietismus des 17. und beginnenden 18. Jahrhunderts: In: Geschichte der Mädchen- und Frauenbildung. Bd. 1 (wie Anm. 1); Hoffmann, Barbara: Radikalpietismus um 1700. Frankfurt. M. 1996; Dellsperger, Rudolf: Frauenemanzipation im Pietismus. In: Sophia Bietenhard (Hg.): Zwischen Macht und Dienst. Bern 1991, S. 131-151; Critchfield, Richard: Prophetin, Führerin, Organisatorin: Zur Rolle der Frau im Pietismus: In: Barbara Becker-Cantarino (Hg.): Die Frau von der Reformation zur Romantik. Bonn 1980, S. 112-137.

[9] Hahn/Reichel (Hg): Zinzendorf und die Herrnhuter Brüder, (wie Anm. 2), S. 218.

[10] Vogt, Peter: Herrnhuter Schwestern der Zinzendorfzeit als Predigerinnen. In: Unitas Fratrum 45/46 (1999), S. 29-60, hier S. 37.

[11] Ebd., S. 38.

weitgehend in den Händen von Frauen. Sogenannte »Ältestinnen« waren dort für die Seelsorge und religiöse Unterweisung ihres Chores verantwortlich. Darüber hinaus gab es die sogenannten »Banden«, freiwillige Vereinigungen von 3-8 Personen gleichen Geschlechts, die sich einander nahe fühlten und die sich regelmäßig über ihr religiöses Erleben austauschten. Auch wenn der religiöse Austausch in der Brüdergemeine insgesamt sicher kein herrschaftsfreier, sondern ein auf mehreren Ebenen kontrollierter Diskurs war[12], boten die Banden und Chöre doch ein gewisses Maß an Freiraum und selbst bestimmter religiöser Entwicklung. Einzelne Frauen hatten über ihr eigenes Chor hinaus in der Brüdergemeine einflußreiche religiöse Leitungsfunktionen inne. Die herausragende Figur ist hier Anna Nitschmann (1715-1760). Sie war als Kind armer Bauern aus Mähren nach Herrnhut gekommen und erlangte schon als junge Frau höchste Ämter in der Gemeine, 1746 wurde sie zur geistlichen »Mutter« der Brüdergemeine ernannt. Nach dem Tod der Gräfin Erdmuth Dorothea wurde sie Zinzendorfs zweite Ehefrau.[13]

Im Portrait der blinden Marianne Ringold (1721-1796) findet die spirituelle Rolle, die Frauen in der Brüdergemeine zuerkannt wurde, bildhaften Ausdruck.[14] Es ist voll von Symbolen, die Ringold als spirituelle Lehrerin auszeichnen. Am offensichtlichsten, indem das Bild sie im Redegestus des lehrenden Christus zeigt.[15] Die violette Farbe von Haubenband, Ärmelschleifen und Miederband kennzeichnet sie als Ältestin und auch die für Herrnhuter Frauen obligatorische Haube kann – diese These habe ich an anderer Stelle genauer ausge-

---

[12] Die innere und äußere Entwicklung jedes einzelnen Chormitglieds wurde streng kontrolliert. Jedes Mitglied hatte in regelmäßigen Abständen mit seinem Chorvorsteher bzw. ihrer Chorvorsteherin über die eigene religiöse Entwicklung zu sprechen. Einmal im Monat war das sogenannte »Sprechen« obligatorisch, eine Art Beichte, die über die Zulassung zum Abendmahl entschied. In regelmäßigen Berichten gaben die ChorvorsteherInnen der Unitätsdirektion Rechenschaft über den Zustand ihres Chores.

[13] Zu ihr und insgesamt zu Frauen als Predigerinnen in der Brüdergemeine vgl. Vogt: Herrnhuter Schwestern der Zinzendorfzeit als Predigerinnen (wie Anm. 10); zu Nitschmanns Redetätigkeit vor allem S. 49-54.

[14] Marianne Ringold (1721-1796), in Magdeburg geboren, zog 1737 nach Herrnhut. Seit 1744 war sie Ältestin im Chor der ledigen Schwestern im Anschluss daran Chorpflegerin auf dem Herrnhaag; vgl. Dohm, Burkhard: Poetische Alchimie. Tübingen 2000, S. 319ff.

[15] Vgl. Art. »Handgebärden«. In: Lexikon der christlichen Ikonographie Bd. 2. Hg. v. Engelbert Kirschbaum. Rom 1970, S. 214-216, hier S. 215.

Marianne Ringold (1721-1796).
Gemälde von Valentin Haidt. Archiv der Brüderunität Herrnhut GS 411.

führt – in Anlehnung an 1 Kor 11,5 als Zeichen der Vollmacht prophetischen Redens gedeutet werden.[16] Die ikonographische Tradition legt überdies nahe, die im Bild dargestellte (reale) Blindheit Ringolds auch im übertragenen Sinn zu verstehen: Blindheit symbolisiert einerseits die bis zum Tod fortdauernde menschliche Sündhaftigkeit – eine für die Herrnhuter Theologie zentrale Vorstellung. Das Motiv kann sie aber auch als »blinde Seherin« auszeichnen, zumal seit dem Spätmittelalter bis zum Barock auch Moses oder Priester manchmal blind dargestellt wurden.[17]

In der Brüdergemeine war Marianne Ringold vor allem als Dichterin religiöser Lieder bekannt. Ihre Texte wurden in den Singstunden verwendet, wo einzelne Verse aus verschiedenen Liedern zu einem bestimmten Thema zusammengestellt und als eine zusammenhängende »Liederpredigt« gemeinsam gesungen wurden.[18] Diese Singstunden stellten die wichtigste liturgische Form der Brüdergemeine dar, denn in Liedern und Gesängen drückte sich nach Meinung der Herrnhuter die wahrhaftige Sprache der »Herzensreligion« aus, nicht in systematischer Theologie und Polemik. An der Formulierung dieser Herzenssprache waren Frauen aktiv beteiligt. Im Herrnhuter Gesangbuch von 1741 finden sich viele Kompositionen von Herrnhuterinnen, neben denen von Marianne Ringold etwa diejenigen von Luise von Hayn und Anna Nitschmann. Allein von der letzteren stammen 56 Lieder des Gesangbuchs.[19]

In der Brüdergemeine gab es Kreise, in denen geübt wurde, die eigenen religiösen Gefühle in Lieder und Gedichte umzusetzen. In Versammlungen leitete Zinzendorf die Mitglieder zum improvisierten Singen an. Die Teilnehmer sollten wechselweise Lieder nach der jeweiligen Herzenseingebung vortragen. »Nicht zuletzt durch den ‚sacer ludus' eines solchen poetischen Schaffens zielt die Ge-

---

[16] Mettele, Gisela: Der Entwurf des pietistischen Körpers. Die Herrnhuter Brüdergemeine und die Mode. In: Rainer Lächele (Hg.): Das Echo Halles. Kulturelle Wirkungen des Pietismus. Tübingen 2001, S. 291-314, hier S. 308.

[17] Vgl. Art. »Blindheit«. In: Lexikon der christlichen Ikonographie (wie Ann. 15), Bd. 1. Rom 1968, S. 307-308; vgl. a. Bexte, Peter: Blinde Seher. Die Wahrnehmung von Wahrnehmung in der Kunst des 17. Jahrhunderts. Dresden 1999.

[18] Vgl. Art. »Singstunde«: In: Herrnhuter Wörterbuch. Kleines Lexikon von brüderischen Begriffen. Zusammengestellt von Paul Peucker. Herrnhuter Universitätsarchiv 2000, S. 49.

[19] Vgl. Meyer-Hickel, Gudrun: Verfasserverzeichnis zum Herrnhuter Gesangbuch von 1735. In: Herrnhuter Gesangbuch von 1735. Reprint. Teil III. Zugabe. Hg. v. Erich Beyreuther/Gerhard Meyer/Gudrun Meyer-Hickel. Hildesheim u.a. 1886, S. 1-77; zu Leben und Werk von Luise von Hayn vgl. Schneider-Böklen, Elisabeth: Henriette Luise von Hayn. In: Unitas Fratrum 45/46 (1999), S. 73-102.

meine Zinzendorfs auf eine umfassende Umwandlung ihres diesseitigen Lebens.«[20] »Gewöhnliche« Frauen und Männer hatten Möglichkeiten, ihre Erfahrungen und Gefühle auszudrücken, die sie wohl kaum gehabt hätten, wenn sie nicht in die Gemeine eingetreten gewesen wären. Noch in der Mitte des 19. Jahrhunderts, als die religiösen Formen der Brüdergemeine ihren spontanen Charakter schon weitgehend verloren hatten, enthielten die von jedem Mitglied zu schreibenden Lebensläufe noch häufig selbst verfasste Gedichte. Johanna Bitterlich, eine Witwe, die auch in der Brüdergemeine unter ärmlichsten Bedingungen gelebt hatte und 1858 verstorben war, hatte ihrem Lebenslauf bspw. ein selbst komponiertes 12 strophiges Lied eingefügt, in dem sie sich selbst, ihre Situation als arme Witwe zum Thema machte.[21] Zugegeben, die Worte die sie gebraucht, sind nicht sehr originell, sondern orientieren sich an den in der Gemeine üblichen Mustern, aber sie überträgt diese Worte in ihre ganz eigene Form von Kreativität, eine Kreativität, die sie außerhalb der Brüdergemeine möglicherweise nie entwickelt hätte.

Auch das Schreiben von Briefen, Tagebüchern, vor allem aber des eigenen Lebenslaufs wurde als wichtiges Mittel angesehen, die eigenen Erfahrungen zu artikulieren. Etwa seit der Mitte des 18. Jahrhunderts war es in der Brüdergemeine üblich, einen Lebenslauf zu schreiben, um sich und der Gemeinde über den eigenen Lebensweg Rechenschaft zu geben. Zehntausende solcher Lebensbeschreibungen sind allein im zentralen Archiv der Brüdergemeine in Herrnhut seit etwa 1760 überliefert. Im Schnitt umfassen sie 10-15 Oktavseiten. Sie können aber auch weit über 100 Seiten lang sein.

Das Schreiben eines Lebenslaufs war keine Herrnhuter Besonderheit. Die eigenen spirituellen Erfahrungen und Glaubenskämpfe niederzuschreiben steht in einer langen christlichen Tradition. Im Pietismus erfuhr diese Praxis eine außerordentliche Blüte, denn Kirchengeschichte im pietistischen Verständnis war nicht die Geschichte von Institutionen und Dogmen, sondern die Summe der Einzelgeschichten von Glaubenszeugen. In jedem einzelnen Leben offenbare sich, so die pietistische Überzeugung, ein Stück von Gottes Heilsplan und in der Entwicklung der Gemeinschaft der Erweckten dokumentiere sich das Werden und Wachsen des Reiches Gottes. Heilsgeschichte erschien als persönliche Geschichte. Das eigene Leben wurde zum »Text«. Jeder und jede Einzelne war

---

[20] Dohm, Poetische Alchimie (wie Anm. 14), S. 291.
[21] Lebenslauf von Johanna Bitterlich. In: Nachrichten aus der Brüdergemeine (1859), S. 325-342, hier S. 335-337, ein weiteres selbst geschriebenes Gedicht S. 340.

aufgerufen, sich selbst genau zu beobachten und zu zeigen, wie sich der göttliche Heilsplan im eigenen Leben offenbarte. Die Laienorientierung und Betonung von Erfahrung der pietistischen Religiosität integrierte Frauen in einer besonderen Weise: Nicht theologische Gelehrsamkeit – eine Welt aus der Frauen ausgeschlossen und in deren Traditionen sie nicht aufgewachsen waren – war ausschlaggebend, sondern die auf die eigene innere Erfahrung gestützte Erzählung. Damit gab die pietistische Bewegung Frauen aus allen Schichten eine Stimme, die auch öffentlich gehört wurde.

In der Brüdergemeine war das Schreiben des eigenen Lebenslaufs auf Gemeindeöffentlichkeit gerichtet: Zunächst wurde er, als eine Zeremonie des Abschieds, bei der Beerdigung des Mitglieds verlesen.[22] Viele dieser Lebensläufe wurden in den sogenannten »Gemeinnachrichten« gedruckt, die monatlich zwischen den Gemeinorten zirkulierten. Jede Ausgabe dieser Zeitschrift enthielt eine Rede eines leitenden Gemeindemitglieds, ausführliche Berichte aus den Missionsgebieten, basierend auf Briefen und Berichten, die die Missionare regelmäßig an die Zentrale zu schicken hatten, und eben pro Heft zwei bis drei Lebensläufe von Männern wie von Frauen.[23] Der Druck der Lebensläufe in den Gemeinnachrichten diente zunächst einmal der Information über den Tod eines Mitglieds, vor allem sollten sie aber auch exemplarisch das Leben eines Bruders oder einer Schwester aufzeigen.[24] Gedruckt wurden besonders gerne solche Lebensläufe, die reich an Erlebnissen waren, denn die Gemeinnachrichten sollten

---

[22] Wenn jemand starb, ohne einen eigenhändigen Lebenslauf zu hinterlassen, wurde dieser anhand von Notizen, Briefen, Tagebüchern und aus der Erinnerung von den Angehörigen oder Chormitgliedern zusammengestellt. Dies betraf weibliche ebenso wie männliche Lebensläufe. Auch bei eigenhändig geschriebenen Lebensläufen fügten Ehepartner, Kinder oder Chorangehörige Informationen über die Jahre nach dem letzten Eintrag bis zum Tod nach. Das heißt, Biographie und Autobiographie sind miteinander in einer Weise vermengt, die es schwer macht, das »authentisch« Autobiographische zu isolieren. Den Zeitgenossen schien dies von geringer Bedeutung, denn der eigentliche Autor des Textes war in ihrem Verständnis ohnehin Gott. Sie waren überzeugt, diesen Text schlicht und einfach dem Leben »ablesen« und »ohne alle Kunst, ohne alle Untreue« (Johann Salomo Semler) niederschreiben zu können.
[23] Im Zeitraum von 1770 bis 1894 erschienen in den gedruckten Gemeinnachrichten etwas mehr als 4000 Lebensläufe, davon etwa 3/5 von Männern und 2/5 von Frauen.
[24] Meist erschienen sie recht kurz nach dem Tod, manchmal wurden aber auch Lebensläufe von schon lange verstorbenen Mitgliedern gedruckt z. B. solche von wichtigen Personen aus der Gründungszeit. Die erzählten Leben – auch der kurz zuvor verstorbenen Mitglieder – reichten je nach Alter der Verstorbenen weit in die Geschichte der Brüdergemeine zurück. Beim Lesen der Gemeinnachrichten wurde also immer auch etwas von Geschichte der Brüdergemeine an die nächste Generation weiter getragen.

auch einen gewissen Unterhaltungswert haben. Dazu waren Lebensläufe von Mitgliedern, die in der Mission waren, besonders geeignet. Gedruckt wurden aber auch solche Lebensläufe, die äußerlich wenig spektakulär verliefen, dafür aber das innere Erleben, die Entwicklung des Herzens verdeutlichen sollten.

Bei aller äußeren Vielfalt der Lebenswege stand stets das individuelle Erweckungserlebnis im Mittelpunkt dieser Berichte. Die Lebensläufe schufen die Muster, dem eigentlich unzugänglichen Erlebnis in einer von der Gemeinschaft legitimierten Weise Ausdruck zu verleihen. Mit ihren Lebensläufen, seien sie gedruckt oder nur bei der Beerdigung verlesen, beteiligten sich alle Mitglieder der Brüdergemeine an einem fortlaufenden Gespräch, dessen Vokabular sie lernten, teilten und manchmal auch veränderten. In der Praxis des Schreibens und öffentlichen Redens über das eigene Leben wurde ein Wissenskanon produziert, der durch den gemeinsamen Gebrauch immer wieder gesichert wurde. Er diente den Mitgliedern zur fortlaufenden Selbstvergewisserung, wurde von ihnen aber auch mit der je eigenen Interpretation ihrer religiösen Erfahrungen beeinflußt.

Wichtigster Zweck der Zeitschrift war es, die einheitliche Entwicklung der seit ihrer missionarischen Ausbreitung weltweit verstreuten Gruppe zu sichern. »Die Gemein-Nachrichten« seien, so heißt es in einer Quelle von 1770, »eine glückliche Invention und selige Methode, die gantze Brüder-Christenheit auf Erden in einem Sinn zu halten«; sie »sind eine fortwährende Kirchen-Historie, von dem itzigen Statu der Kirche Christi in aller Welt, die die Gemeinschaft des Geistes aufrecht erhält und mit viel Segen und Vergnügen angehört wird.«[25] Kirchengeschichte war eben nicht die Geschichte von Institutionen und Dogmen, sondern die Geschichte der gelebten Frömmigkeit der »wahren Kinder Gottes in der Welt« und so waren die Gemeinnachrichten nicht nur Nachrichtenmagazin in einem profanen Sinn, sondern eine fortlaufende Kirchengeschichte auf der Basis einer Theologie der gemeinschaftlichen religiösen Erfahrung. Die Herrnhuter Brüdergemeine war einer Theologie der Erweckung verpflichtet[26] und besaß bis zur Mitte des 19. Jahrhunderts kein umfassendes theologisch-dogmatisches Lehrbuch ihrer Glaubenssätze.[27] Der Emphase der persönlichen Glaubenserfah-

---

[25] Archiv der Brüderunität Herrnhut R 4 E 3.

[26] Meyer, Dietrich: Zinzendorf und die Herrnhuter Brüdergemeine 1700-2000. Göttingen 2000, S. 100.

[27] Der einzige Entwurf in dieser Hinsicht: August Gottlieb Spangenberg, Idea Fidei Fratrum oder kurzer Begriff der Christlichen Lehre in den evangelischen Brüdergemeinen. Barby u.a. 1778. Die theologische Basis des Herrnhuter Glaubens war die Augsburger Confession. Der lutheri-

rung entsprechend wurde ihr Katechismus narrativ weitergereicht. Die religiöse Identität der Mitglieder entwickelte sich im Kontext einer kontinuierlichen Erzählung, die sich über Generationen und Kontinente erstreckte, und an der auch Frauen teilhatten. In diesem Sinne wurden die Autobiographien auch zu Lehrtexten einer narrativen, d. h. in Geschichten eingeschriebenen und im sozialen Kontext präsentierten Theologie.

Durch ihren öffentlichen Gebrauch besaßen die Lebensläufe eine wichtige Rolle in der Herrnhuter Gemeinschaft. Indem sie zwischen den Gemeinorten zirkulierten, verknüpften sie das Denken und Verhalten der Mitglieder an ganz verschiedenen Orten. Sie transportierten Rollenmodelle für Männer und Frauen und waren dadurch wesentlich für die Herstellung einer gemeinsamen Gruppenidentität. Für die Einzelnen waren sie eine Möglichkeit, sich über das eigene Leben zu verständigen, Erfahrungen zu vergleichen, auch Worte für das eigene religiöse Erleben zu finden.[28] Sie produzierten also individuelle aber auch kollektive Handlungs- und Sinnzusammenhänge und waren damit ein wichtiger Teil des Prozesses, in dem die Gemeine sich konstituierte und fortlaufend über sich selbst vergewisserte und sie tradierten eben auch weibliche Erfahrung und machten diese zum Teil der Herrnhuter religiösen Tradition, d. h. eines lebendigen Wissensbestandes, der immer wieder geprüft, vermittelt und dabei auch verändert wurde.[29]

Bei den in den Gemeinnachrichten gedruckten Lebensläufen stellt sich daher die Frage nach Glättungen und Redigierungen. In der Brüdergemeine bestand zweifellos ein hohes Maß an Konformitätsdruck. Predigten, Reden und vor allem die konstante Überwachung der spirituellen Entwicklung der einzelnen Mitglieder in den Chorhäusern gaben die Richtung vor, in der das eigene Leben in-

---

sche Katechismus wurde gelesen. Dies war jedoch nicht ausreichend. Die persönliche Erfahrung der Erweckung musste hinzukommen.

[28] Vgl. etwa den Lebenslauf von Johann Heinrich Jahr (1761-1837). In: Nachrichten aus der Brüdergemeine (1839), S. 104-106, und das folgende Zitat, S. 111: »Beim Verlesen des Lebenslaufs der seligen Schwester Luise von Hayn, welcher einen tiefen Eindruck auf mich machte, wurde mir durch Gottes Geist auch manches klar, und mein Herz wurde so ergriffen, daß ich wiederum die Einsamkeit suchte, und unter heißen Liebes- und Sünderthränen meinen Bund mit dem Heiland erneuerte.«

[29] Interessant ist dabei die Mischung mündlicher und schriftlicher Tradierung. Die ältere Forschung ist häufig von entweder mündlich geprägten oder auf Schriftlichkeit basierenden Gesellschaften ausgegangen. Siehe etwa Watt, Ian/Kathleen, Gough: Entstehung und Folgen der Schriftlichkeit. Frankfurt M. 1996. Im Fall der Herrnhuter scheinen dagegen beide Techniken ganz bewußt und mit einem festen Ziel kombiniert worden zu sein.

terpretiert wurde. Ebenso besteht kein Zweifel, daß die ausschließlich männlichen Herausgeber der Gemeinnachrichten die Lebensläufe entsprechend ihrer eigenen Vorstellungen eines »gelungenen« Herrnhuter Lebens auswählten und redigierten. Kein Diskurs kann jedoch vollkommen kontrolliert werden. Texte sind nie eindeutig. Sie können interpretiert oder auch einfach mißverstanden werden. Der öffentliche Gebrauch der Autobiographien in der Brüdergemeine war ein dynamischer Prozeß mit vielen Unwägbarkeiten. Die Vorbilder der bereits gedruckten Lebensläufe gaben den Schreibenden zwar einerseits ein Raster für die Darstellung ihrer eigenen Entwicklung bis hin zu einzelnen Formulierungen, andererseits aber konnten sie mit ihrer eigenen Interpretation des religiösen Lebens wiederum die Gesamtentwicklung beeinflussen. Nicht zuletzt durch den von der Brüdergemeine geförderten Individualismus der Innenschau – eine verbindliche »Methode« der Bekehrung wie im Halleschen Pietismus wurde abgelehnt – ließen sich die verschiedensten Lebensentwürfe religiös untermauern. Die Formen, in denen sich die Einzelnen die »offiziellen« Texte und Geschichten aneigneten, waren sehr verschieden.[30]

Dem Urteil von Gisela Schlientz, die in der Untersuchung der veröffentlichten Autobiographien der württembergischen Pietistinnen Beata Sturm (1692-1730) und Beata Paulus (1778-1842) deren Charakter als Selbstzeugnisse stark in Frage stellt: »Es sind unter Vormundschaft gestellte, entmündigte Texte, ihrem weiblichen Urheber enteignete Lebens-Schriften«[31], kann daher mit Blick auf die Herrnhuterinnen nicht ohne weiteres zugestimmt werden. In zu vielfältiger Weise konnten sich die Schwestern an dem »beständig ablaufenden Gespräch«[32], in dem sich Theologie und religiöses Selbstverständnis der Gruppe entwickelten, beteiligen. Schon allein durch die Vielzahl der Kommunikationsforen waren die Hierarchien des Diskurses mehrfach gebrochen.

Der Bevorzugung der persönlichen Glaubenserfahrung gegenüber tradierten Lehrsystemen entsprach – als ein Laien und damit eben auch Frauen zugänglicher »Wissenstyp« – das Konzept einer narrativen Theologie, »die mit bewußter Schlichtheit von den religiösen Erfahrungen, den Versuchungen der Welt und

---

[30] Diese Aneignungsprozesse beleuchte ich in meiner aktuellen Forschung näher; Beispiele auch in: Mettele, Gisela: Bürgerinnen und Schwestern. In: Unitas Fratrum 45/46 (1999), S. 113-140. Zu diesem Ansatz allg. vgl. Hall, David: Cultures of Print. Amherst 1996, Introduction.
[31] Schlientz, Gisela: Bevormundet, enteignet, verfälscht, vernichtet. Selbstzeugnisse württembergischer Pietistinnen. In: Geschriebenes Leben Autobiographik von Frauen. Hg. v. Michaela Holdenried. Berlin 1995, S. 61-79, hier S. 62.
[32] Vogt, Herrnhuter Schwestern (wie Anm. 10), S. 31.

rettendem Eingreifen Gottes im Leben« der Kinder Gottes berichtet.[33] Dies hört sich in Hinblick auf die Frage nach den »Gelehrten Frauen« – verstanden in herkömmlichem Sinn – bescheiden an. Dieser Wissenstyp hat aber eine lange Wissenstradition, die bis zur mystischen Glaubenserfahrung der Devotio moderna zurückreicht.[34]

---

[33] So die Definition bei Schering: Pietismus und die Renaissance (wie Anm. 1), S. 40. »... hinter der Beschränkung auf das Narrative die tiefe Einsicht, daß das religiöse Erleben und Leben – wie überhaupt das Leben – nicht zu definieren, sondern eben ‚nur' zu beschreiben ist. Die spirituelle Weisheit der narrativen mystischen Theologie ist beachtenswert, da der Mensch an den ‚Exempeln' lernt, sich vor Gottes Angesicht besser zu verstehen, auch tiefere Dimensionen der eigenen Seele auszuloten« (41).

[34] Vgl. Bollmann, Anne: Weibliche Diskurse. Die Schwesternbücher der Devotio moderna zwischen Biographie und geistlicher Konversation. In: Kultur, Geschlecht, Körper. Hg. v. Münsteraner Arbeitskreis für Gender Studies. Münster 1999, S. 241-284.

Cornelia Niekus Moore

»Dasselbe will ich den Gelehrten überlassen.« Dichterinnen und Gelehrtenpoesie[1]

> »Wer ein Poet will seyn, der sey ein solcher Mann/
> Der mehr als Worte nur und Reimen machen kan/
> Der aus den Römern weiß, den Griechen hat gesehen/
> Was für gelahrt, beredt und sinnreich kan bestehen.«[2]
> (Joachim Rachel)

In diesem Beitrag möchte ich gerne einen Aspekt des Gelehrtentums behandeln, mit dem Dichterinnen im späten 17. und im 18. Jahrhundert konfrontiert wurden, nämlich die Tradition der Gelehrtenpoesie, d.h. die Idee, es gebe zwischen Gelehrsamkeit und Dichtung einen Zusammenhang,[3] Dichten sei eine gelehrte und eine gelernte Kunst, ein Gedicht sei Träger eines gepflegten Ausdrucks der Muttersprache nach dem Vorbild der klassisch-antiken und neo-klassischen Literatur. Es sei das Resultat und Zeichen der Gelehrsamkeit seines Dichters, gezielt auf die Erziehung und den Genuss eines ebenso gelehrten Publikums.[4] Es geht mir hierbei nicht um die Debatte, ob Frauen Zugang zur Erziehung haben sollten. Vielmehr will ich hier behandeln, wie die poetischen Schriften von

---

[1] Das Zitat ist aus Zeidler, Susanne Elisabeth: »Verweigerung eines Reimgedichtes«. In: Jungferlicher Zeitvertreiber. Das ist Allerhand Deudsche Gedichte/ Bey Häußlicher Arbeit/ und stiller Einsamkeit verfertiget und zusammen getragen (1686). Neudruck hg. von Cornelia Niekus Moore. Zürich 2000, S. 70.

[2] Rachel, Joachim: Satyrische Gedichte nach den Ausgaben von 1664 und 1677. Hg von Karl Drescher. Halle 1903, S. 108.

[3] Bornemann, Ulrich: Anlehnung und Abgrenzung. Untersuchungen zur Rezeption der niederländischen Literatur in der deutschen Dichtungsreform des 17. Jahrhunderts. Assen/Amsterdam 1976, S. 197.

[4] »Wan ich die Zeit schadlos vertreib/ Vnd frölich schreib/ So schreib ich doch weder für noch von allen/ Vnd meine Vers kunstreich und wehrt/ Sollen nur denen die gelehrt/ Vnd (wie Sie thun) weisen Fürsten gefallen«. Siehe Weckerlin, Georg Rudolf: Gedichte. Hg. von Christian Wagenknecht. Stuttgart 1972, S. 64f.

Frauen nach den Maßstäben der (männlichen) Gelehrtenpoesie-Tradition gemessen wurden und wie Frauen darauf reagierten.

Zuerst eine kurze Einleitung in die Tradition der Gelehrtenpoesie. In seiner »Barockrhetorik« zeigt Wilfried Barner, wie die rhetorischen Traditionen der Neolatinisten auch in der deutschen Lyrik des 17. und frühen 18. Jahrhunderts fortgesetzt wurden, wie auch die Tendenz, sich die Vergleiche und Symbole dieser Lyrik aus der antiken Literatur zu holen.[5] Gunter Grimm zufolge versuchte Martin Opitz in seiner »Deutschen Poeterey« nicht so sehr die deutsche Lyrik zu popularisieren, sondern vielmehr eine deutsche Lyrik nach dem Muster der Klassischen Literatur zu schaffen, um so zu einer Erhöhung der Muttersprache zu gelangen, die gerade in ihrer Gestaltung der klassischen Literatur gleich kam.[6] Um sich an dieser Tradition beteiligen zu können, musste ein Dichter also »gelehrt« sein, das heißt, er musste eine gründliche und ausführliche Erziehung gehabt haben. Opitz' Bestreben fand große Zustimmung. Dichter benutzten die von ihm bevorzugten Gattungen, Metren und Reimschemata, und bevölkerten ihre Gedichte mit Göttern und Göttinnen als Zeugen und Bezugsmaterial. Auch wurden die Kenntnisse, das Wissen der Zeit in der Dichtung zur Schau gestellt. Jesaias Rompler von Löwenthal z.b. sah die Dichtung als eine Zusammenkunft von Kunst und Wissenschaften,[7] und Johann Rist sagt, mehr oder weniger ironisch:

»Wer nicht auf alle Fragen schier
kann den Gelahrten Antwohrt geben/
Der darff itz schwerlich mit Begiehr
nach einer Lorbeer-Krohnen streben.«[8]

Es gab auch Kritiker dieser dichterischen Zettelkästchenmentalität. Sie verwarfen die Früchte dichterischer Federn, worin Dichter innerhalb eines Reimschemas ihre Zeilen mit klassischen Allusionen, Fakten und Fäktchen überhäuften. Die Idee jedoch, dass die Poesie eine gelernte Kunst *und* eine künstlerische Wissenschaft sei, behauptete sich bis weit in das 18. Jahrhundert.[9] Das Diktum Martin Opitz' hatte noch geheißen, ein Poet würde nicht schreiben, wenn er auch

---

[5] Barner, Wilfried: Barockrhetorik. Untersuchungen zu ihren geschichtlichen Grundlagen. Tübingen 1970, insbes. S. 220-238.
[6] Grimm, Gunter E.: Literatur und Gelehrtentum in Deutschland Untersuchungen zum Wandel ihres Verhältnisses vom Humanismus bis zur Frühaufklärung. Tübingen 1983.
[7] Des Jesaias Romplers von Löwenhalt erstes Gebüsch seiner Reim-Getichte. Straßburg 1647.
[8] Rist, Johannes: Poetischer Schauplatz. Hamburg 1646, S. 112.
[9] Grimm: Literatur und Gelehrtentum (wie Anm. 6).

wollte, sondern nur wenn er konnte.[10] Obwohl die Begabung, das Ingenium, auch weiterhin als Grundlage für die Dichtkunst galt, waren sich die folgenden Generationen jedoch sicher, dass die Dichtkunst sich als williges und geschmeidiges Instrument erweisen würde, wenn man nur die richtigen Regeln gelernt hatte und auch etwas Vernünftiges (d.h. etwas Gelehrtes) zu der gegebenen Situation sagen konnte.

Die Bildungsebene, die für das Verstehen und Schätzen solcher Dichtkunst notwendig war, konnte nur durch ausgedehnte Erziehung und eine Vielfalt von erzieherischen Erfahrungen (so etwa Studienreisen und den darauf folgenden gelehrten Beruf) erreicht werden.[11] So wurde die Dichtung zu einem gelehrten Austausch unter gelehrten Männern. Diese waren diejenigen, die den Inhalt und die Gestaltung als Teil einer rhetorischen Tradition erkennen und schätzen und das errungene Wissen, das darin ausgedrückt wurde, verstehen konnten. Traditionsgetreue Anpassungen oder mutwillige Abweichungen konnten nur von dem exklusiven Klub derjenigen Männer wahrgenommen und wirklich geschätzt werden, deren Erziehung sie mit der Konvention vertraut gemacht hatte.[12]

Wenn Rachel darum in der ersten Zeile des obigen Gedichts über den *Mann* als Dichter redet, tut er das nicht nur, weil es sich so schön auf »kann« reimt. Für Frauen blieb die zur gelehrten Dichtung führende Erziehung größtenteils verschlossen. Obwohl manche Frauen eine ausgezeichnete Erziehung zu Hause erhielten, war es für viele unmöglich, die gleiche Bildungsstufe zu erreichen, wie sie junge Männer selbstverständlich in den Lateinschulen, Universitäten und auf Studienreisen erhielten. Es gibt darum einen Widerspruch zwischen den Forderungen der Gattung und den Befähigungen der Dichterinnen. Ihre dichterischen Veröffentlichungen zeigen, dass sie dies erkannten, darauf reagierten und ihre poetischen Bemühungen auf verschiedene Weisen zu rechtfertigen versuchten. Ich werde jetzt fünf potentielle Reaktionen von Dichterinnen beschreiben. Es geht mir darum zu zeigen, dass die Reaktionen nicht einheitlich sind, sondern eine Vielfalt aufweisen, die auch von der eigenen Lage bedingt ist.

---

[10] Opitz, Martin: Von Deutscher Poeterey (1624), S. 11.
[11] »Institutionalisiertes Wissen« nennt Erich Kleinschmidt das. Siehe ders.: Gelehrte Frauenbildung und frühneuzeitliche Mentalität. In: Sebastian Neumeister/ Conrad Wiedemann (Hg): Res Publica Litteraria. Die Institutionen der Gelehrsamkeit in der Frühen Neuzeit. Wiesbaden 1987, Bd. 2, S. 549-557.
[12] »Kastenexklusivität« sagt Grimm: Literatur und Gelehrtentum (wie Anm. 6), S. 272.

Die erste Haltung: Das kann ich nicht!

Eine mögliche Reaktion war das Geständnis, dass die eigene Dichtkunst sich nicht mit der gelehrter Männer messen konnte, und dass ihre Schöpferinnen darum auch nicht nach dichterischer Anerkennung strebten.

In ihrer »Beglaubigung der Jungfrauen Poeterey« schreibt die Pfarrerstochter, Pfarrerschwester und spätere Pfarrersfrau Susanna Elisabeth Zeidler (1657-1706), Frauen hätten dieselbe natürliche Anlage zur Dichtkunst wie Männer. Ein Mangel an Bildung sei jedoch schuld daran, dass das weibliche Geschlecht nicht in der Lage sei, an einem poetischen Diskurs teilzunehmen. In dem Vorwort zu ihrem »Jungferlichen Zeitvertreiber« von 1686 – einer meist aus Gelegenheitsdichtungen bestehenden Sammlung für Geburt, Taufe, Hochzeit, und Beerdigung – heißt es, die Dichterin gebe sich wohl nicht für eine Poetin aus, und ließe ihre Verse auch gerne von »gelehrten Leuten« korrigieren, »massen [sie] auch niemahls von jemand unterrichtet.« Sie bietet auch die traditionelle Ausflucht, dass sie wegen ihrer Haushaltspflichten zu wenig Zeit und zu wenig Gelegenheit zum Dichten hatte.

Ihr Bruder, der Satiriker und Pfarrer Johann Gottfried Zeidler, stimmte allerdings nicht mit ihrer Einschätzung der eigenen Dichtkunst überein. Er besorgte die Ausgabe ihrer Gedichte und besang seine Schwester in langen Strophen als die neue deutsche Sappho.[13] Andere männliche Herausgeber weiblicher Dichtung waren mehr geneigt, das Dichten von Frauen als nicht-gelehrt einzuschätzen. Dichtung von Frauen nämlich fand ihren Weg zum Druck meistens nur, wenn ein wohlwollender Bekannter oder ein Familienmitglied für eine Herausgabe sorgte. So wurden die Gedichte von Margaretha Susanna von Kuntsch-Forster nach ihrem Tode (1720) von ihrem Enkelkind herausgegeben.[14] Kuntsch-Forster war die Tochter eines Hofdiplomaten, hatte Latein, Französisch und andere »gelehrte Sachen« gelernt, hatte selber einen Hofdiplomaten geheiratet und wohnte erst in Eisleben, dann in Altenburg, wo sie eine führende gesellschaftliche Rolle spielte. Sie machte Gedichte auf persönliche Ereignisse in ihrem Le-

---

[13] Zeidler, Johann Gottfried: »Apollo auff sein Helicon.« In: Zeidler: Jungferlicher Zeitvertreiber (wie Anm. 1), S. 7ff.

[14] Fr. Margarethen Susannen von Kuntsch Sämmtliche Geist= und weltliche Gedichte Nebst einer Vorrede von Menantes (…). Halle 1720.

ben und Reflektionen auf von ihr gelesene und geliebte Bücher.[15] Sie verfertigte auch die Gelegenheitsgedichte, die ihr Mann zu verschiedenen Festivitäten beitragen musste. Für die postume Herausgabe ihrer Dichtung jedoch »korrigierte« ihr Enkelsohn ihre Gedichte weitgehend, was nicht immer zu Verbesserungen führte. Für die Vorrede engagierte er den Gelehrten Christian Friedrich Hunold, der unter dem Dichternamen Menantes eine Poetik[16] herausgegeben hatte, in der er die gelehrten Forderungen der Gattung beschrieben hatte. Es muss wohl mehreres gegeben haben, das dem Poetiker Menantes in der Sammlung nicht gefiel und mit dem er auch nicht assoziiert sein wollte. In seiner galanten Vorrede klingen distanzierende und distanzierte Töne:

> »Ob man von einem Frauenzimmer ein so wohl am Geist, Verstande, Gelehrsamkeit, als allen andern Regeln der Poesie vollkommenes Carmen fordern könne, weiß ich nicht. (...) [D]er weise Schöpfer hat dem vernünftigen weiblichen Geschlecht so viele Vortrefflichkeit der Seelen eingepflanzt, daß man den Mangel der häuffigen Proben ihrer Gelehrsamkeit und sinnreichen Gedancken dem Mangel der nöthigen Unterrichtung und sorgfältigen Bemühung zuschreiben muß, die sie auf die von Gott bestimmte Frauenzimmers Arbeit vor andern rühmlichst wenden.«

Die Großmutter konnte sich postum wohl nicht gegen ihr Enkelkind und seinen Vorwortschreiber wehren. Ihre Dichtung zeigt aber, dass sie eine belesene Frau war, die mit den Forderungen der Dichtkunst vertraut war, ihre Sprache jedoch der Themenwahl anpasste.

Die zweite Haltung: Das will ich nicht!

Immerhin konnte man auf die nicht erfüllbaren Forderungen der Dichtkunst auch so reagieren, indem man sich weigerte daran teilzunehmen. Das führt uns zurück zum Titel dieses Beitrags mit dem Zitat von Susanna Elisabeth Zeidler. Wenn von ihrer Dichtung ein zu hoher Grad an Gelehrtheit oder ein zu tiefer Gedanke verlangt wurde, dann antwortete sie darauf mit einer Verweigerung:

> »Was für mich ist zu hoch in Verse zu erfassen/

---

[15] Zum Beispiel auf die wiederholten Sterbefälle ihrer Kinder, wie auch Reflektionen und Lobgedichte auf die von ihr gelesenen und geliebten Bücher, meistens Erbauungsbücher, wie die »Bücher vom Wahren Christenthum« von Johann Arndt.

[16] [Hunold, Christian Friedrich]: Die allerneueste Art zu Reimen und galante Poesie zu gelangen, Allen Edlen und dieser Wissenschaft geneigten Gemühtern zum Vollkommenen Unterricht. Hamburg 1707.

Dasselbe will ich den Gelehrten überlassen
Ob mir zwar iederzeit die Tichterkunst beliebt
Sind sie doch mehr denn ich in solcher Kunst geübt.«[17]

Dies ist eine bescheidene Weigerung, die in ihrer Demut wohl zu dem damaligen Bild der Frau passte.

Es gab jedoch auch eine andere Art der Ablehnung, nämlich eine, mit der man die Aufforderung selber lächerlich machte. Fünfzig Jahre nach der Veröffentlichung der Zeidlerischen Gedichte schickte ein Bewunderer der schwäbischen Dichterin Magdalena Sibylle Rieger ihr ein von klassischen Allusionen überhäuftes Gedicht, und er erhielt für seine Mühe ein spöttisches Gedicht zurück, worin die Dichterin sich weigerte, an der gelehrten Tradition teilzunehmen und auch nicht willens war ihm als Antwort ein genau so lobendes Gedicht zurückzuschicken:

»(…) Erhalt ich ein gelehrtes Blatt, So seines gleichen wenig hat.
So schließ ich, weil ichs nicht versteh, und mir umsonst den Kopf verbreche,
Grif ich ihn gar zu ernstlich an, so förchte ich eine Mutter-Schwäche,
Das Dencken that mir immer weh, drum lerne ich noch am A b c.
Ich habe keine andre Wahl, ich muß nur um Erklärung bitten,
Ich geb mich nicht gern weiter bloß, mit meiner Frag, an einen Dritten,
Dann mir gefällt, wann mich die Welt. Vor halb gelehrt und weise hält. (…)
[S. 187:] Was ist der Pindus und Parnaß, Wer Phöbus und was Hippocrenen.
Was dencken Sie? mein teutsches Ohr, an fremde Wörter zu gewöhnen. (…)
Ich dachte bisher nicht so weit, wann mich die Lust zu reimen triebe,
Ich wagte es gantz ungescheut, wann ich bald dem, bald Jenem schriebe,
Und hielt die Poesie gering, Ein Vers, Ein Reim, war mir ein Ding.
Noch weniger hielt ich es vor schwehr, wann ich die Schriften T[rillers] lase,
Worüber ich oft weiß nicht was, gar meine Thass Caffee vergaße,
Jedoch damit ich deutlich sey, Was mir zu hoch, gieng ich vorbey (…)
[S. 188:] Mich fodert kein Gelehrter raus, es kostet nicht Pistohl noch Degen,
Ich reime nur zum Zeitvertreib, Es gilt so nichts von einem Weib. (…)
[S. 189] Nun ist mir angst um den Beschluß, wär doch nur heut der Tag Silvester.
So gäb es wieder einen Reim, so grüßt ich Dero Frau und Schwester,
In einer Haut, Jedoch es gilt, So ist mein Blatt nach Wunsch gefüllt.«[18]

---

[17] Zeidler: »Verweigerung eines Reimgedichtes« (wie Anm. 1), S. 70.
[18] Rieger, Magdalena Sibylle: Geistlich- und Moralischer auch zufällig-vermischter Gedichte Neue Sammlung, mit einem Anhang poetischer Glückwünsche und ihren Antworten, auch einer Vorrede Daniel Wilhelm Triller. Stuttgart 1746, S. 186. Vgl. auch Johann Burkhard Mencke (1706): »So übermäßig pflegt das Dichter-Volck zu loben/ Ein schlecht Stipendium heißt schon die Hand von oben; Ein Gönner, ein Patron heist Phöbus an der Huld, Mercur an Fertigkeit,

Magdalena Rieger war die Tochter des Klosterpräzeptors und Consistorialrats Philipp Heinrich Weissensee und Gattin des Stuttgarter Amtsvogts Immanuel Rieger. Sie hatte als Tochter eines Klosterschulpraeceptors eine ausgezeichnete Erziehung genossen. In sehr gefühlvoller Perikopendichtung zeigte sie auch weitgehende Kenntnisse von und ein Gefühl für Maß, Metrum und Rhythmus. Ihre Weigerung mitzumachen war nicht so sehr ein Eingeständnis, dass sie dazu nicht fähig war, sondern vielmehr eine Aussage, dass sie das nicht wollte. In ihrer Rolle als Verweigerin zeigte sie sich ganz als die stereotype Frau, die nicht viel weiß, ihren Kaffee trinkt und flotte Reime für jede Gelegenheit herausschüttelt. Eigentlich war sie mit der Verspottung der Gelehrtendichtung in guter Gesellschaft. Im ganzen 17. und 18. Jahrhundert wurde die Überhäufung von klassischen Metaphern auch von anderen satirisiert.[19]

Die dritte Haltung: Ich muss – die religiöse Aussage

In der religiösen Dichtung waren Frauen schon seit dem 16. Jahrhundert rege Beiträgerinnen. Das erste lutherische Kirchenlied wurde z.b. von einer Frau geschrieben.[20] Religiöse schriftstellerische Betätigung war auch darin begründet, dass Mädchen beim Lesenlernen vorwiegend religiöse Lektüre als Fibel geboten wurde, d.h. Katechismus, Bibelsprüche und Kirchenlieder. Im 17. Jahrhundert war das dann für viele erwachsene Frauen wohl die exklusive Lektüre. Wenn sie dichterisch tätig wurden, schrieben sie selbst auch religiöse Lyrik. Solche Ge-

---

Vulcanus an Geduld, Saturnus an Verstand, und Jupiter an Gaben.« In: Stenzel, Jürgen (Hg.): Gedichte 1700-1770. Epochen der deutschen Lyrik, Bd. 5. München 1969, S. 40.

[19] Balthasar Schupp zufolge wären die Götter bestimmt über den falschen Gebrauch ihrer Namen verärgert. Schupp, Balthasar: Schriften, Bd. I. Hanau 1663, S. 194. Gottfried Ephraim Scheibel sah es als eine der »unerkannten Sünden der Poeten«, dass sie so in eine Mythologie vernarrt waren, die weder christlich noch notwendig war. Scheibel, Gottfried Ephraim: Die Unerkannten Sünden der Poeten. Leipzig 1734, insbes. S. 57. Ein weiteres Beispiel ist Gotthold Ephraim Lessing (1753):»Den nennt der Dichter Mars, und die nennt er Cythere; Hier kommen Grazien, hier Musen ihm die Quere. Apoll, Minerva, Zevs verschönern was er spricht; Wen er zum Gott nicht macht, den lobt er lieber nicht.« In: Stenzel: Gedichte 1700-1770 (wie Anm. 18), S. 263. Auch der oben zitierte, so herablassende Christian Friedrich Hunold warnte davor die »phantastischen Götter« zu sehr zu strapazieren. [Hunold]: Die allerneueste Art zu Reimen (wie Anm. 16), S. 502.

[20] Cruciger, Elisabeth: »Herr Christ der einig Gottes Sohn« (1524). Vgl. Haemig, Mary Jane: Elisabeth Cruciger (1500?-1535): The Case of the Disappearing Hymn Writer. In: The Sixteenth Century Journal 23 (2001), S. 21-44.

dichte wurden von anderen gelobt, galten sie doch als Zeugen der Frömmigkeit, eine gerade für Frauen wünschenswerte Eigenschaft. Darum wurde bei religiöser Dichtung von Frauen die Qualität nicht nur durch die Dichtung selber sondern auch durch die Frömmigkeit der dichtenden Person entschieden. Das behauptete auch Daniel Triller, der Herausgeber der Werke der schon erwähnten Magdalena Sibylle Rieger.[21] Obwohl Riegers Gedichte die Regeln der Verskunst befolgten, zeigten sie – anders als die von Triller selber – wenig Spuren von klassischer Gelehrsamkeit. Im Vorwort zu Riegers »Versuch Einiger Geistlichen und Moralischen Gedichte« (1743) betont der Herausgeber Triller, der anderswo behauptet hatte »Poetae fiunt, non nascuntur« (der Poet wird gemacht und nicht geboren), dass die Frömmigkeit der Autorin alle Mängel an Gelehrsamkeit wettmache.[22] Kritiker könnten in ihrer Dichtung einen Mangel an tiefer Weisheit oder dichterischem Ausdruck monieren, sagte er, aber:

»Wenn [dem Buch] auch hohe Kunst und Wort-Gepränge fehlt,
Man fordert dieses nicht vom Weiblichen Geschlechte
Doch von dem Männlichen mit desto großem Rechte.«

Die Dichtung wird hierbei nach den ethischen Qualitäten seiner Schöpferin und nicht nach der verlangten Qualität der Gedichte selber geschätzt. Erbauungsdichtung von Frauen konnte darum wegen der darin gezeigten Frömmigkeit und religiösen Aussage erbauend sein, ohne gelehrt zu sein und so trotz Mangel an Gelehrsamkeit ihr frommes Ziel erreichen. Rieger stimmte ganz mit dieser Meinung überein und schrieb: »fromm wär ich freylich gern, jedoch gelehrt zu sein, das fiel mir nimmer ein.«[23]

---

[21] Daniel Triller (1695-1786), Arzt, Freund und Mitstreiter Gottscheds, hatte ihre Bekanntschaft gemacht, als sie für Kopfschmerzen bei ihm in Behandlung war. Er selber war auch als Dichter tätig und beteiligte sich als Kritiker aktiv an den zeitgenössischen Literaturkontroversen. Vgl. Schmidt, Erich: Daniel Wilhelm Triller. In: ADB, Bd. 38 (1894), S. 608-615.

[22] Riegerin geb. Weissensee, Magdalena Sibylle: Versuch Einiger Geistlichen und Moralischen Gedichte, in den Druck übergeben und mit einer Vorrede begleitet von Daniel Wilhelm Triller. Frankfurt, M. 1743.

[23] Rieger, Magdalena Sibylle: Geistlich- und Moralischer auch zufällig-vermischter Gedichte Neue Sammlung (wie Anm. 18).

Die vierte Haltung: Ich muss – der Zwang der Gelegenheit

Nicht nur die Pietät konnte zum Dichten zwingen, auch die Gelegenheit rief zur Dichtung auf. Gelegenheitsdichtung konnte politische Gelegenheiten wie Schlachten, Siege, Krönungen würdigen oder in zunehmendem Maße auch familiär-gesellschaftliche Gelegenheiten wie Geburten, Hochzeiten oder Beerdigungen, und das mehr und mehr auch für Bürger. Schon Martin Opitz hatte die Gelegenheitsdichtung eine wichtige Gattung genannt, und erst am Ende des 18. Jahrhunderts begann man auf ihre Mängel hinzuweisen. Einige der größten deutschen Dichter haben Gelegenheitspoesie geschrieben, die Gattung ist jedoch am meisten von denen geprägt, die die Feder aufnahmen, um eine Gelegenheit in Versen zu ehren. Zusammen mit der wachsenden Verbürgerlichung der Gelegenheitspoesie wuchs das Bedürfnis dieser – meist gebildeten – Autoren mit ihren Gedichten nicht nur zu zeigen, wie sehr sie mit den Regeln der Dichtkunst vertraut waren, sondern auch ihre Gedichte zum Schaukasten ihrer Universalkenntnisse und besonders ihrer Vertrautheit mit dem klassischen Altertum zu machen, um sich so von dem großen Haufen der »Reimschmiede« zu unterscheiden. Darum wurde gerade die Gelegenheitspoesie am meisten den Konventionen der Gelehrtendichtung unterworfen. Sie wurde zur gelehrten Witzigkeit, oft nur von (durch ihre Bildung) Eingeweihten verstanden.

Obwohl die Teilnahme der Dichterinnen an offizieller politischer Gelegenheitsdichtung langsam wuchs,[24] blieb solche »offizielle« Gelegenheitsdichtung auch im 18. Jahrhundert meistens eine Männerangelegenheit,[25] was Sidonia Zäunemann (1714-1740) verzweifelt ausrufen ließ: »Soll Trau-Ring, Wiege, Lei-

---

[24] Auch die Dichtung adliger Dichterinnen betont Familienbeziehungen, nicht politische Ereignisse. Im 17. Jahrhundert war Anna Hoyers (1584-1655) eine der wenigen Dichterinnen, die zu der Zeit politische Gelegenheitspoesie schrieben, z.B. ihr Lobgedicht von 1632 auf Gustav Adolf von Schweden. Siehe Hoyers, Anna Owena: Geistliche und Weltliche Poemata, 1650. Hg. von Barbara Becker-Cantarino. Tübingen 1986, S. 157. Susanna Elisabeth Zeidlers Gedicht zur Ehre der offiziellen Huldigung des Kurfürsten Friedrich Wilhelm 1680 in Halle wurde ihm in Druckform angeboten (1680). Es ist das erste Gedicht ihrer Sammlung »Jungferlicher Zeitvertreiber« (wie Anm. 1).

[25] Zum Beispiel hat Rupertina Fuchs (1657-1722) mehrere Lobgedichte auf Pfalzgrafen und -gräfinnen gedichtet. Siehe Fr. Anna Rupertina Fuchsin Gebohrnen von Pleitnerin Poetische Schrifften, Samt einer Vorrede von dem Leben der Fr. Fuchsin also ans Licht gestellt durch Friedrich Roth-Scholzen. Herrenstad., Siles. 1726. Dichtungen auf politische Ereignisse finden wir erst bei Maria Erdmuthe Hänel (1714-1775), wie z.B. auf die Belagerung von Dresden (1761). Siehe Woods, Jean M./ Fürstenwald, Maria: Schriftstellerinnen, Künstlerinnen und gelehrte Frauen des deutschen Barock. Ein Lexikon. Stuttgart 1984, S. 45.

chenstein, Nur bloß der Lieder würdig seyn?«[26] Aber Trau-Ring, Wiege, Leichenstein, das heißt Geburt, Hochzeit und Beerdigung, waren gerade die Gelegenheiten, die Frauen zum Dichten führten. Es waren familiäre Themen, also zu einem Bereich gehörend, wo traditionell Frauen in ihrem Element waren, nämlich dem Familien- und Bekanntenkreis, und in einer Sprache, in der sie mitreden konnten (Deutsch). Aus ihrem Expertentum schöpften Frauen den Antrieb und die Genehmigung, Gelegenheitsgedichte für ihre Familie zu schreiben. Der Familienkreis bot ein Forum, in dem solche Gedichte Anklang fanden, weil sie Gelegenheiten bedachten, bei denen die Dichterin und ihre Familie selber einbezogen waren. Solche Gedichte waren Geschenke, die die Empfänger vielleicht nicht unbedingt erwarteten, die aber wegen der darin enthaltenen Komplimente an den Adressaten geschätzt wurden. Bei Dichterinnen fiel die Betonung auf die Pflicht, bei Familienfesten Gedichte zu liefern. Ich möchte jedoch in Bezug auf diese Gattung hervorheben, dass auf diese Weise Frauen sich auch erlaubten, sich über Geschehnisse, die sie persönlich betrafen, in Gedichten auszudrücken. Äußerung und Verarbeitung sind sehr deutlich in den Epicedien von Susanna Elisabeth Zeidler anlässlich des Todes ihrer Freundin und in den Gedichten von Margaretha von Kuntsch-Förster für ihre verstorbenen Kinder.[27] Wir erfahren darum aus diesen Gedichten persönliche Details über Freundinnen, über Eltern, Brüder und Schwestern, sowie über das Leben auf dem Dorfe und in der Stadt.[28]

Aber auch wenn Dichterinnen sich das Recht holten an der Tradition dieser Gelegenheitsdichtung teilzunehmen, auf einem Gebiet konnten sie meistens nicht mitmachen, nämlich das Gedicht zu einem Schaukasten einer gelehrten Erziehung zu machen. Wenn sie sich für dieses »Fehlen« entschuldigten, konnten sie sich jedoch immer darauf berufen, dass die Höflichkeit es von ihnen verlangte, für Feierlichkeiten Gedichte zu schreiben. So sagte Susanne Elisabeth Zeidler:

---

[26] Zäunemann, Sidonia Hedwig: Poetische Rosen in Knospen. Erfurt 1738, S. 371. Gerade Sidonia Zäunemann versuchte, das Themenfeld ihrer Gedichte zu erweitern, und sie war sich wohl bewusst, dass sie damit neue Ausdrucksformen für Dichterinnen schuf. »Erfinden« nannte sie darum den schöpferischen Prozess ihres Dichtens.

[27] Von den zehn Kindern von Margaretha von Kuntsch starben neun im Kindesalter.

[28] Koretski, Gerd Rüdiger: Kasualdrucke: Ihre Verbreitungsformen und ihre Leser. In: Gelegenheitsdichtung. Hg. von Dorette Frost und Gerhard Kindl. Bremen 1977, S. 58. Vgl. Rachel: Satyrische Gedichte (wie Anm. 2), S. 109: »Kein Kindlein wird geboren, es müssen Verse fließen«. Ebd., S. 110: »Ein Schriftling, der kein Buch, als Teutsch, hat durchgesehn, Will endlich ein Poët und für gelahrt bestehn.«

»Weil ich durch selbige schuldigst verrichte
Dieses wozu mich die Liebe verpflichtet
Und mich die gute Gewogenheit treibt.
Obzwar das jenige so ich gedichtet
Und die einfältige Feder beschreibt
Nicht mit dergleichen Geschicklichkeit prangt
Welche vor Zeit Homerus erreichet
Welche die klugen Poeten erlangt
Noch sich Harsdörffers Gedichten vergleichet.«

Meiner Meinung nach ist die Dichterin viel zu bescheiden. Wie bei Rieger gibt sie sich als unwissende Frau, obwohl ihre Dichtung zeigt, dass sie weitgehend mit der klassischen Mythologie und den verschiedenen Versformen vertraut war. Sie beharrte jedoch meistens auf Themen, in denen ihre Dichtung herausragen konnte, also Gelegenheitsdichtung für Familie und Freunde und religiöse Dichtung, in der Frauen sich schon traditionell auf einem eigenen erlaubten Gebiet befunden hatten.

Die fünfte Haltung: Das kann ich auch! oder die Mitmacher

Nicht alle Frauen waren bereit, auf ihre Ansprüche als gelehrte Dichterinnen zu verzichten, und nicht alle männlichen Kritiker behaupteten, dass Frauen die Fähigkeit fehle, in der Dichtkunst zu wirken. Das »Galante und Curiöse Frauenzimmer-Lexicon« (1715) von Gottlieb Siegmund Corvinus beschreibt eine »Poetin« als »ein zur Tichter-Kunst geschicktes, verständiges und gelehrtes Frauenzimmer, so sich durch Proben der Poesie bey der Welt bekannt gemacht.« Das Lexikon selber zählt viele Frauen auf, die nach der Meinung von Corvinus diese Beschreibung mehr als verdienten. Johann Caspar Eberti verwendet »gelehrt« im Titel seiner Sammlung »Eröffnetes Cabinet deß gelehrten Frauenzimmers« (1706) und pries die Frauen, die sich in »anständigen Tugenden wie auch schönen Künsten und Wissenschaften« auszeichneten. Eine dieser Künste wäre die Poesie. Im Vorwort zu »Teutschlands Galante Poetinnen« (1715) nannte Georg Christian Lehms die Dichtkunst »keine der geringeren Wissenschaften von den jenigen/ so das Frauenzimmer zu erlernen und zu treiben für würdig erachten« und führte dann eine Liste von Frauen auf, die so etwas getan hatten. Ohne die Definition von Dichtung als Kunst und Wissenschaft aufzugeben, behaupteten diese Autoren also, dass Frauen sich darin auch als gelehrte Dichterinnen betätigt hatten. Die Dichtkunst von Sidonie Hedwig Zäunemann (gestorben 1740) wurde ob ihrer Gelehrsamkeit gepriesen, gerade wegen ihrer Wahl von gelehrten (das heißt bis dahin männlichen) Themen. Ihre Gedichte wurden »gelehrte Blätter«[29] genannt und deren Inhalt »gelehrte Sachen.«[30] Die »Historischen Nachrichten« von 1738 stuften sie unter die gelehrten Männer und Frauen aller Zeiten ein, und ihre Krönung als poeta laureata wurde als Bestätigung dieser Gelehrsamkeit angesehen.[31]

Dichterinnen selber waren auch nicht alle bereit anzunehmen, dass sie nicht an der gelehrten Dichtungstradition teilnehmen konnten, sollten oder wollten. Im ersten Jahrgang seiner »Vernünftigen Tadlerinnen« empfahl Gottsched seinen Leserinnen ein Programm des Versemachens – es wäre eine Kunst, für die Frauen eine natürliche Inclinatio hätten. Sie müssten nur ein paar Bücher lesen und schon wären sie imstande, ihre Freizeit auf eine ungefährliche Weise zu verbringen.[32] Dabei erschien ihm das zeitfüllende Element wichtiger als das eigentliche Ergebnis der dichterischen Aktivität.[33] Als Antwort auf diese Behauptungen kam eine ausführliche Reaktion einer Mariane Elisabeth von Breßler aus Breslau. In einem gereimten Leserbrief widersprach sie der Idee Gottscheds, »der ganze Kram zum Dichten« könnte durch Freizeitstudium in Büchern gefunden werden.[34] Sie behauptete, eine Schule wäre die einzige Institution, die die Art von Wissenschaft vermittle, die eine weibliche Dichtkunst in den Augen der Kritiker akzeptabel machen würde. Um aus Frauen Dichterinnen zu machen, bräuchten sie das gleiche Erziehungssystem wie Männer.

»Ihr sagt in Büchern steht der gantze Kram zum Tichten
Ich zweifle ob man euch hierinnen glauben soll.
Man braucht, wie mich bedünckt, ein mündlich Unterrichten
Wem diese Hülffe fehlt, schreibt selten scharf und wohl. (…) [S. 213]

---

[29] Sidonia Hedwig Zäunemann (wie Anm. 26), Anhang S. 24.
[30] Ebd., Anhang S. 45.
[31] Ebd., Anhang S. 41-46.
[32] Die Vernünftigen Tadlerinnen. Erstes Jahr-Teil (Leipzig 1725). Faks. Ausgabe. Hg. von Helga Brandes. Hildesheim 1993, S. 81-96, insbes. S. 90f.
[33] Das unterschied sich von dem, was Gottsched in seiner Critischen Dichtkunst behauptete, wo er sich für eine auf Erziehung und Erfahrung begründete Gelehrsamkeit für Dichter äußerte. Grimm: Literatur und Gelehrtentum (wie Anm. 6), insbes. S. 658-674.
[34] Die Vernünftigen Tadlerinnen (wie Anm. 32), Teil I, S. 212-215. Für Mariane von Breßler (gest. 1740) siehe Czarnecka, Miroslawa: Dichtungen schlesischer Autorinnen des 17. Jahrhunderts. Wrocław 1997, S. 41-62, und dies.: Die »Verse=schwangere« Elysie. Zum Anteil der Frauen an der literarischen Kultur Schlesiens im 17. Jahrhundert. Wrocław 1997, S. 152-171.

Die Schuld liegt nicht an uns/ daß wir im Staube ruhn.
Es fehlt an Unterricht/ an fleißigem Erziehen/
Drum wird man nicht geschickt/ es Männern gleich zu thun. [S. 215]«

Ihre Worte sind darum nicht so sehr eine Ablehnung der Gattung, sondern eine Liste von vorgeschlagenen Änderungen, die es Frauen ermöglichen würden an der Gattung teilzunehmen. In ihrem Leser-Gedicht zeigt sie jedoch klar, dass wenigstens sie selber einen Grad von Bildung erreicht hatte, der es ihr ermöglichte, an dem dichterischen Diskurs teilzunehmen.

Im Vorwort zum zweiten Band der »Gebundenen Schreib-Art« stimmte ihre Zeitgenossin und Freundin Christiane Mariane von Ziegler ganz mit ihr überein.[35] In ihrer Antrittsrede für die Deutsche Gesellschaft (1739) beanspruchte sie einen gewissen Grad von Gelehrsamkeit für sich selbst und dankte ihren männlichen Kollegen dafür, dass sie sie in ihre Mitte aufgenommen hatten, weil der gelehrte Diskurs sie zu einer noch besseren Poetin machen würde.[36]

Ich habe versucht, in dem Vorhergehenden eine Chronologie zu finden, aber die stellt sich nicht so deutlich heraus. Es scheint mir, dass die Reaktion Susanne Elisabeth Zeidlers, nämlich das Geständnis, auf einer gelehrten Ebene nicht mitmachen zu können, typisch für ihre Zeit, das heißt das Ende des 17. Jahrhunderts, war. Die Lexika am Anfang des 18. Jahrhunderts stimmten in ihrem Lob der gelehrten Fähigkeiten von Dichterinnen überein. Magdalena Sibylle Ziegler und der Kreis um Gottsched, d.h. um 1740, konnten die Gattung entweder annehmen oder ablehnen, und beide Reaktionen blieben innerhalb der Tradition. Auch wenn die Chronologie sich nicht so deutlich herausschält, ist es deutlich, dass Poetinnen das poetische Umfeld, in dem sie tätig waren, kannten und auf verschiedene Weisen darauf reagierten. Es ist diese Vielheit von weiblichen Reaktionen auf die Forderungen einer fest etablierten männlichen Tradition, die ich zeigen wollte.

---

[35] von Ziegler, Christiane Mariane: Gebundener Schreib-Art Anderer und letzter Theil. Leipzig 1729.

[36] von Ziegler-Romanus, Christiane Mariane: Vermischte Schriften in gebundener und ungebundener Rede. Göttingen 1739, S. 381f.

Karin Schmidt-Kohberg

Repräsentationen gelehrter Frauen in »Frauen-zimmer-Lexika« des 17. und 18. Jahrhunderts

In der Frühen Neuzeit wurde eine breite Debatte über Wesen und Natur der Frau und ihre moralischen und geistigen Fähigkeiten geführt. Das Thema der Frauenbildung und weiblichen Gelehrsamkeit spielte dabei eine prominente Rolle.[1] Neben Traktaten und Dissertationen, die sich mit dem intellektuellen Vermögen von Frauen auseinandersetzen, findet sich eine weitere Quellengattung, die in diesem Kontext von Bedeutung war: so genannte Frauenzimmer-Lexika.[2]

Zu den Quellen

Frauenzimmer-Lexika waren nicht, wie der Name suggeriert, Lexika für Frauen. Vielmehr handelt es sich dabei um Zusammenstellungen von Kurzbiographien gelehrter Frauen. Diese Quellengattung fand in der Forschung bisher wenig Beachtung. Neben einem Aufsatz von Brita Rang, in dem sie mehrere Lexika vergleicht und unter bestimmten Fragestellungen analysiert, existieren nur noch vier Aufsätze, die sich intensiver mit jeweils einem Lexikon auseinandersetzen.[3]

---

[1] Zum Thema Mädchen- und Frauenbildung allgemein siehe das Handbuch von Kleinau, Elke/ Opitz, Claudia (Hg.): Geschichte der Mädchen- und Frauenbildung, 2 Bde. Frankfurt, M. 1996. Dort finden sich auch weiterführende Literaturhinweise.

[2] Die folgenden Ausführungen basieren auf den Vorarbeiten zur Dissertation der Verfasserin, in der sie die hier angerissenen Fragen auf einer breiteren Quellenbasis ausführlicher behandeln wird.

[3] Rang, Brita: »Jus fasque esse in rem publicam litterariam foeminas adscribi«: Gelehrt(innen)-Enzyklopädien des 17. und 18. Jahrhunderts. In: Paedagogica Historica. International Journal of History of Education 28 (1992), S. 511-549; Brandes, Helga: Das Frauenzimmer-Lexikon von Amaranthes. Enzyklopädien, Lexika und Wörterbücher im 18. Jahrhundert. In: Das achtzehnte Jahrhundert 22,1 (1998), S. 22-30; Cöppicus-Wex, Bärbel: Der Verlust der Alternative. Zur Disqualifizierung weiblicher Bildungsideale im letzten Drittel des 18. Jahrhunderts am Beispiel zweier Ausgaben des Nutzbaren, galanten und curiosen Frauenzimmer-Lexicons. In: Claudia

In zwei allgemeineren Untersuchungen zur weiblichen Bildung wird zwar knapp auf Frauenzimmer-Lexika eingegangen. Im Wesentlichen werden aber nur der Inhalt der Einleitungen und einzelner Biographien wiedergegeben. Eine Analyse der Werke findet sich so gut wie nicht.[4] Zur Auflagenhöhe und Rezeption der Lexika gibt es bisher noch keine Forschungsergebnisse. Aus der Tatsache, dass sie in Schriften über Frauen und weibliche Gelehrsamkeit immer wieder zitiert wurden und, wie beispielsweise Christian Franz Paullinis[5] Lexikon, in mehreren Auflagen erschienen, kann man aber schließen, dass sie ein größeres Publikum hatten.

Die meisten der Forschung bisher bekannten Lexika wurden von Männern verfasst. Es gibt allerdings ein niederländisches und drei französische Werke, die aus den Federn von Frauen stammen.[6] Die Frauenzimmer-Lexika erschienen

---

Opitz/ Ulrike Weckel/ Elke Kleinau (Hg.): Tugend, Vernunft und Gefühl. Geschlechterdiskurse der Aufklärung und weibliche Lebenswelten. Münster 2000, S. 271-285; Heuser, Magdalene: Johann Gerhard Meuschen. Curieuse Schau=Bühne Durchläuchtigst=Belahrter Dames, 1706. In: Elisabeth Gössmann (Hg.): Kennt der Geist kein Geschlecht? München 1994, S. 176-188; Moore, Cornelia Niekus: »Not by nature but by custom«. Johan van Beverwijck's »Van de wtnementheyt des vrouwelichen geslachts«. In: Sixteenth Century Journal 25/3 (1994), S. 633-651; Woods, Jean M./ Fürstenwald, Maria: Schriftstellerinnen, Künstlerinnen und gelehrte Frauen des deutschen Barock. Ein Lexikon. Stuttgart 1984, S. IX-XXVII; Woods und Fürstenwald liefern wertvolle bibliographische Informationen, gehen auf die Werke selbst aber nur sehr knapp ein.

[4] Fietze, Katharina: Frauenbildung in der »Querelle des femmes«. In: Kleinau/ Opitz (Hg.): Geschichte der Mädchen- und Frauenbildung (wie Anm. 1), S. 237-251; Brokmann-Nooren, Christiane: Weibliche Bildung im 18. Jahrhundert. »Gelehrtes Frauenzimmer« und »gefällige Gattin«. Oldenburg 1994.

[5] Paullini, Christian Franz: Das gelahrte Frauen=Zimmer in Teutschland, Kap. 193. In: ders.: Zeit=ku(e)rtzender Erbaulichen Lust/ oder/ Allerhand ausserleseneř/ rar= und curioser/ so nu(e)tz= als ergetzlicher/ Geist= und Weltlicher/ Merckwu(e)rdigkeiten, Zweyter Theil/ Zum vortheihafftigen Abbruch verdrieszlicher Langweil/ und mehrerm Nachsinnen. Frankfurt 1695, S. 1097-1122; ders.: Vom hoch= und wohlgelahrten Teutschen Frauen=Zimmer. In: ders.: Philosophischer Feyerabend In sich haltende Allerhand anmuthige/ seltene/ cu rieuse/ so nu(e)tz als ergetzliche/ auch zu allerley nachtru(e)cklichen Discursen anlaßgebende Realien und merckwu(e)rdige Begebenheiten/ In Leid und Freud/ Zumlustigen und erbaulichen Zeitvertreib wohlmeinend mitgetheilet, Frankfurt: Friedrich Knochen 1700, S. 140-219; ders.: Das Hoch= und Wohl=gelahrte Teutsche Frauen=zim̃er. Nochmahls mit mercklichen Zusatz vorgestellet, Erfurt: Stößel 1705; ders.: Hoch= und Wohl=gelahrtes Teutsches FrauenZim̃er, Abermahl durch Hinzusetzung unterschiedlicher Gelehrter/ Wie auch Etlicher Ausla(e)ndischer Damen hin und wie=der um ein merckliches vermehret, Frankfurt und Leipzig/ Erfurt: Verleger: Joh. Christ. Sto(e)ssels seel. Erben; Drucker: Michael Funke 1712.

[6] Buffet, Marguerite: Nouvelles observations sur la langue françoise, ou il est traité des termes anciens et inusitez, et du bel usage des mots nouveaux. Avec les eloges des illustres scavantes,

hauptsächlich im 17. und 18. Jahrhundert. Vereinzelt wurden sie auch noch im 19. Jahrhundert verfasst, haben aber einen anderen Charakter als die der vorherigen Jahrhunderte.[7]

Einordnung der Frauenzimmer-Lexika in die Gattungsgeschichte

Die Frauenzimmer-Lexika des 17. und 18. Jahrhunderts lassen sich in ältere Traditionslinien einordnen. Man kann sie als Fortführung des Genres der Kataloge berühmter Frauen verstehen, die seit dem 14. Jahrhundert erschienen. Das in der Renaissance neu aufkommende Interesse an berühmten Frauengestalten stand u.a. im Zusammenhang mit der Wiederentdeckung antiker Autoren wie Plutarch oder Valerius Maximus, die über herausragende historische und mythologische Frauenfiguren berichteten.[8] Wie viele der antiken Schriften verfolgten einige der Renaissance-Kataloge berühmter Frauen das Ziel, anhand der Biographien Lehrbeispiele für moralisches Handeln zu geben.[9] In manchen Fällen, so

---

tant anciennes que modernes. Paris 1668; Gallien, Mme: L'apologie des Dames appuyee sur l'histoire. Paris 1737; Cosson, Charlotte Catherine: Katalogteil. In: Ambroise Riballier: De l'éducation physique et morale des femmes, avec une notice alphabétique de cells qui se sont distinguées dans les différentes carrières des Sciences & des Beaux-Arts, ou par des talens & des actions mémorables. Brüssel/Paris 1789; von Ulfeld, Leonora Christina: Den fangne Grevimde Leonora Christinas Jammer Minde. Kopenhagen 1663-1685. Vgl. Rang: Jus fasque (wie Anm. 3), S. 516.

[7] Pantheon beruehmter und merkwuerdiger Frauen. Leipzig 1809-1816; Flittner, Christian G.: Gallerie der interessantesten Frauenzimmer aus der alten und neuen Welt. In Zügen von Liebe, Treue und Edelsinn für die Edeln d. schönen Geschlechts. Berlin 1802; Glökler, Johann P.: Schwäbische Frauen. Lebensbilder aus den drei letzten Jahrhunderten. Stuttgart 1865; von Münch, Ernst: Margariten. Frauen=Charaktere aus älterer und neuerer Zeit, 2 Teile. Cannstadt 1840.

[8] Valerius Maximus: Sammlung merkwürdiger Reden und Thaten, übersetzt von Friedrich Hoffmann. Stuttgart 1829; Plutarch: De claris mulieribus. In: Joannes Ravisius Textor: De memorabilibus et claris mulieribus: aliquot diversorum scriptorum opera, fol. 3-14. Paris 1521. Weitere wichtige Autoren in diesem Zusammenhang: Herodot, Diogenes Laertios, Suidas. Vgl. auch Fietze, Katharina: Spiegel der Vernunft. Theorien zum Menschsein der Frau in der Anthropologie des 15. Jahrhunderts. Paderborn 1991, S. 84f.; Rang: Jus fasque (wie Anm. 3), S. 518f. Auf das veränderte Geschichtsverständnis der Renaissance und die damit einhergehende, vom Mittelalter abweichende Sicht von Biographien kann an dieser Stelle nicht eingegangen werden. Vgl. auch dazu die angegebene Arbeit von Katharina Fietze.

[9] Siehe auch Vives, Juan Luis: De institutione foeminae christianae. Introduction, Critical Edition, Translation and Notes, ed. by Charles Fantazzi/ Constantinus Matheeussen, transl. by Charles Fantazzi. Leiden/New York/Köln 1996. Die gleiche Art, Exempla zu verwenden, findet

bei Boccaccios »De claris mulieribus« oder Christine de Pizans »Stadt der Frauen«[10], fungierten philosophisch-moralische Themen als Gliederungsprinzip der Schriften, nach dem die Exempla geordnet wurden. Dieses Verfahren findet sich bei den Frauenzimmer-Lexika nicht. Die Autoren der Lexika stellten ihren Werken abstrakte Ausführungen zur weiblichen Gelehrsamkeit voran. Darauf folgten Biographien gelehrter Frauen, zumeist in alphabetischer Reihenfolge. Auch die Kataloge des 14. und 15. Jahrhunderts[11] berichteten von Frauen, die auf Grund ihrer Gelehrsamkeit gerühmt wurden, beschränkten sich aber nicht auf diese. Vielmehr präsentierten sie Vertreterinnen des weiblichen Geschlechtes, die unter verschiedensten Gesichtspunkten außergewöhnlich waren und als Exempla dienen konnten. Die Frauenzimmer-Lexika hingegen beschränkten sich weitgehend auf gelehrte Frauen.

Als weitere wichtige Traditionslinie, in der die Frauenzimmer-Lexika stehen, sind die seit der Antike verfassten Schriftstellerkataloge zu nennen. Als erster Meilenstein dieses Genres kann das Verzeichnis des Kallimachos gelten, der im 4. Jahrhundert v. Chr. einen Katalog der Bibliothek von Alexandria anlegte. Im

---

sich in der Predigtliteratur des Mittelalters und der Frühen Neuzeit und in einigen lateinischen Dissertationen zur weiblichen Gelehrsamkeit, z.b. Cundisius, Godofredus / Bergmann, Johannes: Disputatio philosophica De mulieribus quam D.O.M.A. in celeberrima Academia Wittebergensi praeside M. Godofredo Cundisio Radebergensis (...) proponit Johannes Bergmannus. Wittenberg 1629; Esberg, Johann/ Hedengrahn, Peter: Exercitium academicum Mulieres philosophantes leviter adumbrans. Uppsala 1700; Drechsler, Jo. Gabriel/ Mylius, Johannes Henricus: Q.D.B.V. De Praejudiciis (...). Halle 1675; siehe auch Fietze: Spiegel der Vernunft (wie Anm. 8), S. 84-86.

[10] Boccaccio, Giovanni: De claris mulieribus, deutsch übersetzt von Steinhöwel. Hg. von Karl Drescher. Tübingen 1895; Christine de Pizan: Livre de la Cité des Dames. Das Buch von der Stadt der Frauen. Hg. von Margarete Zimmermann. Berlin 1986. Boccaccios Katalog, entstanden um 1370, ist einer der berühmtesten und am breitesten rezipierten Kataloge. Das Werk erfuhr zahlreiche Übersetzungen und Neuauflagen. Auch für Christine de Pizan stellte er eine zentrale Quelle dar.

[11] Im 15. und 16. Jahrhundert erschienen weitere Kataloge berühmter Frauen in Latein und anderen romanischen Sprachen, so beispielsweise Jacobus Philippus Bergomensis: De claris selectisque mulieribus. Ferrara 1497; Joannes Ravisius Textor: De memorabilibus et claris mulieribus: aliquot diversorum scriptorum opera. Paris 1521; de Moya, Juan Perez: Varia historia de sanctas et illustres mugeres en todo jenero de virtudis. Madrid 1583. Diese Kataloge stellten wie die Werke antiker Autoren wichtige Quellen für die Frauenzimmer-Lexika des 17. und 18. Jahrhunderts dar. Vgl. a. Rang: Jus fasque (wie Anm. 3), S. 519-521; Fietze: Spiegel der Vernunft (wie Anm. 8), S. 84-86. Für bibliographische Angaben zu weiteren Katalogen siehe Kelso, Ruth: Doctrine for the Lady of the Renaissance, 2. Auflage Urbana/Chicago/London 1978.

Unterschied zu modernen Katalogen wurden dort nicht nur die Werke verzeichnet, sondern auch Informationen zu den Autoren geliefert, um so die Voraussetzungen für die Identifikation der Schriften zu schaffen.[12] Begründer der mittelalterlichen Tradition der Schriftstellerkataloge war Hieronymus. Sein »De viris illustribus«, entstanden 393, hat einen apologetischen Charakter. Hieronymus ging es darum, den Vorwurf zu widerlegen, die christliche Kirche habe keine Philosophen und Gelehrten hervorgebracht. In dieser apologetischen Grundhaltung ähneln die Frauenzimmer-Lexika Hieronymus' Katalog, wobei ihr Anliegen darin besteht zu belegen, dass auch Frauen gelehrt sein könnten. Hieronymus' Verzeichnis, das wie seine antiken Vorläufer neben der bibliographischen Erfassung der Schriften biographische Informationen zu den Verfassern lieferte, wurde im Mittelalter mehrfach fortgesetzt.[13] Alle diese Kataloge führten nicht nur theologische, sondern auch juristische, historische und andere Werke, die für Theologen von Belang waren, auf. Eine entsprechende thematische Breite weisen auch die Frauenzimmer-Lexika auf. Sie haben zudem einen den Schriftstellerkatalogen vergleichbaren Stil: Neben sachlicher biographischer Information finden sich panegyrische Elemente. Auch sie führen Schriften auf, allerdings in geringerem Umfang als die Schriftstellerkataloge.

Ein weiterer Aspekt hinsichtlich der Einordnung in die gattungsgeschichtliche Tradition ist die Frage nach den Beziehungen zu lateinischen, vor allem aber deutschen Gelehrtenverzeichnissen des 17. und 18. Jahrhunderts.[14]

---

[12] Blum, Rudolf: Die Literaturverzeichnung im Altertum und Mittelalter. Versuch einer Geschichte der Biobibliographie von den Anfängen bis zum Beginn der Neuzeit. In: Archiv für Geschichte des Buchwesens 24 (1983), Sp. 1-256, insbes. Sp. 11-28.

[13] Z.B. von Gennadius von Marseille, Isidor von Sevilla, Ildefons von Toledo. Den krönenden Abschluss der mittelalterlichen Schriftstellerkataloge bildet Trithemius' »Liber de Scriptoribus«, das ca. 1000 Autoren enthält. Als wichtigster frühneuzeitlicher Katalog ist schließlich Konrad Gessners »Bibliotheca universalis« von 1545 zu nennen. Blum, Rudolf: Die Literaturverzeichnung im Altertum und Mittelalter (wie Anm. 12), S. 98-130, S. 201-208; Zedelmaier, Helmut: Bibliotheca universalis und Bibliotheca selectis. Das Problem der Ordnung des gelehrten Wissens in der frühen Neuzeit. Köln 1992, S. 18 ff., S. 26-34; Rouse, Richard H./ Rouse, Mary A.: Bibliography before print: The medieval »De viris illustribus«. In: Peter Ganz (Hg.): The role of the book in medieval culture, Bd. 1. Turnhout 1986, S. 133-155, insbes. S. 133-136.

[14] Darauf wird die Verfasserin ausführlich in ihrer Dissertation eingehen.

Intention der Verfasser der Frauenzimmer-Lexika

Die Verfasser der Frauenzimmerlexika selbst formulieren zwei Zielsetzungen: Zum einen sollte durch die Lexika belegt werden, dass auch das weibliche Geschlecht zu »Wissenschaft und allerley Künsten« fähig sei. Die Biographien dienten als Beweis der These, dass Frauen das geistige Potential zur »Erudition« hätten. Die Exempla gelehrter[15] Frauen sollten Eltern zu einem größeren Engagement bei der Erziehung ihrer Töchter veranlassen bzw. die Frauen selbst motivieren, sich zu bilden.[16]

Die zweite Zielsetzung muss im Kontext des Nationenwettstreites gesehen werden: Man findet seit dem Humanismus das Bestreben deutscher Gelehrter, die Gleichwertigkeit oder Überlegenheit der eigenen Nation gegenüber Italien zu beweisen. Ein Argument war bereits im 16. Jahrhundert die Existenz gelehrter Frauen.[17] Durch die quantifizierende Auflistung der Lexika sollte nun im 17. und 18. Jahrhundert belegt werden, dass das Alte Reich mehr gelehrte Frauenzimmer aufzuweisen habe als Frankreich, Spanien oder Italien.[18]

---

[15] Im Folgenden werden bewusst die Quellen-Begriffe »gelehrt« und »Gelehrsamkeit« und nicht »gebildet« und »Bildung« verwendet. Zwar deckt sich die Bedeutung von »gelehrt« in manchen Aspekten mit dem, was heute unter den Begriff »gebildet« fällt, aber zum einen sind die beiden Begriffe nicht identisch, zum anderen wird »gebildet« in Quellen des 17. und frühen 18. Jahrhunderts nicht im heutigen Sinn verwendet.

[16] Siehe z.B. Frawenlob, Johann.: Die Lobwu(e)rdige Gesellschaft der Gelehrten Weiber/ Das ist: Kurtze/ Historische Be=schreibung/ der fu(e)rnembsten gelehrten/ ver=sta(e)ndigen und Kunsterfahrnen Weibsperso=nen/ die in der Welt biß auff diese Zeit gelebet haben. Auß unterschiedlichen glaubwu(e)rdigen Historicis, so wohl auch eigenen Erfahrungen/ zusammen getragen/ nach dem Alpha=bet mit Fleiß verzeichnet/ und Ma(e)nniglich zur Nach=richtung in Druck gegeben/ Durch Johann. Frawenlob/ der lo(e)blichen Societät der gelehr=ten Weiber General Notarium. o.O. 1631, Vorrede an den Leser, Bl. 2-4; Eberti, Johann Kaspar: Ero(e)ffnetes Cabinet Deß Gelehrten Frauen=Zimmers/ Darinnen Die Beru(e)hmtesten dieses Ge=schlechtes umbsta(e)ndlich vorge=stellet werden. Frankfurt/Leipzig 1706, Vorrede an Ursula Magdalena von Falckenhain und Eva Sophia von Rottenburg, Bl. 1-4, Vorrede an den Leser, Bl. 4-17; Paullini: Vom hoch= und wohlgelahrten Teutschen Frauen=Zimmer (wie Anm. 5), S. 140-145.

[17] Hess, Ursula: Lateinischer Dialog und gelehrte Partnerschaft. In: Gisela Brinker-Gabler (Hg.): Deutsche Literatur von Frauen, Bd. 1. München 1988, S. 113-148.

[18] Beispielsweise: Eberti: Ero(e)ffnetes Cabinet (wie Anm 16), Bl. 2f., Bl. 11; Lehms, Georg Christian: Teutschlands Galante Poetinnen Mit Ihren sinnreichen und netten Proben; Nebst einem Anhang Ausla(e)ndischer Dames/ so sich gleichfalls durch scho(e)ne Poesien Bey der curieusen Welt bekannt gemacht/ und einer Vorrede, Daß das Weibliche Geschlecht so geschickt zum Studieren/ als das Ma(e)nnliche. Frankfurt 1714/1715, Vorrede Bl. 1; Paullini: Hoch= und Wohl=gelahrte Teutsche Frauen=zimer (wie Anm 5), Vorrede an den Leser, Bl. 1.

Geistige Fähigkeiten und Möglichkeiten von Frauen

Wie äußern sich die Autoren der Lexika zu den geistigen Fähigkeiten und Möglichkeiten von Frauen?[19] Sowohl Frawenlob als auch Eberti gehen davon aus, dass Frauen einen genauso guten Verstand hätten wie Männer. Sie seien ebenso zu heldenhaften Taten und tugendhaftem Verhalten in der Lage wie diese. Auch zum Regieren seien Frauen »nicht ungeschickt«. Beide Autoren betonen, dass auch das weibliche Geschlecht über ein Ingenium verfüge, das sie zur Gelehrsamkeit befähige.[20] Dem Einwand, dass Frauen ihr Wissen missbrauchen könnten und viele keine guten Leistungen erbrächten, begegnet Eberti mit dem Hinweis, dass dies keine Frage des Geschlechts, sondern der richtigen und guten Unterweisung sei. Er geht davon aus, dass Frauen zu allen Künsten und Wissenschaften fähig seien.[21] Diese Ansicht findet man, abgesehen von Christoph August Heumann, bei allen Autoren. Keiner äußert sich dahingehend, dass Frauen sich mit bestimmten Bereichen nicht beschäftigen sollten. Damit unterscheiden sich die Lexika von vielen Erziehungskonzepten der Renaissance und des 18. und 19. Jahrhunderts. Frawenlob geht insofern noch weiter als Eberti, als er bemerkt, Frauen könnten Männer an Scharfsinnigkeit übertreffen und hätten »offtmals subtilere Ingenia«. Dieser Gedanke zieht sich durch das gesamte Lexikon. Während es in den anderen Werken oft heißt, eine Frau sei die gelehrteste Vertreterin ihres Geschlechts in einem Jahrhundert gewesen, so übertreffen bei Frawenlob manche Frauen *alle* Gelehrten ihrer Zeit oder konkret herausragende Figuren wie Homer oder Pindar.[22] Meuschen äußert sich nicht explizit zu dem

---

[19] Die folgenden Aussagen basieren auf Eberti: Ero(e)ffnetes Cabinet (wie Anm 16); Frawenlob: Lobwu(e)rdige Gesellschaft der Gelehrten Weiber (wie Anm. 16); Heumann, Christoph August: Acta philosopharum, das ist, Nachricht von der Philosophie des Frauenzimmers. In: Acta philosophorum, Das ist, Gru(e)ndl. Nachrichten aus der Historia Philosophica, Nebst beygefu(e)gten Urtheilen von de=nen dahin geho(e)rigen alten und neuen Bu(e)chern, Tom. II. Halle 1721, Zwo(e)lftes Stueck, S. 825-875; Meuschen, Johann Gerhard: Courieuse Schau=Bühne Durchla(e)uchtigst=Belahrter Dames Als Kayser=, Ko(e)nig= Cuhr= und Fürstinnen auch anderer hohen Durch=la(e)uchtigen Seelen Aus Asia, Africa und Europa, voriger und itziger Zeit/ Allen hohen Personen zu sonderbahrer Gemu(e)ths=Ergo(e)tzung geo(e)ffnet. Frankfurt/ Leipzig 1706; Paullini: Vom hoch= und wohl=gelahrten Teutschen Frauen=zimer (wie Anm 5).

[20] Frawenlob: Lobwu(e)rdige Gesellschaft der Gelehrten Weiber (wie Anm. 16), Vorrede an den Leser, Bl. 1f.; Eberti: Ero(e)ffnetes Cabinet (wie Anm 16), Vorrede an den Leser, Bl. 1-6.

[21] Eberti: Ero(e)ffnetes Cabinet (wie Anm 16), Vorrede an den Leser, Bl. 9f.

[22] Frawenlob: Lobwu(e)rdige Gesellschaft der Gelehrten Weiber (wie Anm. 16), Vorrede an den Leser, Bl. 2, S. 33. Beispielsweise berichtet er S. 10f., Corinna Thebana habe Pindar im Dichterwettstreit fünf mal überwunden. Zur Tochter des Malers Cratinus heißt es S. 32, sie habe ih-

Thema; der Tenor der Vorrede und vor allem das Lexikon selbst zeigen aber, dass er Frauen die gleichen Fähigkeiten hinsichtlich ihres Verstandes, gelehrter Tätigkeit und Herrschaftsausübung zuspricht.

Es fällt auf, dass diejenigen Lexika, in denen die Meinung vertreten wird, das weibliche Geschlecht habe die gleichen Verstandesfähigkeiten wie das männliche, Frauen gewidmet bzw. unter einem Pseudonym erschienen sind.[23] Meuschen widmete seine »Courieuse Schau=Bühne« Sophie von der Pfalz, Kurfürstin von Braunschweig-Lüneburg. Er verfolgte damit – wie Magdalene Heuser gezeigt hat – ein konkretes Ziel, das sich auch in der Konzeption seines Werkes niederschlug: Die Kurfürstin von Braunschweig-Lüneburg sollte sich dafür einsetzen, dass er eine Pfarrstelle bei der deutschen Gemeinde in Den Haag erhielt.[24] Es ist offensichtlich, dass es seinem Anliegen nicht förderlich gewesen wäre, das weibliche Geschlecht den Männern in Verstandesdingen als unterlegen zu schildern.[25] Johann Frawenlobs Werk erschien unter einem Pseudonym, was dem Verfasser des Werkes sicherlich erleichterte, eine Position zu vertreten, die nicht der herrschenden Meinung entsprach.[26]

Die Ausführungen von Christian Franz Paullini sind ambivalent. Er führt zunächst aus, dass man in der Antike Frauen zu »Patroninnen (…) guter Künste« ernannt habe, um damit »anzudeuten/daß dieß Geschlecht zu Wißenschaft und allerley Künsten tüchtig« sei. Aus Wilhelm Ignatius Schütz' Ehren=Preiß Deß hochlöblichen Frauen=Zimmers[27] zitiert er eine Passage, in der dieser darlegt, dass Frauen und Männer von Natur aus gleich seien an Verstand und Tugendfähigkeit.[28] Paullini fährt dann fort, Frauen bräuchten für die Verwaltung des Hauswesens genauso viel Verstand wie Männer fürs Regieren, ja sogar noch

---

ren Vater in der Malkunst übertroffen, Corinna Rhodias Verse wurden S. 11 denen Homers gleichgeachtet, Cornificia, die Schwester des Poeten Cornificius, machte bessere Stegreifverse als ihr Bruder lange bedachte Gedichte (S. 11) und Nicostratas Werke hätten den Ruhm Homers verdunkelt, wären sie nicht verbrannt. Zu den Schriften der Töchter von Thomas Morus habe Erasmus bemerkt, er würde sich ihrer nicht schämen (S. 31).

[23] Eberti widmete sein Werk Ursula Magdalena von Falckenhain und Eva Sophia von Rottenburg.

[24] Heuser: Johann Gerhard Meuschen (wie Anm. 3), S. 176-188.

[25] Dass das Vertreten dieser Position seinem Anliegen förderlich gewesen sein wird, schließt natürlich nicht aus, dass er sie auch tatsächlich vertreten hat.

[26] Die Identität des Verfassers ist nicht geklärt. Vgl. dazu auch Gössmann, Elisabeth (Hg.): Eva Gottes Meisterwerk. München 1985, S. 46-84, hier S. 47-49.

[27] Schütz, Wilhelm Ignatius: Ehren=Preiß Deß hochlöblichen Frauen=Zimmers. Frankfurt, M. 1663.

[28] Bemerkenswert ist, dass Paullini »frauenfreundlichere« Aussagen oft nur in Zitatform bringt.

mehr, da sie kompensieren müssten, dass sie über weniger Macht verfügen konnten[29]. Man findet bei ihm also klassisch aristotelische Gedanken: Der Mann ist nach außen und auf Erwerb ausgerichtet, die Frau nach innen und auf Bewahrung. Trotz des anfänglichen Zitats von Schütz stellt Paullini die These auf, dass das weibliche Geschlecht ein feuchteres Gehirn habe, sitzende Arbeit gewohnt sei und ohnehin – wie es die Sitten verlangten – im Haus bleibe. Das alles befähige es zum Lesen und Lernen. Ob Paullini der Meinung ist, Frauen hätten einen schwächeren Verstand als Männer, wird nicht klar. Es wäre für ihn allerdings auch kein Argument gegen intellektuelle Betätigung, da diese in jedem Fall den Verstand stärke.[30]

Im Gegensatz zu Paullini ist Heumanns Position eindeutig. In seinem Lexikon, das Bestandteil eines allgemeinen Werkes über Philosophie ist, behandelt er nur Frauen, die sich mit Philosophie beschäftigt haben. Er beginnt seine Ausführungen mit der Aussage, dass auch Frauen Verstandeswesen und zu Tugend und Weisheit fähig seien. Sie könnten auch Philosophie betreiben, doch seien sie dabei Männern eindeutig unterlegen. Frauen sind in der Philosophie in seinen Augen nur passiv, d.h. rezeptiv und bringen es nie weiter als mittelmäßige Männer. Herausragende Schriften wie die Lockes oder Pufendorfs hätten sie nicht verfasst. Trotzdem sollten sie sich mit Philosophie beschäftigen.[31]

Zweck weiblicher Beschäftigung mit »gelehrten Dingen«

Zu welchem Zweck sollten sich Frauen Künsten und Wissenschaften widmen? Den Autoren geht es erwartungsgemäß nicht darum, dass Frauen sich durch Gelehrsamkeit für eine berufliche Tätigkeit qualifizieren sollten. Andererseits schildern sie im Biographienteil durchaus Frauen, die beruflich tätig waren. Heumann und Eberti äußern sich gar nicht zum Zweck gelehrter Betätigung. Meuschen handelt das Thema sehr vage ab, indem er seine Vorrede mit dem Gedanken beginnt, dass hohe Standespersonen nur dann Aufnahme ins Pantheon

---

[29] »Sie haben zur Handhabung des Hauß=Wesens so viel Verstand/ als die Ma(e)nner Land und Leu=te zu regieren vonno(e)then/ ja fast noch mehr/ indem sie weniger Macht/ als die Obrigkeit hat/ gebrauchen ko(e)nnen/ und vielmehr Verstand er=fordert wird/ das Guth zu erhalten/ als zu er=werben/ das uns durch Glu(e)ck oder Erb-Fall zukommen kan.« Paullini: Vom hoch= und wohl=gelahrten Teutschen Frauen=zimer (wie Anm 5), S. 142f.
[30] Paullini: Vom hoch= und wohl=gelahrten Teutschen Frauen=zimer (wie Anm 5), S. 141-143.
[31] Heumann: Acta philosopharum (wie Anm. 19), S. 826-833.

des Ruhmes fänden, wenn sie sich neben ihrer Herkunft durch Tugendhaftigkeit und Gelehrsamkeit auszeichneten.[32]

Paullini greift Ideen auf, die man schon bei Juan Luis Vives, François Fénelon oder Georg Philipp Harsdörffer[33] findet: Jeder Mann wolle eine Frau, die verständig sein Haus führe. Um dazu in der Lage zu sein, müsse ihr Verstand geschult werden. Wenn eine Frau sich tugendhaft, sittsam und fromm aufführen solle, müsse sie auch wissen, was Tugend und gottgemäßes Leben sei.[34] Erscheint dieses Erziehungsziel heute auch restriktiv, so muss man andererseits bedenken, dass es der Konzeption des Gesamtwerkes – »Philosophischer Feyerabend« –, dessen Bestandteil das Lexikon ist, entspricht. Auch in der allgemeinen Vorrede wird betont, dass das Streben nach Wissen stets auf die Erkenntnis von Tugend und Gott ausgerichtet sein müsse.[35]

Ähnlich ist Frawenlob zu bewerten: Auch er formuliert als Erziehungsziel, dass die Frauen zu gottseligen und verständigen Menschen werden sollten. Dies führe zum einen dazu, dass sie ihren Eltern gehorchten, ihren Ehemann ehrten und in der Lage seien, den Haushalt gut zu führen. Zum anderen, und darin bestand letztendlich der Zweck, gelangten die Frauen durch eine gute Erziehung und gelehrte Beschäftigung zur Seligkeit.[36]

Forderungen der Autoren

Drei der Autoren leiten aus ihren Ausführungen mehr oder weniger konkrete Forderungen ab. Heumann spricht sich gegen eine »Jungfern-Universität« aus. Diese sei überflüssig, denn die Beispiele der in Philosophie beschlagenen Frauen zeigten, dass Frauen sich ohne eine derartige Universität Kenntnisse aneignen

---

[32] Meuschen: Courieuse Schau=Bühne (wie Anm. 19), Widmung an Sophie von Braunschweig-Lüneburg.
[33] Vives: De institutione foeminae christianae (wie Anm. 9); Fénelon, François: Traité de l'éducation des filles. Paris 1687; Harsdörffer, Georg Philipp: Delitiae philosophicae et mathematicae. Der philosophischen und ma=thematischen Erquickstunden/ Dritter Theil, Part. 12, Frage 6. Nürnberg 1653, S. 632f.; Paullini: Hoch= und Wohl=gelahrte Teutsche Frauen=zimer (wie Anm 5), S. 143.
[34] Paullini: Vom hoch= und wohl=gelahrten Teutschen Frauen=zimer (wie Anm 5), S. 142f.
[35] Paullini: Philosophischer Feyerabend (wie Anm. 5), Vorrede an den Leser, Bl. 1-4.
[36] Frawenlob: Lobwu(e)rdige Gesellschaft der Gelehrten Weiber (wie Anm. 16), Vorrede an den Leser, Bl. 3f.

können. Besondere Schulen für Mädchen hält er aber für durchaus sinnvoll.[37] Eberti bleibt sehr vage, indem er lediglich bemerkt, dass die Mädchen von Jugend an unterrichtet werden sollten.[38] Frawenlob macht ebenfalls keine konkreten Vorschläge, fordert aber ausführlich und vehement die Eltern auf, mehr Sorgfalt auf die Erziehung ihrer Töchter zu verwenden.[39]

Dass die aktive Haltung der Eltern bei den in den Biographien aufgeführten Frauen eine wichtige Rolle beim Erwerb ihrer Fähigkeiten spielte, zeigt die Tatsache, dass ein Teil von ihnen vom eigenen Vater unterrichtet bzw. ein Hauslehrer engagiert wurde. Die Erziehung im Kloster spielte kaum eine Rolle, was auch damit in Zusammenhang stehen mag, dass alle hier untersuchten Autoren Protestanten waren.

Welche Fähigkeiten und Leistungen der Frauen beschreiben die Autoren der Frauenzimmer-Lexika?

Bei der Analyse der Fähigkeiten bzw. Tätigkeiten der gelehrten Frauen kann man eine Unterteilung in sechs Themenfelder vornehmen: Sprachfähigkeiten, Publikationen, Kenntnisse und Betätigungen in zeitgenössischen Wissenschaftsgebieten, Handlungen allgemein, übersinnliche Fähigkeiten und Herrschaftsausübung.[40]

Wohl angesichts der heutigen Affinität von Frauen zu *Fremdsprachen*, aber auch angesichts von zeitgenössischen Aussagen von Frauen wie Olympia Fulvia Morata über die Bedeutung alter Sprachen[41] ist es überraschend, dass nur ein sehr geringer Teil der Frauen (ca. neun Prozent) allein wegen ihrer Sprachfähigkeiten Aufnahme in die Lexika fand. Insgesamt wurden bei einem Viertel der Frauen derartige Fähigkeiten erwähnt. Dabei spielen bei Frawenlob, Paullini und

---

[37] Heumann: Acta philosopharum (wie Anm. 19), S. 831f.
[38] Eberti: Ero(e)ffnetes Cabinet (wie Anm 16), Vorrede an den Leser, Bl. 9f.
[39] Frawenlob: Lobwu(e)rdige Gesellschaft der Gelehrten Weiber (wie Anm. 16), Vorrede an den Leser, Bl. 4.
[40] Es geht an dieser Stelle nicht darum, inwieweit die Frauen die beschriebenen Fähigkeiten wirklich hatten oder die Leistungen erbrachten. Angesichts der Menge der aufgenommenen Frauen ist es nicht möglich, bei allen zu überprüfen, ob die Angaben der Realität entsprechen. In der Dissertation werden sie zwar zumindest für einen Teil abgesichert werden, aber für die Frage, welches Bild weiblicher Gelehrsamkeit die Autoren vermittelten, hat dies im Grunde keine Bedeutung.
[41] Hess: Lateinischer Dialog (wie Anm. 17), S. 141.

Meuschen die alten Sprachen die zentrale Rolle.[42] Bei Meuschen und Frawenlob ist die Kenntnis moderner Sprachen vernachlässigbar. Anders bei Paullini: Dort ist Französisch an die zweite Stelle hinter Latein gerückt. Welche Fähigkeiten hatten die Frauen konkret? Der überwiegenden Mehrheit werden Kenntnisse der Sprache bescheinigt. Welchen Umfang diese hatten, machen die Autoren nicht deutlich. Über einige der Frauen erfährt man, dass sie in einer anderen als ihrer Muttersprache lesen und schreiben konnten. Zwischen zehn und zwanzig Prozent haben in einer oder mehreren Fremdsprachen publiziert. Lediglich bei Frawenlob findet sich eine Minderheit von Frauen, die (in) Latein oder Griechisch unterrichtete.

Bei den *Publikationen* lassen sich eindeutig solche im religiös-theologischen Bereich als Spitzenreiter ausmachen. Dabei ist die Mehrheit dem Genre der Erbauungsliteratur zuzuordnen. Ein kleiner Teil der Schriften ist als exegetisch einzustufen.[43] Während bei Frawenlob und Meuschen einige Werke genannt werden, die man als historisch und kritisch politisch charakterisieren kann, führt Paullini nur eine derartige Schrift an. Philosophische Schriften erwähnt nur Frawenlob in größerem Umfang. Bei ihm finden sich im Vergleich zu den anderen auch mehr naturwissenschaftlich-medizinische Werke. Diese Befunde sind darauf zurückzuführen, dass er zu fast fünfzig Prozent antike Frauen beschreibt, Meuschen nur noch zwanzig Prozent und Paullini gar keine. Und antike Frauen waren es eben, die sich in Philosophie, Naturwissenschaften und Medizin besonders hervortaten.

Bei den *»wissenschaftlichen« Tätigkeiten* steht in allen drei Lexika die Literatur im Vordergrund.[44] Dabei geht es im Gegensatz zu den anderen Fächern nicht um passive Kenntnisse, sondern die überwiegende Mehrheit der Frauen waren Produzentinnen. Oft heißt es nur, »sie war eine gute Poetin« oder »sie machte einen schönen Vers«. Bei einem Teil der Frauen werden die Werke aber detaillierter beschrieben oder – besonders bei Frawenlob – mit Werken von Männern verglichen. Ein Großteil der Werke hat einen religiösen Inhalt, so dass

---

[42] Die folgenden Ausführungen basieren auf diesen drei Lexika. »Alte Sprachen« meint Latein, Griechisch und Hebräisch, wobei Letzteres eine untergeordnete Rolle spielt.

[43] Es ist in diesem Kontext nicht von Bedeutung, ob die Schriften wirklich erbaulich oder exegetisch waren, sondern welches Bild die Autoren vermitteln.

[44] Vgl. Barner, Wilfried: Barockrhetorik. Untersuchungen zu ihren geschichtlichen Grundlagen. Tübingen 1970, S. 220-238; Grimm, Gunter E.: Literatur und Gelehrtentum in Deutschland. Untersuchungen zum Wandel ihres Verhältnisses vom Humanismus bis zur Frühaufklärung. Tübingen 1983.

sich der Befund, der für die Publikationen erhoben wurde, bestätigt. Das trifft auch insofern zu, als bei Frawenlob und Paullini die Beschäftigung mit Theologie an zweiter Stelle steht. Den meisten Frauen werden Bibelkenntnisse bescheinigt, einer kleineren Gruppe die Kenntnis theologischer Schriften. Eine noch kleinere Gruppe nahm aktiv an Diskussionen ihrer Zeit teil, sei es, dass sie publizierten, sei es, dass sie öffentlich disputierten oder predigten. Diese aktiven Frauen finden sich hauptsächlich bei Frawenlob. Paullini hingegen macht Aussagen wie:»Sie war so beschlagen in theologischen Controversien, daß sie hätte predigen können, hätte der Apostel Paulus den Weibern nicht geboten, in der Kirche zu schweigen.«[45]

Frawenlobs Werk unterscheidet sich auch bei der weiteren Fächerverteilung von den anderen Lexika, was zum einen im hohen Anteil antiker Frauen, zum anderen in seiner stärkeren Orientierung am Trivium und Quadrivium begründet ist. Auf Theologie folgen bei ihm zahlenmäßig die Frauen, die sich in Freien Künsten, Beredsamkeit und Philosophie auszeichneten. Die Hälfte von ihnen hat Werke publiziert, die auch von Männern beachtet worden, oder in Schulen öffentlich gelehrt. Bei letzteren handelt es sich erwartungsgemäß um antike Frauen. Freie Künste und auch Beredsamkeit spielen in den anderen Werken eine geringe Rolle. Lediglich Philosophie nimmt bei Meuschen einen prominenten Platz ein, wobei sich neben antiken Frauen Italienerinnen der Renaissance hervortaten. Während Jura bei Meuschen und Paullini vernachlässigbar ist, nennt Frawenlob einige Vertreterinnen, die Kenntnisse erwarben, publizierten oder in einem Fall Recht sprachen.

Wie bei der Literatur taten sich Frauen in der Kunst als Produzentinnen hervor. Dabei ist Frawenlob insofern wieder exzeptionell, als er von fünf Frauen berichtet, die professionell tätig waren. Auch im Bereich Medizin ist der Anteil aktiver Frauen höher als in anderen Fächern. Sie publizierten, führten Kuren durch oder waren Ärztinnen. Insgesamt ist ihr Anteil aber ähnlich gering wie der der Frauen, die im naturwissenschaftlichen Bereich tätig waren. Diese publizierten meistens astronomische Tafeln.

Die *Handlungen*, aufgrund derer Frauen Aufnahme in ein Lexikon fanden, wurden zum Teil schon erwähnt. Die Verfasser berichten, wenn eine Frau öffentlich redete, lehrte oder mit Männern disputierte. Was sie lehrte oder worüber sie redete, ist in vielen Fällen nicht klar. Zwar wird bei einigen das Fach genannt, in dem sie über Kenntnisse verfügte, mindestens genauso oft wird aber nur er-

---

[45] Paullini: Von hoch= und wohl=gelahrten Teutschen Frauen=zimern (wie Anm 5), S. 164.

wähnt, dass die Frau gelehrt sei. Bei Meuschen und Frawenlob traten schwerpunktmäßig antike und italienische Frauen der Renaissance in die Öffentlichkeit. Bei Paullini hingegen sind es mittelalterliche und frühneuzeitliche Theologinnen. Meuschen berichtet von einer kleinen Gruppe von Frauen, die sich auf dem Schlachtfeld hervortaten. Bemerkenswert ist, dass keiner der Autoren dieses den herrschenden Rollenbildern widersprechende Verhalten kommentierte. Einige der Frauen zeichneten sich dadurch aus, dass sie mit gelehrten Männern ihrer Zeit befreundet waren oder in Briefwechsel standen, was allgemein als Beweis ihrer guten geistigen Fähigkeiten bewertet wurde.

Alle drei Autoren erwähnen Frauen, die *übersinnliche Fähigkeiten* hatten.[46] Diese kann man in zwei Gruppen einteilen: Zum einen machten antike Frauen Prophezeiungen, zum anderen hatten christliche Frauen Erleuchtungen und Visionen. Die Bewertung letzterer hängt stark vom persönlichen Standpunkt des Verfassers ab. Paullini schildert die Frauen neutral. Meuschen, der in heftige Auseinandersetzungen mit den Jesuiten in Osnabrück verstrickt war, nutzt jede Gelegenheit zu Seitenhieben auf Katholiken. Frawenlob interpretiert sie zu vorreformatorischen Kritikerinnen der katholischen Kirche um.[47]

Der besonderen Intention, die hinter Meuschens Werk steht, ist zu verdanken, dass er am ausführlichsten auf die *Herrschaft* von Frauen eingeht. Bei ihm gibt es einen Typ Frau, der selbständig, klug und durchaus kriegerisch Herrschaft ausübte, was er nicht kommentiert.

Bild weiblicher Gelehrsamkeit in den Frauenzimmer-Lexika

Welches Bild weiblicher Gelehrsamkeit wird der Leserschaft vermittelt? Zunächst lässt sich festhalten, dass weibliche Gelehrsamkeit sehr heterogen ist. Sie umfasst Kenntnisse, Tätigkeiten und Publikationen in allen zeitgenössischen

---

[46] Aus heutiger Perspektive erscheint es sicherlich verwunderlich, übersinnliche Fähigkeiten als Bestandteil von Gelehrsamkeit zu verstehen. Die Autoren der Frauenzimmerlexika rechnen diese aber ebenso wie Herrschaftsfähigkeiten dazu. Allerdings lässt sich in diesem Punkt eine zeitliche Veränderung konstatieren: Werden im 17. und der ersten Hälfte des 18. Jahrhunderts übersinnliche Fähigkeiten noch allgemein als Bestandteil von Gelehrsamkeit aufgeführt, nimmt in der zweiten Hälfte des 18. Jahrhunderts der Anteil der Frauen, die Offenbarungen und Visionen hatten, in den Lexika ab.

[47] Wie bereits erwähnt, waren alle Autoren Protestanten. Bei Frawenlob wird die starke Betroffenheit angesichts der Religionsstreitigkeiten seiner Zeit deutlich. Zu Meuschen vgl. Heuser: Johann Gerhard Meuschen (wie Anm. 3), S. 179, S. 187.

Wissenschaftsbereichen. Der Begriff bezieht aber auch übersinnliche Fähigkeiten, Herrschaftsausübung und die Teilnahme am wissenschaftlichen Diskurs mit ein. Bei letzterem wird der inhaltliche Beitrag nicht spezifiziert, sondern es geht um die Teilnahme an sich. Obwohl die Autoren die Betätigungsfelder für das weibliche Geschlecht nicht grundsätzlich einschränken, finden sich doch eindeutige Schwerpunktsetzungen. Die meisten aufgeführten Frauen widmeten sich der Literatur und Theologie. Medizin, Naturwissenschaften und vor allem Jura spielten eine geringe Rolle. Der Mehrheit der Frauen werden Kenntnisse in einem Fachbereich bescheinigt, die Minderheit war produktiv, entweder in Form von Publikationen oder Experimenten oder Berufsausübung. Letzteres ist ein marginales Phänomen: Es gab Ärztinnen, meistens aus der Antike, Malerinnen und Nonnen, die man auch zum Teil als Berufstheologinnen bezeichnen kann. Der Vergleich der Lexika hat gezeigt, dass es lexikonspezifische Unterschiede und Schwerpunktsetzungen gibt. Als Tendenz deutet sich an, dass in der 1. Hälfte des 17. Jahrhunderts die Leistungen von Frauen höher geschätzt und ihnen eine aktivere Rolle zugewiesen wurde als um 1700. Diese Tendenz setzt sich im 18. Jahrhundert fort.[48]

Es stellt sich die Frage, ob die dargelegten Ergebnisse nur etwas über die Auffassung der Autoren zur *weiblichen* Gelehrsamkeit sagen, oder anders formuliert: Ist ihre Darstellung weiblicher Gelehrsamkeit möglicherweise noch von anderen als geschlechtsspezifischen Faktoren beeinflusst? Man kann die Hypothese aufstellen, dass es den Verfassern nicht darum ging, zum Ausdruck zu bringen, dass sie die Betätigung von Frauen in den naturwissenschaftlichen und medizinischen Fächern für unangemessen hielten. Der Grund, dass sie so wenige Frauen, die sich in den Naturwissenschaften oder Medizin hervortaten, aufführten, muss auch nicht darin gelegen haben, dass es so wenig herausragende Frauen in diesen Bereichen gegeben hätte. Vielmehr könnte dies darin begründet sein, dass diese Disziplinen bei den Autoren der Frauenzimmer-Lexika kein großes Interesse fanden, dass man sich in ihren Augen nicht durch die Beschäftigung mit empirischen Naturwissenschaften, aber auch Jura oder Medizin als gelehrt auszeichnete.

Diese Annahme lässt sich zum einen durch die Tatsache stützen, dass alle Autoren der Frauenzimmer-Lexika keine Wissenschaftler waren, die sich selbst empirischen Naturwissenschaften widmeten. Vielmehr kann man sie als für das

---

[48] Auf die lexikonspezifischen Unterschiede sowie die Faktoren, die bei ihrem Zustandekommen eine Rolle spielten, wird die Verfasserin ausführlich in ihrer Dissertation eingehen.

17. und die erste Hälfte des 18. Jahrhundert typische Polyhistoren bezeichnen. Des Weiteren müsste oben formulierte Hypothese noch durch einen Vergleich mit »männlichen« Gelehrtenverzeichnissen untermauert werden. Generell ist es sinnvoll und nötig, zum besseren Verständnis des Bildes weiblicher Gelehrsamkeit, das in den Frauenzimmer-Lexika gezeichnet wird, eine Abgrenzung oder einen Vergleich zu männlicher Gelehrsamkeit vorzunehmen. Das kann an dieser Stelle nicht geleistet werden. Im Folgenden werden nur beispielhaft die Ergebnisse der Analyse eines Gelehrtenverzeichnisses vorgestellt.[49] Diese weisen in die Richtung, dass für polyhistorische Gelehrte empirische Naturwissenschaften und Medizin keine zentralen Interessengebiete waren und die Beschäftigung mit diesen Gebieten nicht als wichtiger Bestandteil von Gelehrsamkeit verstanden wurde. Wenn man nun allgemein das Bild von männlicher Gelehrsamkeit, das in Menckes Werk zum Ausdruck kommt, mit dem weiblicher Gelehrsamkeit vergleicht, kann man einige Gemeinsamkeiten, aber – vielleicht erwartungsgemäß – auch viele Unterschiede konstatieren.

Wie bei den Frauenzimmer-Lexika kann man auch bei Mencke feststellen, dass die meisten Publikationen aus dem Bereich Theologie stammen. Im Gegensatz zu den weiblichen theologischen Schriften ist die Mehrheit aber exegetisch-dogmatischer Natur. Erbauungsliteratur wurde laut Mencke nur von einer Minderheit der Autoren verfasst.[50] Der Anteil an philosophischer und historisch-politischer Literatur ist etwas höher als bei den Frauenzimmer-Lexika, spielt aber keine wichtige Rolle. Juristische, naturwissenschaftliche und medizinische Literatur nimmt einen ähnlich marginalen Stellenwert ein wie bei den Frauenzimmer-Lexika.

Ein vergleichbares Ergebnis findet sich bei den wissenschaftlichen Tätigkeiten. Die meisten Männer beschäftigten sich mit Theologie, gefolgt von Literatur, allerdings mit großem Abstand. Den dritten und vierten Platz nehmen Jura und Philosophie ein. Naturwissenschaften und Medizin spielen keine prominente Rolle. Im Gegensatz zu den Frauenzimmer-Lexika werden Musik und Kunst nicht erwähnt.

---

[49] Mencke, Johann Burchard: Compendiöses Gelehrten-Lexikon, darinnen die Gelehrten, als Fürsten und Staats-Leute, die in der Literatur erfahren, Theologi, Prediger, Juristen, Politici (...). Leipzig 1715.

[50] Dies lässt sich wahrscheinlich auch mit dem hohen Anteil von jüdischen Autoren erklären, bei denen die christlichen Gelehrten eher die wissenschaftlich-»theologischen« als die erbaulichen Schriften wahrnahmen.

In Bezug auf die Sprachfähigkeiten lassen sich einige Unterschiede zu den Frauenzimmer-Lexika ausmachen: Es wird kein einziger Mann nur wegen seiner Sprachfähigkeiten aufgenommen. Wie bei den Frauen werden einigen Männern bloße Kenntnisse in Griechisch und Hebräisch bescheinigt. Bei Latein hingegen geht es nicht um Kenntnisse, sondern viele der Männer haben ein Universitätsstudium abgeschlossen, was vermuten lässt, dass sie Latein verstehen, sprechen und schreiben konnten. Sehr viele haben in Latein publiziert.

Generell kann man festhalten, dass die Männer aktiver waren. Ungefähr 86 Prozent haben publiziert. Bei ca. 62 Prozent wird ein Beruf genannt. Auch wenn dadurch nicht immer detailliert Aufschluss über die eigentliche Tätigkeit gegeben wird, so kann man doch bei vielen Männern voraussetzen, dass sie nicht nur Kenntnisse hatten, sondern diese in irgendeiner Form umsetzen mussten. Wesentlich höher als bei Frauen ist der Anteil der Männer, die predigten oder lehrten. Dabei wird letzteres oft einfach durch die Aussage, der Mann sei Professor gewesen, zum Ausdruck gebracht. Der Anteil der Männer, die disputierten, ist ähnlich gering wie bei Frauen. Wie bei Frauen bezeichnet der Begriff Disputation eine wissenschaftliche Diskussion im größeren Rahmen, die weithin wahrgenommen wurde. Die an der Universität üblichen Disputationen sind damit nicht gemeint.

Zusammenfassend kann man also festhalten: Ähnlich wie weibliche Gelehrsamkeit stellt sich männliche als recht heterogen dar. Auch sie umfasst alle zeitgenössischen Wissenschaftsbereiche, allerdings mit eindeutigen Schwerpunktsetzungen. Auch in Menckes Werk finden sich kaum Wissenschaftler, die sich in den neuen, empirischen Disziplinen hervortaten. Im Gegensatz zu Frauenzimmer-Lexika werden übersinnliche Fähigkeiten und Herrschaftsausübung nicht bzw. kaum erwähnt. Auch die bloße Tatsache der Teilnahme am wissenschaftlichen Diskurs unabhängig vom Inhalt spielt eine geringere Rolle. Im Gegensatz zu weiblicher Gelehrsamkeit ist männliche aktiver. Berufe der Männer werden genannt. Sie sind aber in den wenigsten Fällen ausreichender Grund für die Aufnahme in das Gelehrtenverzeichnis.

Ausblick

Wie oben ausgeführt, ist es nötig, zur Bewertung der Ausführungen zur weiblichen Gelehrsamkeit in den Frauenzimmer-Lexika diese mit Aussagen zu männlicher Gelehrsamkeit zu vergleichen. Dies sollte zum einen auf der Basis mehrerer Gelehrtenverzeichnisse, aber auch anhand von Traktaten zur Gelehrsamkeit erfolgen. Zudem gilt es, das Bild weiblicher Gelehrsamkeit, das in den Frauenzimmer-Lexika gezeichnet wird, mit dem, das in Erziehungskonzepten und moralischen Wochen- und Monatsschriften zum Ausdruck kommt, in Beziehung zu setzen.[51] Die Aufsätze von Magdalene Heuser und Marion Kintzinger haben gezeigt, dass die Motivation der Autoren oft nicht nur darin bestand, sich an der Diskussion über Gelehrsamkeit oder Wesen von Frauen zu beteiligen, sondern dass andere Faktoren eine Rolle spielten. Entsprechend muss die Kontextualisierung der Frauenzimmer-Lexika ein weiteres Anliegen der Forschung sein.[52]

---

[51] Die Verfasserin wird diese Vergleiche in ihrer Dissertation anstellen.

[52] Siehe dazu Heuser: Johann Gerhard Meuschen (wie Anm. 3), S. 179, 187; Kintzinger, Marion: Ein »Weiber-Freund«? Entstehung und Rezeption von Wilhelm Ignatius Schütz »Ehren=Preiß des hochlöblichen Frauen=Zimmers« (1663), einem Beitrag zur Querelles du femmes. In: L'Homme. Zeitschrift für Feministische Geschichtswissenschaft 13,2 (2002), S. 175-204.

Jutta Schwarzkopf

Die weise Herrscherin. Gelehrsamkeit als Legitimation weiblicher Herrschaft am Beispiel Elisabeths I. von England (1558-1603)

Als Elisabeth Tudor 1558 den englischen Thron bestieg, war ihr Herrschaftsanspruch in dreifacher Hinsicht umstritten: Die Legitimität ihrer Geburt stand in Frage,[1] ihr tief sitzender Protestantismus verstärkte die Unterstützung des trotz Reformation nicht unbeträchtlichen katholischen Bevölkerungssegments für ihre Rivalin Maria Stuart,[2] vor allem aber stand ihr Frau-Sein der Ausübung königlicher Macht entgegen. Zwar waren Frauen in der Frühen Neuzeit nicht prinzipiell von variierenden Formen der Herrschaft ausgeschlossen,[3] doch anders als ›Landesmütter‹ und Regentinnen gehörte Elisabeth zu der ganz kleinen Gruppe von Frauen, die aus eigenem Recht herrschten.[4]

Ihren Machtanspruch suchte Elisabeth durch die Selbstinszenierung als ideale Herrscherin zu festigen. Zu diesem Zweck griff sie auf den zeitgenössischen Weiblichkeitsdiskurs, auf die Auffassung von den zwei Körpern des Königs sowie jene Ideen zurück, die in der Debatte über die Bedingungen und die Möglichkeit weiblicher Herrschaft geäußert wurden. In England dominierte eine modifizierte Variante des Weiblichkeitsdiskurses, der zufolge die Frau als *persona mixta* galt. Als Geschöpf Gottes war sie dem Manne ebenbürtig, denn beide waren nach dem Bild Gottes geschaffen. Darauf gründete die Gleichheit der Ge-

---

[1] Zur Legitimität der Töchter Heinrichs VIII. und seiner Regelung der Thronfolge vgl. Jordan, Constance: Woman's Rule in Sixteenth-Century British Political Thought. In: Renaissance Quarterly 40 (1987), S. 421-451, hier S. 424, und Levin, Carole: The Heart and Stomach of a King. Elizabeth I and the Politics of Sex and Power. Philadelphia 1994, S. 7f.
[2] Vgl. Doran, Susan: Elizabeth I and Religion 1558-1603. London 1994.
[3] Vgl. Wunder, Heide: Herrschaft und öffentliches Handeln von Frauen in der Gesellschaft der Frühen Neuzeit. In: Ute Gerhard (Hg.): Frauen in der Geschichte des Rechts. München 1997, S. 27-54.
[4] Zur Geltungslosigkeit des Salischen Gesetzes in England vgl. Jordan: Woman's Rule (wie Anm. 1), S. 447.

schlechter in spiritueller Hinsicht. Doch die Stellung der Frau in der Gesellschaft war durch ihre Unterordnung unter den Mann bestimmt, wie sie schöpfungsgeschichtlich und aufgrund der weiblichen Rolle beim Sündenfall festgelegt worden war. Eine Herrscherin, die Autorität über Männer einschließlich ihres Ehemanns ausübte, verstieß also gegen die göttlich bestimmte Unterordnung der Frau.[5]

Dieser Weiblichkeitsdiskurs ließ sich mit hoher kompensatorischer Wirkung in eine der zeitgenössischen Herrschaftstheorien integrieren, deren Verbreitung und Akzeptanz allerdings umstritten sind.[6] Diese Theorie fußte auf der Vorstellung von den zwei Körpern des Königs, dem natürlichen und dem politischen. Während der natürliche Körper für sich betrachtet sterblich ist, zeichnet den politischen Körper die Freiheit von allen Mängeln und Schwächen aus, die seinem natürlichen Gegenstück eignen. Daraus folgte, dass nichts, was der König in seiner politischen Leiblichkeit unternahm, durch Defekte seines natürlichen Leibs ungültig gemacht oder verhindert wurde. Zwar bildeten beide Körper des Königs eine unteilbare Einheit, und jeder war vollständig im anderen enthalten, doch war der politische Körper dem natürlichen insofern überlegen, als ihm geheimnisvolle Kräfte innewohnten, die ihn über die Unvollkommenheiten der gebrechlichen menschlichen Natur erhoben.[7] Die Debatte über weibliche Herrschaft, die durch die Thronbesteigung Maria Tudors, Elisabeths unmittelbarer Vorgängerin, ausgelöst worden war, zeigt, wie die Vorstellung von den zwei Körpern des Königs zur Rechtfertigung weiblicher Herrschaft herangezogen werden konnte. Diese wurde als Ausnahmeerscheinung legitimiert, die auf dem Kontrast zwischen der gewöhnlichen, schwachen Frau und der außergewöhnlichen Frau beruhte, die durch Gottes Willen zur Herrschaft berufen und dadurch auch zu ihr befähigt war.[8]

---

[5] Vgl. ebd., S. 421f.
[6] Vgl. Levin: The Heart and Stomach of a King (wie Anm. 1), S. 121-123.
[7] Vgl. Kantorowicz, Ernst H.: The King's Two Bodies. A Study in Medieval Political Theory. Princeton 1957.
[8] Vgl. Jordan: Woman's Rule (wie Anm. 1), S. 439. Gemäß dieser Auffassung war Maria nach ihrer Thronbesteigung gesetzlich in politischer Hinsicht zum Mann erklärt worden. Vgl. ebd., S. 428. Zu der von John Knox initiierten Debatte vgl. ebd. und Shephard, Amanda: Gender and Authority in Sixteenth-Century England. The Knox-Debate. Keele 1994. Anders als Shephard sieht Jordan bei einigen Beiträgen zu dieser Debatte Ansätze für eine Revision der Auffassung von der universellen Gültigkeit der Unterordnung der Frau.

Elisabeths Ausgestaltung von Souveränität

Der Weiblichkeitsdiskurs in seinen verschiedenen Ausformungen, die Vorstellung von den zwei Körpern des Königs sowie die Argumente für und wider weibliche Herrschaft bezeichnen den Spielraum, innerhalb dessen Elisabeth die Figur der Herrscherin ausgestalten konnte. Ihre Halbschwester Maria hatte diesen Spielraum nicht zu nutzen gewusst und durch ihre Regierung ein negatives Beispiel weiblicher Machtausübung geschaffen, von dem sich Elisabeth positiv abheben musste, wollte sie als Königin bestehen. Anders als Maria löste sie die Spannung, die bei einer verheirateten Herrscherin aus deren widersprüchlicher Positionierung als untergeordneter Gattin und unbeschränkter Herrscherin zugleich resultierte, durch die Entscheidung zur Ehelosigkeit auf. Diese ermöglichte ihr die Ausgestaltung von Souveränität durch die Schaffung einer nicht eindeutig geschlechtsbestimmten Herrscherfigur. Bei diesem Unterfangen kam Gelehrsamkeit eine besondere Bedeutung zu.

Im Folgenden will ich zeigen, wie Elisabeth *sapientia*, im zeitgenössischen Verständnis neben *magnanimitas*, *justitia*, *fortitudo* und *temperantia* eine der fünf Herrschertugenden,[9] zur Ausgestaltung der männlichen Seite ihrer Herrscherfigur einsetzte. Innerhalb der vom Humanismus inspirierten englischen Herrschaftskonzeptionen des 16. Jahrhunderts kam *sapientia* eine herausragende Bedeutung für die Bestimmung der Qualität von Herrschaft zu. Diese Tugend war eindeutig männlich konnotiert, denn für Frauen galt sie aufgrund deren beschränkter Geisteskräfte als unerreichbar. Indem sich Elisabeth als weise Herrscherin konstruierte, also ein männliches, den idealen Souverän kennzeichnendes Attribut für sich reklamierte, transzendierte sie als Herrscherin die durch ihre Weiblichkeit gesetzten Grenzen.

Die Funktion der Herrschaftslegitimation offenbart sich darin, dass die diskursiv gestaltete Figur der weisen Herrscherin im Zentrum jener Reden stand, die Elisabeth entweder vor politisch wichtigen Auditorien, vornehmlich den Mitgliedern ihrer Parlamente, oder in Situationen hielt, in denen Kritik an ihrer Herrschaft geäußert worden war.[10] An diesen Beispielen lässt sich weiterhin zei-

---

[9] Vgl. Machoczek, Ursula: Die regierende Königin. Elizabeth I. von England. Aspekte weiblicher Herrschaft im 16. Jahrhundert. Pfaffenweiler 1996, S. 239ff.

[10] Vgl. Teague, Frances: Queen Elizabeth in Her Speeches. In: Susan P. Cerasano/ Marion Wynne-Davies (Hg.): Gloriana's Face. Women, public and private, in the English Renaissance. Detroit 1992, S. 63-78, hier S. 63f. Teague betont, dass Elisabeth ihr öffentliches Bild durch ih-

gen, wie Elisabeth die diskursive Figur der weisen Herrscherin in Abhängigkeit von der Festigung ihres Machtanspruchs jeweils verschieden konturierte.

Elisabeths Bildung

Voraussetzung für eine glaubwürdige Inanspruchnahme der Herrschertugend *sapientia* war ein entsprechendes Maß an Bildung. Tatsächlich gehörte Elisabeth aufgrund ihrer Herkunft zu den wenigen englischen Frauen, die von den zeitgenössischen humanistischen Bildungstheorien und deren praktischer Umsetzung profitierten,[11] wenn diesem Nutzen ursprünglich auch in ihrem Geschlecht begründete Grenzen gesetzt waren. Das ideale Bildungsziel der Renaissance bestand im Einsatz von Gelehrsamkeit zum Nutzen des Gemeinwesens. Doch aufgrund ihrer Position in der Geschlechterhierarchie waren die Möglichkeiten von Frauen, dieses Ziel umzusetzen, eingeschränkt.[12] Ihre Bildung zielte darauf ab, sie zur wohlunterrichteten Gefährtin des Mannes und zur fähigen Lehrerin ihrer Kinder und Dienstleute zu erziehen und sie dazu zu befähigen, die religiösen Lehren der Bibel zu erfassen.[13]

Unter dem wachsenden Einfluss der Renaissance hatte sich in England eine Vorstellung von im ethischen wie politischen Sinne guter Herrschaft entwickelt, die auf der Verwirklichung eines bestimmten Erziehungsideals beruhte. Dahinter stand die humanistische Vorstellung, der Mensch könne durch Bildung zur Tugend erzogen werden. Immer verfolgte Prinzenerziehung daher ein doppeltes Ziel: die Bildung eines tugendhaften Menschen als Voraussetzung der Herausbildung einer ebensolchen Herrscherpersönlichkeit. So wurde Erziehung zu einem machtkonstitutiven Moment für den Souverän. Durch die praktische Umsetzung dieser Auffassung im Falle der Tudor-Prinzen hatte sie sich zu einer Art Standard für die Herrscher Englands entwickelt.[14]

---

re offiziellen Reden zu formen suchte, und unterstreicht die anhaltende intellektuelle Anstrengung, die dieses Bemühen erforderte.

[11] Vgl. Aughterson, Kate: Renaissance Woman. A Sourcebook. Constructions of Femininity in England. London/New York 1995, S. 166. Der *locus classicus* für die skeptische Bewertung der Errungenschaften der Renaissance für Frauen ist Kelly, Joan: Did Women have a Renaissance? In: Renate Bridenthal/ Claudia Koonz (Hg.): Becoming Visible. Women in European History. Boston 1977, S. 137-164.

[12] Vgl. Shephard: Gender and Authority (wie Anm. 8), S. 129.

[13] Vgl. James, Susan E: Kateryn Parr. The Making of a Queen. Aldershot 1999, S. 28.

[14] Vgl. Machoczek: Die regierende Königin (wie Anm. 9), S. 43ff.

Akzeptanz dieses Standards konnte bei Vorliegen entsprechender Voraussetzungen der Rechtfertigung weiblicher Herrschaft dienen.[15] Ein entsprechendes Erziehungsprogramm hatte auf Veranlassung der selber hoch gebildeten Katharina von Aragon, der ersten Frau Heinrichs VIII. und Mutter der späteren Königin Maria, Juan Luis Vives verfasst, einer der großen Humanisten des frühen 16. Jahrhunderts. Seine Anleitung für die Erziehung Prinzessin Marias, *De ratione studii puellaris*,[16] erschien 1523, im selben Jahr wie sein Werk über weibliche Erziehung allgemein, *De Institutione Feminae Christianae*. Beide Schriften sind von seiner kritischen Haltung gegenüber der Fähigkeit von Frauen, selbständig zu denken und zu urteilen, geprägt, und in beiden dient Bildung in erster Linie der Förderung weiblicher Tugend. Vornehmlich setzte sich Vives mit der Frage auseinander, wie Maria die humanistischen Wissenschaften, besonders aber Latein und Griechisch, am besten zu vermitteln seien. Er empfahl die Lektüre von Werken der klassischen Antike zur Ausbildung der sprachlichen Fähigkeiten wie zur Formung des Charakters der Prinzessin. Allerdings beschnitt er die Lektüreliste um jene Werke, deren Inhalt die Keuschheit der Prinzessin gefährden könnten. Darüber hinaus empfahl er Schriften, die Maria auf ihr Herrscheramt vorbereiten und ihr Grundzüge der Geschichte vermitteln sollten.

Anders als in den Konzepten zur Prinzenerziehung oder auch in seiner parallel verfassten Schrift für den Sohn eines Edelmanns wird Maria an keiner Stelle zum selbständigen Arbeiten, der Entwicklung eines eigenen Stils oder der Ausbildung eines eigenen Urteils aufgefordert. Zwar ging das für sie entwickelte Curriculum in einigen Punkten über jenes für gewöhnliche Frauen hinaus, doch blieb es weit hinter jenem der Prinzenerziehung und sogar hinter jenem für den Sohn eines Edelmannes entwickelten zurück. Offenkundig erwartete Vives nicht, dass eine Frau das Herrscheramt in gleicher Weise wie ein Mann ausfüllen würde.[17]

---

[15] Für entsprechende im Verlauf der Knox-Debatte vorgebrachte Positionen vgl. Shephard: Gender and Authority (wie Anm. 8), S. 93, 126, 197.

[16] Dieses in Briefform verfasste Werk entstand parallel zu einem ebenfalls in Briefform abgefassten Erziehungsplan für den Sohn eines Edelmanns: *De ratione studii puerilis epistole due (...) quibus absolutissimam ingenuorum adolescentium ac puellarum institutionem, doctissima breuitate complectitut* (...). Leipzig 1538.

[17] Vgl. Kaufman, Gloria: Juan Luis Vives on the Education of Women. In: Signs. Journal of Women in Culture and Society 3 (1978), S. 891-896, welche die verschiedentlich zu findende Ansicht, Vives sei ein früher Vertreter der Forderung nach umfassender weiblicher Bildung gewesen, entschieden zurückweist, und Machoczek: Die regierende Königin (wie Anm. 9), S. 62-69 und 74-77.

Die Erziehung Elisabeths war ohnehin nicht auf die Befähigung zur Herrschaftsausübung angelegt. Sie wurde auf ihren Part bei einer politischen Heirat vorbereitet. Insgesamt erhielt sie nur vier Jahre lang systematischen Unterricht.[18] Allerdings war ihre Bildung ausgezeichneten Lehrern von der Universität Cambridge übertragen worden, deren Qualität jener ihres Halbbruders Eduard in nichts nachstand. Neben ihren hervorragenden akademischen Qualitäten zeichneten sie sich durch ihre Zugehörigkeit zu einer Gruppe engagierter Reformatoren aus, so dass sie ihre Schülerin im Geiste des Protestantismus zu erziehen versprachen.[19]

Unter der Anleitung ihrer Tutoren lernte Elisabeth, Latein, Französisch und Italienisch fließend zu beherrschen sowie anhand der Bibel, der Reden des Isokrates und der Tragödien des Sophokles flüssig Griechisch zu lesen und einigermaßen gut zu sprechen.

Besonders ihre Italienischkenntnisse sollten ihr als Königin zustatten kommen, denn in der zweiten Hälfte des 16. Jahrhunderts verdrängte Italienisch zunehmend das Lateinische als Sprache der Diplomatie. Daher war Elisabeth in der Lage, ihre Außenpolitik in einer Weise selber zu bestimmen, wie es kaum einem anderen Herrscher ihrer Zeit möglich war,[20] zumal sie außerdem auch Spanisch, Flämisch, Walisisch und Deutsch gelernt hatte. Darüber hinaus erhielt sie naturwissenschaftlichen Unterricht in Astronomie, Geographie, Naturphilosophie und Mathematik.[21]

Ihre Lektüre lateinischer Werke umfasste fast den gesamten Cicero. Das historische Werk des Titus Livius vermittelte ihr Geschichtskenntnisse und markierte die einzige Schnittstelle zwischen ihrer Ausbildung und der Prinzenerziehung. Doch diente in ihrem Falle die Lektüre klassischer Autoren neben der Schulung ihres Intellekts vor allem ihrer Vorbereitung auf die Wechselfälle des Schicksals. Außerdem studierte sie religiöse Werke.

Aufgrund ihres prekären familialen Status konnte Elisabeth in ihrer Kindheit und Jugend keinen Anspruch auf das einer Prinzessin angemessene Leben bei

---

[18] Vgl. James: The Making of a Queen (wie Anm. 13), S. 315ff.
[19] Vgl. ebd., S. 138.
[20] Vgl. Johnson, Paul: Elizabeth I. A study in power and intellect. London 1974, S. 16ff. Für seine Aussage, Elisabeth sei zwei Jahre lang gemeinsam mit ihrem Halbbruder Eduard unterrichtet worden, fehlen quellenmäßige Belege. Vgl. Machoczek: Die regierende Königin (wie Anm. 9), S. 712, Fußnote 104.
[21] Vgl. Teague, Frances: Elizabeth I. In: Katharina M. Wilson (Hg.): Women Writers of the Renaissance and Reformation. Athens 1987, S. 522-547, hier S. 523.

Hofe erheben und durchlebte Phasen eingeschränktester Haushaltsführung fernab bis hin zu Gefangenschaft im Tower. In ihren Äußerungen aus dieser Zeit präsentierte sich Elisabeth als Spielball des Schicksals, das ihre Feinde begünstigte, während sie selber schuldlos deren Nachstellungen ausgesetzt war. Allein ihr Gottvertrauen sowie ihr Wissen um das ständige Weiterdrehen des Rads des Schicksals bewahrte sie vor Verzweiflung.[22] Unabhängig von dem Maß an Trost und Zuversicht, das Elisabeth in Zeiten der Verfolgung und Lebensgefahr aus der Lektüre religiöser und klassischer Werke gezogen haben mag, ließen sich ihre aus dieser Zeit stammenden Äußerungen in späteren Lebensphasen als Ausweis ihrer *sapientia* veröffentlichen.

Im Laufe ihrer Erziehung war Elisabeth mit als ideal geltenden menschlichen Eigenschaften vertraut gemacht worden. Sie hatte Geschichts- und Rhetorikkenntnisse erworben, und ihre moralphilosophischen und religiösen Studien kennzeichneten sie als fromm und tugendhaft. Damit besaß sie ein Grundwissen, das als Vorbedingung guter Herrschaftsausübung galt. Mit dieser für eine Frau ihrer Epoche außergewöhnlich umfangreichen Bildung verfügte sie über ein Fundament, auf dem sich die Figur der weisen Herrscherin entwickeln ließ.

Doch war sich Elisabeth über die Mängel ihrer Bildung im Hinblick auf die Vorbereitung zur Herrschaftausübung im Klaren und entwarf daher nach ihrer Thronbesteigung ein Weiterbildungsprogramm für sich. Unter Anleitung eines ihrer ehemaligen Tutoren setzte sie sich intensiv mit den politischen Inhalten der klassischen Texte auseinander und baute ihre Rhetorikkenntnisse aus, die sie im Laufe der Jahre durch praktische Anwendung vervollkommnete.[23] Durch dieses Nachholen einer Erziehung, die zum Herrscherideal gehörte, untermauerte und schützte sie ihre Autorität durch die Ausbildung der männlich konnotierten Tugend der *sapientia*.

Sapientia in Elisabeths Auseinandersetzung mit ihren Parlamenten

Ausgestattet mit dieser Bildung trat sie den Kritikern ihrer Herrschaft gegenüber, die vor allem im Parlament zu finden waren. Die sich in der Tudor-Epoche

---

[22] Vgl. die beiden in Woodstock entstandenen Gedichte in Bradner, Leicester (Hg.): The Poems of Queen Elizabeth I. Providence 1964, S. 3.
[23] Vgl. Heisch, Allison: Queen Elizabeth I. Parliamentary Rhetoric and the Exercise of Power. In: Signs. Journal of Culture and Society 1 (1975), S. 31-55, hier S. 33.

vollziehende Verschiebung des konstitutionellen Machtgefüges zugunsten des Parlaments zeigte sich in den ersten Jahren von Elisabeths Regierung in der Frage der Sicherung der Thronfolge, vorzugsweise durch eine Heirat der Königin, ersatzweise durch die Benennung eines Nachfolgers. In dieser Angelegenheit sah sich Elisabeth dem vereinten Druck ihrer Ratgeber im *Privy Council* sowie dreier aufeinander folgender Parlamente ausgesetzt.[24] Seine besondere Brisanz gewann dieser Konflikt daraus, dass er in der Geschlechtszugehörigkeit der Königin begründet war, die sich für die Ehelosigkeit entschieden hatte, um ihren politischen Handlungsspielraum zu bewahren. Dieser zeitgenössisch deviante Entwurf von Weiblichkeit schien ihren Kritikern aus der Zugehörigkeit der Königin zum defizitären Geschlecht zu entspringen. Ihre Weigerung, den geschlechtsbestimmten Erwartungen an sie zu entsprechen, war ihren Kritikern klarer Ausdruck der in ihrer Weiblichkeit begründeten prinzipiellen Unfähigkeit zur Machtausübung. Verschiedentlich versuchte das Parlament, weibliche Konformität der Königin geradezu zu erzwingen, indem es die Bewilligung finanzieller Mittel mehr oder weniger direkt an die Erfüllung der Forderung nach der Benennung eines Nachfolgers knüpfte.[25]

Diese grundsätzliche Infragestellung ihrer Befähigung zur Herrschaft ließ es Elisabeth geboten erscheinen, sich bei der Zurückweisung dieser Kritik jener Mittel der Machtlegitimierung zu bedienen, die für Konfliktsituationen zwischen Krone und Parlament entwickelt worden waren, und ihren parlamentarischen Gegnern persönlich gegenüberzutreten. Das bot ihr die Gelegenheit, sich als Souverän zu inszenieren, der über alle Attribute, nicht zuletzt *sapientia*, verfügte, die ihn zu guter Herrschaft befähigten. Weitaus häufiger als ihre Amtsvorgänger hielt sie, weitgehend in eigener Person, sorgfältig von ihr selbst konzipierte, rhetorisch geschliffene Reden.[26] Von ihren achtzehn oder neunzehn parlamentarischen Reden sind neben jener aus Anlass ihrer Thronbesteigung doku-

---

[24] Vgl. Heisch, Allison: Queen Elizabeth I and the persistence of patriarchy. In: Feminist Review 4 (1980), S. 45-56.

[25] Vgl. Elton, Geoffrey R.: The Parliament of England 1559-1581. Cambridge 1986.

[26] Einige wenige Reden entwarf Sir William Cecil, der spätere Lord Burghley, ihr »Principal Secretary of State«, für sie, doch die weitaus meisten stammten aus ihrer eigenen Feder. Vgl. Teague: Queen Elizabeth in Her Speeches (wie Anm. 10), S. 68. Anhand der ursprünglichen Entwürfe ihrer Reden lässt sich die Sorgfalt nachvollziehen, mit der Elisabeth an ihnen feilte. Vgl. Corts, Paul Richard: Governmental Persuasion in the Reign of Queen Elizabeth I, 1558-1563, PhD diss. Indiana University 1971, S. 209f. In: Teague: Elizabeth I. (wie Anm. 21), S. 531. Für ein Beispiel sorgfältigen Redigierens vgl. Heisch: Queen Elizabeth I (wie Anm. 23), S. 49ff.

mentierten dreizehn weitere überliefert, von denen sie elf selber hielt und deren jeweiliger Anlass ihre Funktion der Krisenbewältigung unterstreicht. Neben der Frage ihrer Eheschließung und der Benennung eines Nachfolgers behandelten die Reden religiöse Themen, den Umgang der Königin mit ihrer Rivalin Maria Stuart sowie Aspekte ihrer Amtsführung. Die Reden hielt die Königin vor unterschiedlich zusammengesetzten parlamentarischen Auditorien: vor Angehörigen des Unterhauses, des Oberhauses, vor den Bischöfen, vor gemeinsamen Abordnungen beider Häuser oder vor dem gesamten Parlament.[27] Die verschiedene Ausgestaltung der Konfrontationssituation weist auf Elisabeths wachsendes Selbstbewusstsein sowie die Festigung ihres Herrschaftsanspruchs hin. Hatte sie zu Beginn ihrer Regierung noch selbst entworfene Reden in ihrem Namen verlesen lassen[28] oder Abordnungen von Parlamentariern gleichsam im Schutzraum ihres Palasts empfangen, so ergriff sie in späteren Jahren im Parlament selbst das Wort, und zwar vorzugsweise am Ende der Vertagungszeremonie, da dann keine Gelegenheit zur Entgegnung mehr bestand.

Anders als ihre Vorgänger nutzte Elisabeth den persönlichen Auftritt vor dem Parlament in großem Stil als Mittel persönlicher Machtausübung, bei der sie ihre spezifische Souveränität als Königin in Szene setzte, denn diese Reden markierten in doppelter Hinsicht eine Transgression. Nicht nur wich sie mit ihnen vom bisher üblichen Verhalten des Souveräns ab, sondern sie nahm darüber hinaus das Recht für sich in Anspruch, an einem politischen Ort vor einem männlichen Publikum zu politischen, theologischen und juristischen Problemen zu sprechen. Dieses Recht stand zwar dem Souverän unzweifelhaft zu, doch war es im Falle Elisabeths eine Frau, die es sich nahm. Bei diesen Anlässen inszenierte sie sich als gute Herrscherin, deren Souveränität durch männliche und weibliche Attribute in idealer Weise ausgestaltet wurde. Unter den männlichen Eigenschaften, die sie herausstellte, nahm Gelehrsamkeit einen hervorragenden Platz ein.

Elisabeth hob auf drei Aspekte der *sapientia* ab: umfangreiche Erziehung und erworbenes Wissen, persönliche Lebenserfahrung sowie die Befähigung, vor größeren Entscheidungen die Ansichten politischer Ratgeber einzuholen.[29] In besonders überzeugender Weise konnte sie aufgrund ihrer fundierten Bildung den ersten Aspekt für sich in Anspruch nehmen. Wann immer ihre Autorität

---

[27] Heisch: Queen Elizabeth I (wie Anm. 23), S. 32.
[28] Vgl. Teague: Elizabeth I (wie Anm. 21), S. 530.
[29] In der Analyse von Elisabeths Parlamentsreden stützt sich dieser Beitrag weitgehend auf die bei Machoczek: Die regierende Königin (wie Anm. 9), S. 239-251, angeführten Beispiele, kommt jedoch zu abweichenden Interpretationen.

durch das Parlament in Frage gestellt oder grundsätzlich die Grenzen ihrer Macht debattiert wurden, reagierte sie mit dem Hinweis auf ihre breite Ausbildung und ihr erworbenes Wissen und stellte dar, wie ihre persönlichen Erfahrungen durch ihre umfangreichen historischen Studien ergänzt und bestätigt wurden.

Als sie 1566 unter massivem Druck von Parlament und *Privy Council* stand, die Thronfolge zu regeln, sah sie sich mit dem Vorwurf konfrontiert, durch Uneinsichtigkeit oder Sorglosigkeit die Sicherheit ihrer Untertanen zu gefährden. Um dieser Vorhaltung entgegenzutreten, wies sie auf die Gefahren hin, die aus der Bestimmung eines Thronerben für sie selbst und ihr Reich entstehen würden. Diese kannte sie aus eigener Erfahrung, die überdies durch ihre Geschichtskenntnisse bestätigt wurde, wie sie in der folgenden Passage ausführte:

»It is said I am not divine. Indeed I stud[ied] nothing else but divinity till I came to the Crown and then gave myself to the study of government, as was meet for me and I am not ignorant of histories wherein hath appeareth what hath fallen out for ambition of kingdoms as in Spain, Naples, Portugal and at home and what cocking hath been between the father and the son for the same.«[30]

Auf die Verbindung von Erfahrung und historischen Kenntnissen gründete sie ihren Anspruch, das Für und Wider einer Frage abwägen und ein kompetentes Urteil fällen zu können, das gerade nicht das willkürliche Resultat einer weiblichen Laune war.

Mit dem Vermögen, aus Erfahrungen Lehren ziehen zu können, beanspruchte Elisabeth als Souverän eine Eigenschaft für sich, die zu den Vorstellungen von Weiblichkeit und deren reduzierter Verstandeskraft in Widerspruch stand. So führte sie ihre eigenen Erfahrungen als Thronerbin gegen eine Regelung der Nachfolge an, als sie sagte:

»I am sure there was none of them that was ever a second person as I have been and have tasted of the practices against my sister, who I would to God were alive again. I had great occasions to hearken to their motions of whom some of them are in the Commons House, but when friends fall out the truth doth appear according to the old proverb, and were it not for my honor their knavery should be known.«[31]

---

[30] Rice, George P. (Hg.): The Public Speaking of Queen Elizabeth. Selections from her Official Addresses. New York 1966, S. 80. Trotz der Kritik an ihrer Zuverlässigkeit bei Teague: Elizabeth I (wie Anm. 21), S. 66 wird so weit wie möglich aus dieser Ausgabe zitiert, da sie alle Reden in modernisiertem Englisch präsentiert. Zudem wurden die im Text angeführten Passagen anhand der Originalzitate bei Machoczek: Die regierende Königin (wie Anm. 9) überprüft.

[31] Rice: The Public Speaking of Queen Elizabeth (wie Anm. 30), S. 79.

Sie verwies darauf, Lebenserfahrungen gesammelt zu haben, die normalerweise außerhalb des weiblichen Erfahrungsbereichs lagen, und diese nutzbringend für ihre Herrschaft zu verarbeiten. Gleichzeitig sprach sie aber den Mitgliedern des Parlaments diese als männlich geltende Fähigkeit ab. Damit entwarf sie sich als eine Herrscherin, die in größerem Ausmaß über eine männliche Tugend als ihre Zuhörer verfügte.

Schließlich führte sie an, dass sie neben ihrem Wissen und ihrer Erfahrung Rat eingeholt habe:

»I have conferred before this time with them that are well learned and have asked their opinions touching the limitation of succession who hath been silent; not that by their silence after lawlike manner they have seemed to assent unto it, but that indeed they could not tell what to say considering the peril to the realm and most danger to myself.«[32]

In dieser Passage verband sie persönliche Erfahrung und durch Studien erworbenes Wissen mit dem Hinweis auf Beratungen mit Gelehrten zur Rechtfertigung ihrer Entscheidung. Diese Gesichtspunkte kennzeichneten sie zugleich als einen Souverän, der sich in seinen Entschlüssen von den Regeln herrscherlicher Weisheit leiten ließ.

Im Jahre 1585 versuchte das Parlament, eine Kirchenreform im puritanischen Sinne zu initiieren. Damit griff es in einen Bereich ein, den Elisabeth als Bestandteil ihrer Prärogative begriff. Als Oberhaupt der Anglikanischen Kirche war allein ihr die Gesetzgebung in diesem Bereich vorbehalten. Die kirchlichen Missstände, mit denen das Parlament seine Reformbemühungen begründete, implizierten zugleich den Vorwurf, die Königin habe ihre Verpflichtungen im kirchlichen Bereich vernachlässigt. Nachdem sie in ihrer Antwort ihre Autorität als kirchliches Oberhaupt unterstrichen und versprochen hatte, Missstände abzustellen, fuhr sie fort:

»I am supposed to have many studies, but most philosophical. I must yield this to be true, that I suppose few, that be no professors, have read more. And I need not tell you that I am so simple that I understand not, not so forgetful that I remember not. And yet amidst my many volumes, I hope God's Book hath not been my seldomest lectures, in which we find that which by reason, for my part, we ought to believe, [in] that, seeing so great wickedness and griefs in the world in which we live but as wayfaring pilgrims, we must suppose that God would never have made us but for a better place and more comfort than we find here.«[33]

Hier untermauerte sie ihre Position als Oberhaupt der Anglikanischen Kirche mit dem Hinweis auf ihre umfangreichen Theologie- und Philosophiestudien.

---

[32] Ebd.
[33] Ebd., S. 85.

Dies war umso notwendiger, als ihre Stellung innerhalb der Kirche aufgrund der Paulinischen Verbote weiblicher Autoritätsübung hochgradig problematisch war. Daher hatte sie den Titel *caput ecclesiae* oder *supreme head* aufgegeben und bezeichnete sich nur als *supreme governor*.[34] In dieser Passage ihrer Rede unterstrich Elisabeth ihre Sachkompetenz, die ihre Entscheidungen prägte. Dadurch verlieh sie nicht nur einzelnen Entscheidungen mehr Autorität, sondern beanspruchte auch eine ideale Eigenschaft des Souveräns für sich und konterkarierte den Vorwurf der Pflichtverletzung, der in der Kritik ihrer Gegner mitschwang.

Dagegen hob Elisabeth in ihren Reden zu Maria Stuart auf ihre Erziehung und ihr Wissen ab. Nachdem die schottische Königin einer Verschwörung gegen Elisabeth überführt worden war, drängte das Parlament auf ihre Verurteilung und Hinrichtung, um eine weitere Gefährdung der inneren Sicherheit auszuschließen. Unter Bezug auf ihre Erziehung und ihr Wissen baute Elisabeth eine Position der moralischen Autorität auf, aus der heraus sie die Verurteilung der schottischen Königin, für die keine eindeutige Rechtsbasis existierte, zu rechtfertigen suchte. Sie führte aus:

> »(…) but since it is made, and in the force of the law, I thought good, in that which might concern her, to proceed according thereunto, rather than by course of common law, wherein if you the Judges have not deceived me, or that the books you brought me were not false, which God forbid I might as justly have tried her, by the ancient laws of the land.«[35]

Hier wies sie darauf hin, dass sie bei Juristen Rat eingeholt und juristische Bücher konsultiert hatte. Auf diese Weise verband sie Wissen als Aspekt der Weisheit des Souveräns mit jenem der Beratung. So zeigte sie, dass sie sich informiert hatte und sachlich kompetent war, die Rechtslage zu beurteilen.

Weiterhin ging es Elisabeth um den Nachweis, dass sie das Urteil gegen die schottische Königin nicht aus persönlicher Rachsucht oder im Affekt fällte, wofür die weibliche Natur als besonders anfällig galt. Daher verwies sie auf ihre Lebenserfahrung, indem sie sagte:

> »I have had good experience of this world, I have known what it is to be a subject, and I now know what it is to be a sovereign. Good neighbors I have had, and I have met with bad, and in trust I have found treason. I have bestowed benefits upon ill-deservers, and where I have done well, I have been ill-requited and spoken of. While I call to mind these things past, behold

---

[34] Vgl. Jordan: Woman's Rule (wie Anm. 1), S. 425.
[35] British Library, Lansdowne Manuscript 94, No. 35, Fol. 84r. Zit. nach Machoczek: Die regierende Königin (wie Anm. 9), S. 242. Zitate aus den Originalmanuskripten werden sämtlich in von der Verfasserin modernisierter Orthographie wiedergegeben.

things present, and look forward to things to come, I count them happiest that go hence soonest. Nevertheless, against such evils and mischiefs as these I am armed with a better courage than is common in my sex, so as whatsoever befalls me, death shall never find me unprepared.«[36]

Nicht etwa Einfalt, sondern aus Lebenserfahrung gewonnene Weisheit befähigte sie dazu, auch gefährlichem Verrat, wie ihn Maria Stuart begangen hatte, mit Gleichmut zu begegnen. Diese Gelassenheit aber setzte sie zugleich instand, ein affektfreies und gerechtes Urteil über ihre Rivalin zu fällen.

Auch in ihrer zweiten Rede zu Maria Stuart bildeten Erziehung und Wissen einen wichtigen Mosaikstein ihrer Selbstinszenierung als idealer Souverän, wenn sie sagte:

»I was not simply trained up, nor in my youth spent my time altogether idly, and yet when I came to the crown, then entered I first into the school of experience; bethinking myself of those things that best fitted a king; Justice, temper, Magnanimity, Judgment; for I found it most requisite that a Prince should be endowed with Justice, that he should be adorned with temperance, I conceived magnanimity to beseem a Royal estate possessed by whatsoever sex, and that it was necessary that such a person should be of Judgment; for the two latter I will not boast. And for the two first this may I truly say among my subjects I never knew a difference of person where right was one.«[37]

Indem sie die erforderlichen Tugenden eines Königs aufzählt und zugleich für sich in Anspruch nimmt, spricht sie von sich als *king*. Durch diese Selbstpräsentation als männlicher Souverän signalisierte sie, dass sie in vollem Umfang über die vom Herrscher erwartete, hier nicht explizit unter den Herrschertugenden erwähnte, doch in dem Verweis auf Erziehung und Erfahrung implizierte *sapientia* verfügte. Zugleich bringt sie ihre Weiblichkeit ins Spiel, indem sie die Notwendigkeit der Verfügung über die angeführten Tugenden unabhängig vom Geschlecht des Herrschers unterstreicht. Diese Passage kann als Anspielung auf die Theorie von den zwei Körpern des Königs gedeutet werden. Ihr Verweis auf ihre *sapientia* zeigt sie als außergewöhnliche Frau, deren politischer Körper sich durch Attribute des männlichen Herrschers auszeichnet.

In ihren späteren Regierungsjahren nutzte Elisabeth Lebenserfahrung als Aspekt herrscherlicher *sapientia*, um dem Bild der alten Frau jenes des erfahrenen Souveräns entgegenzustellen, wenn sie etwa 1593 in einer Rede an das Parlament sagte:

»To conclude that I may show my thankful mind, in my conscience never having been willing

---

[36] Rice: The Public Speaking of Queen Elizabeth (wie Anm. 30), S. 89.
[37] British Library, Lansdowne Manuscript 94, No. 35, Fol. 87v. Zit. nach Machoczek: Die regierende Königin (wie Anm. 9), S. 242-243.

to draw from you: but what you should contentedly give (and that for your selves, and having my head by years and experience better stayed (whatsoever any shall suppose to the contrary) Then that you may easily believe I will enter into any idle expenses.«[38]

Durch die Hervorhebung ihres Alters und ihrer Erfahrung als Souverän setzte sie sich positiv von der Jugend und Unerfahrenheit der parlamentarischen Mehrheit ab, die sich ihrer Auffassung nach in den Auseinandersetzungen zwischen Ober- und Unterhaus um die Frage der Mittelbewilligung offenbart hatten. Wiederum stellte sie sich hier, ohne die Differenz explizit zu benennen, als eine Frau dar, die als Souverän eine männlich konnotierte Tugend in einem größeren Ausmaß besaß als die Männer, die im Parlament vertreten waren. Auf diese Weise übte sie eine Vorbildfunktion aus, die gemäß den Herrschaftstheorien ihrer Zeit zu den Aufgaben des idealen Souveräns gehörte. Die Festigung ihrer Machtstellung zeigt sich darin, dass sie in ihren späteren Regierungsjahren in ihrer diskursiven Selbstinszenierung Erfahrung als Akkumulation von Herrschaftserfahrung spezifizierte.

Von den Elementen der *sapientia* erwähnte Elisabeth am häufigsten jenes des Ratsuchens. Zu Beginn ihrer Herrschaft diente dies dazu, die Vorstellungen von der inferioren Geistes- und Urteilskraft der Frau zu kompensieren. So hatte sie bereits in ihrer Antrittsrede vom 20. November 1558 erklärt: »I mean to direct all my actions by good advice and council (...)«.[39] Damit signalisierte sie sowohl, dass ihr der Verhaltenskodex des idealen Souveräns bekannt war, als auch ihre Absicht, sich an ihm zu orientieren. Zugleich suggerierte sie mit ihrer Bereitschaft, auf Rat zu hören, Lenkbarkeit und Berechenbarkeit in der Absicht, Besorgnis über ihre Herrschaft zu zerstreuen.

Am 28. Januar 1563 überbrachte eine Delegation des Unterhauses der Königin eine Petition, in der es an sie appellierte, zu heiraten und die Thronfolge zu regeln. Ihre Antwort begann mit einem Wortspiel, das einer Zuhörerschaft des 16. Jahrhunderts als Ausweis von Esprit galt:

»I have heard by you the common request of my Commons, which I may well term (me thinketh) the whole realm, because they give, as I have heard in all these matters of parliament their common consent to such as are here assembled.«[40]

---

[38] Bodleian Library, Manuscript English History, c. 319, Fol. lv. Zit. nach Machoczek: Die regierende Königin (wie Anm. 9), S. 246.

[39] Public Record Office, State Papers 12/1/7. Zit. nach Machoczek: Die regierende Königin (wie Anm. 9), S. 247.

[40] State Papers, Domestic Elizabeth, 12.27.1536. Zit. nach Heisch: Queen Elizabeth I and the persistence of patriarchy (wie Anm. 24), S. 51.

Wortspiele waren eine kurz gefasste Imitation der längeren anekdotischen Eröffnungssequenz der klassischen Rede und signalisierten hier Elisabeths Absicht, eine derartige Rede zu halten.[41] Damit demonstrierte sie ihre Gelehrsamkeit in einer Weise, die ihre Befähigung zur Herrschaft unterstrich, zugleich aber die kühnsten Erwartungen an eine gebildete Frau noch übertraf.

Im Folgenden betonte sie mehrfach, eine endgültige Entscheidung erst nach dem Einholen von Rat fällen zu können. Ihren Entschluss, zu diesem Zeitpunkt noch keine bindende Antwort zu geben, begründete sie mit den Worten: »(...) for this so great a demand needs both great and grave advice.«[42] Das Argument, vor einer so wichtigen Entscheidung Rat einzuholen, war unwiderlegbar, zumal sie selber auf ihre geringen Geisteskräfte hingewiesen hatte, die guten Rat besonders erforderlich machten: »(...) I am determined in this so great and weighty a matter to differ my answer till some other time, because I will not in so deep a matter wade with so shallow a wit.«[43]

Diese *captatio benevolentiae* war, vor allem wenn man sie in den Gesamtkontext der Rede stellt, von unübertrefflicher Ambivalenz. Gerade hatte Elisabeth durch ihre Ansprache ganz im Stil der klassischen Redekunst den praktischen Nachweis ihrer Geisteskraft erbracht, nun leugnete sie diese explizit. Sie überließ es damit ihren Zuhörern, die Rede insgesamt als Ausweis idealer Herrschertugend zu werten oder aber als verständiges Eingeständnis weiblicher Unvollkommenheit und daraus resultierender Notwendigkeit männlicher Unterstützung zu interpretieren. In dieser Lesart stellte die Äußerung eine Reverenz an die weibliche Tugend der Bescheidenheit und Demut dar. Diese Passage ist eines der vielen Beispiele dafür, wie Elisabeth in ihren frühen offiziellen Reden die zeitgenössischen Vorstellungen von Weiblichkeit und Souveränität in einer Weise umspielte, dass ihre Grenzen aufgehoben wurden, sie ineinander flossen und ununterscheidbar wurden.[44] In ihren ersten Regierungsjahren, in denen die Weiblichkeit der Königin im Zentrum des Konflikts zwischen Krone und Parlament stand, gelang es Elisabeth, ihre politische und persönliche Macht

---

[41] Vgl. ebd.
[42] Hartley, Thomas E. (Hg.): Proceedings in the Parliaments of Elizabeth I, Bd. 1. London 1981, S. 94.
[43] Ebd.
[44] Vgl. Cerasano, Susan P./ Wynne-Davies, Marion: »From Myself, My Other Self I Turned«. An Introduction. In: diess.: Gloriana's Face (wie Anm. 10), S. 1-24, hier S. 8.

zu festigen, indem sie Souveränität und Weiblichkeit in einer Weise miteinander verschmolz, die ihre Kritiker verwirrte und deren Kritik dadurch entschärfte.[45] Gegen Ende ihrer Regierung dagegen entzündeten sich Konflikte zwischen Krone und Parlament an konkreten politischen Handlungen der Königin. Diese suchte Elisabeth zu ihren Gunsten zu lösen, indem sie auf ihre ideale Qualität als weise Herrscherin abhob, deren *sapientia* sich vornehmlich im Einholen von Rat manifestierte. So trat die Königin in den letzten Parlamentsreden als Souverän auf, der den Rat der Untertanen huldvoll akzeptierte bzw. für sich in Anspruch nahm, dass Beratungen wesentlicher Bestandteil ihres Bemühens um gerechte Entscheidungen wären, das ihre gesamte Regierungszeit geprägt hätte. Der Grundsatz des Rateinholens entwickelte sich in den beiden letzten Reden vor dem Parlament zu einem wichtigen Aspekt der Selbstinszenierung Elisabeths als gerechten Souveräns, die ihre späten Regierungsjahre kennzeichnete.

In ihrer letzten Ansprache vor dem Parlament, der so genannten Goldenen Rede, trat sie als Souverän auf, der sich, nachdem sich das Parlament über den Missbrauch der von der Königin verliehenen Monopole beklagt hatte, bei seinen Untertanen für guten Rat bedankt, ohne den sie, wenn auch unwillentlich und unwissentlich, Missstände geduldet hätte:

> »(...) I have more cause to thank you all than you me: and I charge you to thank them of the House of Commons from me, for had I not received a knowledge from you, I might have fallen into the lap of an error only for lack of true information.«[46]

In dieser Passage deutet sie die Kritik an ihrer Politik in das beflissene Bemühen der Parlamentarier um, die Königin vor einem Fehler zu bewahren. Sie inszeniert sich hier als Souverän, der seinen Untertanen huldvoll sein Ohr leiht und ihren Rat berücksichtigt. Umgekehrt stellt sie die Untertanen als liebevolle Ratgeber ihrer Königin dar, die keine eigennützigen Ziele verfolgen:

> »(...) there be some of the Lower House whom these grievances never touched, and for them I

---

[45] Zwar setzte sich Elisabeth im Laufe ihrer Regierung mit ihrem Selbstkonzept der Jungfräulichen Königin gegenüber Parlament und *Privy Council* durch, doch zugleich stärkte das Parlament seine Machtposition und reklamierte immer größere Autorität bei Entscheidungen über Angelegenheiten nationaler Bedeutung. Das fragile Machtgleichgewicht zwischen Krone und Parlament, das aufrechtzuerhalten Elisabeth weitestgehend gelang (vgl. Heisch: Queen Elizabeth I (wie Anm. 23), und McLaren, Anne: Political Culture in the Reign of Elizabeth I. Queen and Commonwealth 1558-1585. Cambridge 1999), zerbrach jedoch unter den nachfolgenden Stuart-Königen, die ihren absoluten Machtanspruch kompromisslos durchzusetzen versuchten, bis das Parlament diesem Bestreben nach einem Bürgerkrieg mit der Exekution Karls I. ein Ende setzte und die Monarchie zeitweilig abschaffte.

[46] Rice: The Public Speaking of Queen Elizabeth (wie Anm. 30), S. 107.

think they speak out of zeal to their countries and not out of spleen or malevolent affection, as being parties grieved. And I take it exceeding grateful from them because it gives us to know that no respects or interests had moved them, other than the minds they bear to suffer no diminution of our honour and our subjects' love unto us.«[47]

Hier führte sie die Umdeutung weiter, indem sie die herrschaftskritischen Äußerungen der Parlamentarier nicht etwa auf Eigennutz, sondern auf die Sorge um die Ehre der Königin und die Liebe für sie zurückführte. Indem sie die Beziehung zwischen Parlament und Krone als eine ratvermittelte darstellte, in der Parlamentarier, motiviert von der Sorge um das Land und um die Königin, politische Ratschläge erteilten, die diese huldvoll berücksichtigte, gelang es ihr, den darin zum Ausdruck kommenden Machtzuwachs des Parlaments zu Lasten der Krone in eine Bekräftigung ihrer idealen Herrscherqualitäten durch Praktizierung von *sapientia* umzudeuten.

Elisabeth in Cambridge und Oxford

Eine andere Art legitimatorischen Rückgriffs auf *sapientia* lässt sich in der Selbstinszenierung Elisabeths vor den Gelehrten von Oxford und Cambridge feststellen.[48] Vor diesen Auditorien ging es um die Legitimation eines besonderen Aspekts weiblicher politischer Herrschaft, nämlich um das Recht einer Frau zu Eingriffen in die Welt der Gelehrsamkeit, zu der sie aufgrund ihrer Geschlechtszugehörigkeit keinen Zutritt hatte. In der universitären Welt konnte eine Frau legitim nur die Funktion der Patronin erfüllen. Doch in dieser Funktion stand es ihr nicht zu, sich zu den Angelegenheiten der Universität zu äußern oder sich gar in die Lehre einzumischen. Derartige Eingriffe waren jedoch ein königliches Privileg, die im Rahmen der besonderen Fürsorge für die Lehrstätten des Reiches zu den herrscherlichen Aufgaben gehörten. Hatte die Königin in ihren Parlamentsreden gelegentlich anklingen lassen, dass sie in Bezug auf Gelehrsamkeit die im Auditorium versammelten Männer übertraf, so diente die Demonstration von *sapientia* in ihren Universitätsreden der Herstellung von Ebenbürtigkeit mit den Gelehrten. Allerdings waren die Reden dort in sorgfältig inszenierte Situationen eingebunden, die einerseits der in ihren Auftritten enthal-

---

[47] Ebd., S. 107f.
[48] Dieser Abschnitt stützt sich in seinen Beispielen wiederum weitgehend auf Machoczek: Die regierende Königin (wie Anm. 9), S. 308-319.

tenen Transgression die Spitze nahmen, andererseits jedoch ihre intellektuelle Brillanz, gleichsam als Überraschungsmoment, um so klarer hervortreten ließen.

Bei den Besuchen Elisabeths in Cambridge 1564 und zwei Jahre später in Oxford wurde die Gelegenheit zu einer Ansprache sorgfältig herbeigeführt und der Eindruck einer Eigeninitiative der Königin vermieden. Als sie auf Bitten einiger hervorragender Untertanen das Wort ergriff,[49] war ihre Rede damit zu einer königlichen Gunstbezeugung geworden, welche ihre übergeordnete Position als Herrscherin unterstrich. Zugleich aber konnte ihr Verhalten als angemessene weibliche Zurückhaltung verstanden werden.

Ambivalent war jedoch nicht nur die Rednerinnenpose, die Elisabeth einnahm, ambivalent in ihrer Wirkung war ebenso die Diskrepanz zwischen Form und Inhalt ihrer Rede. Beide Ansprachen waren in Aufbau und Wahl der stilistischen Mittel lehrbuchmäßig verfasst und zeugten vom Bemühen der Königin, sich als kenntnisreiche Rhetorikerin zu profilieren. Ihre einleitenden Worte sprach sie in der Pose des bescheidenen Laien, der nur widerstrebend das Wort vor einem gelehrten Publikum ergriff:

> »Although my feminine modesty might deter me from making a speech and uttering these rude, off-hand remarks in so great an assembly of most learned men, nevertheless the intercession of my nobles and my own goodwill toward the University have prevailed upon me to say something.«[50]

Zugleich deckte sich diese Pose aber auch mit den Vorstellungen vom angemessenen Auftreten einer Frau in einer Universität und konnte von Elisabeths Zuhörern als ideales weibliches Verhalten interpretiert werden. Der Hinweis auf ihre geistige Unterlegenheit gegenüber ihrem Publikum als Ursache ihrer Zurückhaltung führte die Möglichkeit der Doppelinterpretation ihrer Selbstinszenierung konsequent fort. Unter rhetorischem Gesichtspunkt war der einleitende Satz jedoch alles andere als ein Eingeständnis geistiger Unterlegenheit, sondern demonstrierte Elisabeths Beherrschung der Rhetorikregeln Ciceros, der vom idealen Redner Bescheidenheit und Zurückhaltung gefordert hatte.

Ihr Hauptanliegen, so ließ sie ihre Zuhörer wissen, bestünde darin, die Verbreitung der Wissenschaften zu fördern. Zu diesem Zweck sprach sie eine Ermunterung an die Anwesenden aus und berief sich sodann auf Demosthenes:

> »As to what concerns the advancement of good letters, I recall this statement of Demosthenes:

---

[49] Vgl. Rice: The Public Speaking of Queen Elizabeth (wie Anm. 30), S. 56 und Machoczek: Die regierende Königin (wie Anm. 9), S. 309.

[50] Rice: The Public Speaking of Queen Elizabeth (wie Anm. 30), S. 71f.

›that words of superiors take the place of books among inferiors, while the sayings of leaders are regarded as legal authority among the subjects.‹ I would have all of you bear this one thing in mind, that no road is more adapted to win the good things of fortune or the goodwill of your prince, than the pursuit of good letters; which, may you continue diligently as you have begun, I pray and beseech you.«[51]

Mit ihrer Berufung auf Demosthenes wies sie erneut ihre Kenntnis der Rhetorikregeln Ciceros nach, der dem Redner empfahl, seine Ausführungen durch Rückgriff auf entsprechende Autoritäten zu stützen. Weiterhin sprach sie das Verhältnis zwischen den Geboten laienhafter Zurückhaltung im Kreise von Gelehrten und den Pflichten des Souveräns an. Ihre Affirmation der Verhaltensregeln laienhafter Zurückhaltung konnte von einem interessierten Auditorium als weibliche Bescheidenheit interpretiert werden. Dagegen standen allerdings die Pflichten, die ihr als Souverän oblagen.

Schließlich berichtete sie von ihrem morgendlichen Rundritt durch die Universität:

»This morning I saw your sumptuous buildings, which were erected by my ancestors, most distinguished princes, for the sake of letters. And while looking at them, grief took possession of me and those sighings of the soul which are said to have gripped Alexander the Great, who, when he had surveyed the mighty deeds of his fathers, turned to a friend or counsellor and grieved deeply because he had not done anything of the sort.«[52]

Mit der Einflechtung der Alexander-Episode demonstrierte sie ihre Geschichtskenntnisse und erfüllte Ciceros Forderung, ein Redner müsse über umfangreiches Wissen verfügen.

Die Rede schloss mit der Erklärung der Königin, die Universität durch die Einrichtung einer Stiftung zu fördern. Damit wollte sie sich selber ein würdiges Denkmal setzen, das zugleich der Nachwelt ein Beispiel geben sowie den Studenten ein Ansporn sein sollte.

Sie nahm der in ihrer Rede manifestierten Transgression die Spitze, indem sie sie in die Funktion der Patronage einmünden ließ, der einzig legitimen weiblichen Funktion in der universitären Welt. Einerseits übernahm sie Verantwortlichkeiten, die mit dem Amt des Souveräns verbunden waren, verlieh diesen aber andererseits solche Charakteristika, die sich mit weiblichen Definitionsmustern überschnitten. Wie in ihren frühen Parlamentsreden hielt sie den Widerspruch von Amt und Geschlecht in der Schwebe. Sie schloss die Rede wiederum

---

[51] Ebd., S. 72.
[52] Ebd.

mit einer Bescheidenheitsformel: »But now you perceive how great is the difference between a true education and a training not retained in the mind.«[53]

Ihre zweite Universitätsrede, die sie 1566 in Oxford hielt, begann ebenfalls mit einer Bescheidenheitsformel:

> »Evil-doers hate the light, and for that reason, because I am aware that I shall do badly in delivering my speech in your presence, I think that this time of darkness will be most appropriate for me.«[54]

Im weiteren Verlauf gliederte sich die Rede in klassischer Manier in *laudatio* und *vituperatio*. Während Elisabeth die Darbietungen der Universität zu ihren Ehren lobte, tadelte sie das Lob, das ihr bei dieser Gelegenheit gespendet worden war. In diesem Zusammenhang ging sie mit einer erneuten Bescheidenheitsformel auf ihre eigene Erziehung ein:

> »But to find fault with this other thing belongs to me particularly, because, although everyone knows that I have expended some effort in learning the sciences and languages, yet my teachers have put their efforts in ground so barren and unfruitful that I am unable, despite my most earnest desire, to display a harvest worthy of my high position, or their labors, or your expectation.«[55]

Der Erfolg ihrer Erziehung, den sie hier verbal negierte, wurde jedoch von ihrer nach den Regeln der Rhetorik aufgebauten lateinischen Rede für alle Zuhörer offenkundig. Damit erbrachte sie den praktischen Nachweis, dass sie trotz ihrer Weiblichkeit den Universitätsgelehrten an *sapientia* gleichkam.

Elisabeths zweiter Besuch in Oxford nahezu dreißig Jahre später stand im Zusammenhang mit ihrer Religionspolitik. Während ihrer gesamten Regierungszeit hatte sie sich allen puritanischen Forderungen nach weiterführenden Reformen, vor allem im Bereich der Kirchenstruktur, widersetzt. Auf diese Weise versuchte sie zum einen, die religiöse Spaltung des Landes nicht weiter zu vertiefen. Zum anderen unterminierte die puritanische Auffassung vom Supremat des Gewissens ihren Herrschaftsanspruch als Souverän, so dass sie auch um der eigenen Machterhaltung willen nicht bereit war, dem puritanischen Drängen nachzugeben. Die Verbreitung ihrer Ansicht nach extremistischen Gedankenguts in Gestalt calvinistischer Lehren durch den Präsidenten eines Oxford-College lief diesem Kurs zuwider. Sie begann ihre Rede, in der sie dieses kritisierte, mit dem Hinweis auf ihre mediokren Lateinkenntnisse, die jedoch nicht aus mangelnder

---

[53] Ebd., S. 73.
[54] Ebd., S. 75.
[55] Ebd., S. 75f.

Geisteskraft oder Begabung, sondern aus ihren Regierungspflichten resultierten, die all ihre Gedanken und ihre Zeit in Anspruch nähmen:

> »Your services and my own feeling of gratitude have so led my reason captive that I am compelled to do that which reason itself tells me I should not do. For the cares of kingdoms are so heavy that they are accustomed to blunt the intellect rather than sharpen the memory. There should also be added my lack of practice in this language, so long continued that I scarcely remember to have used it thirty times in three years.«[56]

In dem Hinweis auf die Latenz ihrer *sapientia* als Folge herrscherlicher Pflichterfüllung offenbarte Elisabeth ihre Selbstgewissheit als Herrscherin. Dass es sich bei dieser einleitenden Passage ihrer Rede um eine Bescheidenheitsformel handelte, hatte ihr Verhalten während des gesamten Universitätsbesuchs bereits deutlich gemacht. So hatte sie sich bei allen Gelegenheiten, ohne zu zögern, auf Latein geäußert, und im weiteren Verlauf unterbrach sie bewusst ihre Rede, um anzuordnen, dass dem mittlerweile schon betagten Lord Burghley eine Sitzgelegenheit gebracht werde. Auf diese Weise demonstrierte sie ihre Fähigkeit, den Faden mühelos wieder aufzunehmen. Dies war zugleich ein verdeckter Tadel für einen sprachlich weit weniger kompetenten Bischof, den die zweimalige Aufforderung der Königin, sich kürzer zu fassen, völlig aus dem Konzept seines auswendig gelernten Textes gebracht hatte.[57]

Im weiteren Verlauf der Rede verwies sie auf die beständige Liebe ihrer Untertanen, derer sie sich erfreute:

> »But there is something different, far more precious and noble, namely, your love for me. It is of such kind as has never been known or heard of in the memory of man. Love of this nature is not possessed by parents; it happens not among friends, no, not even among lovers, whose fortune does not always include fidelity, as experience teaches. It is such a love as neither persuasion, nor threats, nor curses can destroy. Time has no power over it; time, which eats away iron and wears away the rocks, cannot sever this love of yours. It is of this that your services consist, and they are of such kind that I would think they would be eternal, if only I were to be eternal.«[58]

Der Verschiebung der Herrschaftslegitimation von in ihrer eigenen Person begründeten Tugenden auf die Zuneigung ihres Volkes bediente sich Elisabeth häufig in der direkten Konfrontation mit ihren Kritikern, um ihnen zu verdeutlichen, dass sie sich mit ihrer Opposition außerhalb der harmonischen Einheit von Königin und Volk gestellt hatten, die in einer geradezu übermenschlichen Liebe

---

[56] Ebd., S. 98.
[57] Vgl. Johnson: Elizabeth I (wie Anm. 20), S. 18.
[58] Rice: The Public Speaking of Queen Elizabeth (wie Anm. 30), S. 99.

gründete. In der Rede in Oxford beschrieb Elisabeth, wie sie die Liebe ihrer Untertanen dadurch erwiderte, dass sie sie vor inneren und äußeren Feinden schützte:

> »From the beginning of my reign my greatest and most particular interest has been that my country be preserved from external enemies and internal disturbances; that the kingdom, which had flourished for many generations, should not be weakened under my hands; for next to care for my own soul, I centered my anxiety in it alone.«[59]

In dieser Passage wandelte sich Elisabeth vom Gegenstand der untertänigen Verehrung, die in ihrer Ausformulierung an den Marienkult[60] denken ließ und damit die Weiblichkeit der Königin herausstellte, zum wehrhaften Souverän, dessen erste Sorge dem Schutz seiner Untertanen galt. Zu den Pflichten eines solchen Souveräns gehörte es aber auch, die Gelehrten zum Wohl der Universität zu ermahnen und zu tadeln, was sie mit folgenden Worten tat:

> »Now as concerns my advice, listen to this: if you follow it, I do not doubt that it will be to God's glory, your own advantage, and my great joy. That this university may be eternal, let it be our first care to worship God, not according to the opinion of the world, not according to far-fetched, finespun theories, but as the Divine Law commands, and as our law preaches.«[61]

Mit dieser Passage nahm sie in ihrer Eigenschaft als Souverän Stellung zur Lehre selbst. Diesen Eingriff rechtfertigte sie mit ihrer besonderen Verantwortung für Leib und Seele ihrer Untertanen gegenüber Gott:

> »For if I have always been concerned for the care of your bodies, shall I abandon the care of your souls? God forbid! Shall I neglect the care of souls for the neglect of which my own soul will be judged? Far from it!«[62]

Nachdem sie ihre Kritik begründet hatte, ermahnte sie, in Anspielung auf das Verhalten des College-Präsidenten, das ihren Besuch veranlasst hatte, die Gelehrten folgendermaßen:

> »I advise you, then, that you go not before the law, but that you follow it. Do not put forth arguments as to whether better laws could be written, but observe what the Divine Law commands, and our own law compels. In the second place, remember that each one be obedient to his superior in rank, not by prescribing what ought to be, but by following what has been prescribed.«[63]

---

[59] Ebd.

[60] Als jungfräuliche Königin, deren Abbilder landesweit verehrt wurden, bot sie sich als Ersatz für die der Reformation zum Opfer gefallene Jungfrau Maria an. Vgl. Strong, Roy: Portraits of Queen Elizabeth I. Oxford 1963, und ders.: The English Icon. Elizabethan and Jacobean Portraiture. London 1969.

[61] Rice: The Public Speaking of Queen Elizabeth (wie Anm. 30), S. 99.

[62] Ebd., S. 100.

[63] Ebd.

Die Herrscherfigur Elisabeths I.

An dieser Rede lässt sich die Machtgewissheit Elisabeths im vierten Jahrzehnt ihrer Regierung ablesen. In Oxford, einem der beiden Sitze der Gelehrsamkeit in ihrem Reich, wies die Königin selber, bei aller praktischen Demonstration des Gegenteils, auf die Eingeschränktheit ihrer *sapientia* hin. Zugleich entwarf sie sich kompromisslos als Souverän, dessen Autorität durch die Zugehörigkeit zum weiblichen Geschlecht in keiner Weise beeinträchtigt wurde, wie sich in ihrer Kritik eines hervorragenden Gelehrten offenbarte. Bei diesem Anlass diente ihr wiederum ihr Verfügen über die männliche Tugend der *sapientia* zur Herrschaftslegitimation. In derselben Rede jedoch erfüllt die Darstellung der hingebungsvollen Liebe ihrer Untertanen, die ihr in einzigartiger Weise entgegengebracht werde und die sie in ebenso einzigartiger Weise erwidere, die gleiche Funktion. Sowohl im Hinweis auf *sapientia* als auch auf die in ihrer Beschaffenheit an die Marienverehrung erinnernde Beziehung zwischen Königin und Volk, die sie sodann als wehrhafte Mütterlichkeit umformuliert, zeigt sich, wie die Idealität der von Elisabeth geschaffenen Herrscherfigur auf der Verbindung von männlich und weiblich konnotierten Eigenschaften beruhte.

Konnte eine Regentin ihre Herrschaft als Apotheose der Mutterschaft darstellen,[64] so stand einer Herrscherin ein derartig geschlechtlich eindeutiges, zugleich aber auch einschränkendes Bild nicht zur Verfügung. So griff Elisabeth in ihrer Selbstdarstellung auf ein ganzes Spektrum geschlechtlich geprägter Bilder zurück, wenn sie sich als Braut der Nation, als Mutter der Nation, als jungfräuliche Herrscherin, als König und Königin zugleich präsentierte.[65] Wie nicht zuletzt die zweite in Oxford gehaltene Rede zeigt, wechselte Elisabeth mühelos zwischen unterschiedlich geschlechtlich geprägten Bildern.

In ihrer Ausgestaltung der Herrscherfigur orientierte sich Elisabeth an ihren zwei Vorgängerinnen, Maria Tudor und Kateryn Parr. Maria hatte als erste Frau in England die Position des unumschränkten Souveräns genossen, doch war es ihr nicht gelungen, diese auszufüllen. Sie diente Elisabeth daher als ein negatives Vorbild, das ihr die Gefahren verdeutlichte, die in dem Spannungsverhältnis zwischen Weiblichkeit und Herrschaft begründet lagen. Ein positives Vorbild bot ihr dagegen ihre Stiefmutter Kateryn Parr, die während des Frankreichfeldzugs Heinrichs VIII. 1544 als Regent-General fungiert hatte. In dieser Funktion ver-

---

[64] Vgl. Stafford, Pauline: More than a Man, or Less than a Woman? Women Rulers in Early Modern Europe. In: Gender and History 7 (1995), S. 486-490, hier S. 489.

[65] Vgl. Levin: The Heart and Stomach of a King (wie Anm. 1).

band sie die Haltung der ergebenen Ehefrau, die sich den Anordnungen ihres abwesenden Mannes bedingungslos fügte, mit selbstbewusstem und machtgewissem Auftreten als seine Stellvertreterin. Ihr Verhalten demonstrierte Elisabeth die Notwendigkeit, dass sich eine Frau bei der Ausübung von Macht männliche Eigenschaften zu Eigen machen müsse.[66] In der Herrscherfigur, die Elisabeth von sich entwarf, verband sie männliche und weibliche Eigenschaften in einer Weise, welche die Ausübung von Herrschaft mit dem Frau-Sein der Königin in Einklang brachte und diese zugleich absicherte. Bei diesem Unterfangen gestaltete sie die Gelehrsamkeit, über die sie aufgrund ihrer vorzüglichen Erziehung verfügte, zur *sapientia* um, einer männlich konnotierten Tugend von zentraler Bedeutung für die Qualität von Herrschaft. Elisabeth setzte also ihre Gelehrsamkeit im Kontext des Spannungsverhältnisses von Weiblichkeit und Herrschaft in herrschaftssichernder Funktion ein.

Zudem traf sie aus den zeitgenössisch zu Gebote stehenden Bildern von Männlichkeit und Weiblichkeit eine Auswahl, die auf das übergeordnete Ziel der Herrschaftsausübung ausgerichtet war. Die Ausstattung ihrer Herrscherfigur mit männlichen wie auch weiblichen Eigenschaften birgt das Geheimnis ihres Erfolgs als Königin. Sie bot damit ihren Untertanen und Untertaninnen ein ganzes Spektrum unterschiedlich geschlechtlich geprägter Anknüpfungspunkte. Das machte sie potentiell zur Herrscherin aller. Die geschlechtliche Unbestimmtheit ihres herrscherlichen Selbstentwurfs,[67] der seine Überzeugungskraft nicht zuletzt aus der Vorstellung von den zwei Körpern des Königs bezog, unterstrich, dass sie als außergewöhnliche Frau zur Herrschaft auserkoren war. Zugleich erwies sich diese Herrscherfigur im mehr oder weniger latenten Machtkampf zwischen Krone und Parlament, der die elisabethanische Ära kennzeichnete, als wirksamste Stütze der Machtposition der Königin, indem sie in Momenten der Krise zur Verwirrung des Parlaments beitrug und wesentlich die Popularität Elisabeths begründete, die der parlamentarischen Kritik ihre Wirksamkeit nahm. In der direkten Konfrontation mit ihren männlichen Kritikern, seien sie im Parlament oder an den Universitäten zu finden, kam dem steten Verweis auf ihre zur männ-

---

[66] Vgl. James: Kateryn Parr. The Making of a Queen (wie Anm. 13), S. 186.
[67] Auf das Potential des königlichen Amtes zur Entgeschlechtlichung (degendering) des Amtsinhabers oder der Amtsinhaberin verweist Stafford: More than a Man, or Less than a Woman? (wie Anm. 64), S. 489. Zur Plastizität von Geschlecht in der Frühen Neuzeit, speziell im Zusammenhang mit Souveränität, vgl. Fradenburg, Louise Olga: Introduction. Rethinking Queenship. In: dies. (Hg.): Women and Sovereignty. Edinburgh 1992, S. 1-13.

lich konnotierten *sapientia* umgestalteten Gelehrsamkeit die Funktion zu, sie daran zu erinnern, dass ihre Königin in sich männliche und weibliche Attribute in einer Weise vereinigte, welche die Vereinbarkeit ihres Frau-Seins mit der Ausübung von Herrschaft begründete.

Elena Taddei

Bildung als Beruf, Bildung für den Beruf: Die Kurtisane als »gebildete« Frau

> »Antonia: Perchè non ti legò con la cinta?
> Nanna: Come vuoi tu che mi legasse un legato?
> Antonia: Tu dici il vangelo.
> Nanna: Quattro altre volte, prima che ci levassimo, il suo cavallo andò fino al mezzo di camin di nostra vita.
> Antonia: Sì disse il Petrarca.
> Nanna: Anzi Dante.
> Antonia: O il Petrarca?
> Nanna: Dante, Dante (...)«
> (Pietro Aretino, Ragionamento, III.)

Wenn die Epoche der Renaissance, in der vieles neu und wieder entdeckt wurde, auch für die Frau der oberen Gesellschaftsschicht, also des Adels und des Stadtpatriziats, die schon im Mittelalter eine zentrale Rolle in der höfischen Gesellschaft, in der Kunst und in der Dichtung gespielt hatte, eine Veränderung[1] oder

---

[1] Zu dieser Streitfrage siehe Kelly, Joan: Did Women have a Renaissance? In: dies.: Women, History & Theory. The Essays of Joan Kelly. Chicago/London 1984, S. 19-51. Als Gegenstück dazu siehe Herlihy, David: Did Women have a Renaissance? A Reconsideration. In: Medievalia et Humanistica 13 (1985), S. 1-21. Zum allgemeinen Überblick zur Frau in der Renaissance empfiehlt sich Duby, Georges/ Perrot, Michelle: Geschichte der Frauen, Bd. 3: Frühe Neuzeit. Hg. von Arlette Farge und Natalie Zemon Davis. Frankfurt, M./New York/Paris 1994; Wiesner, Merry E.: Working Women in Renaissance Germany. New Brunswick/New Jersey 1986; dies.: Women and Gender in Early Modern Europe, Cambridge 1993; King, Margaret L.: Women of the Renaissance, Chicago ³1993; Hoeges, Dirk (Hg.): Frauen in der italienischen Renaissance. Dichterin – Herrscherin – Mäzenatin – Ordensgründerin – Kurtisane. Frankfurt, M. u.a. 1999; Sachs, Hannelore: Die Frau in der Renaissance. Wien, München 1971; de Maio, Romeo: Donna e Rinascimento. L'inizio della rivoluzione. Napoli 1995; Heißler, Sabine/ Blastenbrei, Peter: Frauen der italienischen Renaissance. Heilige – Kriegerinnen – Opfer. Pfaffenweiler 1990; Taddei, Elena: Stellung und Entfaltungsmöglichkeiten einiger Frauen der höfischen Gesellschaft der italienischen Renaissance. Unveröff. Diplomarbeit. Innsbruck 1999. Weiter auch das interessante aber an Quellenangaben äußerst spärliche Werk von Servadio, Gaia: La donna nel

sogar Verbesserung gebracht hat, dann zeigt sich dies sicher in der meist guten Ausbildung[2] im Sinne der studia humanitatis[3], die sie nun genießen konnte. Trotzdem kann man in dieser Zeit nicht von einer Emanzipation sprechen, da das Bild einer ehrbaren Frau weiterhin vorsah, dass sie als Ergänzung ihres Gatten in der repräsentativen Öffentlichkeit[4] des Hofes auftrat und die Verehrung von Dichtern und Künstlern aufgrund ihrer Tugend, Talente und Schönheit hervorrief, aber weiterhin ein stilles, anbetungswürdiges Geschöpf Gottes blieb, das mit seiner Liebe – im Sinne Dantes (1265-1321) und Petrarcas (1304-1374) – dem Mann den Weg zu Gott bzw. zum höchsten Glück weisen sollte.[5]

Zahlreiche Schriften und Traktate[6] dieser Zeit handeln von Frauenerziehung[7] und beharren auf der Notwendigkeit, nicht nur Söhne, sondern auch Töchter ihrer Gesellschaftsschicht angemessen unterrichten zu lassen. Dabei stützte sich

---

Rinascimento, aus dem Englischen ins Italienische übersetzt von Giovanni Lucani. Milano 1986.

[2] Jacob Burckhardt meint zur Stellung der Frau: »Zum Verständnis der höheren Geselligkeit der Renaissance ist endlich wesentlich zu wissen, daß das Weib dem Manne gleich geachtet wurde. (...) Vor allem ist die Bildung des Weibes in den höchsten Ständen wesentlich dieselbe wie beim Manne. Es erregte den Italienern der Renaissance nicht das geringste Bedenken, den literarischen und selbst den philologischen Unterricht auf Töchter und Söhne gleichmäßig wirken zu lassen; da man ja in dieser neuantiken Kultur den höchsten Besitz des Lebens erblickte, so gönnte man sie gern auch den Mädchen.« Burckhardt, Jacob: Die Kultur der Renaissance. Ein Versuch. Leipzig [17]1925, S. 368f.

[3] Grendler, Paul F.: Schooling in Renaissance Italy. Literacy and Learning, 1300-1600. Baltimore/London 1991, insbes. Kap. 5: The coming of the *Studia Humanitatis*, S. 111-141.

[4] Zum Typ der repräsentativen Öffentlichkeit siehe Habermas, Jürgen: Strukturwandel der Öffentlichkeit. Untersuchungen zu einer Kategorie der bürgerlichen Gesellschaft. Frankfurt, M. [2]1990, S. 58-69.

[5] Vgl. dazu Santagata, Marco: Amate e amanti: figure della lirica amorosa fra Dante e Petrarca. Bologna 1999.

[6] Es seien hier nur die zwei bekanntesten genannt: Bruni, Leonardo: De studiis et litteris liber (1423-1426) und Vives, Juan Luis: De institutione foeminae Christianae (1523).

[7] Zur Bildung in Humanismus und Renaissance allgemein siehe Grendler: Schooling in Renaissance Italy (wie Anm. 3); Garin, Eugenio: L'educazione in Europa (1400-1600). Bari 1957; Grafton, Anthony/ Jardine, Lisa: From Humanism to the Humanities: Education and the Liberal Arts in Fifteenth- and Sixteenth-Century Europe. Cambridge 1986; Buck, August: Der italienische Humanismus. In: Notker Hammerstein (Hg.): Handbuch der deutschen Bildungsgeschichte, Bd. 1: 15. bis 17. Jahrhundert. Von der Renaissance und der Reformation bis zum Ende der Glaubenskämpfe. München 1996, S. 1-56; Kristeller, Paul Oskar: Humanismus und Renaissance, Bd. 2: Philosophie, Bildung und Kunst. Hg. von Eckhard Kessler, aus dem Englischen von Renate Schweyen-Ott. München 1976.

die Erziehung[8] des jungen Mädchens nicht auf eigene Richtlinien, sondern war vielmehr ein Ausschnitt aus dem Lehrplan für Knaben. Wie gesagt, nur ein Ausschnitt, eine wohlüberlegte, engere Auswahl, denn Frauen sollten nicht ebenso viel lernen und wissen wie Männer. Schließlich erwartete man nicht von ihnen, dass sie gut ausgebildet waren, um große Taten für ihr Land, ihren Fürsten und ihre Familie vollbringen zu können (obwohl die eine oder andere Fürstin die Theoretiker vom Gegenteil überzeugte).[9] Für die Erziehung einer – z.B. italienischen – Tochter war folgender Studienplan empfohlen: lateinische Grammatik und Lyrik (anhand der Werke von Cicero, Horaz, Vergil, Plautus, Terenz usw.), italienische Umgangssprache (vernacolo) durch die Werke von Dante und Petrarca (aber nicht des sittenlosen Boccaccio!), selten Griechisch, aber sehr wohl Poesie und Rhetorik (besonders wichtig für die sich ausbreitende Briefkultur[10]), Moralphilosophie, Theologie (ausgewählte Texte aus der Heiligen Schrift, Werke der Kirchenväter, Heiligenviten) und Geschichte schienen die notwendigen Fächer für die ihrem Geschlecht gerechte Ausbildung.

Doch galt dies hauptsächlich für die Frauen der Aristokratie und des hohen Bürgertums (Stadtpatriziats). Daneben gab es die ungebildeten Frauen der ärmeren Gesellschaftsschichten und unter diesen viele, die der Armut und Not zu entfliehen versuchten, indem sie in so genannten Frauenhäusern[11] arbeiteten oder auf der Straße ihre Liebesdienste anboten. Aber die neue Epoche der Renais-

---

[8] Zur Mädchenerziehung und Frauenbildung siehe Fietze, Katharina: Frauenbildungskonzepte im Renaissance-Humanismus. In: Elke Kleinau/ Claudia Opitz (Hg.): Geschichte der Mädchen- und Frauenbildung, Bd. 1: Vom Mittelalter bis zur Aufklärung. Frankfurt, M./New York 1996, S. 121-134; Labalme, Patricia: Beyond their Sex: Learned Women of the European Past. New York/London 1984. Weiter Sonnet, Martine: Mädchenerziehung, aus dem Französischen von Roswitha Schmid. In: Farge/ Davis: Frühe Neuzeit (wie Anm. 1), S. 119-150.

[9] Grendler: Schooling in Renaissance Italy (wie Anm. 3), insbes. Kap. 4: Girls and Working-Class Boys in School, S. 87-110. Zu ihrer Bedeutung für die Familie, die sich auch durch die Aufnahme in Familienstammbäumen ausdrückte, vgl. Klapisch-Zuber, Christiane: Family Trees and Construction of Kinship in Renaissance Italy. In: Mary Jo Maynes/ Anne Waltner/ Brigitte Soland/ Ulrike Strasser (Hg.): Gender, Kinship, Power. A Comparative and Interdisciplinary History. Routledge/New York/London 1996, S. 101-113.

[10] Vgl. dazu: Worstbrock, Franz Josef (Hg.): Der Brief im Zeitalter der Renaissance. Weinheim 1983. Darin von Hess, Ursula: Oratrix humilis. Die Frau als Briefpartnerin von Humanisten, am Beispiel der Caritas Pirckheimer, S. 173-203.

[11] Zum Phänomen und der Geschichte der Frauenhäuser siehe vor allem: Schuster, Beate: Die freien Frauen. Dirnen und Frauenhäuser im 15. und 16. Jahrhundert. Frankfurt, M./New York 1995; Schuster, Peter: Das Frauenhaus. Städtische Bordelle in Deutschland (1350-1600). Paderborn/München/Wien/Zürich 1992.

sance brachte – wie in vielen Lebensbereichen – auch hier Neuerungen hervor und schuf eine neue Kategorie von »käuflichen« Frauen: die Kurtisanen.[12] Warum die Kurtisane, nicht jede, sondern nur die so genannte »ehrbare Kurtisane«, unter den gebildeten – in manchen Fällen sogar gelehrten – Frauen der Frühen Neuzeit dieses Bandes zu nennen ist, soll in der Folge dargestellt werden. Es wird Aufgabe dieses Beitrages sein, zu zeigen, dass dieser Typ der meist aus ärmeren Verhältnissen stammenden Frauen, die einen für Kirche und Gesellschaft anstößigen Lebenswandel führten und einen unehrenhaften Beruf ausübten, durch Bildung und Gelehrtheit zu Reichtum, Anerkennung, Unabhängigkeit und gesellschaftlichem Aufstieg gelangen konnten. Einige mögen tatsächlich nur den ökonomischen Vorteil im Auge gehabt haben, den sie mit ihrer Schönheit, ihrer Freigiebigkeit und ihrer Bildung erreichen konnten. Über die Motive dieser Frauen lässt sich nur spekulieren. Sicher ist aber, dass einige – wie die Beispiele noch zeigen werden – gerade durch diese Arbeit ihre Gelehrtheit, ihre Kreativität und ihr künstlerisches Talent an die sonst Frauen nur schwer zugängliche Öffentlichkeit zu bringen vermochten.

Die bekanntesten Werke über das Phänomen des Kurtisanenwesens aus der Zeit des endenden 15. und beginnenden 16. Jahrhunderts[13] – dichterischer wie auch berichtender Natur – stammen hauptsächlich aus Rom oder Venedig. Dies ist, wie noch zu zeigen sein wird, kein Zufall, auch wenn es nicht bedeuten soll, dass es in anderen italienischen Städten ähnlicher Größe, wie Neapel, Florenz, Ferrara usw. keine Kurtisanen gegeben hat. Venedig ist sicher die wichtigste Stadt für den Handel und den Verkehr mit der Levante und zusammen mit Rom

---

[12] Die hier verwendete Basisliteratur zum Kurtisanenwesen in Rom und Venedig ist: Kurzel-Runtscheiner, Monika: Töchter der Venus. Die Kurtisanen Roms im 16. Jahrhundert. München 1995; Gnoli, Umberto: Cortigiane romane. Arezzo 1942; Larivaille, Paul: Le cortigiane nell'Italia del Rinascimento. Roma e Venezia nei secoli XV e XVI, aus dem Französischen ins Italienische übersetzt von Maura Pizzorno. Milano 1983; Canosa, Romano/ Colonnello, Isabella: Storia della prostituzione in Italia dal Quattrocento alla fine del Settecento. Roma 1989; Padoan, Giorgio: Rinascimento in controluce. Poeti, pittori, cortigiane e teatranti sul palcoscenico rinascimentale. Ravenna 1994; Floerke, Hanns: Das Weib in der Renaissance. München 1929, insbes. Kapitel »Kurtisanen«, S. 119-146; Semerau, Alfred: Die Kurtisanen der Renaissance. Berlin/Leipzig 1914.

[13] Aretino, Pietro: Sei giornate. Ragionamento della Nanna e della Antonia (1534). Dialogo nel quale la Nanna insegna a la Pippa (1536). Hg. von Angelo Romano. Milano 1991; Bandello, Matteo: Novelle, 2 Bde. Hg. von Francesco Flora. Verona ³1952; Delicado, Francisco: Lozana. Die Andalusierin. Eine Reportage in sechsundsechzig Heften aus dem Rom der Renaissance, aus dem Spanischen von Alfred Semerau. Nördlingen 1989; de Brantôme, Pierre: Œuvres complètes. Hg. von Ludovic Lalanne, 11 Bde. Paris 1864ff.

eindeutig eines der glänzendsten Kulturzentren an der Wende vom 15. zum 16. Jahrhundert gewesen. In Venedig, wo Frauen aus aller Welt eintrafen, während die Gattinnen und Töchter der Nobili meist von der Öffentlichkeit abgeschlossen lebten, und in Rom, wo das weibliche Element unterrepräsentiert war, gab es daher die meisten Kurtisanen.[14]

Das Kurtisanenwesen war – wie Monika Kurzel-Runtscheiner definiert – »eine kulturell überhöhte und gesellschaftlich anerkannte Form der Prostitution« und

»ein besonderes Charakteristikum der ewigen Stadt, das den Ruf und das Erscheinungsbild Roms im 16. Jahrhundert wesentlich mitbestimmte. Die spezifischen Gesellschaftsstrukturen und das kulturelle Klima des päpstlichen Hofes schufen die Voraussetzungen für das Entstehen dieser außergewöhnlichen Art von käuflicher Liebe, die sich in ihren Wesensmerkmalen sowohl von der Prostitution in anderen Städten Europas, als auch vom Phänomen der Mätressen der Fürstenhöfe grundsätzlich unterschied.«[15]

Entstehungsort dieses Phänomens war also die italienische Halbinsel – und zwar die großen Städte wie Neapel, Florenz, Venedig und allen voran Rom – ab dem Ende des 15. Jahrhunderts.

Rom – Ewige Stadt, Zentrum der Christenheit und Hauptort des Kurtisanenwesens

Dank der Politik und des Mäzenatentums einzelner Päpste wie Alexander VI.[16], Julius II.[17] und Leo X.[18] wurde Rom für einige Jahrzehnte zu einem der prunk-

---

[14] Vgl. Larivaille: Le cortigiane (wie Anm. 12), S. 47.

[15] Kurzel-Runtscheiner: Töchter der Venus (wie Anm. 12), S. 8. Zu den Anfängen der Prostitution siehe Rossiaud, Jacques: Dame Venus. Prostitution im Mittelalter, aus dem Italienischen von Ernst Voltmer, mit einem Vorwort von Georges Duby. München 1989.

[16] Alexander VI., Rodrigo Borgia, Papst von 1492 bis 1503, 1431 geboren, ein begabter Regent und Politiker und ein echter Renaissancefürst vor allem hinsichtlich Simonie und Nepotismus. Vgl. Reinhardt, Rudolf: Alexander VI. In: TRE, Bd. 2. Berlin/New York 1978, S. 241-244.

[17] Julius II., Giuliano della Rovere, Papst von 1503 bis 1513, geboren 1443, aufgrund seiner körperlichen Leistungsfähigkeiten, seines Mutes und seines militärischen Tatendranges »Il Terribile« genannt. Als großer Kunstmäzen beauftragte er Bramante mit dem Umbau des Vatikanpalastes und dem Plan für St. Peter, Michelangelo mit dem Deckenfresko der Sixtina und seinem Grabmal und Raffael mit den Stanzen. Ihm verdankt Rom auch die Umgestaltung des Stadtbildes. Vgl. Ganzer, Klaus: Julius II. In: TRE, Bd. 17. Berlin/New York 1988, S. 444f.

[18] Leo X., Giovanni de' Medici, Papst von 1513 bis 1521, geboren 1475, ein von der Tradition des Hauses Medici geprägter Mäzen, der auch die niederen Künste der Narren und Spielleute groß-

vollsten Renaissancehöfe Italiens.[19] Namen wie Michelangelo, Raffael, Botticelli, Bramante trugen enorm zu diesem Glanz bei.[20] In Rom, dem Sitz der Kurie und des Papsthofes, lebten sehr viele Männer. Die meisten waren Geistliche, also Zölibatäre. Diese – darunter viele jüngere Adelssöhne – waren eher aus politischer Räson und/oder Familienpolitik, vom Durst nach Macht und reichen Pfründen und weniger von religiöser Überzeugung geleitet, in den geistlichen Stand eingetreten. Sofern sie überhaupt die Weihen empfangen hatten, betrachteten viele dieser jungen Männer das Keuschheitsgelübde daher als nicht verbindlich. Die anderen waren Weltliche, so Gesandte, Botschafter, Kaufleute, Künstler, Pilger und Soldaten, die sich dauernd oder vorübergehend ohne ihre Ehefrauen in Rom aufhielten. Zu Recht definiert Hanns Floerke[21] die römische als eine »kultivierte Gesellschaft von Zwangs- und Wahlzölibatären«. Die an anderen Höfen üblicherweise von Ehefrauen oder anderen weiblichen Verwandten bzw. weiblichen Höflingen ausgefüllten Funktionen bildeten hier eine Leerstelle. Kein Wunder also, dass das Kurtisanenwesen und vergleichbare Partnerschaften in dieser Zeit einen Höhepunkt erlebten.

Daneben waren sicherlich auch der schon durch die Dichtung von Dante und Petrarca überspitzte Kult um die Frau und das reiche, prunkvolle Hofleben in Rom, das andere italienische Renaissancehöfe oft übertraf, ausschlaggebende Voraussetzungen für den Erfolg dieses Phänomens.[22]

Die high society Roms bestand also großteils aus (hoch)gebildeten, nach den humanistischen Idealen erzogenen, wohlhabenden Kurialen, denen für eine glanzvolle Repräsentation des päpstlichen Hofes Frauen fehlten. Die politisch-repräsentative Lücke im höfischen Leben erzeugte die Nachfrage nach Frauen, die – neben den körperlichen Vergnügungen – auch am sehr regen und meist

---

zügig förderte. Zu seiner Biographie siehe Denzler, Georg: Leo X. In: Biographisch-Bibliographisches Kirchenlexikon, Bd. 4. Herzberg 1992, Sp. 1448-1450; Falconi, Carlo: Leone X Giovanni de' Medici. Milano 1987.

[19] Vgl. dazu: Stinger, Charles L.: The Renaissance in Rome. Bloomington 1985; D'Amico, John F.: Renaissance Humanism in Papal Rome. Humanists and Churchmen on the Eve of the Reformation. Baltimore/London ²1985.

[20] Zur Baukunst und dem Mäzenatentum verschiedener Renaissancepäpste siehe Cardini, Franco: An den Höfen der Päpste. Glanz und Größe der Weltmacht Vatikan, ins Deutsche übertragen von Marcus Würmli. Augsburg 1998, insbes. S. 143-180: Päpste als Architekten, Bauherren und Städtebauer im 15. Jahrhundert; Kruse, Petra (Hg.): Hochrenaissance im Vatikan. Kunst und Kultur im Rom der Päpste 1503-1534. Ausstellungskatalog. Bonn 1999.

[21] Floerke: Das Weib in der Renaissance (wie Anm. 12), S. 122.

[22] Vgl. Larivaille: Le cortigiane (wie Anm. 12), S. 49f.

ausgelassenen Gesellschaftsleben Roms teilnehmen konnten, von dem die Ehefrauen – soweit sie überhaupt präsent waren – ja ausgeschlossen waren. Einfache, meist ungebildete Prostituierte eigneten sich nicht, jene sozialen, kulturellen und politischen Funktionen, die Frauen an den Höfen der Renaissance innehatten, zu übernehmen. Wenn also die Kurie für Rom den eigentlichen Fürstenhof um den Papst darstellte, so waren deren Mitglieder, die »curiales«, gleichzeitig auch »cortigiani«, Höflinge nach dem literarischen Vorbild von Baldassare Castiglione.[23] Es ist verständlich, dass die jungen Damen, die als »Begleiterinnen« solcher hochrangiger Männer auftraten, auch den Namen »cortigiane curiali« bekamen. Weiter versteht sich, dass die adeligen Frauen, die einen Fürstenhof »führten« und ebenso »cortigiane« genannt wurden (ohne pejorative Konnotation), sich von solchen Frauen distanzieren und distinguieren wollten und mussten. War nämlich die »cortigiana« an den übrigen Fürstenhöfen die adelige Hofdame, ehrbare Gattin des Fürsten und Gebärerin vieler (möglichst männlicher) Nachkommen, so war sie in Rom eine kultivierte Unternehmerin, die über ihren Körper hinaus auch ihre Bildung, ihre Gesellschaft und ihre der Unterhaltung dienende Anwesenheit Männern der gehobenen Gesellschaftsschicht und Mitgliedern der Kurie anbot. So blieb letztere die *Kurtisane (cortigiana)* während sich die legitime Ehefrau des Höflings oder des Fürsten und Mutter seiner Kinder begrifflich in die *Hofdame (dama di corte, donna di palazzo)* verwandelte, um alle Missverständnisse aus dem Weg zu räumen.[24]

Wer war die Kurtisane?

Die Kurtisane, die am Gesellschaftsleben der gehobenen, intellektuellen Kreise »aktiv« teilnahm, verkaufte nicht einfach körperliche Dienste. Um es mit den Worten von Alfred Semerau zu sagen, war die Kurtisane »eine wohlerzogene, gebildete, nicht selten in den schönen Wissenschaften bewanderte Frau, deren körperliche Reize oft mit ihren geistigen Eigenschaften wetteiferten.«[25] Also

---

[23] Vgl. das dritte Buch des »Cortegiano«, das sich mit den Merkmalen der idealen Hofdame auseinandersetzt: Castiglione, Baldassare: Il libro del Cortegiano. Eingeleitet und hg. von Amedeo Quondam, libro III. Milano 1981, S. 259-360.

[24] Ebd., S. 49.

[25] Semerau: Die Kurtisanen der Renaissance (wie Anm. 12), S. 72.

zeichnete sie sich nicht nur dadurch aus, dass ihre jeweiligen Gönner[26] hochgestellte, einflussreiche, geistliche wie weltliche Personen waren. Sie unterschied sich von anderen Frauen in dieser Kultur auch durch ihre Bildung, ihre politischen und künstlerischen Interessen, ihre guten Umgangsformen und ihr gesellschaftsfähiges Auftreten. Durch den Kontakt und zum Teil auch dauerhaften Umgang mit Männern der höfischen Gesellschaft konnte eine Kurtisane immerhin den angesehenen Stand einer gesuchten, bewunderten und mitunter auch wirtschaftlich erfolgreichen Frau erreichen. Deswegen wurden diese Frauen – trotz ihres unehrenhaften Berufes – »meretrices honestae« genannt, eine Bezeichnung, die ihrem herausgehobenen Lebenswandel und ihrer Exklusivität Rechnung trug. Wenn die oben genannte »cortigiana curiale« die absolute Elite dieser Frauen bezeichnet, so trägt die breitere Gruppe der wohlhabenden, gebildeten und gesellschaftlich anerkannten Kurtisanen den Namen »cortigiane oneste«.[27] Kurzel-Runtscheiner definiert den Begriff »ehrbar« in diesem Zusammenhang wie folgt: »Als ›ehrbar‹ galt jeder, der aufgrund seiner finanziellen Mittel, seiner Bildung und seines Auftretens Respekt verdiente, und zwar unabhängig von seinem Geschlecht und seinen moralischen Qualitäten.«[28]

Das Konkubinat verbreitete sich in Rom nicht nur aufgrund des seit der gregorianischen Reform auch für Weltpriester postulierten und im 12. Jahrhundert von Papst Innozenz III. bestätigten Zölibates, sondern auch durch das Pontifikat verschiedener Päpste wie Alexander VI. oder Leo X., deren Höfe sich nicht nur nicht mehr von denen weltlicher Fürsten unterschieden, sondern in Luxus, mondäner Unterhaltung und Extravaganzen diese oft weitgehend übertrafen. Es ist daher nicht erstaunlich, dass die Blütezeit des Kurtisanenwesens vom späten 15. bis in die letzten zwanziger Jahre des 16. Jahrhunderts reichte, also vom Pontifikat des Borgiapapstes 1492 bis zum Sacco di Roma[29] 1527. Nach dieser Zeit

---

[26] Problematisch ist die Definition dieser Männer: Sie waren zwar »Kunden« und »Gönner«, weil sie für die Dienste der Kurtisane in Form von Geschenken bezahlten, doch das Verhältnis konnte durchaus das eines Liebespaares sein, so dass man auch vom »Liebhaber« sprechen könnte. Da diese Freundschaften oft über Jahre anhielten und sehr innig waren, könnte man den Begriff »Partner«, »Freund« oder »Gefährte« wagen, wenn nicht der geschäftliche Aspekt der Beziehung zu berücksichtigen wäre. Kein Begriff also wird diesem Mann, der eine oft langjährige und eheähnliche Beziehung zu einer Kurtisane unterhielt und sich dafür mit Geld, kostbaren Stoffen, Schmuck, Wohnungen und Privilegien revanchierte, einwandfrei gerecht.

[27] Vgl. Kurzel-Runtscheiner: Töchter der Venus (wie Anm. 12), S. 12-14. Weiters siehe auch die Ausführungen bei Schuster: Dirnen und Frauenhäuser (wie Anm. 11), S. 257, S. 298-315.

[28] Kurzel-Runtscheiner: Töchter der Venus (wie Anm. 12), S. 54.

[29] Vgl. dazu: Hook, Judith: The Sack of Rome 1527. London 1972.

versuchten Luthers Moralkritik und die beginnende Gegenreformation mit Vertreibungen und Gettoisierung dieser Frauen dieses Phänomen einzudämmen. Ein vollständiges Verbot war zwar nicht durchzusetzen, und das Kurtisanenwesen blieb noch im gesamten 16. Jahrhundert präsent[30], aber seine Hochblüte war nun eindeutig vorbei.

Getragen und gefördert wurde diese Art von Beziehung zwischen Männern aus der gesellschaftlichen Oberschicht und gebildeten Kurtisanen auch von der in der Zeit des Humanismus und der Renaissance wiedererweckten Antike, die mit dem griechischen Hetärenwesen[31] das Vorbild dafür lieferte. Man lernte durch die Lektüre der antiken Autoren die griechische »Gefährtin« kennen, die den Mann zum Symposium begleitete, ihn durch ihre Bildung, durch Tanz und Gesang unterhielt und auch körperliche Bedürfnisse erfüllte. Diese Gestalt der antiken Überlieferung, diese Freundin, Geliebte und Gefährtin, die mit Geschenken und Gaben belohnt wurde, sollte jetzt nachgeahmt werden. Denn wie die Hetäre, die gewissermaßen den öffentlichen, geselligen Part der häuslichen Ehefrau übernommen hatte, so füllte die Kurtisane eine repräsentative Lücke in der höfischen Welt der Kleriker, aber auch der Laien der gehobenen Gesellschaftsschicht.[32] Diese Figur der griechischen Gefährtin lebte also ab der zweiten Hälfte des 15. Jahrhunderts in der Person der Kurtisane wieder auf, auch wenn Hanns Floerke dazu meint: »In Wirklichkeit freilich wurde das antike Vorbild kaum je erreicht, weder was die Bildung, noch was Macht, Einfluss und Reichtum anlangt.«[33] Um ihrer Aufgabe gerecht zu werden und in der Gesellschaft gebildeter, meist adeliger Würdenträger auftreten und wirken zu können, musste die Kurtisane über ein gewisses Maß an Bildung verfügen. Sie sollte von sich ein Bild der Grazie und Vollkommenheit und um sich herum ein elegantes, angenehmes, den hohen Ansprüchen der Zeit und der Gesellschaft gerechtes Ambiente schaffen. Dies und der gehobene Gesellschaftsstatus der Männer, mit denen sie verkehrte, unterschieden sie von der herkömmlichen Prostituierten und

---

[30] Canosa/ Colonnello: Storia della prostituzione in Italia (wie Anm. 12), S. 44-46. Für den Vergleich mit dem deutschen Raum siehe Schuster: Dirnen und Frauenhäuser (wie Anm. 11), S. 352-395.

[31] Vgl. dazu: Hartmann, Elke: Heirat, Hetärentum und Konkubinat im klassischen Athen. Frankfurt, M./New York 2002, S. 141-183; Reinsberg, Carola: Ehe, Hetärentum und Knabenliebe im antiken Griechenland. München 1989.

[32] Hartmann: Heirat, Hetärentum (wie Anm. 31), S. 148f, S. 179-183.

[33] Floerke: Das Weib in der Renaissance (wie Anm. 12), S. 121.

rückten sie – das zeigt die Literatur, die sie besingt und verehrt – in die Nähe der ehrbaren Hofdame.

Wie wurde man Kurtisane?

Wie Kurzel-Runtscheiner klar formuliert, gab es für Frauen aus der mittleren und unteren Bevölkerungsschicht im 15./16. Jahrhundert nur drei Existenzmöglichkeiten[34]: Entweder heirateten sie, oder sie gingen ins Kloster. Für beide Alternativen war eine Mitgift notwendig, die in vielen Fällen nicht vorhanden war oder erst mühsam im Dienstverhältnis als Magd oder Wäscherin etc. erarbeitet werden musste. Ohne ansehnliche Mitgift war eine Heirat, die einen sozialen Aufstieg ermöglichte, nicht denkbar. Die dritte und einzige Möglichkeit, einen höheren gesellschaftlichen Status, Geld, finanzielle Unabhängigkeit und vielleicht sogar ein luxuriöses Leben zu erreichen, war durch den Beruf der Kurtisane geboten. Also verwundert es nicht, dass viele mittellose Frauen diesen Weg wählten. Einige entschieden sich allerdings erst nach der Heirat für dieses Leben. Nicht wenige von ihnen haben auf diese Weise den sozialen Aufstieg und den Status einer (relativ) freien und wirtschaftlich unabhängigen, ehrbaren Frau erreicht. Viele hatten sogar Kinder und unterhielten durch ihren Beruf eine mehr oder weniger breite Dienerschaft, der sie als »Familienoberhaupt« vorstanden – eine Position, die eine verheiratete Fürstin adeliger oder bürgerlicher Herkunft nicht oder nur ausnahmsweise[35] einnehmen konnte.[36]

Die in Rom ansässigen Kurtisanen, von denen uns biographische Angaben überliefert sind, waren in den seltensten Fällen Römerinnen. Sie kamen von überall her, sowohl aus den Städten der italienischen Halbinsel als auch aus dem »Ausland« (z.B. im Anhang von Söldnertruppen), so aus Spanien, Frankreich, Griechenland etc. Auf diesem Weg soll auch eine der berühmtesten Kurtisanen

---

[34] Vgl. Aretinos Ragionamento, wo der Dichter an jeweils einem Tag die Kurtisane Nanna über den Status der Nonne, der Ehefrau und der Kurtisane berichten lässt.

[35] Als Ausnahmen sei hier an Fürstinnen wie Isabella d'Este (1474-1539) oder Caterina Riario-Sforza (1463-1509) erinnert, welche als Witwen eine alleinige Regentschaft und später eine starke Mitregentschaft mit ihren Söhnen führten. Dazu: Ferino-Pagden, Sylvia (Hg.): La prima donna del mondo. Isabella d'Este. Fürstin und Mäzenatin der Renaissance. Ausstellungskatalog. Wien 1994; Graziani, Natale/ Venturelli, Gabriella: Caterina Sforza. Milano 1987.

[36] Kurzel-Runtscheiner: Töchter der Venus (wie Anm. 12), S. 28f, S. 38-40.

Roms, Isabella de Luna, die mit dem Heer Karls V. durch Europa zog, in die Ewige Stadt gekommen sein, wo sie sich dann niederließ. Im Heer lernte sie viele Angehörige des Adels kennen – Beziehungen, die sich später auch in Rom als nützlich erweisen sollten.[37]

Die Motive, die ein junges Mädchen zum Kurtisanenleben leiteten, sind eindeutig nicht zu bestimmen. Angesichts der Herkunft der meisten Kurtisanen lässt sich aber sinnvoll vermuten, dass die Hoffnung auf sozialen Aufstieg und Besserung der oft kargen Lebensumstände wohl eine zentrale Rolle gespielt haben. Diese Hoffung erfüllte sich z.B. für die um 1525 in Bologna geborene Lucrezia Galletta alias La Luparella in besonderem Maße. Sie war schließlich nicht nur eine der gefragtesten Kurtisanen Roms, sondern zeigte sich auch als überaus tüchtige Geschäftsfrau, die ihr erspartes Geld anzulegen und gewinnbringend zu verleihen wusste. Es ist Monika Kurzel-Runtscheiner beizupflichten, wenn sie formuliert: »Hätte sie sich nicht entschlossen, Kurtisane zu werden, so wäre sie nie in die Lage gekommen, ihre unternehmerischen Talente zu entwickeln.«[38] Als sie sich aus ihrem Geschäft zurückzog, verbrachte sie ihr weiteres Leben, wirtschaftlich abgesichert, als geachtete und ehrbare Frau. Hier ist La Luparella durchaus als Ausnahme anzusehen. Denn häufig endete das kurzzeitig glanzvolle Leben einer Kurtisane in wirtschaftlicher Not und sozialem Abseits. Eine Möglichkeit, diesem Schicksal zu entgehen, bot sich durch eine Eheschließung, auch wenn dieser neue Status ihre einmal erlangte Unabhängigkeit wieder einschränkte. Ein möglicher Ausweg aus diesem Dilemma bot sich, wenn die Ehe – wie bei Lucrezia Galletta – nur auf dem Papier bestand.[39]

Die meisten historisch belegbaren Kurtisanen im Untersuchungszeitraum waren Töchter von Kurtisanen, die von ihren Müttern in das Metier eingeführt wurden und »das Geschäft« dann später übernahmen. Wie wichtig die Ausbildung durch die eigene Mutter oder aber auch durch eine ehemalige, meistens ältere Kurtisane oder eine berufsmäßige Vermittlerin (»Kupplerin«) für die Ausübung des Berufes[40] war, wird noch zu zeigen sein. »Das Heranziehen einer

---

[37] Dies erwähnt Bandello in der Novelle II/51 (wie Anm. 13), S. 181-185.
[38] Kurzel-Runtscheiner: Töchter der Venus (wie Anm. 12), S. 61.
[39] Ebd., S. 63.
[40] Giorgio Padoan spricht bezüglich dieser höheren Form von Prostitution nicht mehr von »Beruf« sondern von »Lebenskunst«: »Cortigiana stava quasi a dire ›donna di corte‹ (...) e designava quelle che altrove dapprima si dissero meretrici ›honeste‹ ovvero ›honorate‹, a segnarne non solo il diverso grado di agiatezza raggiunto ma soprattutto il fatto che in loro il puttanesimo non era più un mestiere, bensì un'arte del vivere.« Padoan: Rinascimento in controluce (wie Anm. 12), S. 188.

Nachfolgerin war eine beliebte Form der Altersversorgung, weshalb jene Kurtisanen, die nicht ohnedies eigene Töchter hatten, gerne elternlose Mädchen bei sich aufnahmen und ihnen die entsprechende Erziehung angedeihen ließen.«[41]
Und weiter:

> »Die Sorge um Kinder und Anverwandte ist ein soziales Merkmal, mit dessen Hilfe man Kurtisanen von gewöhnlichen Prostituierten unterscheiden kann. Während Kurtisanen versuchten, ihren Kindern ein Leben in sozialer Sicherheit zu ermöglichen, konnte es bei einfachen Prostituierten vorkommen, dass ein Kind in erster Linie als finanzielle Belastung empfunden und dementsprechend behandelt wurde.«[42]

Für die Kurtisane waren die Nachkommen oft die einzige Altersversorgung und finanzielle Absicherung nach ihrem Rückzug aus dem zeitlich begrenzten Geschäft.[43]

Die Karriere einer jungen Kurtisane begann sehr früh mit dem – durchaus auch mehrmals erfolgten – Verkauf ihrer Jungfräulichkeit. Für diesen Akt konnte die Mutter oder ihre Mentorin ein kleines Vermögen erhandeln und so die Basis für eine erste längere Beziehung und/oder die Weiterempfehlung legen. So definiert Kurzel-Runtscheiner die Jungfräulichkeit als das wichtigste Startkapital für das Erklimmen der Karriereleiter.[44] Danach musste sich die Kurtisane allerdings durch andere Vorzüge auszeichnen: Schönheit, Eleganz, Bildung und gesellschaftlich adäquates Benehmen.

Schönheit, Eleganz und gepflegte Erscheinung waren so lange wie möglich zu erhalten. Für die Dauer ihrer Karriere nahm die Kurtisane deshalb die Dienste von Kaufleuten, Badern und Frauen, die sich als Enthaarerinnen und Herstelle-

---

[41] Kurzel-Runtscheiner: Töchter der Venus (wie Anm. 12), S. 33. Die Autorin führt hier das Beispiel der Isabella de Luna an, welche 1550 zwei Mädchen, Laura da Modena und Margarita Cleopatra, in ihr Haus holte, um sie zu Kurtisanen auszubilden.

[42] Ebd., S. 43.

[43] So erzählt Aretinos Nanna der Kurtisane Antonia: »e maestro Andrea soleva dire che le puttane e i cortigiani stanno in una medesima bilancia, e però ne vedi molti più carlini che d'oro. E che fa il pungolo che elle hanno anche nella anima, non pure nel core? le fa pensare a la vecchiezza, onde se ne vanno agli spedali, e scelta la più bella bambina che ivi venga, se la allevano per figliuola; e la tolgono in una età che appunto fiorisce nello sfiorire della loro, e gli pongono uno dei più belli nomi che si trovino, il quale mutano tuttodì (…)«. Aretino: Ragionamento (wie Anm. 13), III, S. 143.

[44] Kurzel-Runtscheiner: Töchter der Venus (wie Anm. 12), S. 34. Beim »mehrmaligen« Verkauf der Jungfräulichkeit griff man einerseits oft auf pseudomedizinische Heilmittel zur Wiederherstellung des Hymen zurück. Andererseits reichte meistens schon die Vorstellung der Entjungferung, um zahlungskräftige Interessenten zu gewinnen, die sich dann von einer gekonnten Inszenierung hinters Licht führen ließen.

rinnen von Schönheitsmitteln ihren Unterhalt verdienten, in Anspruch.[45] Um aber eine angenehme, gebildete Gesprächspartnerin zu werden, brauchte sie Bildung, die nun von dem erwirtschafteten Startkapital bezahlt werden konnte: Hier hatte sich symbolisches Kapital (Jungfräulichkeit) in ökonomisches Kapital verwandelt, das sich nun in kulturelles Kapital (Bildung) und soziales Kapital (Status) verwandeln sollte.

Der Beruf der Kurtisane

Die Aufgabe der Kurtisane war es also, den Erwartungen ihrer Gönner und Partner gerecht zu werden. »Die Kurtisanen hatten daher eine gesellschaftliche Funktion zu erfüllen, indem sie ihren Liebhabern und deren Freunden halfen, sich die Zeit zu vertreiben.«[46] Im Vordergrund standen gesellige Aufgaben. In ihren Häusern fanden Gesellschaftsabende[47] mit Speisen, Musik und Spiel[48] statt. Ihre Aufgaben beschränkten sich aber nicht auf die häusliche Geselligkeit. Als angenehme Begleiterin bei offiziellen und privaten Anlässen (z.B. im Karneval) erschien die Kurtisane ebenfalls an der Seite einflussreicher und bedeutender Männer. Sie führte unterhaltende Gespräche, beteiligte sich an allerlei Späßen und scheute auch zweideutige Lustbarkeiten nicht.

Gern suchten Kurtisanen Gelehrte, Dichter und Künstler auf oder versammelten sie in ihrem Haus,[49] unterhielten mit ihnen vertraute Beziehungen, indem

---

[45] Vgl. Delicado: Lozana. Die Andalusierin (wie Anm. 13), S. 353-359.

[46] Kurzel-Runtscheiner: Töchter der Venus (wie Anm. 12), S. 117.

[47] »Nanna: Quanti denari ho io guadagnati con mettere in mezzo questo e quello! In casa mia cenava spesso spesso gente, e dopo cena, venute le carte in tavola, ›Orsù‹ diceva io, ›Giochiamo duo giuli di confetti, e a chi viene, poniamo caso, il re di coppe, paghi‹«. Aretino: Ragionamento (wie Anm. 13), III, S. 133.

[48] Es handelt sich hier vor allem um Glücksspiele, wie die aus der Antike stammenden Brett- oder Würfelspiele, sowie Kartenspiele und die in Italien schon verbreiteten Lotterien. Dazu siehe Oberhummer, Rainer: Glücksspiel, Falschspiel und deren rechtliche Folgen im Mittelalter und in der Frühen Neuzeit. Unveröff. Diplomarbeit. Innsbruck 1996; Fiorin, Alberto: Nascita e sviluppo delle lotterie a Venezia. In: Günther G. Bauer (Hg.): Lotto und Lotterie. München/Salzburg 1997, S. 101-124; Zollinger, Manfred: Geschichte des Glücksspiels. Vom 17. Jahrhundert bis zum Zweiten Weltkrieg. Wien/Köln/Weimar 1997.

[49] Vgl. dazu die zahlreichen Beispiele für von Frauen initiierten oder mitgestalteten cenacoli in: de Maio: Donna e Rinascimento (wie Anm. 1), cap. 2: Rinascimento femminile. Individualismo e cenacoli misti, S. 44-58. Zum Vergleich mit dem griechischen Vorbild der Hetäre siehe wiederum: Hartmann: Heirat, Hetärentum (wie Anm. 31), S. 157-169.

sie ihnen z.b. – nackt – Modell standen.[50] So ist etwa vermutet worden, dass Raffael die Kurtisane Imperia zum Modell für seine Sappho auf dem Parnass nahm.[51] Für einen Künstler Modell zu sitzen oder ausgelassene Feste zu veranstalten war für die Kurtisane eine Möglichkeit, ihren Bekanntenkreis zu vergrößern und neue Anwärter zu finden. Die Pflege von Geselligkeit, der Umgang mit berühmten Künstlern und Gelehrten war ein wichtiger Teil des Lebens einer Kurtisane. Denn Ruhm, Anerkennung und Respekt ihrer Gönner und Freunde, aber auch der Dichter und Künstler waren für die Präsentation ihrer Person und für ihren gesellschaftlichen und finanziellen Erfolg unabdingbare Voraussetzungen.

Sexualität hatte in der Renaissance[52] durch die Anlehnung an die griechische und römische Antike und durch das literarische Engagement der frühneuzeitlichen Autoren eine beachtliche kulturelle und gesellschaftliche Aufwertung erfahren. Sie bezog sich nicht auf die reine Befriedigung durch den Geschlechtsakt, sondern verband sich mit anderen sinnlichen Genüssen. Essen und Trinken gehörten ebenso zu den körperlichen Freuden wie Musizieren und Tanzen. Solche Vergnügen zählten zum eigentlichen Metier der Kurtisane,[53] jedoch nicht unbedingt zu den ehelichen Pflichten und dem häuslichen Alltag einer ehrbaren Frau.

Die »göttliche Imperia«

Die Kaiserin der Kurtisanen, die »göttliche« Imperia (1481-1512)[54], ist ein besonders prominentes Beispiel für eine gebildete Frau im Milieu der Kurtisanen. Die zahlreichen Erzählungen über ihre Person, und beinahe noch mehr über ihr tragisches Ende, betonen ihren Erfolg. Als Tochter einer Kurtisane, Diana di Pietro Cognati, wurde Imperia, mit eigentlichem Namen Lucrezia, 1481 in Rom geboren. Wichtig für ihr luxuriöses Leben, für den Ruhm und die Verehrung, die

---

[50] Padoan: Rinascimento in controluce (wie Anm. 12), S. 189. Weiter: Lawner, Lynne: Le cortigiane. Ritratti del Rinascimento. Milano 1989; Humfery, Peter: Painting in Renaissance Venice. New Haven/London 1995.
[51] Semerau: Die Kurtisanen der Renaissance (wie Anm. 12), S. 74, S. 144.
[52] Dazu vgl. Ruggiero, Guido: The Boundaries of Eros: Sex, crime and sexuality in Renaissance Venice. New York/Oxford 1995.
[53] Kurzel-Runtscheiner: Töchter der Venus (wie Anm. 12), S. 145.
[54] Dazu vgl. Petrucci, Franca: Cognati, Imperia. In: Dizionario Biografico degli Italiani, Bd. 26. Roma 1982, S. 638-640. Weiter: Pecchiai, Pio: Donne del Rinascimento in Roma. Padova 1958, S. 1-58.

sie genoss, war die Beziehung zu zwei Männern. Der erste, Angelo del Bufalo, gehörte dem römischen Adel an und finanzierte der Kurtisane ein reiches und überaus pompös ausgestattetes Haus. Der andere war Agostino Chigi (1465-1520),[55] ein reicher und gebildeter Geschäftsmann und Bankier[56] mehrerer Päpste und Kardinäle, die stets in seiner und seines Bankhauses (finanzieller) Schuld standen. Nach Kurzel-Runtscheiner war es somit klar, »dass der frühverwitwete ›König der Bankiers‹ geradezu prädestiniert war, zum Liebhaber der ›Kaiserin der Kurtisanen‹ zu werden.«[57] Sonderbar und teilweise noch ungeklärt scheint dann der Selbstmord Imperias im Jahre 1512. Vielleicht hat sie ihn in der Sorge begangen, den einflussreichsten und wohlhabendsten Verehrer in ihrer Laufbahn und damit auch ihre Existenzgrundlage zu verlieren. Denn immerhin kann nachgewiesen werden, dass ihr Gönner zur Zeit ihres Selbstmordes sich tatsächlich mit Heiratsplänen trug und auch schon eine andere, junge Geliebte hatte.[58] Neben Imperia, die ein Beispiel aus der glänzendsten Zeit, der Hochblüte des Kurtisanenwesens der Renaissance darstellt, lässt sich eine gewisse Lucrezia Sgarrettona[59] nachweisen, die sich mit ihr den »Rekord« an Reichtum und Ansehen teilte. Doch sind diese beiden Frauen eine Ausnahme geblieben. Denn nur eine sehr kleine Elite schaffte es, »curialis romanam curiam sequens« (der römischen Kurie verbunden) zu sein. Sehr viele errangen einen hohen gesellschaftlichen Status und konnten sich als wohlhabend bezeichnen, doch erreichten sie nicht den Gipfel der Hierarchie, der nur einigen wenigen vorbehalten blieb.

Wie man an einzelnen Fallbeispielen erkennen kann, waren Kurtisanen Frauen, die Geld verdienten und sich dadurch finanziell weitgehend unabhängig machen konnten. Sie wurden verehrt und waren anerkannt, erfuhren Respekt und Bewunderung, ohne ihre Gönner zu heiraten. Manche Kurtisanen sind aber nicht nur finanziell erfolgreich gewesen. Einige von ihnen sind regelrecht berühmt

---

[55] Zu diesem siehe Dante, Francesco: Chigi, Agostino. In: Dizionario Biografico degli Italiani, Bd. 24. Roma 1980, S. 735-743.
[56] Vgl. Gilbert, Felix: The pope, his banker and Venice. Cambridge, Ma./London 1980, insbes. Kap. IV: Chigi in Rome: The Pope's favorite, S. 63-94.
[57] Kurzel-Runtscheiner: Töchter der Venus (wie Anm. 12), S. 49.
[58] Ebd., S. 50f. Schließlich konnte die feste Bindung an einen Liebhaber eine fast ebenso große finanzielle Absicherung wie eine Heirat bedeuten. Schon die griechische Hetäre war bestrebt, einen Mann dauerhaft an sich zu binden, in einer fast ehelichen Verbindung mit ihm zu leben und für die gemeinsamen Kinder das Bürgerrecht zu erwirken. Siehe Hartmann: Heirat Hetärentum (wie Anm. 31), S. 210f.
[59] Kurzel-Runtscheiner: Töchter der Venus (wie Anm. 12), S. 53.

geworden – nicht zuletzt wegen ihrer Bildung. Im folgenden wird noch zu zeigen sein, dass die für diesen Beruf unerlässliche Bildung zusammen mit dem Ruhm, der einigen Kurtisanen zukam, zu weiterer Anerkennung und sogar zum »Durchbruch« in der Gelehrten- und Dichterwelt führen konnte.

Bildung als Beruf

Bildung und Eleganz waren ein wichtiger Gradmesser für die Beliebtheit und die Berühmtheit der Kurtisanen. Es war diese Bildung, die es der Kurtisane ermöglichte, mit gelehrten, hochstehenden und wohlhabenden Männern Geselligkeit zu pflegen. Ihr Auftreten in der Öffentlichkeit in Begleitung wichtiger, einflussreicher Personen konnte für beide eine gesellschaftliche Aufwertung bedeuten. Denn auch für den Gönner und Gefährten einer Kurtisane war es eine Prestigesache, eine bekannte und geschätzte Kurtisane an seiner Seite zu haben und auf diese Weise seine soziale Stellung und seinen Reichtum unter Beweis zu stellen. Um in diesen Kreisen Erfolg zu haben, musste die Kurtisane nicht nur gute Umgangsformen und tadellose Manieren haben.[60] Um glücklich zu repräsentieren war es zudem erforderlich, lesen, schreiben, singen und tanzen zu können, ein Instrument zu beherrschen und imstande zu sein, anregend zu sprechen, zu disputieren und anmutig zu rezitieren. Wie Kurtisanen zu ihrer (Aus-) Bildung kamen, ist nur schwer zu belegen. Hier soll deshalb den Ausführungen von Kurzel-Runtscheiner gefolgt werden, die trotz des Quellenmangels diesen Punkt erhellen konnte. Danach versuchte ein junges, aufgewecktes Mädchen, das als Kurtisane Karriere machen wollte, so viel wie möglich von ihrer Mutter oder der Vorgängerin, die sie in den Beruf einführte[61], oder aber auch von ihren ersten, gebildeten Gönnern[62] zu lernen, bzw. diese nachzuahmen. Manchmal nahmen

---

[60] Zur Unterweisung der Pippa durch ihre Mutter in Tischmanieren und gesellschaftlich einwandfreiem Benehmen siehe Aretino: Ragionamento (wie Anm. 13), I, S. 175-177.

[61] So mahnt die Nanna ihre Tochter, die sie zur Kurtisane erzieht: »Non perder mai tempo, Pippa: và per casa, ficca due punti per un bel parere, maneggia drappi, smusica un versolino da te imparato per burla, trempella il manecordo, stronca il liuto, fa vista di leggere il *Furioso*, il Petrarca e il *Cento*, che terrai sempre in tavola (...)«. Aretino: Ragionamento (wie Anm. 13), I, S. 233.

[62] Dazu siehe das Gedicht von Joachim Du Bellay XXXVIII »La vieille courtisanne«, in dem es u.a. heißt: »De main en main je fus mise en avant/ a cinq ou six, vierge comme devant./ Depuis suivant une meilleure voye,/ d'un grand prélat je fus faicte la proye,/ qui chèrement ma jeunesse achepta,/ comme pucelle: et si bien peu d'espace,/ belle, en bon poinct, et de meilleure

sich die hochgestellten Männer ihrer jungen Geliebten ausdrücklich an und lehrten sie richtiges Benehmen und korrektes Reden.[63] Wie wichtig letzteres war, um eine gehobene Kurtisane von anderen »käuflichen« Frauen zu distinguieren, lässt der Dichter Pietro Aretino des öfteren seine Nanna wiederholen, die – aus Bewunderung, Berufsrivalität oder Neid – das niveauvolle Vokabular der Kurtisane Lucrezia Porcia (Madremma-non-vole) verspottet.[64]

Aretino hat nicht nur auf diese Weise sein Misstrauen gegenüber dem ernsthaften Bildungswillen der Kurtisanen formuliert. In anderen Zusammenhängen hat der Satiriker ihnen vorgehalten, sich nur gebildet zu zeigen, aber kein seriöses Interesse an einer fundierten Erziehung zu haben und die Werke der großen lateinischen und italienischen Autoren rein demonstrativ in ihren Häusern zu verstreuen. Hier spricht vielleicht der Neid aus dem Dichter und Tadler des hohen Klerus, der sich den Weg nach oben hart »erdichten« musste.[65] Trotzdem ist diese Bemerkung wohl nicht ganz von der Hand zu weisen, denn Gelehrsamkeit und Bildung waren in der Renaissance in vieler Hinsicht ein Trend, dem auch die Kurtisanen folgten. Trotzdem kann neben Schönheit und Anmut Bildung als ein Mittel angesehen werden, um die einflussreichsten und wohlhabendsten

---

grace./ Dès lors j'apprins à chanter et baller,/ toucher le luth, et proprement parler,/ vestir mon corps d'accoustrement propice,/ et embellir mon teinct par artificie:/ bref, j'apprins lors soubs bons enseignemens/ de mon sçavoir les premiers rudimens:/ car le prélat, duquel j'estoy l'amie,/ voire duquel j'estoy l'ame demie,/ le cueur, le tout, n'avoit autre plaisir/ que satisfaire à mon jeune désir (...).«Du Bellay, Joachim: Diverse jeux rustiques. Hg. von Verdun L. Saulnier. Lille/Genève 1947, S. 150f.

[63] Kurzel-Runtscheiner: Töchter der Venus (wie Anm. 12), S. 87.

[64] Z.B.: »(...) dicea la *petrarchesca* Madrema-non-vole«. Aretino, Ragionamento (wie Anm. 13), II, S. 99. Petrarcas Sonette an Laura waren das nachzuahmende Muster für Preisgedichte von und auf Kurtisanen. Nannas Gesprächspartnerin Antonia – ebenfalls eine Kurtisane – ermahnt die Freundin, sich eines gehobeneren Wortschatzes zu bedienen, wie es eben Madremma-non-vole tut: »(...) parla puntata, perchè parlando io con la mamma di Mardema-non-vole, fui ripresa da lei per aver detto verbigrazia, ›mugolare‹, ›zampillare‹ e ›trasecolare‹. (...) Perchè dice che si è trovato un favellar nuovo: e la sua figlia ne è la maestra. (...) La sua Madrema, dico, la quale si beffa di ognuno che non favella alla usanza: e dice che si ha da dire ›balcone‹ e non ›finestra‹, ›porta‹ e non ›uscio‹ (...)«, Aretino: Ragionamento (wie Anm. 13), II, S. 107.

[65] Kurzel-Runtscheiner präzisiert zu Aretinos boshaften Bemerkungen, dass er es als störend empfinden musste, wenn Kurtisanen, die aus der unteren Bevölkerungsschicht kamen, durch eine ihrem Prestige dienende, oft vorgetäuschte Bildung den Sprung in die obersten Gesellschaftskreise schafften. Kurzel-Runtscheiner: Töchter der Venus (wie Anm. 12), S. 88f.

Männer an sich zu ziehen.[66] Semerau kommt in seinen Ausführungen allerdings zu einem anderen Schluss:

»Man kann kaum annehmen, dass diese Bücher lediglich zum Schmuck auslagen, dass sie vielmehr einem sehr realen Bildungsbedürfnis dienen sollten. Wir hörten auch, dass Imperia bei dem bekannten sienesischen Komödienschreiber Strascino Unterricht in der Deklamations- und Dichtkunst hatte, dass sie, nach Bandello, selbst manch Sonett oder Madrigal dichtete. Auf diese Betätigung in der Dichtkunst braucht man freilich keinen allzu großen Wert zu legen, denn es gehörte damals zum guten Ton, dass die Damen sich ebenso sehr mit feinen Stickarbeiten wie mit der Verfertigung von Versen beschäftigten. Man darf sagen, es gehörte im gewissen Sinn zu der Frauenbildung, wie sie in jenen Tagen gefordert wurde.«[67]

Einige Kurtisanen kannten die Werke der lateinischen Autoren, meist Tibull, Catull, Vergil, Horaz und Ovid, und benutzten daraus Passagen in ihren Briefen.[68] Auch Lyrik und Prosa von Petrarca und Boccaccio waren eine beliebte Lektüre (zumal das Decameron den ehrbaren Frauen verwehrt blieb).[69] Vielleicht hat Aretino in seiner Scharfzüngigkeit doch Recht, und die Bücher lagen gut sichtbar in ihren Häusern, um die Besucher zu beeindrucken. Doch gleichgültig ob wir es mit tatsächlicher oder nur vorgegebener Bildung zu tun haben, ob die Bücher wirklich gelesen wurden oder nur auslagen: Beide Sehweisen belegen in ihrer jeweils eigenen Art die Bedeutung von Bildung für die Kurtisane, ihren Haushalt und ihren beruflichen Erfolg.[70]

Dies belegt auch ein Bericht des gelehrten Michel Eyquem Seigneur de Montaigne (1533-1592)[71], der in den 80er Jahren des 16. Jahrhunderts im Tagebuch

---

[66] Vgl. Regazzo-Thoms, Sabrina: Una cortigiana intellettuale: Veronica Franco. In: Hoeges: Frauen der italienischen Renaissance (wie Anm. 1), S. 139-167, hier S. 152.

[67] Semerau: Die Kurtisanen der Renaissance (wie Anm. 12), S. 161f. Der Historiker bezieht sich hier aber vor allem auf die Bildung der Frauen aus der Adelsschicht und dem Bürgertum und vergisst, dass die Kurtisanen, so auch Imperia, aus einer niederen Schicht stammten, welche sich meistens nicht mit Dichten und Lesen die Zeit vertrieb.

[68] »Vale, oculorum meorum lumen« beendet Alessandra Fiorentina ihren Brief an Francesco del Nero und in einem anderen erinnert sie ihn daran, dass: »Regnum et amor non capit duos«, wie auch Ovid sagt. Siehe Romano, Angelo (Hg.): Lettere di cortigiane del Rinascimento. Roma 1990, S. 93, 96.

[69] Semerau: Die Kurtisanen der Renaissance (wie Anm. 12), S. 164.

[70] Sie blieben nicht von der Missgunst und der Ironie mancher Zeitgenossen, wie Bandello und Aretino, verschont, welche ihre Bemühungen um eine gepflegte Sprache und das Rezitieren von Passagen aus Boccaccios oder Petrarcas Werken oder das Wandeln mit Büchern in der Hand belächelten und eben als Schein-Bildung abtaten. Vgl. Padoan: Rinascimento in controluce (wie Anm. 12), S. 193.

[71] Zu diesem vgl. Lacouture, Jean: Michel de Montaigne. Ein Leben zwischen Politik und Philosophie, aus dem Französischen von Holger Fock und Sabine Müller. Frankfurt, M./New York 1998.

seiner Badereise vom Aufenthalt in Rom berichtet, er habe sich zu einem Gespräch mit einer Kurtisane begeben, was ebenso viel wie ein Liebesakt gekostet habe:

>»(…) oder auch besuchte ich zuweilen eine der öffentlichen Damen, wobei nur das unangenehm war, dass sie die bloße Unterhaltung – diese suchte ich bei ihnen, um sie sprechen zu hören und an ihrer Behändigkeit meine Freude zu haben – gerade so teuer wie den ganzen Handel verkauften und sich gerade so sparsam dabei zeigten.«[72]

Diese Kurtisanen waren also durchaus in der Lage gelehrte Konversation zu führen, die literarische, philosophische oder theologische Inhalte hatte.

In Venedig hatte Montaigne sogar erlebt, dass sich die Kurtisane und Dichterin Veronica Franco (1546-1591)[73] mit einigen selbstverfassten Werken an ihn wandte:

»Montag, den 7. November, sandte ihm während des Abendessens die Signora Veronica Franca, ein junges venezianisches Frauenzimmer, zum Geschenk ein kleines Buch Briefe, die sie selbst verfasst hat; er ließ dem Überbringer zwei Taler geben.«[74]

So viel wir wissen war Veronica Franco schon in jungen Jahren von der Mutter für den Beruf der Kurtisane bestimmt und erzogen worden und hatte somit eine gute, gezielte, auf ihre Zukunft maßgeschneiderte Ausbildung genossen. Sie hatte auch das Leben der Ehefrauen kennen gelernt, da sie schon früh mit einem Arzt verheiratet wurde, eine Tatsache, die sie – vor und während der Ehe – nicht daran gehindert hat, eine Kurtisane zu werden.[75] Der Brief war – wie uns die Sammlung von Angelo Romano[76] zeigt – die in der Gesellschaft der Renaissance und unter den Kurtisanen beliebteste literarische Form, die nicht aus-

---

[72] de Montaigne, Michel: Tagebuch einer Reise durch Italien, die Schweiz und Deutschland in den Jahren 1580 und 1581. Hg. und aus dem Französischen übersetzt von Otto Flake. Frankfurt, M. 1988, S. 164.

[73] Zu ihrer Biographie siehe Calitti, Floriana: Franco, Veronica. In: Dizionario Biografico degli Italiani, Bd. 50. Roma 1998, S. 209-213. Weiter: Zorzi, Alvise: Cortigiana veneziana. Veronica Franco e i suoi poeti 1546-1591. Milano 1993; Migiel, Marilyn: Veronica Franco. In: Rinaldina Russell (Hg.): Italian Women Writers. A Bio-Bibliographical Sourcebook. Westport/London 1994, S. 138-144; Rosenthal, Margaret F.: The Honest Courtesan. Veronica Franco, Citizen and Writer in Sixteenth-Century Venice. Chicago/London 1992. Zu ihrer Dichtung: Salza, Abdelkader (Hg.): Gaspara Stampa – Veronica Franco: Rime. Bari 1913.

[74] Montaigne: Tagebuch (wie Anm. 72), S. 97. Einige der Briefe von der Kurtisane an Kardinal Luigi d'Este und den französischen König Heinrich III. sind in der Edition von Bianchi, Stefano (Hg.): Veronica Franco. Lettere. Roma 1998, enthalten.

[75] Vgl. Regazzo-Thoms, Sabrina: Una cortigiana intellettuale: Veronica Franco. In: Hoeges: Frauen der italienischen Renaissance (wie Anm. 1), S. 143f.

[76] Siehe Romano: Lettere di cortigiane (wie Anm. 68).

schließlich der Informationsgewinnung und -vermittlung diente, sondern eine ausgefeilte, literarisch hoch stehende Prosagattung war. Aber nicht nur für die philologische Untersuchung, sondern auch für die Forschung zu Kurtisanen- und Frauenbildung sind diese Briefe eine reiche Quelle. So erfahren wir aus einem Schreiben der Kurtisane Camilla Pisana an Francesco del Nero, dass sie ein kleineres Werk verfasst habe, das von ihm überarbeitet und »korrigiert« werden solle, ehe er es anderen zeigen könne.

> »Se hai il mio libro, l'ho caro, nollo lasciar veder se non tra voi, perché è scorretto, e non molto a proposito, ma credo non ti rinscrescerà rivederlo un poco e ricorreggerlo, perché senza el tuo aiuto non son per averne se non vergogna.«[77]

Auch wenn Kurzel-Runtscheiner bei ihren Archivarbeiten nur selten und vereinzelt Angaben zum Bildungsgrad der Kurtisanen gefunden hat, so kann sie aus den Quellen doch schließen, dass z.B. Lucrezia Galletta eine so gute Ausbildung erhalten hatte, dass sie eigenhändig ihre Geschäftsbücher führen konnte. Dies ist aber nicht der einzige Beleg für ihre Bildung. Denn aus ihrem Nachlassinventar ist ein besonders reicher Bücherbesitz überliefert. Bücherbesitz ist bei Kurtisanen mehrfach belegt und weist bei einigen, wie z.B. der Dichterin Tullia d'Aragona, ganz eindeutig auf ein hohes Maß an Bildung hin.

Diese gebildetste unter den Kurtisanen, Tullia d'Aragona (1508/10-1556)[78] aus Siena, die auch als Dichterin und Philosophin[79] besungen wurde, war von ihrer Mutter erzogen und unterrichtet worden. Sie ist nicht nur ein Beispiel für eine Frau dieser Zeit, deren Werke sogar publiziert worden sind, sondern sie ist auch ein Beweis für die Festigung und Etablierung der Dichtung in der Umgangssprache (vernacolo) gegenüber dem bis dahin gängigen Latein. Tullia soll sich nämlich nicht nur als Dichterin in der Volkssprache versucht haben, sondern sich auch mit der theoretischen Frage, welche die wahrhafte toskanische Sprache sei, beschäftigt haben.[80] Das Dichten und Schreiben[81] auf »Italienisch« kann

---

[77] Ebd., IV, S. 34.

[78] Zu ihrer Person und ihrer Dichtung siehe Russell, Rinaldina: Tullia d'Aragona. In: dies.: Italian Women Writers (wie Anm. 73), S. 26-34.

[79] 1547 erscheint in Venedig durch Muzio ihr »Dialogo della infinità di amore«, ein Werk, das Tullia Herzog Cosimo de' Medici widmet. Hier analysiert die gelehrte Kurtisane in einer Gesprächsrunde die Arten der Liebe und untersucht die Frage, ob man zeitlich begrenzt lieben könne. Dazu siehe Sacchi, Angelo: »Dialogo della infinità di amore«. In: Dizionario letterario Bompiani delle opere e dei personaggi di tutti i tempi e di tutte le letterature, Bd. 2. Milano 1956, S. 630.

[80] Semerau: Die Kurtisanen der Renaissance (wie Anm. 12), S. 164.

allerdings auch als Beleg dafür angesehen werden, dass diese Frauen oft des Lateinischen nicht so mächtig waren, dass sie hätten darin Verse produzieren können.[82] Guido Biagi hat sich schon Ende des 19. Jahrhunderts mit der Figur dieser dichtenden Kurtisane auseinandergesetzt und zeichnet folgendes Bild von ihr:

> »(…) è ormai fuor di questione che la Tullia, intorno al velo giallo della cortigiania, intrecciò il lavoro della poetessa, che la viltà della sua condizione non le impedì d'essere onorata e riverita dagl'ingegni più eletti e d'andare a paro con altre letterate che seppero insieme osservare le regole della prosodia e della morale.«[83]

Wenn hier Biagi – fast vorwurfsvoll – feststellt, dass es auch gebildete Frauen gegeben habe, die den Namen »Dichterinnen« zu tragen verdienten, ohne dabei den Pfad der Moral verlassen zu haben (also keine Kurtisanen waren), dann denkt er wohl an Frauen wie Vittoria Colonna (1490-1547)[84] oder Marguerite d'Angoulême, Königin von Navarra (1492-1549)[85]. Doch vergisst er, dass diese Frauen aus adeligen und patrizischen Kreisen kamen, während eine Tullia d'Aragona oder eine Veronica Franco von Geburt an nicht zu dieser gesellschaftlichen Elite gehörten. Erst das Leben als Kurtisane ermöglichte es ihnen, die Position zu erringen, um sich auch als Dichterinnen einen Namen machen zu können. Im Falle Tullia d'Aragona hat diese Anerkennung sogar dazu geführt, dass sie den sonst für Kurtisanen als Erkennungszeichen (vor allem in Florenz und Venedig) vorgeschriebenen gelben Schleier nicht tragen musste.[86]

Trotzdem ist wohl Britta Schmidt beizupflichten, die meint, dass »Tullia d'Aragona ihren Kurtisanenstatus als soziales Stigma betrachtete«. Sie »hoffte Zeit ihres Lebens, von den Einkünften als Autorin leben und den Kurtisanenbe-

---

[81] Dazu gehört als wichtigste Gattung der Brief, der meist auf Italienisch mit eingeflochtenen lateinischen Ausdrücken und Wendungen – fast als Beweis der Gelehrtheit der Schreiberin – verfasst war und sich mit den unterschiedlichsten Themen an den meist hochrangigen Adressaten (z.B. Camilla Pisana an Filippo Strozzi, Beatrice da Ferrara an Lorenzo de' Medici, Herzog von Urbino etc.) richtete: Romano: Lettere di cortigiane (wie Anm. 68).

[82] Vgl. Grendler: Schooling in Renaissance Italy (wie Anm. 3), S. 93-94.

[83] Biagi, Guido: Un'etèra romana. Tullia d'Aragona. Firenze 1897, S. 56.

[84] Vgl. Ferino-Pagden, Sylvia (Hg.): Vittoria Colonna. Dichterin und Muse Michelangelos. Ausstellungskatalog Kunsthistorisches Museum Wien. Wien 1997.

[85] Dazu siehe Febvre, Lucien: Margarete von Navarra. Eine Königin der Renaissance zwischen Macht, Liebe und Religion, aus dem Französischen von Grete Osterwald. Hg. von Peter Schöttler. Frankfurt, M./New York 1998.

[86] Kurzel-Runtscheiner: Töchter der Venus (wie Anm. 12), S. 76.

ruf aufgeben zu können, was ihr jedoch nicht gelang.«[87] Wenn es schon für männliche Dichter, Künstler und Literaten trotz der Hilfe großzügiger Mäzene äußerst schwierig war, von ihren Werken leben zu können, so war es für eine alleinstehende Frau schier unmöglich. Tullia hätte vielleicht ihr Leben als Kurtisane gerne beendet und sich allein der Dichtkunst gewidmet. Aber allein dieses Leben gestattete es ihr, sich als Gelehrte und Autorin bekannt und berühmt zu machen, und umgekehrt war es gerade diese herausragende Bildung, die sie in jeder Stadt, in der sie verweilte, zu einer der begehrtesten und gefragtesten Kurtisanen machte.

Mit den zwei oben genauer betrachteten dichtenden Kurtisanen hat Italien, wie Floerke bemerkt,

»im 16. Jahrhundert zwei Kurtisanen besessen, die sich als Dichterinnen einen Namen gemacht haben: Tullia d'Aragona und Veronica Franco, die eine in Rom, Ferrara und Florenz, die andere in Venedig. Ihren Ruf als Dichterinnen verdanken sie weniger ihren Leistungen als ihrer Eigenschaft als Frauen und Kurtisanen. Eine dichtende Frau konnte im Cinquecento des Beifalls sicher sein, mehr noch eine dichtende Kurtisane, deren Haus eine Arena für alle Schöngeister war.«[88]

Einen letzten Hinweis auf die Bildung dieser Frauen gibt uns der Dichter Matteo Bandello: Wenn er in einer seiner Novellen vom Prunk im Haus der Kurtisane Imperia erzählt, dann vergisst er nicht den studiolo, das den Gelehrten eigene Studierzimmer mit kostbaren Büchern und Musikinstrumenten, zu erwähnen. Weiters berichtet er, dass sie nicht nur italienische und lateinische Autoren las – von denen sie auch zahlreiche Werke besaß –, sondern dass sie auch selbst komponierte und Gedichte verfasste.

»Si vedevo poi nel mezzo un tavolino, il più bello del mondo, coperto di velluto verde. Quivi sempre era o liuto o cetra con libri di musica e altri instrumenti musici. V'erano poi parecchi libretti volgari e latini riccamente adornati. Ella non mezzanamente si dilettava de le rime volgari, essendole stato in ciò essortatore e come maestro il nostro piacevolissimo messer Domenico Campana detta Strascino, e tanto già di profitto fatto ci aveva che ella non insoavemente componeva qualche sonetto o madrigale.«[89]

---

[87] Schmidt, Britta: Zwischen Poesie und Prostitution: Tullia d'Aragona – La cortigiana degli accademici. In: Hoeges: Frauen der italienischen Renaissance (wie Anm. 1), S. 197-217, hier S. 197.

[88] Floerke: Das Weib in der Renaissance (wie Anm. 12), S. 139. Floerke bringt hier keine Beweise für die Minderwertigkeit der weiblichen Dichtung, sondern bleibt in seinen Vorurteilen gegenüber den Frauen und ihren Leistungen gefangen.

[89] Bandello: Novelle (wie Anm. 13), III/42, S. 462.

Die Musik, d.h. das Beherrschen eines Instrumentes – meist der Laute –, das Singen und dazugehörende Tanzen, war für den Beruf der Kurtisane notwendig, um ihre Gäste, Gefährten, Freunde und Gönner angenehm zu unterhalten und den verschiedenen Geselligkeiten[90] – oft im eigenen Hause – den angemessenen musikalischen Rahmen zu geben. Zahlreiche Darstellungen bezeugen nicht nur, dass die Kurtisanen Instrumente spielten und besaßen, sondern sie belegen auch die Beziehung zwischen Musik und Eros in der Welt der Höfe und der Kurtisanen. Bis zum Aufkommen der Musikerin, der Virtuosin der Musik, übernahmen die Kurtisanen die Aufgabe, die gesellschaftlichen Zusammenkünfte mit Musik zu bereichern.[91] An dieser Stelle sei noch einmal Kurzel-Runtscheiner erwähnt, welche die erotische Bedeutung weltlicher Musik und des Tanzes betont und an die Mahnung für die ehrbaren Frauen erinnert, diese Art der Unterhaltung deshalb zu meiden.[92]

Schlussbetrachtung

Die breite Bildung einiger weniger, die Halbbildung der meisten und die (Schein)Bildung[93] vieler Kurtisanen diente – soviel sollte deutlich geworden sein – vorrangig dazu, die Aufgaben der Kurtisanen in der höfischen Welt der Renaissance zu bewältigen. Es ist somit Kurzel-Runtscheiner zuzustimmen, wenn sie in Bezug auf die Kurtisanen behauptet:

»Während ein Mann ausgebildet wurde, um Neues zu schaffen, war das einzige Ziel der weiblichen Bildung, dem gelehrten Mann adäquate Zerstreuung zu bieten. Die geistigen Leistungen der Kurtisanen wurden daher nur dann honoriert, wenn sie dazu angetan waren, das Unterhaltungsbedürfnis ihrer Kunden zu befriedigen.«[94]

---

[90] Semerau: Die Kurtisanen der Renaissance (wie Anm. 12), S. 165.

[91] Vgl. Laini, Marinella: Le cortigiane e la musica. In: Il gioco dell'amore. Le cortigiane di Venezia dal Trecento al Settecento. Catalogo della mostra, Venezia 2 febbraio-16 aprile 1990. Milano 1990, S. 95-97.

[92] Kurzel-Runtscheiner: Töchter der Venus (wie Anm. 12), S. 90f.

[93] Dazu die Aufforderung der Kurtisane Nanna an ihre Tochter, die nicht lesen kann, ein Buch in die Hand zu nehmen und Bildung vorzuheucheln, auch wenn sie das Werk falsch herum halte: Pippa: »A che il libricciuolo, se io non so leggere?« Nanna: »A parer di sapere: e non importa se tu lo voltassi ben sottosopra, come fanno le romanesche perché si creda che elle sien fate, e son fantasime.« Aretino: Ragionamento (wie Anm. 13), I, S. 215.

[94] Kurzel-Runtscheiner: Töchter der Venus (wie Anm. 12), S. 92.

Trotzdem ist nicht zu leugnen, dass die Kurtisane für eine kurze Zeitspanne eine bedeutende Rolle in der römischen Gesellschaft, und nicht nur dort, gespielt hat. Ihre Bildung, ihre Kenntnisse, ihre Fertigkeiten und ihr zum Teil gelehrtes Wissen haben ihr die Voraussetzungen hierfür gegeben. Auch wenn das Leben der Kurtisane nicht immer angenehm verlaufen ist, wenn sie wirtschaftlichen und sozialen Zwängen ausgesetzt war und sich marktgerecht verhalten musste, so hatte sie doch die Möglichkeit, an der repräsentativen höfischen Öffentlichkeit teilzunehmen, die in der Renaissance auch verknüpft war mit Bildung und Gelehrsamkeit. So sollte, konnte und wollte die Kurtisane an einer Form gelehrten Austausches teilnehmen, der adeligen und bürgerlichen Frauen nur in wenigen Ausnahmefällen zugänglich war. Für Kurtisanen gehörte diese Art des Umgangs zum Alltag.

Eva Cescutti

Quia non convenit ea lingua foeminis – und warum Charitas Pirckheimer dennoch lateinisch geschrieben hat*

I

Charitas Pirckheimer, Äbtissin des Klarissenklosters zu Nürnberg, war schon zu Lebzeiten berühmt für ihre Bildung: Conrad Celtis, prominenter Humanist und erster *poeta laureatus* nördlich der Alpen, würdigt sie an höchst exponierter Stelle, nämlich in einem Widmungsbrief an Kurfürst Friedrich II. von Sachsen aus dem Jahr 1501.[1] Er stellt Charitas Pirckheimer dabei in eine lange Reihe herausragender Beispiele weiblicher Tugend und Gelehrsamkeit. Namentlich nennt er – neben den mythischen Germaninnen *Velada* und *Aurinia* aus Tacitus[2] – noch *Sapho, Cloelia, Hieronymi Paulina et Eustochium, apud Hebraeos Ruth, Judith et Hester* sowie seine Zeitgenossinnen *Anna Germania* und *Agnula Phrisia*.[3] In die Reihe gehört auch noch Hrotsvit von Gandersheim, deren *editio princeps* Celtis dem Kurfürsten mit diesem Brief überreicht. An letzter und prominenster Stelle erwähnt er – geradezu als zeitgenössisches deutsches Aus-

---

* Dies ist die schriftliche Fassung meines Beitrags zum interdisziplinären Workshop »Laut + leise & öffentlich + heimlich. Selbstzeugnisse von Nonnen der Reformationszeit im deutschsprachigen Raum«, der – veranstaltet von Claudia Ulbrich, Gabriele Jancke und Susanne Knackmuß – am 11. und 12. 7. 2003 am Friedrich-Meinecke-Institut der Freien Universität Berlin stattgefunden hat.
[1] Rupprich, Hans (Hg.): Der Briefwechsel des Konrad Celtes. München 1934, Brief 267, S. 461-467.
[2] Tacitus: Germania 8.
[3] Rupprich (Hg.): Briefwechsel (wie Anm. 1), Brief 267, S. 465, Anm. 1 und 2, lokalisiert Anna und Agnula in Nürnberg. Anna war vermutlich Musikerin, über Agnula gibt es keinen weiteren Aufschluss.

hängeschild –»(...) Charitas, die Schwester unseres Gastfreundes Willibald Pirckheimer, in der römischen Sprache und beim Schreiben von Briefen gewandt und routiniert.«[4]

Sein Zeitgenosse Erasmus von Rotterdam tut es ihm noch 25 Jahre später gleich – und zwar in einem seiner 1526 erschienenen *Colloquia Familiaria*, nämlich in dem *Colloquium Abbatis ed Eruditae*, dem Gespräch des Abtes Antronius mit der gebildeten Frau Magdalia, in dem er am Ende des Dialogs seine Figur Magdalia Folgendes über weibliche Bildung und Latein-Kenntnis sagen lässt:

»Und dennoch ist es nicht so selten, wie du glaubst: Es gibt in Spanien und in Italien nicht wenige edle Frauen, die es mit jedem Mann aufnehmen können – in England gibt es die Frauen aus der Familie More, in Deutschland die Frauen aus der Familie von Willibald Pirckheimer und aus der Familie Blarer.«[5]

Bei beiden Humanisten erscheint die Beherrschung des Lateinischen als zentraler Indikator weiblicher Bildung. Zumindest in diesem einen Zusammenhang steht die Forschung Conrad Celtis und Erasmus nicht nach: Auch heute noch findet sich Charitas Pirckheimer in erster Linie wegen ihrer Latein-Kenntnisse in den Geschichten der deutschen Literatur, in den Frauenliteratur-Geschichten,[6] in den Geschichten der Renaissance und des Humanismus[7] und in den Geschichten der Frauenbildung.[8]

---

[4] Ebd., Brief 267, S. 465 (Übersetzungen hier und im Folgenden, falls nicht anders angegeben, von E.C.): *Charitatem Vilibaldi Pyrkhamers hospitis nostri sororem, in Romana lingua et scribendis epistolis facilem et extemporaneam.*

[5] Halkin, Léon E./ Bierlaire, Franz/ Hoven, René (Hg.): Opera omnia Desiderii Erasmi Roterodami I, 3, *Colloquia*. Amsterdam 1972, *Abbatis et Eruditae*, S. 403-408, hier S. 407: *Neque tamen usque adeo rarum est, quam tu putas: sunt in Hispania, sunt in Italia non paucae mulieres adprime nobiles, quae cum quovis viro queant contendere: sunt in Anglia Moricae, sunt in Germania Bilibaldicae et Blaurericae.*

[6] Beispielsweise: Hess, Ursula: Lateinischer Dialog und gelehrte Partnerschaft. Frauen als humanistische Leitbilder in Deutschland (1500–1550). In: Gisela Brinker-Gabler (Hg.): Deutsche Literatur von Frauen, Bd. 1. München 1988, S. 113-148.

[7] Beispielsweise: Leicht, Irene: Gebildet und geistreich: Humanistinnen zwischen Renaissance und Reformation. In: Anne Conrad (Hg.): »In Christo ist weder Man noch Weyb«. Frauen in der Zeit der Reformation und der katholischen Reform. Münster 1999, S. 23-48. Siehe auch Lippe-Weissenfeld Hamer, Eva: Virgo docta, virgo sacra. Untersuchungen zum Briefwechsel Caritas Pirckheimers. In: Martial Staub/ Klaus A. Vogel (Hg.): Wissen und Gesellschaft in Nürnberg um 1500. München 1999, S. 121-156.

[8] Beispielsweise: Bejick, Urte: Deutsche Humanistinnen. In: Claudia Opitz/ Elke Kleinau (Hg.): Geschichte der Mädchen- und Frauenbildung. Bd. 1: Vom Mittelalter bis zur Aufklärung. Frankfurt, M. 1996, S. 152-171. Siehe auch die Publikationen zum 450. Todestag 1982: Krab-

Ein Blick in die »Caritas-Pirckheimer-Quellensammlung«[9] verblüfft vor diesem Hintergrund: Charitas' Œuvre ist zwar sehr umfangreich, aber nur ein verhältnismäßig kleiner Teil davon ist lateinisch geschrieben: Es sind sieben lateinische Briefe von Charitas Pirckheimer erhalten und 41 deutsche.[10] Zu den sieben lateinischen Briefen kommt noch die lateinische *Oratio apologetica* nach dem Vorbild von Platons Apologie, also die so genannte »Schutzschrift für das Klarakloster«,[11] die zwar von ihrem Bruder Willibald Pirckheimer gezeichnet ist, an der Charitas aber maßgeblich mitgeschrieben haben muss. Sie umfasst 15 Seiten im Druck. Zu den 41 deutschen Briefen kommt noch die sehr umfangreiche Sammlung der »Denkwürdigkeiten«, 163 Seiten im Druck,[12] in denen die Geschichte des Nürnberger Klarissen-Klosters in den Reformations-Jahren 1524-28 dokumentiert ist. Was das gesamte Œuvre der Charitas Pirckheimer betrifft, ist also davon auszugehen, dass – sehr grob und großzügig geschätzt – maximal ein sehr knappes Zehntel in lateinischer, neun Zehntel in deutscher Sprache abgefasst sind. Eine quantitativ ziemlich kleine »lateinische« Charitas steht also einer ziemlich großen »deutschen« Charitas gegenüber. Dennoch ist es in erster Linie die »lateinische« Charitas, die in die Geschichte eingegangen ist.[13]

Angesichts der Tradition literarischer Kanonbildung ist dies wenig erstaunlich: Latein-Kenntnisse sind offensichtlich nicht nur ein zentraler Indikator weiblicher Bildung und Bildungsfähigkeit, sondern auch maßgeblich für die

---

bel, Gerta: Caritas Pirckheimer: ein Lebensbild aus der Zeit der Reformation. Münster [5]1982 (das Buch erschien erstmals 1940 in Münster und wurde zum Jubiläum neu aufgelegt), sowie Kurras, Lotte/ Machilek, Franz (Hg.): Caritas Pirckheimer 1467-1532. Ausstellungskatalog. München 1982, und Schlemmer, Karl: Caritas Pirckheimer, die frommen Nürnberger und die Äbtissin von St. Klara: Nürnberg als religiöse Stadt in der Lebenszeit der Caritas Pirckheimer 1467–1532. Nürnberg 1982.

[9] Die »Caritas Pirckheimer Quellensammlung« besteht aus den folgenden vier Bänden: 1. Pfanner, Josef (Hg.): Das Gebetbuch. Landshut 1961; 2. ders. (Hg.): Die Denkwürdigkeiten. Landshut 1962; 3. ders. (Hg.): Briefe von, an und über Caritas Pirckheimer aus den Jahren 1498-1530. Landshut 1966; 4. Syndikus, August (Hg.): Das Grab. Landshut 1961.

[10] Alle sieben lateinischen Briefe richten sich an Männer, von den 41 deutschen gehen zwei an Frauen.

[11] Gedruckt in Pfanner (Hg.): Briefe (wie Anm. 9), S. 286-303.

[12] Renner, Frumentius (Hg.): Die Denkwürdigkeiten der Äbtissin Caritas Pirckheimer. St. Ottilien 1982.

[13] Erst in jüngerer Zeit nimmt die Auseinandersetzung mit den deutschsprachigen »Denkwürdigkeiten« zu. Siehe beispielsweise Woodford, Charlotte: Nuns as Historians in Early Modern Germany. Oxford/New York 2002.

Aufnahme in den literarischen Kanon.[14] Conrad Celtis und Erasmus von Rotterdam, Charitas' Zeitgenossen, haben in ihren mehr oder weniger langen Aufzählungen jene besonders gebildeten Frauen aufgezählt, die heute in den Literaturgeschichten stehen – und als Distinktionsmerkmal dieser seltenen Vögel, als »Eintrittskarte« in den Kanon erscheint durchwegs die Beherrschung des Lateinischen. Das steht in engem Zusammenhang mit der Tatsache, dass Latein-Kenntnisse in der Frühen Neuzeit eine zentrale Voraussetzung für den Zugang zu Publikationsmöglichkeiten waren, also für den entscheidenden Schritt in die Öffentlichkeit:[15] Zu Charitas' Zeit bedeutete dies bereits: in die Öffentlichkeit außerhalb des Klosters und des Klerus, in die Öffentlichkeit des Buchdrucks. Der Eintritt in den professionellen Schriftbetrieb und in den »Kanon« wird erst möglich durch den Zugang zu Verlegern und Druckern. In der Tat sind es Charitas' *lateinische* Briefe, die als erste publiziert – im Sinn von: gedruckt – wurden: 1515 in Nürnberg, von Friedrich Peypus, der in seine Vorrede übrigens hineinschrieb, er drucke die berühmte Charitas deshalb, »damit sich dieses Büchlein leichter verkaufen lässt.«[16]

Die Mechanismen der Kanon-Bildung sind dabei erstaunlich; die Frauenkataloge lesen sich durch die Jahrhunderte immer gleich, sind meistens national eingefärbt und finden sich heute in den erwähnten neueren Überblickswerken. Ursula Hess bezeichnet sie gar als das »topische Repertoire in der humanis-

---

[14] Grundlegender Ausgangspunkt für meine Ausführungen zur frühneuzeitlichen Latinität sind: Ong, Walter J.: Latin Language Study as a Renaissance Puberty Rite. In: Studies in Philology 56 (1959) 2, S. 103-124; Treml, Christine: Humanistische Gemeinschaftsbildung. Soziokulturelle Untersuchung zur Entstehung eines neuen Gelehrtenstandes in der frühen Neuzeit. Hildesheim/Zürich/New York 1989, und – im Sinne einer Kulturgeschichte des Lateinischen – Waquet, Françoise: Le Latin ou l'empire d'un signe, XVIe-XXe siècle. Paris 1998, sowie dies.: Parler comme un livre: L'oralité et le savoir (XVIe-XXe siècle). Paris 2003.

[15] Siehe dazu Giesecke, Michael: Der Buchdruck in der frühen Neuzeit. Eine historische Fallstudie über die Durchsetzung neuer Informations- und Kommunikationstechnologien. Frankfurt, M. 1991, *passim*. Zu den Mengenverhältnissen besonders Weyrauch, Erdmann: Das Buch als Träger der frühneuzeitlichen Kommunikationsrevolution. In: Michael North (Hg.): Kommunikationsrevolutionen. Die neuen Medien des 16. und 19. Jahrhunderts. Köln/Weimar/Wien 1995, S. 1-13. Jüngst beklagt Heinz Schlaffer in: Die kurze Geschichte der deutschen Literatur. München 2002, S. 24, eine für die deutschsprachige Literatur »fatale« Tatsache: »Buchdruck und Buchhandel der frühen Neuzeit bevorzugen die lateinische Fachliteratur, weil sich ihr Absatz, vor allem beim Klerus, besser kalkulieren lässt als der einer volkssprachigen Literatur, deren Publikum vor allem aus Liebhabern besteht«. Fazit: »Die bedeutendere deutsche Dichtung des Mittelalters erreichte also nicht das rettende Ufer der Buchdrucks.«

[16] Pfanner (Hg.): Briefe (wie Anm. 9), Brief 53, S. 113f.: *quatenus libellus ipse vendibilior fieret.*

tischen Frauendiskussion des 16. Jahrhunderts«.[17] Die VerfasserInnen dieser Überblickswerke stehen diesbezüglich also in einer sehr langlebigen – und wie ich in diesem Beitrag zu zeigen versuche – sehr ambivalenten Tradition, in einer Tradition, in die auch ich mich *nolens volens* jetzt einreihe, denn auch in meinem Beitrag steht die »lateinische« Charitas Pirckheimer im Vordergrund. Jahrhundertelang ist der lateinischsprachige Teil ihres Œuvres für »bedeutender« eingeschätzt worden als der bei weitem umfangreichere deutschsprachige, und so lauten die Fragen: Welche Bedeutung hatte das Lateinische im frühen 16. Jahrhundert? Welche Funktionen hatte es im Kontext einer weiblichen Gelehrsamkeit und Bildung? Welche Rolle spielt in diesem Kontext die Tatsache, dass Charitas eine Klosterfrau war? Welchen Status hatte ihre Lateinkompetenz für Charitas selbst? Wofür hat sie sie eingesetzt?

II

Erstes Fazit aus diesem kurzen Überblick über die Charitas-Rezeption: Latein-Kenntnisse indizieren zu Charitas' Zeit erstens Bildung und damit Bildungsfähigkeit, zweitens Zugang zu Öffentlichkeit, drittens Kanon-Fähigkeit. Außerdem hat sich gezeigt, dass Latein-Kenntnisse von Frauen am Anfang des 16. Jahrhunderts von ihren männlichen Zeitgenossen als ungewöhnlich (Celtis) und selten (Erasmus) bezeichnet wurden. Also kommt bei der Einschätzung von Bildung bereits bei den Zeitgenossen die Kategorie »Geschlecht« ins Spiel, zeitgenössisch gesprochen: *sexus*. Celtis schreibt in seinem vorhin zitierten Brief an den Kurfürsten – gewissermaßen als Erklärung und Verteidigung für seinen Frauenkatalog:

»Kein Geschlecht und kein Lebensalter, an jedem Ort der Welt, ist für Tugend und Bildung zu dumm und ungeeignet, wenn ihm nur Begabung, Fleiß, Erziehung und Unterweisung zur Seite steht.«[18]

Celtis' Thesen sind zu seiner Zeit keine Selbstverständlichkeiten: So darf beispielsweise der Abt Antronius bei Erasmus von Rotterdam im Lauf des *Collo-*

---

[17] Hess: Lateinischer Dialog (wie Anm. 6), S. 124.
[18] Rupprich (Hg.): Briefwechsel (wie Anm. 1), Brief 267, S. 465: *Nullus sexus et aetas, in omni terrarum loco, ad virtutem et eruditionem imbecillis et indocilis est, si quando ingenium, industria, educatio et praeceptio illi adest.*

quium Abbatis ed Eruditae mögliche Vorbehalte gegen weibliche Latein-Kompetenz artikulieren:

»Antronius: Bücher lasse ich zu, aber keine lateinischen.
Magdalia: Warum?
Antronius: Weil diese Sprache sich für Frauen nicht schickt.
Magdalia: Ich warte auf die Begründung.
Antronius: Weil sie dem Schutz ihrer Keuschheit nicht gerade förderlich ist.
Magdalia: Und die französischen Bücher, die voll sind von frivolen Geschichten: Sind die der Keuschheit zuträglich?
Antronius: Es ist etwas anderes.
Magdalia: Sag es offen, was immer es sein mag.
Antronius: Wenn sie kein Latein können, sind sie sicherer vor den Priestern.
Magdalia: Aber da ist dank Eurer Mühe ja die Gefahr sehr klein, denn Ihr bemüht Euch eifrig, kein Latein zu können.
Antronius: Die Leute sehen es jedenfalls so, denn es ist selten und ungewöhnlich, dass eine Frau Latein kann. (…)
Magdalia: Und für mich, glaubst Du, ist es unschicklich, wenn ich Latein lerne, damit ich mich täglich mit so vielen begabten, gebildeten, weisen und vertrauenswürdigen Ratgebern unterhalten kann?
Antronius: Die Bücher nehmen das Gehirn der Frauen zu sehr in Anspruch, von dem sie ohnehin zu wenig haben.«[19]

Die Argumentation des bildungsfeindlichen Abtes Antronius verfährt anfangs moralisch, später biologisch: Wo zuerst – vergeblich – mit der moralischen Kategorie des *(in)decorum* operiert wird, hilft der biologische Verweis auf ein wenig leistungsfähiges weibliches *cerebrum* aus der Klemme. Lateinische Bildung ist laut Antronius für Frauen eine moralische Bedrohung und eine physisch-biologische Überforderung. Mit dieser Diskreditierung der weiblichen Bildungs- und Wissensfähigkeit bewegt sich Antronius im Rahmen höchster kirchlich-theologischer Autoritäten: Am prominentesten ist in der *Summa Theologica*[20] des Thomas von Aquin die Auffassung formuliert, nach der aufgrund seiner gei-

---

[19] Erasmus: Abbatis et Eruditae, S. 405f.: *Antronius. Feram libros, non fero Latinos. Magdalia. Quapropter? Antronius. Quia non convenit ea lingua foeminis. Magdalia. Exspecto caussam. Antronius. Quia parum facit ad tuendam illarum pudicitiam. Magdalia. Ergo nugacissimis fabulis pleni libri Gallice scripti faciunt ad pudicitiam? Antronius. Aliud est. Magdalia. Dic istud, quidquid est, aperte. Antronius. Tutiores sunt a sacerdotibus, si nesciant Latine. Magdalia. Imo istinc minimum est periculi vestra opera; quandoquidem hoc agitis sedulo, ne sciatis Latine. Antronius. Vulgus ita sentit, quia rarum et insolitum est, foeminam scire Latine. (...) Magdalia. Et mihi putas indecorum, si discam Latine, ut quotidie confabuler cum tot auctoribus tam facundis, tam eruditis, tam sapientibus, tam fidis consultoribus? Antronius. Libri adimunt multum cerebri foeminis, quum alioqui parum illis supersit.*

[20] Thomas von Aquin: Summ. Theol.: quaestio 92, 2.

stigen und physischen Voraussetzungen nur der Mann von Gott zu geistigem Erkennen befähigt sei, nicht aber die Frau. Diese sei vom Schöpfer einzig zur Hilfe des Mannes bei der Fortpflanzung geschaffen worden. Diese Auffassung ist der Ausgangspunkt jeglicher europäischen Bildungsdiskussion in der Frühen Neuzeit, und es ist kein Zufall, dass Erasmus von Rotterdam sie in seinem *Colloquium* ausgerechnet von einem Abt – also einem Funktionär der Kirche – formulieren lässt. Dass Antronius dabei wenig elegant, sondern borniert und ungeschlacht wirkt, belegt weniger Erasmus' kritische Haltung gegenüber kirchlichen Amtsträgern als vielmehr die Tatsache, wie »populär« und gewöhnlich eine solche Auffassung war. Wer sich mit dem verquasten *non convenit* des Antronius nicht begnügen wollte, hatte genug *auctoritates* von der Bibel abwärts zur Hand. Die Bestände von Wissen über die Wissensfähigkeit von Frauen und Männern, auf die rekurriert wird, sind jene, die schriftlich zugänglich waren, nämlich die Wissensbestände der Klerikerkultur, auch dann, wenn es nicht unmittelbar um Mitglieder ihrer Institutionen geht.[21]

Zwei kirchliche Diskurs-Formationen lassen sich seit der Antike durchgängig verfolgen, erstens jene der Egalität von »Frau« und »Mann«,[22] zweitens jene ihrer Differenz.[23] Beide Formationen haben gemeinsam, dass sie sich – aus der

---

[21] Bereits bemerkt von Duby, Georges: Le chevalier, la femme et le prêtre. Le mariage dans la France féodale. Paris 1981, nach Duby, Georges: Ritter, Frau und Priester, übersetzt von Michael Schröter. Frankfurt, M. 1985, S. 44 und *passim*, der zwischen Priester- und Kriegermoral unterscheidet und für die Priestermoral einen Verschriftlichungsvorsprung konstatiert.

[22] Die Diskursformation der Geschlechter-Egalität läuft über die folgenden biblischen Autoritäten: Genesis 1, 27ff. und den Brief des Apostels Paulus an die Galater, Gal 3, 27f.: Das Verhältnis von Frau und Mann ist hierin als eines unter Gleichen charakterisiert. Diese Symmetrie gilt nicht nur für Eheleute, sondern bleibt auch bei Unverheirateten aufrecht, die als solche geschlechter-symmetrisch frei sind für Dinge, *quae Domini sunt*. Außerdem können nach 1 Kor 11, 4f. beide Geschlechter außerhalb des Privaten *orare* und *prophetare*. Die Egalität von »Frau« und »Mann« hat dabei ihren Ursprung in der Gottebenbildlichkeit von Mann und Frau und ihren Effekt in hohen ethisch-moralischen Ansprüchen an beide Geschlechter. Frauen und Männer haben demnach erstens die gleiche Natur, zweitens die gleiche Anlage zur Vollendung, drittens die gleiche Fähigkeit zu Tugend und Bildung. Eschatologisch und bei asexueller jungfräulicher Lebensweise sind Frauen und Männer gleich.

[23] Auf beinahe denselben Kanon wie der Egalitäts-Diskurs stützt sich die Tradition des Differenzdiskurses, der zu einer Auffassung der Ungleichrangigkeit und Ungleichwertigkeit von »Mann« und »Frau« und der Inferiorität der Frau in allen Lebensbereichen geführt hat: statt Egalität Differenz, statt Symmetrie Asymmetrie, statt Gleichrangigkeit Hierarchie und Unterwerfung der Frau dem Mann gegenüber (siehe Eph 5, 21-24 sowie auch Kol 3, 18f. und 1 Petr 3, 1), gekoppelt mit dem berühmten Schweigegebot für die Frau in der Kirche in 1 Kor 14, 33b-36, das in 1 Tim 2, 11-15 wiederum formuliert, zu einem Lehrverbot ausgedehnt und durch die Referenz

Argumentationsperspektive der mittelalterlichen und frühneuzeitlichen Klerikerkultur – auf das Alte und das Neue Testament als Basistexte stützen können: »Grundlage für anthropologische Aussagen blieben für das gesamte christliche Mittelalter die Schöpfungsberichte, die immer in Anschluss an die Paulusbriefe ausgelegt wurden«[24] – dies also der Rahmen, in den jegliche Anthropologie einzupassen war, den man aber im Lauf der Zeit gewissermaßen mit wechselnden Theoriepotentialen aufgefüllt hat. Gerade die gängige Formel von *feminea fragilitas* und *virilis robur*, mit der sich der Differenz-Diskurs auf den Punkt bringen lässt, ist in ihrer Motivgeschichte beispielsweise nicht christlich, sondern bereits für die nichtchristliche Antike in Philosophie und Medizin üblich.[25]

Dieser Gegensatz *feminea fragilitas – virilis robur* wird bei den Kirchenvätern Ambrosius[26], Augustinus[27] und Hieronymus[28] zu einer Theorie[29] von der physischen, moralischen und geistigen[30] Unterlegenheit der Frau gegenüber dem

---

auf Gen 2 abgesichert wird. Der Raum der (Ehe-)Frau ist nicht *ecclesia*, sondern *domus*; *discere* ist nur über den Mann möglich; *loqui* ist als ungebührlich verboten.

[24] Fietze, Katharina: Spiegel der Vernunft. Theorien zum Menschsein der Frau in der Anthropologie des 15. Jahrhunderts. Paderborn 1991, S. 60.

[25] Siehe dazu: Lange, Lynda: Woman is not a rational animal: On Aristotle's biology of reproduction. In: Sandra Harding/ Maria Hintikka (Hg.): Discovering reality. Dordrecht 1983, S. 1-16, sowie zusammenfassend Tuana, Nancy: Der schwächere Samen. Androzentrismus in der aristotelischen Zeugungstheorie und der galenschen Anatomie. In: Barbara Orland/ Elvira Scheich (Hg.): Das Geschlecht der Natur. Feministische Beiträge zur Geschichte und Theorie der Naturwissenschaften. Frankfurt, M. 1995, S. 203-223. Zur Entwicklung in Spätantike und Mittelalter ausführlich Fietze: Spiegel der Vernunft (wie Anm. 24), S. 29-49, sowie Cadden, Joan: Meanings of Sex Difference in the Middle Ages. Medicine, Science and Culture. New York 1993.

[26] Ambrosius: *De institutione virginis* 4, 25 (außerdem zum *fragilitas*-Motiv in *De viduis* 7, 37; 8, 44 und 51; und zum *robur*-Motiv in *Epistulae* 69, 4 und in *Enarrationes in Psalmos* 1, 14). Zur Charakterisierung von »Frau« und »Mann«: *De Cain et Abel* 1, 10, 47.

[27] fragilitas-Motiv bei Augustinus: *De moribus ecclesiae* 63 und *Sermones* 132, 2, 2; *robur*-Motiv in *De adulterinis coniugiis* 20, 21 und *De diversis quaestionibus* 11.

[28] Hieronymus: *Epistulae* 54, 13. Zur Charakterschwäche der Frau: *Epistulae* 118, 2; 128, 2; 128, 4; 130, 17.

[29] Siehe dazu auch Eyben, Emiel: Mann und Frau im frühen Christentum. In: Jochen Martin/ Renate Zoepffel (Hg.): Aufgaben, Rollen und Räume von Frau und Mann. Freiburg, Br. 1989, S. 565-605, insbes. S. 584ff. mit zahlreichen Belegstellen.

[30] Zu den Anschlussdiskursen zu Bildungs- und Wissensfähigkeit der Frau siehe Hassauer, Friederike: Homo. Academica. Geschlechterkontrakte, Institution und die Verteilung des Wissens. Wien 1994, sowie dies.: Sexus der Seele, Geschlecht des Geistes – Zwei Kapitel aus der Geschichte der Konstruktion des Zusammenhangs von Körper und Bewusstsein. In: Jörg Huber/

Mann ausgebaut. Es gibt jedoch eine Hintertüre: Die Frau kann sich retten, indem sie auf das »Fleisch« verzichtet und sich die Jungfräulichkeit als Lebensideal setzt. Hieronymus[31], Augustinus[32] und Caesarius von Arelate[33] haben die Jungfräulichkeit zum Ideal christlicher Lebensgestaltung für Frauen, aber auch für Männer erhoben, ein Ideal, das sich in den entsprechenden Regelwerken niedergeschlagen hat, die für das weibliche und männliche Mönchtum verbindlich waren.

Und so erfährt die intellektuelle Fähigkeit der Frau bei Conrad Celtis nun eine Rehabilitation, von einem Mann und unter bestimmten Bedingungen: »Fleiß« und »Unterweisung« konnte es nur für jene Frauen geben, die dadurch nicht von ihren Pflichten in Ehe und Familie abgehalten wurden – das bedeutet in Celtis' Vorstellungshorizont: *monialis et Virgo*,[34] »Klosterfrau und Jungfrau«,[35] und damit kehrt der Blick nach dieser kurzen Skizze der diskursiven Rahmenbedingungen für ihre Latinität wieder zu Charitas selbst zurück. Zur Kategorie *sexus* – dies möchte ich hier als wichtiges Zwischenergebnis festhalten – gesellt sich bei der Verhandlung der Latein-Kompetenz von Charitas Pirckheimer jedenfalls noch die Kategorie *ordo*,[36] die offensichtlich den Schlüssel zu ihrer Bildungs- und Wissensfähigkeit bietet.

Martin Heller (Hg.): Inszenierung und Geltungsdrang – Interventionen. Basel/Frankfurt, M./Zürich 1998, S. 77-95.

[31] Hieronymus: *Epistulae*, 22, 9 und 15 und 38; 43, 4; 49, 2; 123, 1, 9; *Adversus Iovinianum* 1, 3 und 16.

[32] Augustinus: *De sancta virginitate*, 45f.

[33] Caesarius von Arelate: *Sermones* 6,7.

[34] Celtis' Ode auf Charitas Pirckheimer – gedruckt bei Pfanner (Hg.): Briefe (wie Anm. 9), Brief 46, 103f. – versammelt folgerichtig die Ingredienzien *virgo, docta, Latina* zu der gelungenen Mischung, die Charitas Pirckheimer ausmacht.

[35] Hess: Lateinischer Dialog (wie Anm. 6), S. 121ff., stellt meines Erachtens treffend fest, dass bei Celtis in puncto »Frau« drei Typen konkurrieren: die Ehefrau und Mutter im Haus, das *iucundum malum*, das erotische Zerstreuung und Anregung zwischen Familie und Büchern bietet, sowie die *virgo docta*, die gelehrte Klosterfrau, mit der – wegen der Klostermauern in Form eines Briefwechsels – eine humanistische Partnerschaft gepflogen wird.

[36] Der Begriff *ordo* – als Schlüsselbegriff für das »Ordnungsverständnis« des Mittelalters und der Frühen Neuzeit hoch implikationsreich – bezeichnet nicht nur den sozialen Stand, sondern allgemein die hierarchische Strukturierung der Gesellschaft in einer ständischen Ordnung. Zur Kategorie *ordo* als soziales und hierarchisches Ordnungsprinzip siehe Oexle, Otto Gerhard: Die Entstehung politischer Stände im Spätmittelalter – Wirklichkeit und Wissen. In: Reinhard Blänkner/ Bernhard Jussen (Hg.): Institutionen und Ereignis. Über historische Praktiken und Vorstellungen gesellschaftlichen Ordnens. Göttingen 1998, S. 137-162.

III

Von den sieben überlieferten lateinischen Briefen[37] von Charitas – alle an männliche Adressaten – sind 5 in einem einzigen Jahr entstanden, 1502. 1503 wurde Charitas Äbtissin des Klara-Klosters in Nürnberg. 1504 erging von ihren franziskanischen Ordensoberen an sie das Verbot, weiterhin lateinisch zu schreiben,[38] und es gibt keinen Hinweis darauf, dass dieses Gebot jemals wieder aufgehoben wurde. 1505 schon musste es Charitas brechen, um einen Brief an den Papst zu schreiben, den sechsten der erhaltenen sieben Briefe. Den siebten – und letzten – schrieb sie 1513 an ihren Bruder, Willibald Pirckheimer,[39] ihren wichtigsten lateinischen Briefpartner.

Auf die nun schon mehrfach zitierte Widmung des Conrad Celtis an den Kurfürsten hat Charitas Pirckheimer lateinisch reagiert. Auch ihr nämlich hatte Celtis ein Exemplar seiner Hrotsvit-Edition zugeeignet, die nicht nur ein Plädoyer für die Latein-Möglichkeiten deutscher Klosterfrauen enthielt, sondern auch die dafür geradezu exemplarischen Werke Hrotsvits von Gandersheim.[40] Latein hin oder her – zwischen Hrotsvit, der adeligen ottonischen Kanonissin, und Chari-

---

[37] Fünf lateinische Briefe von Charitas Pirckheimer – drei an Willibald Pirckheimer, zwei an Celtis – erschienen erstmals 1513 bei Friedrich Peypus in Nürnberg im Druck. Eine handschriftliche Überlieferung gibt es dafür nicht. Rückschlüsse auf die Redaktion etc. der Briefe sind schwer. Charitas Pirckheimer war – wie die Vorrede des Druckers und Verlegers Friedrich Peypus belegt – schon zu Lebzeiten berühmt; ich halte es für unwahrscheinlich, dass eine solche Edition ohne ihr Einverständnis und ohne ihre Mitarbeit hätte zustande kommen können. Peypus schreibt (Pfanner (Hg.): Briefe (wie Anm. 9), Brief 53, S. 113, Zeile 22, und S. 114, Zeile 1f.): *(...) foeminei sexus et nostrae civitatis praecipuum sit ornamentum, in quam Salvator noster plus eruditionis contulit quam in multas alias huius temporis mulieres.* – »(...) sie ist eine besondere Zierde des weiblichen Geschlechts und unserer Stadt, denn unser Retter hat ihr viel mehr Bildung verliehen als vielen anderen Frauen dieser Zeit.«

[38] Pfanner (Hg.): Briefe (wie Anm. 9), Brief 258: Willibald Pirckheimer schrieb am 14. März 1504 an Conrad Celtis: *Et (...) quamvis (...) Charitatem, sororem meam, abbatissam creatam scias, xylopodes vero ipsi inhibuisse, ne posthac latine scribat.* – »Obwohl meine Schwester Charitas, wie Du weißt, Äbtissin geworden ist, haben ihr die Holzfüßler verboten, lateinisch zu schreiben.« Siehe auch Willibald Pirckheimer an Johannes Reuchlin: Pfanner (Hg.): Briefe (wie Anm. 9), Brief 164, S. 258f.

[39] Zu Willibald und seinem Umfeld: Holzberg, Niklas: Willibald Pirckheimer: griechischer Humanismus in Deutschland. München 1981.

[40] Hrotsvits Oeuvre liegt nun in einer vorzüglichen neuen Edition vor: Berschin, Walter (Hg.): Hrosvit: Opera Omnia. München/Leipzig 2001. Eine gender-historische Kontextualisierung versucht Cescutti, Eva: Hrotsvit und die Männer. Konstruktionen von »Weiblichkeit« und »Männlichkeit« in der lateinischen Literatur im Umfeld der Ottonen: Eine Fallstudie. München 1998.

tas, der Klarissin aus der bürgerlichen Elite Nürnbergs, liegen rund 500 Jahre. Celtis' Widmung an Charitas und ihre Erwähnung in seinem Exempel-Katalog gelehrter Frauen lassen sich auch als Herausforderung an Charitas lesen, gewissermaßen in Hrotsvits Fußstapfen im Hinblick auf eine weibliche Latein-Tradition zu einer neuen Hrotsvit zu werden. Charitas' Brief ist die Antwort auf Celtis' Widmung, und ihm werde ich mich jetzt ausführlich zuwenden: Zuerst der Gruß:

»Dem Herrn Conradus Celtis, dem Philosophen und Poeten, ihrem verehrten Lehrer, schickt Schwester Charitas, seine unbedeutende Schülerin aus dem Orden der Heiligen Clara, Heil – in ihm, der das Heil aller ist.«[41]

Charitas verteilt hier die Rollen: ihr Briefpartner ist Philosoph, Dichter und Lehrer; sich selbst schreibt sie den Status der Schülerin zu, der Schwester, der Klarissin. Und nach dieser Grußformel: eine grandiose, demütige – und in ihrer Demut geradezu hyperbolische – Verneigung vor Celtis:

»Ich las ihn [sc. deinen Brief] mit großer Bewunderung und Staunen; denn eine seltsame Betroffenheit nötigt er mir auf, und ich werde mir wieder meiner eigenen Plumpheit, Trägheit und auch der Schwäche meiner kümmerlichen Fähigkeiten bewusst. Ich kann nicht genug darüber staunen, dass ein so außerordentlicher Gelehrter und ein so kundiger Philosoph es für würdig befindet, mich Ignorantin, mich unwissendes einfaches Mädchen, in dem weder Wissen, noch Können, noch sonst irgendetwas Lobenswertes zu finden ist, mich mit einem sehr lieben Brief zu grüßen. Ich gebe zu, dass Ihr nach dem Mahnspruch des Weisen gehandelt habt: Je größer du bist, desto mehr demütige dich in allen Dingen.«[42]

Für Conrad Celtis machten diese Formulierungen deutlich, dass Charitas sein Geschenk – das sie hier nicht erwähnt – nicht nur dankbar erhalten, sondern auch intensiv gelesen hat, denn sie nimmt explizit den von ihm angebotenen Traditionsfaden »von Hrotsvit zu Charitas« auf: In ihren Formulierungen *meamque rusticitatem, inertiam, ingenioli quoque mei imbecillitatem* – »meine Ungehobeltheit, meine Schwäche, auch die Kümmerlichkeit meines kleinen Ta-

---

[41] Pfanner (Hg.): Briefe (wie Anm. 9), Brief 45, S. 100, Zeile 1-3: *Domino Conrado Celti, philosopho et poetae, praeceptori suo observando, exigua alumna soror Charitas, professa ordinis sanctae Clarae, salutem dicit in eo, qui est omnium salus.*

[42] Ebd., Zeile 4-13: *Pellegi eas non mediocri admiratione et stupore; admirabilem namque stuporem mentis mihi ingerunt, dum insignis vestrae dominationis excellentiam, meamque rusticitatem, inertiam, ingenioli quoque mei imbecillitatem recolo, nec satis admirari possum tam praecipuum doctorem, tam peritum philosophum me idiotam, ignaram ac simplicem puellam, in qua nec scientia, nec facundia, nec quicquam laude dignum invenitur, suis dulcissimis litteris salutare dignari. Fateor tamen vos egisse secundum sapientis monita inquientis: Quanto maior es, tanto humilia te in omnibus.*

lents« – stecken wörtliche Hrotsvit-Zitate,[43] durch die Charitas ihrem *praeceptor* beweist, wie gut sie die humanistische Technik der *aemulatio* beherrscht, des kunstvollen künstlerischen Wetteiferns mit einer idealisierten Tradition.[44]

Also: zuerst die kunstvolle Grußformel, dann die kunstvoll-gewandte implikationsreiche Demutsgeste, und schließlich Themawechsel:

»Außerdem bekenne ich, dass ich vom Schwert des Mitleids zuinnerst getroffen worden bin, als ich aus eurem Brief erfuhr, dass ihr von so wilden Banditen ausgeraubt und grausam verprügelt worden seid, auch wenn ich nicht daran zweifle, dass eure Exzellenz in die Reihe jener vollkommenen Philosophen gehört, die alles Unglück ausgeglichen ertragen können: Denn auch wenn ihnen alles Hinfällige und Vergängliche geraubt wird, so behalten sie doch den teuren Schatz des wahren Wissens und der Weisheit immer bei sich, der viel kostbarer ist als aller Reichtum. Deshalb werden sie im Unglück eher getröstet als vom erlittenen Unrecht traurig gemacht, denn sie wissen sicherlich, dass es den Weisen eher nützt als schadet, solches zu erleiden. Denn was haben die Banditen, die euch ausgeraubt haben, anderes gemacht, als euch die Sorge um zeitliche Mühseligkeiten zu nehmen? Und was haben euch die Schläger anderes angetan, als euch einen Anlass gegeben, Tugend zu üben? Am meisten die Tugend des heiligen Erduldens, die nach dem Wort des Apostels eine vollkommene Aufgabe hat, denn – wie auch der Heilige Jacobus sagt: ›Selig ist der Mann, der Anfechtung erleidet.‹ Ich bin sicher, dass eure Herrlichkeit nicht nur ein außerordentlicher Philosoph, sondern auch ein vorzüglicher Theologe und – was noch ehrenwerter ist – ein Schüler Christi ist, der Unglück nicht nur gleichmütig, sondern freudig aushält in der Betrachtung unseres Erlösers, der nicht unfreiwillig, sondern von sich aus Schimpf, Hohn, Prügel, Geißelung, Beraubung und den bittersten Tod erlitten hat. Sich darin einzuüben, das ist die höchste Form von Philosophie, sagte der Heilige Bernhard – und er, dieser Lehrmeister der Völker, dieses Gefäß [*vas*] der Auserwählten, rühmte sich vor Königen und Völkern, vor Griechen, Lateinern und anderen Weisen, dass er nichts wisse außer den gekreuzigten Jesus. Und deswegen glaube ich, dass diese Heimsuchung nicht zufällig, sondern durch göttliche Fügung über euch hereingebrochen ist, zu diesem hochheiligen Zeitpunkt, an dem wir die Passion des Herrn feiern, sodass er – der für die Rettung der Menschen viel Schlimmeres aushielt – euch nicht nur die Gelegenheit gegeben hat, seine hochheilige Passion zu bedenken, sondern sie geradezu nachzuempfinden.«[45]

---

[43] Es handelt sich durchwegs um Zitate aus den *praefationes* zu Hrotsvits Legenden- und zu ihrem Dramen-Buch.

[44] Bauer, Barbara: Aemulatio. In: Gert Ueding (Hg.): Historisches Wörterbuch der Rhetorik. Bd. 1. Tübingen 1992, Sp. 141-187.

[45] Pfanner (Hg.): Briefe (wie Anm. 9), Brief 45, S. 100, Zeile 14-34, und S. 101, Zeile 1-6: *Compassionis praeterea gladio intime confiteor me confossam, dum ex eisdem litteris accepi, vos tam inhumaniter a truculentis latronibus spoliatum tamque crudeliter verberatum et si non diffidam excellentiam vestram esse de numero perfectorum philosophorum, quae cuncta adversa aequanimiter norunt tollerare, etiam si omnia caduca et transeuntia eis auferantur, modo carum thesaurum verae scientiae et sapientiae, cunctis opibus preciosiorem reservent, quapropter in adversis magis consolantur, quam de illatis iniuriis contristentur, profecto non ignari talia pati sapientibus magis prodesse quam obesse. Quid enim latrones vos spoliantes*

Wer spricht hier? Eine Schülerin zu ihrem Lehrer, zu ihrem *praeceptor*? Was Celtis von Charitas hier geboten bekommt, ist eine professionelle *consolatio*, Trost, professionell nicht nur literarisch, sondern auch theologisch, und sie formuliert hier explizit für ihn, worin sie die Klimax sieht, in deren Rahmen sich ein Mensch – in diesem Fall: ein tugendhafter gebildeter Mann – steigern kann: vom »außerordentlichen Philosophen« führt ein Weg zum »vorzüglichen Theologen«, der schließlich folgendermaßen kulminiert: *Christi discipulum fore:* ein Jünger/Schüler Christi zu werden. Diese Klimax lässt sich auch als Anti-Klimax lesen: vom weltlichen Spitzen-Philosophen über den guten Theologen zum einfachen Schüler Christi; als *discipulus Christi* ist der berühmte Conrad Celtis für Charitas Pirckheimer allen Menschen – Männern und Frauen – gleich.

Der Kanon von Autoritäten, den Charitas ihm bietet, ist dabei weniger humanistisch-ciceronianisch als biblisch: Paulus, Jakobus, und – auf den ersten Blick vielleicht erstaunlich für eine Klarissin – Bernhard von Clairvaux. Bernhard, der Kirchen- und Ordensreformator des 12. Jahrhunderts, erscheint hier als Gewährsmann für ein Lebensmodell, wie es Conrad Celtis wohl nicht ferner gewesen sein könnte, geradezu als Sokrates des monastischen Lebens, dem der Vorzug vor Griechen, Römern, anderen Weisen und ihrem gesammelten Wissen zu geben sei. Aufgehängt an dem Trost für einen erlittenen Raubüberfall entfaltet Charitas hier also gegenüber Conrad Celtis, was die *summa philosophia* sei, in 29 Druckzeilen ohne eine einzige Demuts- und Bescheidenheitsformel. Sie stellt dabei ihrem Adressaten, dem prominenten Gelehrten, Schriftsteller, *poeta laureatus*, Humanisten und Lebemann Celtis den asketischen, strengen Gelehrten, Prediger, gewandten Briefschreiber, Politiker und Ordensmann Bernhard gegen-

---

fecerunt, nisi quod curam temporalia servandi abstulerunt? Et quid vos verberantes egerunt, nisi quod materiam exercendae virtutis praebuerunt? potissimum sanctae patientiae, quae secundum Apostolicum dictum, perfectum opus habet, quia ut etiam sanctus Jacobus asserit, beatus praedicatur vir, qui suffert tentationem. Quinimo non tantum vestram dominationem eximium philosophum, verum etiam optimum theologum et quod honorabilius est, Christi discipulum fore non ambigo, qui non modo adversa aequanimiter, sed et gaudenter sustinet, nostri redemptoris intuitu, qui haud invitus, sed spontaneus passus est obprobria, ludibria, verbera, flagellationem, spoliationem atque mortem amarissimam. Haec meditari dixit sanctus Bernhardus summam esse philosophiam, quid quod doctor quoque gentium vas electionis se jactabat coram regibus et gentibus, coram Graecis et Latinis aliisque sapientibus nihil scire nisi Jesum et hunc crucifixum? Idcirco non fortuitu, sed divina dispensatione puto hanc tribulationem super vos irruisse hoc sacratissimo tempore, qui Dominicam passionem celebramus, ut ipse, qui maiora pro humana redemptione sustinuit, occasionem vobis, non solum suam sanctissimam passionem meditandi, verum etiam experiundi tribueret.

über, der zwar ein Zisterzienser war, aber doch auch eine Leitfigur der Klosterreform im 15. Jahrhundert, die ihr eigenes Leben als »observante« Klarissin so entscheidend prägte.[46] Jedenfalls markiert sie hier sehr präzis ihre Domäne: die christliche Religion und Theologie – und diese zugleich als die *summa philosophia*, die vor den (heidnischen) Griechen, Römern etc. zu stehen kommt.

Der konkrete Anlass des Briefes, nämlich die Edition der lateinischen Werke der Hrotsvit von Gandersheim und die Auseinandersetzung damit, schließt sich im Brief folgerichtig erst unter *ceterum* an, sozusagen unter »ferner liefen«:

»Außerdem habe ich vor einiger Zeit auch die liebenswerten Schriften der hochgebildeten Jungfrau Rosvita bekommen, die mir von eurer Herrlichkeit – trotz meiner verschwindend winzigen Verdienste – zugeeignet wurden, wofür ich euch unsterblich dankbar bin und bleibe. Ich freue mich jedoch, dass der Spender der Begabungen nicht nur den Rechtsgelehrten und Doktoren tiefe Weisheit zuzuteilen pflegt, sondern manchmal auch dem schwachen Geschlecht und niedrigen Personen die Brosamen, die vom Tisch der reichen Doktoren fallen, nicht versagt. In jener so gescheiten Jungfrau ist das Wort des Apostels wahr geworden: ›Gott wählt die Schwachen der Welt aus, um die Starken zu beschämen.‹ Zu loben ist sicher die Gnade des heiligen Geistes, die dieses jungfräuliche Talent mit einem solchen Glanz des Wissens und des Fleißes geziert und verherrlicht hat. Zu loben und zu preisen ist eure demütige Fürsorge, mit der ihr es

---

[46] Zu den kirchlichen Reforminitiativen, ihren Kontexten und Ergebnissen: Hlavácek, Ivan/ Patschovsky, Alexander (Hg.): Reform von Kirche und Reich zur Zeit der Konzilien von Konstanz (1414-1418) und Basel (1431-1449). Konstanz 1996. Die Entwicklungen der Klöster und Orden fasst darin zusammen: Mertens, Dieter: Monastische Reformbewegungen des 15. Jahrhunderts. Ideen – Ziele – Resultate, S. 157-182. Siehe auch ders.: Klosterreform als Kommunikationsereignis. In: Gert Althoff (Hg.): Formen und Funktionen öffentlicher Kommunikation im Mittelalter. Stuttgart 2001, S. 397-430. Das Ziel war, die Konvente zur strengen Befolgung ihrer ursprünglichen Ordensregeln, zur so genannten Observanz, zu bewegen. Dieses Ziel umfasste ihre spirituelle Reorganisation genauso wie ihre ökonomische. Konkret bedeutete das für die Konvente und ihre Mitglieder: Verzicht auf persönlich-privaten Besitz, strenge Klausur und die Einhaltung der Ordensregeln besonders im Hinblick auf das gemeinschaftliche Leben im Konvent. Zu den Entwicklungen in Nürnberg im allgemeinen und jenen im Klara-Kloster im besonderen: Kist, Johannes: Klosterreform im spätmittelalterlichen Nürnberg. In: Zeitschrift für bayrische Kirchengeschichte 32 (1963), S. 31-45, und Machilek, Franz: Klosterhumanismus in Nürnberg um 1500. In: Mitteilungen des Vereins für Geschichte der Stadt Nürnberg 64 (1977), S. 10-45. Nach großen Widerständen gegen die Klosterreform galt der Konvent der Klarissen zu Charitas' Zeit als mustergültig reformiert und observant. Nürnberger Klarissen führten im Klarissenkloster von Brixen auf Initiative von Nicolaus Cusanus die Reform ein. Siehe Hallauer, Hermann: Nikolaus von Kues und das Brixener Klarissenkloster. In: Mitteilungen und Forschungsbeiträge der Cusanusgesellschaft 6 (1967), S. 75-123, jetzt in: Hallauer, Hermann J.: Nikolaus von Kues, Bischof von Brixen 1450–1464. Gesammelte Aufsätze. Hg. von Erich Meuthen/ Josef Gelmi. Bozen 2002, S. 257-311, und Cescutti, Eva: Et clausa est janua. Maria von Wolkenstein, Nicolaus Cusanus und das »richtige« Klosterleben. In: Geschichte und Region/Storia e regione 12 (2003)2, S. 114-140.

fertiggebracht habt, die Schriften und Lieder der Frau ans Licht zu bringen und sie der Druckerkunst zu übergeben, ohne das schwache Geschlecht und den bescheidenen Stand einer armen Nonne geringzuschätzen. Überhaupt kann ich nicht verschweigen, dass ihr gegen die Gewohnheit vieler Gelehrter – oder wohl eher Eitler – gehandelt habt, die missbräuchlich danach trachten, Worte, Taten und literarische Arbeiten von Frauen so sehr geringzuschätzen, als ob nicht beide Geschlechter ein und denselben Schöpfer, Erlöser und Retter hätten, wobei ihnen entgeht, dass die Hand des höchsten Künstlers wohl nicht so verkürzt ist. Er selbst hat den Schlüssel zur Weisheit, indem er sie den einzelnen zuteilt, wie er will; denn er schaut nicht auf das Ansehen der Person. Demgegenüber aber ahmt ihr, o Weisester der Weisen, den göttlichen Hieronymus nach, der auch unser Geschlecht [genus] niemals verachtet hat und auch nicht davor zurückscheute, Gott geweihte Jungfrauen die Schrift zu lehren auf ihre Nachfrage, die unnütze, faule Männer vor ihm nicht unterweisen wollten; bitte verzeiht meinen Wagemut – ich habe mich erdreistet, eure Herrlichkeit mit ungebildeten Kleinmädchen-Briefen aufzuhalten. Tatsächlich bedecken Scham und Verwirrung mein Gesicht, während ich so ungeschlachte, unpassende Briefe schreibe, aber es geschieht aus Liebe zu meinem geliebten Bruder, der ganz besonders an euch hängt, – und diejenigen, die er liebt, liebe auch ich; jene *charitas* aber, die alles erträgt, möge – so hoffe ich – meine Fehler verzeihen. Lebt wohl in ewigem Heil!«[47]

Charitas Pirckheimer steckt in diesem Abschnitt – am Ende des Briefes – die Koordinaten ab, innerhalb deren sie sich als Klosterfrau im Bildungs- und Schriftbetrieb bewegt. Diese Koordinaten gelten dabei für Hrotsvit genauso wie

---

[47] Pfanner (Hg.): Briefe (wie Anm. 9), Brief 45, S. 101, Zeile 7-36: *Ceterum superioribus diebus accepi etiam scripta amabilia Rosuitae virginis doctissimae, a vostra dominatione mihi exiguae, nullis meritis exigentibus, destinata, unde immortales gratias ago et habeo, gaudeo autem, quod largitor ingenii, non solis iuris sapientibus et doctis profundam sapientiam impartiri solet, sed et fragili sexui abiectisque personis, aliquando non denegat micas de mensa divitum doctorum cadentes. Verificatum est in illa prudentissima virgine illud apostoli: Infirma mundi elegit Deus, ut fortia confundat. Laudanda est pro certo gratia almi pneumatis, quae istud ingenium virgineum tantis splendoribus scientiae et industriae decoravit illustravitque. Extollenda atque laudanda vestra humilis diligentia, quae studuistis scripta et carmina mulierculae in lucem producere atque arti impressoriae tradere, non spernendo fragilem sexum humilemque statum sanctimonialis pauperculae. Plane non possum non fateri, fecisse vos contra consuetudinem multorum eruditorum vel forte potius superborum, qui abusive nituntur omnia verba, facta ac dictamina mulierum in tantum parvipendere, quasi uterque sexus non unum haberet conditorem, redemptorem ac salvatorem, non animadvertentes manum summi artificis adhuc non esse abbreviatam. Ipse habet clavem scientiae, dividens singulis prout vult, non enim est acceptator personarum. Egregie vero vos, o sapientium sapientissime, imitamini divum Hieronymum, qui et ipse nostrum genus nequaquam sprevit nec horruit Deo dicatis virginibus sacras edisserere litteras ad earum requestam, quas viri inertes et desides ab eo investigare negligebant. Dabitis quaesitis veniam audaciae, quod praesumpsi meis puellaribus et indoctis scriptis v[estram] d[ominationem] occupare. Revera verecundia atque confusio operuit faciem meam in scribendo litteras tam incultas atque incongruas, sed fit hoc amore fratris mei amantissimi, qui singulariter vobis afficitur et quos ille amat merito et ego, illa autem charitas, quae omnia suffert, excuset desidero meos errores. Valete perenni sospitate.*

für Charitas selbst: Charitas schreibt hier über Hrotsvit, über sich selbst, über Frauen allgemein – genauer: über *virgines doctissimae*, auf die sie sich ausschließlich bezieht. Auch für Charitas selbst – und nicht nur für ihre männlichen Mentoren – ist Jungfräulichkeit, sprich: *ordo*, die Zugehörigkeit zum Stand der Jungfrauen, offensichtlich eine von ihr stillschweigend angenommene Bedingung für den Eintritt in den Schriftbetrieb.

Diese *Ordo*-Zugehörigkeit und insgesamt vier männliche Referenz-Figuren bedingen Charitas' Situierung im lateinischen Schriftbetrieb:

1. Der Mentor:

Ihr Briefpartner Celtis erscheint in Charitas' Brief als Geschlechtergrenzen überschreitender Mentor, der göttlich begabte und lateinisch schreibende *virgines* wie Hrotsvit – und Charitas selbst – fördert und ihre Arbeiten publiziert.[48] Auch wenn er dadurch männlichen Gepflogenheiten im Kreis der *doctores* zuwiderhandelt, öffnet er auch Frauen den Weg in den Schriftbetrieb; dies beschreibt Charitas im Fall von Hrotsvit mit den Formulierungen *in lucem producere atque arti impressoriae tradere* – »ans Licht zu bringen und sie der Druckerkunst zu übergeben«; im Anschluss an meine einleitenden Bemerkungen über Kanon-Bildung in der Frühen Neuzeit lässt sich hier festhalten, dass es bei Charitas offensichtlich ein Bewusstsein darüber gegeben hat, dass der Weg einer Schriftstellerin in den Kanon über die Öffentlichkeit der Publikation im Druck, über Latein und über männliche Mentoren führt.

2. Die anonymen Gegner:

Dementsprechend ist der Widerstand gegen die »Kanonisierung« von Frauen männlich: Die Antipoden des Hrotsvit-Mentors Celtis sind namentlich nicht genannte *eruditi*, die von Charitas eines christlichen Kardinalfehlers bezichtigt werden: des Hochmuts (*superbi*). Dieser Kardinalfehler ist es – und nicht etwa die Berufung auf die kirchlichen *auctoritates* des Differenzdiskurses –, der diese

---

[48] Wailes, Stephen L.: The Literary Relationship of Conrad Celtis and Caritas Pirckheimer. In: Daphnis 17 (1988), S. 423-440, behandelt die nationalen Interessen Celtis' bei diesem Briefwechsel. Der Briefwechsel wurde allerdings erst fünf Jahr nach Celtis' Tod publiziert. Es bleibt das Faktum, dass Celtis in seiner Widmung Charitas als Hrotsvit-Nachfolgerin postuliert, als neue deutsche latein-kompetente Klosterfrau.

hochmütigen Männer laut Charitas dazu veranlasst, Frauen aus dem Schriftbetrieb auszuschließen. Sie spricht den Männern, die ihr *qua* Frau die Teilnahme am Schriftbetrieb verweigern, die moralische und theologische Qualifikation für diesen Schriftbetrieb ab.

3. Der Gewährsmann in der kirchlichen Tradition:

Charitas stellt Celtis, Hrotsvit und sich selbst in die Tradition des Kirchenvaters Hieronymus (ca. 345–420),[49] der die institutionell akzeptierte und kanonisierte *auctoritas* war im Hinblick auf (Kloster-)Frauenbildung und Briefpartnerschaft mit Frauen wie Paula und Eustochium – die Celtis übrigens in seiner Hrotsvit-Edition in eine Linie mit Hrotsvit und Charitas gestellt hat. Wie Celtis' Verhalten wird auch jenes von Hieronymus gegenüber Frauen im Schriftbetrieb mit jenem von *viri inertes ac desides* kontrastiert, womit die Trägheit als ein weiterer christlicher Kardinalfehler angesprochen ist. In der Formulierung erscheinen *spernere* und *horrere* als die konventionellen Reaktionen von Männern gegenüber gebildeten Frauen. Charitas bezieht sich dabei wiederum explizit auf Frauen aus dem Kloster, *virgines Deo dicatae*. Wieder wählt Charitas den Zugang zum Problem als Kirchenfrau und Theologin – wieder sind die Referenzpunkte kirchliche Autoritäten. Dem Patronage-Verhältnis Celtis/Charitas unterlegt sie die *ordo*-spezifisch abgesicherte Folie des Patronage-Verhältnisses Hieronymus/Paula. Dabei erwähnt sie nicht, dass Celtis kein Kleriker, sondern Teilnehmer jener bürgerlich-städtischen Elitekultur war, die gerade durch ein sehr differenziertes Verhältnis zu klerikalen Institutionen und Werten sowie eine große Faszination für die nicht-christliche Tradition der Griechen und Römer charakterisiert war.[50] Daraus erschließt sich meiner Meinung nach eine Bedeutungsverschiebung des Begriffes *doctus*: Es handelt sich bei den *docti* – den Mitgliedern der Schrift- und Buchkultur – nicht mehr ausschließlich um *clerici*, da auch Laien – oder besser gesagt: Nicht-*virgines* – wie Celtis und Willibald Pirckheimer

---

[49] Zum theologie- und kirchengeschichtlichen Hintergrund Hamm, Berndt: Hieronymus-Begeisterung und Augustinismus vor der Reformation. Beobachtungen zur Beziehung zwischen Humanismus und Frömmigkeitstheologie. In: Kenneth Hagen (Hg.): Augustine, the Harvest, and Theology (1300-1650). Leiden u.a. 1990, S. 127-235, hier S. 178 und 196ff.

[50] Dieses Manko – die Faszination für heidnische Literatur bei paralleler Vernachlässigung der christlichen – gibt Charitas übrigens in ihrem zweiten Brief an Conrad Celtis mehrfach und nachdrücklich zu bedenken; Pfanner (Hg.): Briefe (wie Anm. 9), Brief 47, S. 105f, insbes. S. 105, Zeilen 21-26 und *passim*.

Zugang haben, wohl aber um Männer. Offensichtlich öffnen nur diese nichtklerikalen *docti* ihre lateinisch-literarische Schriftkultur für Frauen, die ihrerseits jedoch sehr wohl Angehörige einer kirchlichen Institution sind. Die *virgo docta* Charitas integriert Celtis durch die Analogisierung mit Hieronymus für sich ins kirchliche Bezugssystem, da die Förderungs-Leistungen eines Hieronymus, der selbst zu den *clerici* gehörte, offensichtlich für Charitas innerhalb ihres eigenen klerikalen Gefüges – der beiden franziskanischen Orden – nicht zu haben sind.[51]

4. Der Bruder:

Als letzter Mann in diesem Szenario erscheint Charitas' Bruder, den sie zwar nicht namentlich nennt, bei dem es sich aber nur um Willibald Pirckheimer handeln kann. Der *amor fratris mei amantissimi* ist die Motivation für Charitas' Schreiben; der Bruder erscheint als Bezugspunkt für ihre Orientierung im Schriftbetrieb: »wen er liebt, den liebe mit gutem Grund auch ich.« An anderer Stelle bezeichnet sie ihn als ihren *praeceptor* und *dimidium animae meae* – »Hälfte meiner Seele« – mit einem berühmten Horaz-Zitat, das dort in Bezug auf Vergil steht (Horaz *carm.* I, 3, 8). Erst hier – im Zusammenhang mit ihrer Beziehung zu ihrem leiblichen Bruder Willibald – verlässt sie den Bezugsrahmen der unmittelbaren kirchlichen und theologischen *auctoritates* und wendet sich einer sehr säkularen literarischen *auctoritas* zu, eben ihrem Bruder Willibald, den sie mit einem berühmten Zitat der nicht minder berühmten – aber heidnischen – *auctoritas* Horaz ehrt. Während in diesem Brief an Celtis in puncto Willibald von *amor* und *amare* die Rede ist, reklamiert Charitas im letzten Satz des Briefes für sich und eventuelle Fehler ihrerseits in einem wörtlichen Zitat aus dem von ihr bereits zitierten *apostolus* – Paulus, erster Brief an die Korinther – die christliche *charitas*, die alles aushält – Name, Auftrag, Programm und rhetorisches Spiel in einem, und kehrt damit wieder zu den für sie verbindlicheren christlichen *auctoritates* zurück.

In Sachen Latein ist Willibald für Charitas nach eigenen Angaben die oberste Autorität. So schickt sie ihm beispielsweise – mit einem lateinisch abgefassten Begleitschreiben – ihren ersten lateinischen Brief an Celtis mit der Bitte, »(…)

---

[51] In der Tat erfolgte ca. ein Jahr nach diesem Briefwechsel mit Celtis das Lateinverbot durch Charitas' Ordensobere, siehe Anm. 38. Aus diesem Verbot lässt sich erschließen, dass lateinische Kommunikation offensichtlich nicht mehr als unabdingbare Voraussetzung für eine Ordensfrau erachtet wurde, dass sich der Gebrauch des Lateinischen also verändert haben musste.

dass Du ihn durchliest, die Fehler korrigierst, die Inkongruenzen auflöst, die Stilblüten ausmerzt und ihn mir dann, wenn es geht, zurückgibst.«[52] Ihre Begründung:

> »In der Tat, wenn ich nicht gefürchtet hätte Dich zu beleidigen oder die brüderliche *charitas* zu verletzen, dann hätte ich es niemals gewagt, einem solchen Gelehrten zu schreiben, schon gar nicht auf Latein, das ich – wie Du weißt – weder zu schreiben noch zu sprechen gelernt habe.«[53]

Die Latein-Expertise ist für Charitas Pirckheimer hier keine, die im Kloster zu suchen und zu finden war, sondern außerhalb – nämlich in ihrer patrizischen Herkunftsfamilie.

Charitas inszeniert ihren Eintritt in den lateinischen Schriftbetrieb demnach als von Männern konditioniert. Dabei stehen sich auf der einen Seite Celtis sowie ihr Bruder Willibald mit Hieronymus als Autorität im Hintergrund und auf der anderen Seite anonyme *eruditi* gegenüber, die eine Präsenz von Frauen im Schriftbetrieb ablehnen. Die Gründe, die sie dafür anführen, weist Charitas polemisch als nichtig und falsch zurück: »Wie wenn nicht beide Geschlechter ein und denselben Schöpfer hätten,« der Begabungen nach seinem Willen zuteilen kann, unabhängig von Ansehen und Geschlecht der Person – so stellt sie mit Blick auf die Geschlechterverhältnisse fest und erweist sich dadurch als theologische Verfechterin der Egalität von Mann und Frau.

IV

Hier fasse ich also zusammen: Die »lateinische« Charitas tritt ihrem Adressaten Celtis auf den ersten Blick in der Maske der Schülerin gegenüber und macht sich in Formulierungen, die Celtis' Entdeckung Hrotsvit geprägt hat, rhetorisch und traditionskompetent klein und unwürdig gegenüber einem übermächtig erscheinenden misogynen, von Männern kontrollierten Schriftbetrieb, der für sie nur durch die Vermittlung von männlichen Gönnern zugänglich ist.[54] Daneben

---

[52] Pfanner (Hg.): Briefe (wie Anm. 9), Brief 34, S. 80, Zeile 4f: *ut pellegas, errores corrigas, incongruitates emendes, fatuitatem castiges ac tandem, si placet, reddas.*

[53] Ebd., Zeile 5-8: *Profecto, ni timuissem te offendere simul et charitatem fraternam laedere, nequaquam tanto doctori ausa fuissem scribere, maxime litteris latinis, quas, ut nosti, nec scribere nec proferre didici.*

[54] Weitere Gönner und Bewunderer – außer Celtis und Willibald Pirckheimer – bei Machilek, Franz: Klosterhumanismus in Nürnberg (wie Anm. 46), insbes. S. 39-42.

steht die nicht minder lateinische Charitas der theologischen und monastischen Tradition, die – ganz ohne Bescheidenheitsformeln – Antworten auf die Rückschläge in Celtis' Leben hat, die sich auf kirchliche Autoritäten beruft, und die vor allem eine Meinung über die *summa philosophia* hat, die keinen Widerspruch ermöglicht; dabei ist der Gestus der Schülerin aufgehoben. Mehr noch: Charitas weist ihrem vermeintlichen *praeceptor* Celtis den Status eines Schülers zu, nämlich eines *discipulus Christi*, dem gegenüber sie als geistliche Lehrerin agieren kann. »Latein« ist also doppelt codiert:

Erstens: Latein ist die Sprache der Kirche und des schriftlichen kanonischen und theologischen Wissens, das hier von den heiligen Schriften zum Frauen-Förderer (und Frauenfeind) Hieronymus, zu Hrotsvit und Bernhard von Clairvaux reicht. Innerhalb dieses Bereichs bewegt sich Charitas Pirckheimer souverän – und ohne das *Sexus*-Argument zu behandeln bzw. behandeln zu müssen.

Zweitens: Latein ist die Sprache der – spätestens zu Charitas' und Celtis' Zeit – ästhetisierten und tendenziell von der Klerikerkultur wegführenden griechisch-römischen Denk- und Literaturtradition, deren Beherrschung eine *conditio sine qua non* für den Eintritt in den Kanon publizierter AutorInnen ist.[55] Dort ist *sexus* ein Thema;[56] und der Eintritt in den Schriftbetrieb – und damit das Verlassen des institutionellen und sozialen Rahmens des Klosters – wird von Charitas als ein Anschreiben gegen die übermächtige Tradition des *fragilis sexus* charakterisiert, gegen die Kontrolle durch Männer, denen sie freilich die Kompetenz auf dem ersteren und für sie wichtigeren »Latein-Gebiet« abspricht. In diesem Kontext ist für Charitas – sowohl gegenüber Celtis wie auch gegenüber ihrem Bruder Willibald – nur die Rolle der Schülerin zu haben.

Das doppelt codierte Latein ist als *gendered language* übermächtig und ambivalent, misogyn und philogyn zugleich:

---

[55] Zur Problematik grundsätzlich und zum Selbstverständnis dieser Gruppenkultur siehe Jancke, Gabriele: Autobiographie als soziale Praxis. Beziehungskonzepte in Selbstzeugnissen des 15. und 16. Jahrhunderts im deutschsprachigen Raum. Köln/Weimar/ Wien 2002, insbes. Kap. 3, S. 166-210, und Treml: Humanistische Gemeinschaftsbildung (wie Anm. 14).

[56] Zu Latein als Männer-Code exemplarisch: Ong: Latin Language Study (wie Anm. 14). Jancke, Autobiographie (wie Anm. 55), S. 173f., liest folgerichtig die Aufzählungen gelehrter Ausnahme-Frauen in Texten von Männern zwar als Indizien für die Teilnahme der erwähnten Frauen an den Netzwerken der Männer, aber auch als Reverenzen von Männern gegenüber Männern – den Vätern, Brüdern etc. der erwähnten Frauen – und damit als ritualisierte Ausdrucksformen einer männlichen Gruppenkultur, eines Männerbunds und einer »männlichen« Bildung, die sich in diesem Fall durch die Beherrschung des Lateinischen konstituiert.

1. Das kirchlich-religiöse Latein ermöglichte es Charitas, gegenüber Celtis und Willibald – und auch gegenüber anderen Männern – in lateinischer Sprache als kompetente Ratgeberin aufzutreten, als *virgo Deo dicata*, die nicht den Weg der Eva, sondern jenen der Maria gewählt hat. Dennoch kamen – paradoxerweise – aus den Institutionen der franziskanischen Orden, in denen sie Karriere als Äbtissin machte, die größten Widerstände gegen ihre lateinisch-literarische Tätigkeit, wobei Charitas dennoch zeitlebens dort nicht nur zugehörig, sondern auch erfolg- und einflussreich blieb.

2. Das säkular-humanistische Latein und der damit verbundene Schriftbetrieb war zwar in Charitas' eigener Wahrnehmung misogyn, doch sie konnte mit der Hilfe zweier Mentoren daran partizipieren und darin erfolgreich sein – wenn auch nur unter der Bedingung, dass sie als *virgo Deo dicata* zu jenem anderen Bereich gehörte, in dem sie als Jungfrau für Männer nicht unmittelbar greifbar war. Sie konnte daher nur über männliche Vermittlung, die sich in einem solchen Fall auch als Disziplinierung und Kontrolle beschreiben lässt, an diesem Schriftbetrieb teilnehmen und nicht durch eine direkte Zugehörigkeit und Einflussnahme.

Diese Doppelcodierung, die von den Kategorien *sexus* und *ordo* bestimmt wird, zieht sich durch die gesamte mittelalterliche und frühneuzeitliche Latinität, wird aber im 15. und 16. Jahrhundert virulent, da – so meine These – sich zwei unterschiedliche Schriftbetriebe auszukristallisieren beginnen: auf der einen Seite der religiöse, der immer vernakulärer wird,[57] auf der anderen Seite der säkular-literarisch-humanistische, der sozusagen immer »lateinischer« wird (mit dem Resultat, dass Latein am Ende des Prozesses tot ist). In anderen Worten und noch thesenhafter: Dort, wo es wirklich um etwas ging, hat Charitas Pirckheimer auf Deutsch geschrieben. Denn gerade zu Charitas' Zeit – parallel zur Reformation – vollzieht sich ein irreversibler Bedeutungsverlust des Lateinischen als *lingua franca* des Verwaltungs-, Rechts-, Bildungs- und Gelehrtenbetriebs. Und damit bin ich bei der »deutschen« Charitas.

Während von Willibald Pirckheimer kein deutsches Wort an Charitas erhalten ist, hat sie sich an ihren Bruder und Mentor sehr wohl auf Deutsch gewandt, auch in der Zeit ihrer lateinischen Korrespondenz. Zwei deutsche Briefe an Wil-

---

[57] Siehe dazu: Henkel, Nikolaus / Palmer, Nigel F. (Hg.): Latein und Volkssprache im deutschen Mittelalter 1100–1500. Tübingen 1992. Darin insbes.: Ochsenbein, Peter: Latein und Deutsch im Alltag oberrheinischer Dominikanerinnenklöster des Spätmittelalters, S. 42-51, sowie Guthmüller, Bodo (Hg.): Latein und Nationalsprachen in der Renaissance. Wiesbaden 1998.

libald sind erhalten,[58] beide kurz, gerade eine halbe Druckseite lang. In dem ersten bittet sie ihn um Rat in einer Zinsangelegenheit – »gib mir ein untterrichtung« –, im zweiten bittet sie ihn um Auskunft in einer Gerichtssache. In beiden Briefen geht es um ökonomische Fragen, die das Kloster betreffen. Beide Briefe sind gezeichnet mit »Abtissin von sant Clarn.« In keinem eine Spur von Bildungs- und Gelehrsamkeits-Austausch.

Durch die Studie dieses einzigen Falles Charitas Pirckheimer kristallisiert sich für mich als Arbeitshypothese für die in Klöstern angesiedelte weibliche Lateinkompetenz im 15. und 16. Jahrhundert heraus, dass das Lateinische seine Funktion als generelles Kommunikationsmittel des Klosters mit der so genannten Außenwelt offensichtlich zugunsten der Volkssprache eingebüßt hatte: Die Kommunikationsbereiche, die ich genannt habe, sind Ökonomie und Jurisprudenz; ich könnte aber auch zahlreiche Briefe von und an Charitas anführen, die religiöse Unterweisung und Erbauung enthalten. Auch dort ist Latein eher die Ausnahme als die Regel. Latein als Kommunikationsmittel wird nur noch gelegentlich und in speziellen Situationen mit spezifischen Partnern verwendet und dient zu einer elitären Markierung der Beteiligten.

Dieser Befund deckt sich mit vergleichbaren Szenarien in Italien und Spanien.[59] Im Zug der Aufwertung der ästhetischen und formalen lateinischen Tradition der Antike durch den Humanismus war die Beherrschung dieser Tradition für den Eintritt in den nicht-klerikalen Schriftbetrieb samt Schritt in die Öffentlichkeit jedoch nach wie vor unabdingbar. Erwerbbar war diese Lateinkompetenz dann weniger in den Klöstern als an den Höfen und in den Städten, vor allem an den verhältnismäßig »neuen« Bildungs-Institutionen wie den Universitäten. Insgesamt lässt sich sagen, dass sich die Kategorie *ordo* – im Sinne einer Zugehörigkeit zu den Institutionen der Kirche – nicht als hinreichender Faktor für den Zugang zum Lateinischen halten lässt, sondern dass Wissenserwerb und lateinische Gelehrsamkeit an den Zugang zu anderen Wissensinstitutionen gebunden waren. In diesem Kontexten kommt wiederum die Kategorie *sexus* zum Tragen: Universitäten waren Frauen verschlossen. Deshalb waren Frauen auf die Unterweisung in ihren Familien oder auch in Klöstern angewiesen. Jedenfalls war Lateinkompetenz einer sehr kleinen Minderheit vorbehalten.

---

[58] Pfanner (Hg.): Briefe (wie Anm. 9), Brief 38, S. 86 und Brief 42, S. 93.
[59] Siehe dazu: Bidwell-Steiner, Marlen/ Aichinger, Wolfram/ Bösch, Judith/ Cescutti, Eva (Hg.): The »Querelle des Femmes« in der Romania. Studies in Honour of Friederike Hassauer. Wien 2003.

Zu dieser Minderheit hat Charitas Pirckheimer gehört – auch dank der Tatsache, dass sie eine Klosterfrau war, eine *virgo docta*, aber auch dank ihrer Herkunft aus einer bürgerlichen Humanistenfamilie. Dass sie berühmt für ihre Latein-Kenntnisse und ihre Bildung war, hat ihr – so meine Schluss-These – Gehör verschafft, als sie ihr Lebensmodell Kloster auf Deutsch verteidigen musste.[60] Aber nichts lässt darauf schließen, dass sie diese ihre berühmte lateinische Bildung am Ende ihres Lebens noch einmal aktiv eingesetzt hat.

Hrotsvits Tradition hat Charitas – entsprechend der ambivalenten Latein-Tradition – jedenfalls auf eine ebenfalls ambivalente Weise wieder aufgenommen. Einerseits gleichen sich die Szenen: Wo Hrotsvit in der *praefatio* zu ihrem Dramen-Buch eine Terenz-Substitution postuliert, postuliert Charitas in einem Brief an Celtis[61] mit ähnlichen Argumenten eine Ovid-Substitution. Hrotsvit hat ihr Postulat allerdings selbst umgesetzt und die schändlichen Komödien des Terenz durch ihre frommen MärtyrerInnen-Dramen ersetzt. Charitas ließ Celtis schreiben.

---

[60] Als die Reformation in Nürnberg eingeführt wurde und das Klarissenkloster in arge Existenznöte geriet, ermöglichten Charitas' Verbindungen zur Humanisten-»Szene« eine Vermittlungsbegegnung mit dem Humanisten und Reformatoren Philipp Melanchthon, die dann letztlich zu einem Kompromiss führte: Jung, Martin H.: Die Begegnung Philipp Melanchthons mit Caritas Pirckheimer im Nürnberger Klarissenkloster im November 1525. In: Jahrbuch für fränkische Landesforschung 56 (1996), S. 235-258.

[61] Pfanner (Hg.): Briefe (wie Anm. 9), Brief 47, S. 106, Zeile 14-23.

Renate Jacobi

Gelehrte Frauen im islamischen Spätmittelalter

Zur Einführung in das Thema beginne ich mit einem Zitat, mit der Biographie einer Frau, die um 1400 in Jerusalem gelebt hat. Der Text ist charakteristisch für die Quellengattung, die diesem Beitrag zugrunde liegt, die arabische Biographik, und kann die unterschiedlichen Aspekte im Leben einer Person verdeutlichen, an denen die islamischen Historiker interessiert waren. Die Biographie, die ich nur um wenige Details, vor allem arabische Personennamen und Buchtitel, kürze, lautet folgendermaßen:

»Zainab, Tochter des Aḥmad ibn 'Abdarraḥīm (...) aus Jerusalem, die auch Bint al-Kamāl [Tochter der Vollkommenheit, R. J.] genannt wird. Sie wurde im Jahre 1248 geboren. Im Jahre 1250 [also als Zweijährige! R. J.] ließ man sie an einer Vorlesung der Ḥabība, Tochter des Abū 'Amr, teilnehmen. Danach studierte sie bei berühmten Professoren [es folgen fünf Namen, R. J.] und erhielt Lehrbefugnisse [iǧāzāt] von zahlreichen Gelehrten aus Bagdad, Mardin, Aleppo, Harran, Alexandria und Kairo. Aḏ-Ḏahabī[1] sagt über sie: ›Sie besaß als einzige die Lehrbefugnis für eine Reihe von Werken im Umfang einer Maultierslast [von Büchern, R. J.]. Sie war eine fromme und gütige Frau und lehrte viel. Die Studenten drängten sich in ihren Vorlesungen und studierten bei ihr umfangreiche Schriften. Sie hatte ein freundliches Wesen und viel Geduld; es kam vor, dass die Studenten ihr den größten Teil des Tages zuhörten.‹ Er fügte hinzu: ›Zudem war sie bescheiden, sittenrein, edelmütig und von gutem Charakter. Seit ihrer Kindheit war sie triefäugig und hat nie geheiratet. Sie starb am 22. November 1339 mit über 90 Jahren. Ihr Tod bedeutete einen schweren Verlust für die Traditionswissenschaft, schwer wie eine Maultierslast, denn sie war die letzte Person auf der Welt, die Lehrbefugnisse von dem Enkel des Salafī und anderen Gelehrten besaß.‹«[2]

Der Text stammt aus einem biographischen Lexikon, dessen Autor, Ibn Ḥaǧar al-'Asqalānī (1372-1449), bedeutende Persönlichkeiten des 14. Jahrhunderts erfassen wollte. Das Werk trägt den Titel »Die verborgenen Perlen. Über die Notabeln des 8. (= 14.) Jahrhunderts« (ad-Durar al-kāmina fī a'yān al-mi'a aṯ-

---

[1] Historiker und Biograph (1274-1348).
[2] Ibn Ḥaǧar al-'Asqalānī, ad-Durar al-kāmina fī a'yān al-mi'a aṯ-ṯāmina [Die verborgenen Perlen. Über die Notabeln des 8. (= 14.) Jahrhunderts, R. J.], 4 Bde. Beirut 1993, II 1743 (im Folgenden: IH. Die folgende römische Zahl gibt den Band an, die arabische die Nummer der Biographie).

ṯāmina)³, aber wie die zitierte Biographie zeigt, ist auch das 13. Jahrhundert noch berücksichtigt. Dies ist eine der Quellen, die ich zugrunde lege. Darin sind 198 Frauen genannt, das sind 4% der Gesamtzahl.⁴ Die meisten von ihnen können als Gelehrte gelten; bei 53 Frauen hat Ibn Ḥaǧar selbst studiert. Er gehört zu den bedeutendsten Gelehrten seiner Zeit und scheint Gelehrsamkeit bei Frauen sehr geschätzt zu haben, da er seine eigene Gattin zum Studium anhielt und sie zur Lehrtätigkeit ermutigte (s.u.).

Das zweite Werk, auf das ich mich stütze, stammt von seinem Schüler, ʿAbdarraḥmān as-Saḫāwī (1427-1497), der damit ebenfalls ein so genanntes Jahrhundertlexikon verfassen wollte, ohne Zweifel inspiriert durch seinen Lehrer. Es ist ein zwölfbändiges Werk mit dem Titel »Das strahlende Licht für die Notabeln des 9. (= 15.) Jahrhunderts« (aḍ-Ḍauʾ al-lāmiʿ li-ahl al-qarn at-tāsiʿ).⁵ Er weicht jedoch in der Anordnung des Werkes von Ibn Ḥaǧar ab, indem er die Frauenbiographien, die dieser nach dem Alphabet über sein Lexikon verstreut, in einen Band zusammenfasst. Dieser zwölfte Band, der die Grundlage meiner derzeitigen Forschung bildet, enthält 1075 Eintragungen, das sind 9% der Gesamtzahl der Biographien.⁶ Allerdings ist nur ein Teil der Frauenbiographien für unser Thema relevant. Von etwa 400 Frauen wird gesagt, dass sie studiert, das heißt Vorlesungen besucht haben. Von diesen haben 115 eine Lehrtätigkeit ausgeübt. Bei 34 von ihnen hat as-Saḫāwī selbst studiert.

Beide Autoren sind angesehene Historiker und Spezialisten der Traditionswissenschaft. Unter »Tradition« oder dem in der Fachliteratur gebräuchlichen arabischen Terminus Ḥadīṯ (Bericht) versteht man das Corpus der überlieferten Aussprüche und Handlungen des Propheten, das neben dem Koran die

---

³ Ebd.
⁴ Vgl. Roded, Ruth: Women in Islamic Biographical Collections. From Ibn Saʿd to Who's Who. London 1994, S. 3.
⁵ ʿAbdarraḥmān as-Saḫāwī, aḍ-Ḍauʾ al-lāmiʿ li-ahl al-qarn at-tāsiʿ [Das strahlende Licht für die Notabeln des 9. (= 15.) Jahrhunderts, R. J.], 12 Bände. Beirut o. J. (im Folgenden: S. Zur Zitierweise vgl. Anm. 2). Das Werk wird häufig als Quelle herangezogen, wurde jedoch bisher nicht analysiert. Nur zum 12. Band, dem so genannten »Frauenlexikon«, gibt es eine kurze Studie von Lutfi, Huda: Al-Sakhāwī's Kitāb al-Nisāʾ as a source for the social and economic history of Muslim women in the fifteenth century. In: The Muslim World 71 (1981), S. 104-124. Zur Gattung der biographischen Lexika allgemein vgl. Rosenthal, Franz: A History of Muslim Historiography. Leiden 1952.
⁶ Vgl. Roded: Women in Islamic Biographical Collections (wie Anm. 4), S. 3.

zweite autoritative Quelle für Recht, Ethik und normatives Verhalten bildet.[7] Die Frage nach der Authentizität dieses Materials hat zu einer intensiven Beschäftigung mit den Lebensdaten der Tradenten geführt. Das ist einer der Gründe für die frühe Entstehung der arabischen Biographik und bürgt zugleich für ein hohes Maß an Verlässlichkeit der Angaben. In den beiden Lexika, die ich ausgewertet habe, ist das Bemühen der Verfasser um Genauigkeit unverkennbar. Sofern sie sich auf ältere Werke stützen, geben sie in der Regel ihre Quelle an, wie die zitierte Biographie belegt. Bei jüngeren Zeitgenossen pflegte as-Saḫāwī nach seinen eigenen Angaben schriftlich um Information zu bitten. Auch das Fehlen von exakten Daten wird bisweilen erwähnt.

Die Spezialisierung der beiden Verfasser erklärt zum Teil die Auswahl der Personen, die sie in ihr Lexikon aufgenommen haben. Im Fall von as-Saḫāwī, dessen Auswahlkriterien ich näher untersucht habe, erhält man den Eindruck, dass er neben den Angehörigen der Feudalschicht nur Frauen, die auf dem Gebiet der Traditionswissenschaft hervorgetreten sind, in größerer Zahl berücksichtigt hat. Frauen mit anderen Qualifikationen sind nur vereinzelt aufgenommen und gehörten vermutlich seinem Bekanntenkreis an. So finden wir in seinem Lexikon zum Beispiel nur eine einzige Dichterin erwähnt, mit der er befreundet war, obwohl es im 15. Jahrhundert allein in Kairo, seinem Wohnsitz, sicherlich noch andere Frauen gegeben hat, die als Dichterinnen bekannt waren. Dieser subjektive Faktor bei der Wahl der Personen relativiert den quantitativen Befund, der sich aus seinem Lexikon ergibt, und zwingt zur Vorsicht bei allgemeinen Folgerungen, was die Repräsentanz von Frauen im gesellschaftlichen Leben der Zeit angeht.

Der Zeitraum, auf den ich mich beziehe, umfasst etwa 250 Jahre, die zweite Hälfte des 13. bis zum Ende des 15. Jahrhunderts. Es ist die Zeit der Mamlukensultane (1250-1517), einer Militärdynastie, die sich aus eingeführten Sklaven (mamlūk) teils türkischer, teils tscherkessischer Herkunft rekrutierte.[8] Auch der geographische Rahmen, der sich aus den genannten Quellen ergibt, ist mit dem Imperium der Mamluken gleichzusetzen, wenn wir von einigen Ausnahmen absehen, die kaum ins Gewicht fallen. Es sind die Länder Ägypten, Syrien und Palästina, dazu die arabische Halbinsel, wo durch die Pilgerfahrt Gelehrte aus der

---

[7] Vgl. den Artikel »Ḥadīth« in: Encyclopaedia of Islam (New Edition), III. Leiden 1960ff, S. 23 (im Folgenden: EI).

[8] Zur Geschichte der Mamluken vgl. Haarmann, Ulrich: Der arabische Osten im späten Mittelalter 1250-1517. In: Geschichte der arabischen Welt. Hg. von Ulrich Haarmann. München 1987, S. 217-257.

gesamten islamischen Welt zusammentrafen und wo infolgedessen ein intensiver wissenschaftlicher Austausch stattfand. As-Saḫāwī selbst hat viele Jahre in Mekka oder abwechselnd in Medina verbracht und dort auch gelehrt.

Eine Frage, die zu Anfang geklärt werden muss, ist der Begriff von Gelehrsamkeit, den ich zugrunde lege. Sie kann nur im Rahmen des islamischen Bildungswesens beantwortet werden, wo die Grenzen zum Teil anders verlaufen als im christlichen Europa. Allein die Tatsache, dass manche der Frauen, die in der Gesellschaft der Mamlukenzeit als Gelehrte hohe Anerkennung fanden, möglicherweise weder lesen noch schreiben konnten, beleuchtet das Problem. Da Detailstudien zu den Bildungschancen und zum Bildungsstand von Frauen der Epoche bislang fehlen, wenn man von ihrer Rolle in der Wissensvermittlung absieht (s.u.), stütze ich mich im Folgenden auf die Angaben der beiden Quellen und versuche, auf ihrer Grundlage unterschiedliche Kategorien von gebildeten oder gelehrten Frauen zu definieren. Als Voraussetzung für diesen Versuch muss man sich vergegenwärtigen, dass wir es in der Mamlukenzeit mit einem breit gefächerten System von religiösem und profanem Wissen, einer differenzierten Gelehrtenkultur zu tun haben.[9] Wissen und Bildung bedeuteten soziales Prestige und werden daher in den Biographien von Männern und Frauen häufig erwähnt, wobei die Tendenz zu beobachten ist, durch sprachliche und außersprachliche Signale, zum Beispiel die Länge des Eintrags, eine Rangordnung vorzunehmen. Die Stellung von Frauen in diesem System bedarf noch der Untersuchung; ein genauer Vergleich der Biographien von Männern und Frauen, vor allem hinsichtlich der Terminologie, könnte aufschlussreich sein.

Meine eigenen Textanalysen sind noch nicht abgeschlossen, doch legen die bisherigen Beobachtungen die Vermutung nahe, dass die Bildungschancen von Frauen dieser Epoche, zumindest in der oberen Mittelschicht, weitaus günstiger waren, als bisher angenommen wurde. Bei der Durchsicht der Biographien fällt auf, wie häufig davon die Rede ist, dass Frauen Vorlesungen besuchten, wobei es sich jedoch ausschließlich um die religiösen Wissenschaften handelt (s.u.). Von einigen Frauen wird ausdrücklich gesagt, dass sie lesen und schreiben konnten oder sonstige Kenntnisse und Fertigkeiten erworben hatten, wie Kalligraphie oder Dichtkunst. Ferner werden Werke aufgezählt, die sie schon als Kind auswendig gelernt hatten, wobei neben dem Koran und religiösen Schriften auch Traktate zur Grammatik genannt sind. Die so beschriebenen Frauen

---

[9] Vgl. Rosenthal, Franz: Knowledge Triumphant. The concept of knowledge in Medieval Islam. Leiden 1970; Maqdisi, George: Religion, Law and Learning in Classical Islam. Aldershot 1991.

sind als gebildet und kenntnisreich zu bezeichnen, doch fallen sie nicht unter die Kategorie der Gelehrten. Sie stellen eine breite Schicht dar, aus der diejenigen Frauen hervorgehen, die besonders begabt oder durch ihre Familiensituation begünstigt und motiviert waren, sich weiter zu qualifizieren.

Wie aus den Biographien zu entnehmen ist, haben Frauen im religiösen und im profanen Bereich Kenntnisse erworben; Gelehrsamkeit, das heißt, spezialisiertes Wissen, konnten sie nur in den religiösen Disziplinen erwerben. Die Gründe dafür ergeben sich u.a. aus der Organisation des islamischen Hochschulwesens und werden anschließend erörtert. Auf der Grundlage der beiden Quellenwerke unterscheide ich zwei Kategorien von Gelehrten: 1. Frauen, die aktiv an der Wissensvermittlung im akademischen Bereich teilgenommen, die gelehrt haben. 2. Frauen, die auf Grund ihres spezialisierten Wissens eine öffentliche Tätigkeit ausgeübt und dadurch soziales Ansehen erlangt haben. Diese zweite Gruppe ist nur durch Einzelfälle belegt. In beiden Kategorien ist neben der Spezialisierung die Umsetzung des Wissens, Gelehrsamkeit also, die sich öffentlich manifestiert und fruchtbar wird, das entscheidende Kriterium.

Doch was bedeutet »öffentlich« im Rahmen der islamischen Sozialordnung? In einer Gesellschaft, in der die Trennung der Geschlechter das soziale Leben bestimmt, zumindest in der Theorie, in der Frauen nach der Auffassung vieler Juristen das Haus möglichst selten verlassen sollten, und dies nur mit Erlaubnis des Vaters oder Ehemannes und bei strenger Einhaltung der Kleidervorschriften, verläuft die Grenze zwischen öffentlichem und privatem Raum anders als in der europäischen Gesellschaft.[10] Wenn es im Folgenden heißt, dass eine Frau »öffentlich« lehrte, dann ist damit gemeint, dass Männer, die nicht zur Familie ge-

---

[10] Die Geschlechtertrennung im Islam wird durch einen Koranvers gerechtfertigt (Sure 33, Vers 53), der sich jedoch nur auf die Frauen des Propheten bezieht. Das ist für islamische Feministinnen ein Ansatzpunkt zur Kritik. Vgl. Mernissi, Fatema: Der politische Harem. Mohammed und die Frauen. Freiburg, Br. 1992, S. 113ff.; Ahmed, Leila: Women and Gender in Islam. New Haven/London 1992, S. 144ff. Von den islamischen Juristen des Mittelalters wird die Geschlechtertrennung nie in Frage gestellt. Viele Detailfragen zu ihrer Umsetzung werden jedoch kontrovers diskutiert. Vgl. Degand, Angela: Geschlechterrollen und familiale Strukturen im Islam. Untersuchungen anhand der islamisch-juristischen Literatur des 7./13. bis 9./15. Jahrhunderts. Frankfurt, M. 1988. Die Praxis hat in verschiedenen Epochen und je nach Sozialstatus differiert. Frauen der Unterschicht, die zum Lebensunterhalt der Familie beitragen mussten, konnten sich relativ frei bewegen, wie zumindest für die Mamlukenzeit nachgewiesen ist. Vgl. 'Abd ar-Razīq, Aḥmad: La Femme au temps des Mamlouks en Égypte. Caire 1973. Der Autor bietet eine Fülle wertvoller Information, neigt jedoch zur Idealisierung der Verhältnisse. Eine allerdings sehr allgemeine Einführung in die Problematik bis in die Gegenwart bietet Walther, Wiebke: Die Frau im Islam, 3. überarb. und neugestaltete Aufl. Leipzig 1997.

hörten, zu ihren Vorlesungen Zugang hatten, unabhängig davon, ob sie in dem Haus las, in dem sie lebte, oder an einem anderen Ort.

Die Organisation des Hochschulwesens

In der Wissenschaftssystematik des mittelalterlichen Islam unterscheidet man zwischen »islamischen« und »fremden«, das heißt von den Griechen übernommenen Wissenschaften. Darunter fallen Philosophie, Medizin und Naturwissenschaften, für die es eigene Akademien gab. Sie galten als nützlich, doch zugleich als etwas fragwürdig, eine mögliche Gefährdung des Glaubens, und es lässt sich mit Sicherheit sagen, dass Frauen zu dieser Art des Wissens keinen Zugang hatten. Wenn sie sich qualifizieren wollten, so konnte dies nur auf einem von der Gesellschaft gebilligten Wege geschehen. Ich beschränke mich daher auf die Wissensvermittlung in den theologischen Disziplinen, zu denen Koranexegese und Rezitation, die Rechtswissenschaft, im Islam der wichtigste Teil der Theologie, und die Traditionswissenschaft mit ihren Untergliederungen zu rechnen sind. Im Übrigen gehörte zum Studium die intensive Beschäftigung mit dem klassischen Arabisch, das sich erheblich von der Umgangssprache unterschied und daher erlernt werden musste. Als Wissenschafts- und Literatursprache hatte das klassische Arabisch etwa die gleiche Bedeutung wie das Latein in Europa. Als Sprache des Korans und anderer religiöser Texte wurde es jedoch schon im Elementarunterricht gelehrt und stellte daher keine so starke Barriere für die Bildungschancen von Frauen dar wie das Latein. Die religiösen Wissenschaften wurden anfangs ausschließlich in den Moscheen unterrichtet. Später kam die Form der Madrasa hinzu, einer Stiftungshochschule, an der die theologischen Disziplinen, vor allem das religiöse Recht, und ihre Hilfswissenschaften gelehrt wurden.[11] Die Madrasa[12] war mit Studienplätzen und Bibliotheken ausgestattet, doch bedeutete das keinen wesentlichen Unterschied in der Organisationsform und im Curriculum. An beiden Institutionen gab es Positionen für Professoren und anderes Lehrpersonal mit festem Gehalt. Es war jedoch vielfach

---

[11] Vgl. Maqdisi, George: The Rise of colleges. Institutions of learning in Islam and the West. Edinburgh 1981; Berkey, Jonathan: The Transmission of knowledge in medieval Cairo. A social history of Islamic education. Princeton 1992. Das Werk enthält ein kurzes Kapitel »Women and education« (S. 161-181).

[12] Vgl. den Artikel »Madrasa« in: EI V S. 1123.

üblich, dass Gelehrte unentgeltlich Vorlesungen hielten oder allenfalls freiwillige Beiträge ihrer Hörer annahmen.

Es gibt zwei Faktoren, die das islamische Hochschulwesen bis in die Frühe Neuzeit kennzeichnen und die zum Teil erklären, dass Frauen die Chance hatten, innerhalb dieses Systems aktiv mitzuwirken. Das eine ist die fehlende Formalisierung, das andere die Bedeutung, die der Mündlichkeit in der Wissensvermittlung zugemessen wurde. Der erste Punkt bedeutet vor allem das Fehlen von Zulassungsvoraussetzungen für ein Studium. Jeder konnte an den Vorlesungen teilnehmen, ein zweijähriges Kind, wie wir gesehen haben, ebenso wie ein älterer Mensch. Dasselbe gilt für Angehörige verschiedener Berufsgruppen. Frauen waren zu den Vorlesungen zugelassen, ob als Kleinkinder, als junge Mädchen oder Ehefrauen, wobei sie allerdings die Begleitung männlicher Familienmitglieder brauchten. In diesem Zusammenhang ist die Beobachtung relevant, dass die Grenzen zwischen dem akademischen und dem gesellschaftlichen Leben offenbar fließend waren. Vorlesungen zu religiösen Themen scheinen eine soziale Funktion gehabt zu haben, ähnlich den Zusammenkünften, bei denen Koranrezitationen stattfanden. Die Teilnahme wurde allgemein empfohlen und galt als religiös verdienstlich.[13] Dennoch ist die Selbstverständlichkeit, mit der Frauen zugelassen waren und von ihren männlichen Familienmitgliedern zur Teilnahme angehalten wurden, ein wichtiges Indiz für ihre soziale Akzeptanz in der Öffentlichkeit, ein Punkt, der von der Islamforschung bisher zu wenig beachtet worden ist.

Die fehlende Formalisierung des Systems der höheren Bildung zeigt sich auch an den Orten, an denen der Unterricht stattfand. Ich habe die Moschee und die Madrasa genannt. Viele Professoren, vor allem wenn sie noch jünger und unbekannt waren, lasen auch in ihrem eigenen Haus. Das scheint der übliche Beginn einer Karriere gewesen zu sein, wie dem autobiographischen Artikel von as-Saḫāwī zu entnehmen ist.[14] Er wurde zunächst von seinen Professoren ermutigt, zu Hause Kurse abzuhalten. Mit wachsendem Erfolg wurden ihm dann öffentliche Einrichtungen zur Verfügung gestellt. Als Orte, an denen Vorlesungen stattfanden, werden in den Gelehrtenbiographien mystische Klöster, Gärten oder Plätze der Stadt genannt. Zu betonen ist in diesem Zusammenhang, dass es keinerlei Anzeichen für eine Geschlechtertrennung im wissenschaftlichen Bereich

---

[13] Vgl. Lapidus, Ira M.: Muslim urban society in Mamlūk Syria. In: The Islamic City. Ed. by A. H. Hourani/ S. M. Stern. Oxford 1970, S. 195-205, S.204f.; ders.: Muslim Cities in the later Middle Ages. Cambridge 1967.
[14] S VIII 1.

gibt, etwa in der Form, dass Frauen für Frauen und Männer für Männer gelesen hätten, oder dass weibliche Gelehrte zu Hause lasen und männliche an öffentlichen Orten. Das Gegenteil ist reichlich belegt. Allerdings hat es auf bestimmten Gebieten gesonderte Unterweisung für Frauen gegeben. Ich werde am Ende eine Predigerin vorstellen, die im religiösen Recht auf Fragen spezialisiert war, die nur Frauen betrafen, wie zum Beispiel die Vorschriften der rituellen Reinheit nach Menstruation und Geburt.

Das Prüfungswesen war ebenfalls wenig formalisiert. Es bestand in der Vergabe einer so genannten iǧāza (Erlaubnis), ein Wort, das ich mit »Lehrbefugnis« wiedergegeben habe. Eine solche Lehrbefugnis wurde schriftlich erteilt und besagte, dass der Inhaber, die Inhaberin derselben autorisiert war, einen genau definierten Lehrstoff zu verbreiten. Dem ging eine Prüfung voraus; der betreffende Lehrstoff musste vor dem Professor oder der Professorin laut vorgetragen werden, bevor die iǧāza ausgestellt wurde. Dieses System hat im Laufe der Zeit eine Lockerung erfahren. Es wurde möglich und üblich, Lehrbefugnisse schriftlich zu erbitten, auch von Professoren, die man persönlich nicht gehört hatte, und das ist auch von angesehenen Gelehrten so gehandhabt worden. Schließlich kam es in Mode, dass Eltern schon für ihre neugeborenen Kinder, Jungen und Mädchen, Lehrbefugnisse erbaten, die auf diese Weise zu einem reinen Prestigeobjekt wurden. Damit war das Prüfungssystem im früheren Sinne jedoch keineswegs abgeschafft. Beide Verfahren bestanden nebeneinander und werden in den Biographien klar unterschieden. Das persönliche »Hören«, die Wissensvermittlung von Mund zu Mund, blieb nach wie vor von größter Bedeutung, und selbst die Präsenz als Kleinkind in der Vorlesung eines berühmten Gelehrten konnte für die spätere Karriere förderlich sein.

Die Bedeutung der Mündlichkeit in der Lehre spielt eine besondere Rolle im Bereich der Traditionswissenschaft, ein Gebiet, auf dem sich fast alle gelehrten und lehrenden Frauen profiliert haben. Hier lag für sie die größte Chance, Anerkennung zu finden und sogar berühmt zu werden. Die Berichte von den Aussprüchen und Handlungen des Propheten (Ḥadīṯ) wurden zunächst mündlich tradiert und später in kanonischen Sammlungen kodifiziert, nachdem sich eine differenzierte Wissenschaft entwickelt hatte, die um die Authentizität dieses Materials kritisch bemüht war. Vor allem prüfte man die Überliefererkette (isnād), die jeder Tradition beigegeben ist. Zum einen musste ihre Lückenlosigkeit nachgewiesen werden; daher waren die Lebensdaten der Tradenten von größter Wichtigkeit. Zum andern war die Vertrauenswürdigkeit, die moralische Unbe-

scholtenheit dieser Personen festzustellen. So erklärt sich u.a. der Tugendkatalog, die moralische Beurteilung, die wir am Ende vieler Biographien finden.
Eine Überliefererkette musste bis zum Propheten zurückreichen, und je kürzer sie war, desto höher galt die Tradition. So ist es begreiflich, dass man versuchte, Überlieferungen von möglichst bejahrten Tradenten zu übernehmen. As-Saḫāwī sagt in seinem autobiographischen Artikel[15] mit Stolz, dass es ihm gelungen sei, einige Traditionen zu übernehmen, deren Überliefererkette nur zehn Personen aufweise. Da ihn etwa 900 Jahre vom Propheten trennen, müssen die Tradenten alle 80-90jährig gewesen sein. Hierin lag eine besondere Chance für Frauen, Ansehen zu erlangen und Hörer selbst aus entfernten Gegenden anzuziehen. Zainab, deren Biographie zu Anfang zitiert worden ist, hatte danach als Zweijährige ihr Studium begonnen und war mit über 90 Jahren gestorben. Kein Wunder also, wenn wir im Rahmen dieses Systems denken, dass ihr die Hörer zuströmten. Es kommt hinzu, dass Frauen seit der Zeit des Propheten an dem Überlieferungsprozess beteiligt waren, oft in maßgeblicher Form. Schon die Ehefrauen Mohammeds hatten seine Aussprüche und Handlungen berichtet und galten in diesem Sinne als Autorität.[16] Insofern war die Lehrtätigkeit von Frauen im Bereich der Traditionswissenschaft religiös sanktioniert. Kein Theologe hätte es wagen können, ihnen auf diesem Gebiet die Kompetenz abzusprechen.

Allgemeine Angaben zu den gelehrten Frauen

Im Folgenden werde ich die Lebensumstände, den Bildungsweg und die Aktivitäten gelehrter Frauen in allgemeiner Form erörtern, soweit sie aus den Biographien abstrahiert werden können, und anschließend einige individuelle Frauen vorstellen. Ich beziehe mich dabei zunächst auf die erste der oben genannten Kategorien, die lehrenden Frauen, über die wir am besten informiert sind. Einige Punkte betreffen jedoch auch die zweite Kategorie, wie etwa die Frage des sozialen Hintergrundes. Alle Frauen gehören der städtischen Gesellschaft an und stammen aus der oberen Mittelschicht (upper middle class), und zwar aus einem Milieu, in dem ein intensives religiöses Interesse bestand.[17] Die Väter waren

---

[15] S VIII 1.
[16] Zur Rolle von Mohammeds Ehefrauen und anderer Frauen aus seiner Umgebung im Überlieferungsprozess vgl. Roded: Women in Islamic Biographical Collections (wie Anm. 4), S. 28ff.
[17] Die Angaben sind einer unveröffentlichten Magisterarbeit entnommen: Degand, Angela: Untersuchungen zu einer Geschichte der Frauenbildung im islamischen Spätmittelalter anhand des

zum großen Teil selbst Gelehrte, die an einer Moschee oder Madrasa unterrichteten. Manche amtierten als Qāḍī (Richter), oft in Verbindung mit einer Lehrtätigkeit. Es gibt auch Beamte im Staatsdienst und Kaufleute unter den Vätern, wobei es bezeichnend ist, dass sie in der Regel einem mystischen Orden angehörten oder neben ihrem Beruf religiöse Studien trieben. Es war eine Gelehrtenkultur von langer Tradition, in der die Ausbildung der Kinder, und zwar der Söhne und der Töchter, mit großer Sorgfalt überwacht wurde.

In der Frage der Elementarausbildung haben wir nur wenige explizite Angaben. Es ist anzunehmen, dass Mädchen zusammen mit ihren Brüdern unterrichtet wurden, doch kenne ich keinen Beleg dafür, dass ein Mädchen außerhalb des Hauses eine Koranschule besucht hätte. Der Unterricht bestand vor allem im Auswendiglernen des Korans und anderer Schriften, bedeutete also ein frühes Gedächtnistraining. Lesen und Schreiben gehörten nicht selbstverständlich dazu. Wenn eine Frau das erlernte oder sogar besondere Fertigkeit darin erlangte, zum Beispiel als Kalligraphin, wird es erwähnt. Die beiden Lexika, die ich zugrunde lege, bieten zudem reichlich Belege dafür, dass Mädchen schon in frühestem Alter an Vorlesungen teilnahmen. Der Fall der Zainab in der eingangs zitierten Biographie ist keine Ausnahme.[18] In einer Biographie heißt es zum Beispiel, dass ein Vater seine Tochter im Alter von sieben Monaten in eine Vorlesung mitnahm, deren Datum, der 16. März 1387, ebenfalls erwähnt ist.[19] Die Genauigkeit der Angabe wird verständlich, wenn man weiß, dass der betreffende Gelehrte bereits im folgenden Jahr gestorben ist. Da die Frau den Lehrstoff der Vorlesung später selbst vorzutragen pflegte, musste ihre Präsenz in seiner Vorlesung nachgewiesen werden, wenn auch als Kleinkind. Dies ist die jüngste »Studentin«, die ich in den Quellen gefunden habe.

Das letzte Beispiel führt uns zu einer Frage, die nicht nur für den Bildungsweg und die Bildungschancen von Frauen, sondern auch für ihre spätere Laufbahn von grundlegender Bedeutung ist. Welche Faktoren begünstigten die Mädchenbildung, und wodurch wurden Frauen motiviert, sich über die Elementarausbildung hinaus zu qualifizieren? Die Quellen geben darauf in vielen Fällen eine klare Antwort. In manchen Biographien wird ausdrücklich gesagt, dass sich der Vater intensiv um die Ausbildung seiner Tochter kümmerte, und zwar of-

---

12. Bandes von as-Saḫāwīs biographischem Lexikon »aḍ-Ḍau' al-lāmi' li-ahl al-qarn at-tāsi'«. Saarbrücken 1982.

[18] In 37 Biographien aus as-Saḫāwīs Frauenlexikon wird erwähnt, dass Mädchen unter fünf Jahren an Vorlesungen teilgenommen haben, davon 14 als Ein- oder Zweijährige.

[19] S XII 163.

fenbar schon von ihrem frühesten Alter an und nicht erst aufgrund einer hervortretenden Begabung. Neben dem Vater war es oft der Großvater, väterlicherseits oder mütterlicherseits, der seine Enkelin förderte, vor allem, wenn es sich um einen anerkannten Gelehrten handelte. Es gibt Fälle, in denen die Enkelin am Ende die einzige war, die noch Lehrbefugnisse für die Schriften des Großvaters besaß und sie tradierte.

Es ist demnach festzuhalten, dass es die männlichen Familienmitglieder waren, die für die Bildungschancen einer Frau eine besondere Rolle spielten. Zu diesen konnte im günstigen Fall auch der Ehemann gehören. Es war schon davon die Rede, dass Ibn Ḥaǧar seine Frau zur Gelehrten ausbilden ließ. As-Saḫāwī, der sie seit seiner Kindheit gut kannte, berichtet in ihrer Biographie, dass sie Unterricht bei Ibn Ḥaǧars eigenen Professoren erhielt. Sie wurde eine angesehene Gelehrte, die zu Lebzeiten ihres Mannes und nach seinem Tod Vorlesungen gehalten hat.[20] Er selbst hat seine Frau als Zwölfjährige geheiratet und ebenfalls versucht, sie zu fördern, das heißt, zum Besuch von Vorlesungen anzuhalten; allerdings ist aus ihr keine Gelehrte geworden.[21] Die Heirat konnte sich jedoch auch negativ auf die Karriere einer Frau auswirken. Ich werde am Ende die Biographie einer Frau vorlegen, die durch den Ehemann von ihren Bestrebungen abgehalten wurde.

Neben der Förderung durch männliche Familienmitglieder scheint als zweiter Faktor die Identifizierung mit weiblichen Leitbildern innerhalb der Familie von Bedeutung gewesen zu sein. In manchen Familien gab es über Generationen weibliche Gelehrte, und es heißt in einigen Biographien, dass ein Kind zunächst bei seiner Großmutter oder Tante studierte. Damit waren Vorbilder gegeben, mit denen sich ein Mädchen identifizieren, denen es nachstreben konnte. Als dritter und vielleicht wichtigster Faktor ist die religiöse Bedeutung der Studien zu nennen, in denen sich Frauen qualifizierten. Mit der religiösen Sanktion war eine gesellschaftliche Billigung und Akzeptanz verbunden, die sich motivierend auswirken musste.

Bevor einige Fragen zur Lehrtätigkeit von Frauen behandelt werden, gehe ich auf ihre familiäre Situation ein, über die wir in den Quellen oft ausführlich informiert werden, vor allem von as-Saḫāwī. Wie aus der Biographie der Zainab zu erfahren war, hat sie nicht geheiratet. Das ist jedoch eine seltene Ausnahme. Fast alle Frauen, über die eine Biographie vorliegt, waren verheiratet, zumeist

---

[20] S XII 55.
[21] S XII 895.

mehrfach, und hatten Kinder. Unter den 115 lehrenden Frauen, die as-Saḫāwī erwähnt, gibt es nur zwei, von denen es ausdrücklich heißt, sie hätten nicht geheiratet. Die eine hatte sich geweigert, die andere wurde durch ihren Bruder daran gehindert, der alle Bewerber abwies. Es galt zudem als ungewöhnlich, wenn eine Frau nach der Scheidung oder dem Tod des Ehemannes allein blieb, und wurde daher in ihrer Biographie erwähnt, wie auch der Fall, dass sie ihr Leben mit einem einzigen Mann verbrachte. Die Kinderzahl wird nicht immer genau angegeben, aber sie war im Durchschnitt sehr hoch, wie sich indirekt erschließen lässt. Aus alledem ist zu entnehmen, dass die gelehrten Frauen, im Rahmen ihrer Zeit, ein ganz normales Familienleben führten. Studium und Lehrtätigkeit waren keine Alternative zu Ehe und Mutterschaft, sondern in der Regel durchaus damit vereinbar.

Wenn wir versuchen, die äußeren Bedingungen der Lehrtätigkeit von Frauen aus den Biographien zu erschließen, dann stellt sich als erstes die Frage, von welchem Alter an sie in der Öffentlichkeit erscheinen und lehren durften. Die Frage ist bis heute umstritten. In der Fachliteratur findet man die Vorstellung, dass Frauen im Kindesalter, also bis zur Pubertät, und danach wieder mit dem Klimakterium im akademischen Leben präsent sein konnten, als Studierende oder Lehrende, und dass sie in der Zwischenzeit auf den privaten Raum im Sinne der islamischen Gesellschaftsordnung (s.o.) beschränkt waren und ihren familiären Pflichten nachkamen.[22] Ganz so kann es nicht gewesen sein. Es ist belegt, dass sie als Ehefrauen studierten, und außerdem war ein ständiges Gedächtnistraining notwendig, wenn jemand als Gelehrter oder Gelehrte Anerkennung finden wollte. Es ist richtig, dass Professorinnen, zu deren Vorlesungen man strömte, in der Regel bereits ein hohes Alter erreicht hatten, aber das gilt auch von ihren männlichen Kollegen. Ich halte es für wahrscheinlich, dass eine Frau zunächst im Kreis von Familie und Sippe lehrte, und dies möglicherweise schon in relativ jungen Jahren. Von einer Frau, die damals um die dreißig gewesen sein muss, wird berichtet, dass sie vor den Oberhäuptern ihrer Sippe eine Vorlesung hielt.[23] Das Ereignis war wichtig genug, um in ihre Biographie aufgenommen zu werden. Allmählich könnte sich dann ihr Hörerkreis erweitert und männliche Personen, die nicht zur Familie gehörten, eingeschlossen haben.

---

[22] Vgl. Sartain, Elizabeth Mary: Jalāl al-dīn al-Suyūṭī. Vol. I Biography and Background. Vol. II »Al-Taḥadduth binīʿmat allāh« (Edition). Cambridge 1975, I S. 126f. Vgl. dazu auch Berkey: The Transmission of knowledge in medieval Cairo (wie Anm. 11), S. 180.
[23] S XII 938.

Es war schon die Rede davon, dass Vorlesungen an verschiedenen Orten stattfinden konnten. In den Quellen wird kaum jemals angegeben, wo Frauen gelesen haben. Es ist jedoch anzunehmen, dass zumindest die berühmten Gelehrten, denen Hörer aus aller Welt zuströmten, außerhalb ihres Hauses Vorlesungen hielten. Allerdings werden wohl nur wenige soviel Zulauf gehabt haben, dass ihnen in einer Moschee oder Madrasa Raum zur Verfügung gestellt wurde. Mit Sicherheit lässt sich sagen, dass Frauen keine festen Positionen mit Gehalt einnehmen konnten. Sie lasen unentgeltlich oder nahmen von den Hörern eine freiwillige Studiengebühr an. Es gibt ein Beispiel dafür, dass eine Frau verarmt war und finanzielle Unterstützung durch ihre Studenten erhielt.[24] Man muss dabei berücksichtigen, dass Frauen nach islamischem Recht Anspruch auf Unterhalt durch ihre männlichen Familienmitglieder hatten, das heißt den Vater oder Ehemann. Insofern waren sie auf ein Gehalt nicht angewiesen. Es kann jedoch kein Zweifel sein, dass ihre Akzeptanz im akademischen Bereich auch oder vor allem auf diesem Umstand beruhte. Sie stellten im Kampf um Ämter und Macht, der in jener Zeit mit großer Heftigkeit geführt wurde, für ihre männlichen Kollegen keine Konkurrenz dar.

Ein weiterer Aspekt betrifft die äußeren Bedingungen ihrer Lehrtätigkeit. Waren besondere Vorschriften zu beachten, waren sie vielleicht durch einen Vorhang von ihren Hörern getrennt? Wir wissen darüber kaum etwas, da die Quellen keine Angaben machen. Vermutlich war es für die Zeitgenossen zu selbstverständlich, um erwähnt zu werden. Ich habe jedoch in einer Biographie einen Hinweis gefunden, der zur Klärung der Frage beitragen kann. Frauen mussten in der Öffentlichkeit einen Gesichtsschleier tragen und haben das auch während der Vorlesung getan, was nur sinnvoll ist, wenn sie offen sichtbar vor ihren Hörern lasen. Eine berühmte Gelehrte glaubte wegen ihres hohen Alters auf den Gesichtsschleier verzichten zu können, wie es der Koran erlaubt.[25] As-Saḫāwī, der zu ihren Schülern gehörte, rügt ihr Verhalten mit strengen Worten und erklärt, ihre Vorlesungen gemieden zu haben, bis sie zu Anstand und guter Sitte zurückkehrte.[26]

Wenn wir die Tätigkeit der lehrenden Frauen abschließend betrachten, dann stellt sich die Frage nach dem wissenschaftlichen Niveau ihrer Lehre im Vergleich zu der Leistung ihrer männlichen Kollegen. Sie ist ebenso umstritten wie

---

[24] S XII 807.
[25] Sure 24, Vers 60.
[26] S XII 807.

die nach dem Alter, in dem sie öffentlich tätig sein durften, und muss noch genauer untersucht werden. Ich beschränke mich daher auf wenige Bemerkungen. In der schon zitierten Arbeit von Sartain findet sich die Auffassung, Frauen hätten sich allein auf die Traditionswissenschaft spezialisieren können, in der es wesentlich auf ein gutes Gedächtnis ankommt, da ihnen »a good general education«[27] fehlte. Nun geht es in dieser Wissenschaft nicht nur um die Überlieferung, sondern auch um die Kommentierung von Traditionen; beide Verfahren werden terminologisch getrennt. Wir haben keinen klaren Hinweis darauf, in welcher Form die einzelnen Frauen lehrten. Es fällt jedoch auf, dass as-Saḫāwī mehrfach den scharfen Verstand von Frauen rühmt, bei denen er selbst gehört hat. Dieser konnte sich nur in der Diskussion und Kommentierung des Lehrstoffs manifestieren. Was die Allgemeinbildung angeht, die Frauen erhielten, so war sie nach meinem Eindruck in vielen Fällen erstaunlich (s.o.). Andererseits ist davon auszugehen, dass einige weibliche Gelehrte Analphabetinnen waren. Offenbar wurden Frauen auch nicht zu schriftlicher Produktion ermutigt. Wir kennen kein einziges Werk, das von einer Frau verfasst ist. Es bleiben auf diesem wenig erforschten Gebiet noch viele Fragen offen, so dass man mit Urteilen, positiven und negativen, vorsichtig sein muss.

Ich komme damit zur zweiten Kategorie gelehrter Frauen, die nur in Einzelfällen dokumentiert ist, was nach meiner Vermutung mehr mit den Verfassern der Lexika und deren Interessen als mit ihrer Repräsentanz in der mamlukischen Gesellschaft zu tun hat. Außerhalb des akademischen Bereichs gab es allerdings nur wenige Möglichkeiten für Frauen, Gelehrsamkeit öffentlich anzuwenden und dadurch soziales Ansehen zu erlangen. Ich kann aufgrund der Quellen nur zwei Berufe oder besser Tätigkeiten nennen, die von Frauen ausgeübt wurden: 1. Koranrezitatorin, 2. Predigerin für Frauen. Wie schon erwähnt, sind Frauen dieser Kategorie im Hinblick auf ihren sozialen Hintergrund und die Familiensituation den lehrenden Frauen durchaus vergleichbar. Auch hier kann das Interesse des Vaters an der Ausbildung der Tochter ausschlaggebend gewesen sein, wie sich aus der Biographie einer Koranrezitatorin ergibt (s.u.). Da es sich bei dieser zweiten Kategorie um Einzelfälle handelt, sind keine allgemeinen Schlüsse über Bildungsweg und berufliche Tätigkeit möglich. Jede Biographie muss für sich betrachtet und ausgewertet werden. Unter den folgenden Beispielen ist jedoch eine Koranrezitatorin und eine Predigerin, so dass sich zumindest für den individuellen Fall ein verlässliches Bild ergibt.

---

[27] Sartain: Jalāl al-dīn al-Suyūṭī (wie Anm. 22), S. 126.

Fallbeispiele

Bei der Auswahl der Biographien, die ich im Folgenden vorlege, war es mir darum zu tun, ein möglichst breites Spektrum zu gewinnen; daher habe ich Frauen ausgewählt, die sich nach Spezialisierung und Lebensumständen erheblich unterscheiden. Ich werde die Biographien zum Teil zitieren, zum Teil paraphrasieren oder zusammenfassen. Am Ende gebe ich jeweils einen kurzen Kommentar.

1. Die erste sehr ausführliche Biographie ist einer Gelehrten namens Umm Hāni' gewidmet, die in ihrer Zeit von ähnlicher Bedeutung und Berühmtheit war wie die zu Anfang genannte Zainab. Auch sie ist eine Professorin, bei der der Autor, in diesem Fall as-Saḫāwī, selbst studiert hat. In ihrer Genealogie, das ist ungewöhnlich, spielt die mütterliche Linie eine besondere Rolle. Sie wurde 1376 in Kairo geboren, als Enkelin eines berühmten Gelehrten und Qāḍīs. Dieser Großvater mütterlicherseits überwachte ihre Erziehung, nahm sie schon im Alter von sieben Jahren mit auf die Pilgerfahrt und ließ sie in Mekka bei bedeutenden Professoren Vorlesungen hören. Nach Kairo zurückgekehrt, setzte sie ihr Studium fort und erhielt Lehrbefugnisse von zwölf namentlich genannten Autoritäten. Wir erfahren über sie, dass sie schon als Kind den Koran auswendig gelernt hatte, ebenso ein juristisches Werk und eine Schrift zur arabischen Grammatik. Ihre Karriere machte sie jedoch als Professorin für Traditionswissenschaft, wobei sie insbesondere die Werke ihres Großvaters tradierte. Diese Frau war zweimal verheiratet. Sie hatte fünf Kinder von ihrem ersten Mann und zwei Kinder von dem zweiten. Das Ende der Biographie zitiere ich mit leichten Kürzungen im Wortlaut:

> »Sie war eine fromme, gütige Frau, leicht zu Tränen gerührt, wenn Gott und der Prophet erwähnt wurden. Sie hatte eine große Liebe zur Traditionswissenschaft und hielt die rituellen Pflichten genau ein. Dazu sprach sie ein reines klassisches Arabisch, schrieb ausgezeichnet und hatte ein feines Verständnis und eine natürliche Begabung für die Dichtkunst. Dreizehnmal machte sie die Pilgerfahrt und hielt sich mehrfach längere Zeit an den Heiligen Stätten auf. Im Alter erblindete sie, was sie mit großer Geduld ertrug, und wurde schließlich gelähmt (…) Sie starb am 10. Oktober 1466 [im Alter von etwa 90 Jahren also], als ich gerade in Mekka war, und wurde im Mausoleum ihres Großvaters (…) begraben. Möge Gott sich ihrer und unserer erbarmen.«[28]

Im Leben dieser Frau war die Rolle des Großvaters mütterlicherseits von entscheidender Bedeutung, wie wir gesehen haben. Anscheinend gab es keine

---
[28] S XII 980.

männlichen Nachkommen, die sein Werk hätten fortsetzen können. So ist es im übrigen auch zu erklären, dass Umm Hāni' das beträchtliche Vermögen des Großvaters erbte, allerdings erst nach einem langen Rechtsstreit, der in der Biographie erwähnt wird. Ihre Familienverhältnisse, die Zahl der Ehen und Kinder, sind als normal anzusehen. Es ist ein guter Durchschnitt, während die Ehelosigkeit der Zainab eine Ausnahme darstellt.

2. Die zweite Biographie, die ebenfalls aus dem Werk von as-Saḫāwī stammt, ist erheblich kürzer. Da die Frau keine Traditionsgelehrte war, hatte sie für den Autor eine geringere Bedeutung, und ihre Lebensdaten, zum Beispiel ihr Geburtsdatum, waren nicht von Interesse. Nach der Art, wie er über sie schreibt, ist jedoch anzunehmen, dass sie eine Zeitgenossin von ihm war, die er vielleicht sogar persönlich gekannt hat. Ihr Name ist Bairam, Tochter des Aḥmad ibn Masrūr, aus dem Ort Dairūṭ. Das Ende der Biographie zitiere ich mit geringen Kürzungen:

> »Ihr Vater war Koranrezitator und verkehrte unter den Rechtsgelehrten und in diesen Kreisen wuchs sie auf. Sie studierte die sieben Koranlesarten bei Šams ibn aṣ-Ṣā'iġ [ein berühmter Koranrezitator, R. J.] und vollendete das Studium bei seiner Tochter Fāṭima. Mit ihrem Vater reiste sie nach Jerusalem und studierte bei den dortigen Professoren. Sie predigte den Frauen und trug ihnen mehrere religiöse Schriften vor [vier Titel]. Durch Eigenlektüre erwarb sie sich außerdem die Kenntnis mehrerer Traditionswerke [drei Titel] und anderer Bücher. Sie reiste auch nach Mekka, Damiette und nach anderen Orten. Dann heiratete sie der Bürgermeister Aḥmad ibn Tarmīs und durch den Umgang mit ihm änderte sich ihre Lebensweise.«[29]

Da die Biographie kein Todesdatum angibt, war die Frau vermutlich noch am Leben, als sie verfasst wurde. Der letzte Satz enthält eine indirekte Kritik an dem Ehemann, der die Bestrebungen seiner Frau offenbar missbilligte. Bairam ist nicht im akademischen Bereich tätig gewesen, aber sie muss ohne Zweifel als Gelehrte gelten. Sie war eine anerkannte Spezialistin für Koranlesung, besaß juristische Kenntnisse und wandte diese Kenntnisse öffentlich an, indem sie Frauen belehrte. Von besonderem Interesse erscheint mir, dass sie Koranrezitation bei einer Frau studiert hat. Wir wissen nichts über diese Frau, aber die Tatsache lässt vermuten, dass mehr Frauen auf diesem Gebiet tätig waren, als bekannt ist. Bairam hat die beiden Berufe der Koranrezitatorin und der Predigerin miteinander verbunden. Leider habe ich keinen Hinweis darauf gefunden, ob das eine Ausnahme oder ein häufigerer Fall war. Im Übrigen zeugen die Reisen der Bairam von ihrer Initiative und Aktivität, ebenso das Selbststudium, von dem as-Saḫāwī berichtet. Über ihr Alter zur Zeit dieser Tätigkeiten und Aktivitäten

---

[29] S XII 79.

wissen wir nichts, aber da sie vor ihrer Heirat stattfanden, muss sie noch ziemlich jung gewesen sein. Sehr deutlich ist das Bedauern des Autors darüber, dass eine so motivierte und kenntnisreiche Frau durch die Ehe von ihren Bestrebungen abgehalten wurde. Ich schließe daraus, dass es normal gewesen wäre, wenn sie ihre beiden Berufe auch nach der Heirat weiter ausgeübt hätte.

3. Auch die folgende kurze Biographie, die aus dem Werk von Ibn Ḥağar stammt, ist einer Predigerin gewidmet. Ihr Tod fällt in das 14. Jahrhundert, aber ihre Lebenszeit reicht weit in das 13. Jahrhundert zurück. Ich zitiere sie fast vollständig:

»Fāṭima, Tochter des ʿAyyāš ibn Abū l-Fatḥ, aus Bagdad, (…) die Predigerin. Sie hatte ausgezeichnete Kenntnisse in der Rechtswissenschaft, so dass Ibn Taimiyya sie zu loben pflegte und sich über ihren Eifer und ihre Intelligenz wunderte. Die Frauen von Damaskus hatten großen Gewinn durch sie aufgrund der Wahrhaftigkeit ihrer Unterweisung und ihrer (beispielhaft) maßvollen Lebensweise. Dann siedelte sie nach Kairo über und auch dort hatten (die Frauen) Nutzen durch sie. Ihr Rang stieg und ihr Ruf verbreitete sich mehr und mehr. Zuvor hatte sie Recht bei Ibn Abī ʿUmar und anderen Gelehrten in Jerusalem studiert. Es gibt wenige Frauen ihresgleichen. Sie starb am 16. März 1315.«[30]

Die Tatsache, dass die Familienverhältnisse der Frau nicht erwähnt werden, darf uns nicht wundern. Sie war schon vor der Geburt von Ibn Ḥağar gestorben; vermutlich hatte er keine Kenntnisse über ihren Familienstand. Zudem erwähnt er im Gegensatz zu seinem Schüler as-Saḫāwī wenig Privates in den Biographien. Es ist anzunehmen, dass Fāṭima verheiratet war. Von Interesse sind die profunden Rechtskenntnisse dieser Frau und die Erwähnung des Ibn Taimiyya (1263-1328). Er war einer der bedeutendsten Juristen und Theologen seiner Zeit und für seine unnachsichtige Strenge berüchtigt. Sein Lob wiegt daher besonders schwer. Da es Frauen nicht erlaubt war, ein öffentliches Amt als Qāḍī auszuüben, kam es selten vor, dass sie ein Rechtsstudium absolvierten. Die Frage ist im Übrigen unter islamischen Theologen diskutiert worden, aber sie wurde zuungunsten der Frauen entschieden, wobei ein Hauptargument die koranische Aussage war, dass »die Männer über den Frauen stehen« (Sure 4, Vers 38). Man leitete daraus den Grundsatz ab, dass Frauen nicht über Männer richten dürften. Dennoch hat es einzelne Frauen gegeben, die zumindest befugt waren, Rechtsgutachten abzugeben. Allerdings sind nur vier Juristinnen mit dieser Qualifikation über die Jahrhunderte namentlich bekannt.[31] Fāṭima, die Frau, die einem Ibn

---

[30] IH III 566.
[31] Roded: Women in Islamic Biographical Collections (wie Anm. 4), S. 80ff. Vgl. auch Degand, Angela: »Wie im Prozess um einen Esel«. Geschlechterrollen in der islamischen juristischen

Taimiyya imponierte, hat ihre Rechtskenntnisse umgesetzt, indem sie Frauen unterwies. Wie Bairam ein Jahrhundert später, fällt sie unter die zweite Kategorie gelehrter Frauen, die ich genannt habe, Frauen also, die als Gelehrte anerkannt waren, deren Tätigkeit jedoch außerhalb des Hochschulwesens lag.

4. Die vierte Frau, die ich vorstellen möchte, ist ein Sonderfall. Man kann darüber streiten, ob sie als eine Gelehrte oder eher als eine vielseitig gebildete Frau zu bezeichnen ist. Sie ist allerdings früh gestorben, und es wäre aufgrund ihrer Ausbildung durchaus denkbar, dass sie später eine Lehrtätigkeit ausgeübt hätte. Ich zitiere ihre Biographie, die aus dem Werk von Ibn Ḥağar stammt, weil sie einige ungewöhnliche Elemente enthält und weil sich in diesem Fall die Präsenz von Frauen in der mamlukischen Gesellschaft gut belegen lässt.

> »Niḍār, Tochter des Scheichs Muḥammad ibn Yūsuf Abū Ḥayyān. Sie wurde im Januar 1303 geboren. Sie erhielt eine Lehrbefugnis von Abū Ğaʿfar ibn az-Zubair und man ließ sie Vorlesungen bei ad-Damyāṭī hören. Sie studierte bei mehreren Professoren von Kairo. Sie lernte eine Einführung in die Grammatik auswendig, war imstande zu lesen und zu schreiben, und hat für sich Aufzeichnungen gemacht und Gedichte verfasst. Ihre Kenntnisse im klassischen Arabisch waren so vorzüglich, dass ihr Vater zu sagen pflegte: ›Wäre doch ihr Bruder Ḥayyān wie sie!‹ Dann starb sie plötzlich im April 1330, und ihr Vater trauerte sehr um sie. Er verfasste ein sehr schönes Trauergedicht auf sie (...), das ich mit eigenen Augen in seiner Handschrift gesehen habe. Der Gelehrte al-Badr an-Nābulsī schrieb über sie: ›Sie war edelmütig, schrieb und sprach reines Arabisch, und war sittenrein und fromm.‹ Er fügte hinzu: ›In der Einhaltung der religiösen Pflichten und in der Kenntnis des Rechts übertraf sie viele Männer. Dazu besaß sie vollkommene Schönheit und feines Benehmen.‹«[32]

Bemerkenswert ist das hohe Ansehen dieser Frau in der Gesellschaft, obwohl sie schon mit 27 Jahren gestorben ist, ebenso der Vergleich mit Männern, der zu ihren Gunsten ausfällt. Auch zwei andere Punkte in ihrer Biographie sind ungewöhnlich. Sie hat selbst Aufzeichnungen gemacht, vielleicht sogar ein Werk verfasst. Das ist der einzige Beleg, den ich für schriftliche Produktivität von Frauen gefunden habe. Leider fehlt jede nähere Angabe. Das zweite ist das Lob ihrer Schönheit und der Feinheit ihres Benehmens. Die körperliche Schönheit wird sonst nur bei Frauen der mamlukischen Feudalschicht gerühmt, vielleicht deshalb, weil es sich dabei um ehemalige Sklavinnen handelte. Es wäre indiskret gewesen, das Aussehen von Frauen der religiösen Elite zu erwähnen. Aus dem Hinweis in der Biographie ist zu schließen, dass Niḍār trotz ihres jugendlichen Alters am gesellschaftlichen Leben teilgenommen hat. Wie viele der gelehrten

---

Literatur des 7./13. bis 9./15. Jahrhunderts. In: Jochen Martin/ Renate Zoepffel (Hg.): Aufgaben, Rollen und Räume von Frau und Mann. Freiburg, Br. 1989, S. 643-675, hier S. 667ff.
[32] IH IV 1081.

Frauen wurde sie besonders durch ihren Vater gefördert. Diese sehr enge Beziehung des Vaters zu seiner Tochter ist auch durch das Trauergedicht bezeugt, das er auf sie verfasst hat. Merkwürdig ist, dass ihre Heirat nicht erwähnt wird. Es ist fast undenkbar, dass eine Frau mit solchen Vorzügen nicht geheiratet hat. Möglicherweise hängt das Fehlen der Angabe mit Ibn Ḥaǧars Zurückhaltung im Hinblick auf familiäre Auskünfte zusammen. Sein Schüler as-Saḫāwī hätte den Fall vermutlich kommentiert, wie immer der Familienstand der Frau auch gewesen sein mag.

Die Teilnahme von Frauen an verschiedenen Formen der Geselligkeit, nicht nur im religiösen Bereich, wird auch durch die Biographie einer Dichterin aus as-Saḫāwīs Lexikon belegt.[33] Ich gehe nicht näher auf sie ein, da ich ihr eine gesonderte Studie widmen möchte. Zudem ist sie zwar eine hochgebildete, aber sicher keine gelehrte Frau gewesen. Nur eine Angabe scheint mir für unseren Zusammenhang von Bedeutung zu sein. Wir erfahren aus ihrer Biographie, dass sie ihre Gedichte selbst vorgetragen hat, und zwar offenbar in männlicher Gesellschaft, da sie mit Männern um die Wette Verse improvisierte. Zu diesem Zeitpunkt muss sie etwa im gleichen Alter gewesen sein wie die zuvor genannte Niḍār. Auch hier wird deutlich, dass die Auffassung, Frauen der Mamlukenzeit seien zwischen Pubertät und Klimakterium auf den familiären Bereich beschränkt gewesen, der Überprüfung bedarf.

Zusammenfassung

Abschließend nenne ich noch einmal die Punkte, die mir als Ergebnis der Quellenanalyse wichtig sind, und versuche, sie zu den gesellschaftlichen Verhältnissen der Mamlukenzeit in Beziehung zu setzen. Wie sich gezeigt hat, waren die Bildungschancen für Frauen der oberen Mittelschicht nicht ungünstig. Sie wurden häufig durch männliche Mitglieder der Familie gefördert und konnten bei entsprechender Begabung spezialisiertes Wissen erwerben und durch ihre Gelehrsamkeit Ansehen erlangen. Die informelle Organisation des Hochschulwesens ermöglichte es ihnen, zu studieren und später eine öffentliche Lehrtätigkeit auszuüben. Sie spielten eine wesentliche Rolle in der akademischen Wissensvermittlung, wenn auch quantitativ in geringerem Umfang als Männer. Ferner hatten sie außerhalb des Hochschulwesens, durch Spezialisierung auf

---

[33] XII 674.

Gebiete wie religiöses Recht und Koranrezitation, weitere Möglichkeiten für eine öffentliche Tätigkeit. Ihre Aktivitäten waren in der Regel verbunden mit Ehe und Familie. Ehelosigkeit stellt eine seltene Ausnahme dar.

Dieser Quellenbefund ergibt ein positives Bild und widerlegt bestehende Vorurteile; er bedarf jedoch der Relativierung. Frauen hatten keinen Zugang zu Positionen, die mit Geld und Macht verbunden waren, und stellten insofern auch keine Konkurrenz für ihre männlichen Kollegen dar. Das hat ihre Akzeptanz ohne Zweifel erleichtert. Es hat allerdings Frauen gegeben, die im administrativen Bereich, zum Beispiel als Verwalterin einer Madrasa, öffentlich tätig waren, doch hatte das weniger mit Gelehrsamkeit zu tun als mit Besitz und familiärer Herkunft. Die Verwaltung einer privaten Stiftung (waqf)[34] lag gewöhnlich in den Händen der Familie des Stifters. Es fällt weiterhin auf, dass wir keine Werke besitzen, die von Frauen verfasst wurden. Das hat in der Forschung zu der Auffassung geführt, die Lehrtätigkeit von Frauen beruhe nur auf Gedächtnisleistung und sei auf die unkommentierte Wiedergabe von Lehrstoff beschränkt gewesen. Die Art, wie as-Saḫāwī über manche seiner eigenen Professorinnen spricht, hat jedoch ein anderes Bild ergeben. Zumindest einige der lehrenden Frauen haben ihren Lehrstoff kommentiert, mit den Hörern diskutiert und dabei Intelligenz und Scharfsinn bewiesen.

Das Phänomen der gelehrten Frauen lässt sich in den historischen Quellen bis in das 11. Jahrhundert zurückverfolgen, doch sind immer nur Einzelfälle belegt.[35] Der Eindruck, dass ihre Zahl in der Mamlukenzeit erheblich zugenommen hat, mag zum Teil mit den beiden Werken zusammenhängen, die ich ausgewertet habe. Erst seit dem 14. Jahrhundert gibt es Lexika, in denen ein Autor seine Zeitgenossen biographisch erfasst. Dadurch wurden viele Personen aufgenommen, die späteren Historikern vermutlich nicht mehr bekannt gewesen wären. Dennoch scheinen die Bildungschancen für Frauen in der Mamlukenzeit besonders günstig gewesen zu sein, ebenso ihre Möglichkeit, im öffentlichen Raum zu wirken. Ich werde abschließend einige Faktoren nennen, die man vielleicht zur Erklärung heranziehen kann, ohne den Anspruch, damit eine hinreichende Begründung zu bieten.

Die Mamluken stellen eine nichtarabische Fremdherrschaft dar, eine türkische und später tscherkessische Herrenschicht, die das Machtmonopol besaß,

---

[34] Zum Stiftungswesen im Islam vgl. den Artikel »Wakf« in: EI XI, S. 59.
[35] Vgl. Nègre, Arlette: Les Femmes savantes chez Ḏahabī. In: Bulletin d'Études Orientales 30 (1978), S. 119-126, hier S. 123.

wenn auch jeweils nur in der ersten Generation. Ihre Nachkommen hatten keinen Zugang zur Macht und haben sich zum Teil mit der arabisch-islamischen Kultur identifiziert und Frauen der religiösen Elite geheiratet. Es blieb jedoch eine Spannung zwischen den Türkisch sprechenden Militärs, die sich aus eingeführten Sklaven immer wieder neu rekrutierten, und der arabischen Oberschicht, die ihr Prestige auf andere als militärische und materielle Vorzüge gründete, und zwar auf die eigene, religiös geprägte Gelehrtenkultur. Gelehrsamkeit war »kulturelles Kapital«, das der politischen und materiellen Überlegenheit der Mamluken entgegengestellt werden konnte.

Hier nun waren auch die Frauen der Familie offenbar ein nicht unwesentlicher Faktor. Der Stolz auf weibliche Gelehrte, der in den Biographien zum Ausdruck kommt, und die Sorgfalt, die Väter auf die Ausbildung ihrer Töchter verwendeten, scheint das zu belegen.[36] In diesem Zusammenhang ist zudem an die hohe Kindersterblichkeit im Spätmittelalter zu denken. Im 15. Jahrhundert brach etwa alle zehn Jahre eine Pestepidemie aus, der besonders Kinder zum Opfer fielen, aber auch davon abgesehen überlebten nur wenige Kinder die Säuglingsjahre. So wissen wir zum Beispiel aus der Biographie von as-Saḫāwīs Ehefrau,[37] dass er mehr als zehn Kinder hatte, die alle starben. Unter diesen Bedingungen gewannen Töchter ohne Zweifel an Bedeutung. Es kam nicht selten vor, dass nur eine Tochter oder Enkelin am Leben war, um die Familientradition fortzusetzen. Auch darin lag eine Chance für Frauen der Epoche. Man muss zudem einen Faktor berücksichtigen, der nicht hoch genug einzuschätzen ist, die Religion. Sie durchdringt das soziale Leben in allen Bereichen und ist der Wertmaßstab schlechthin, an dem das Verhalten eines Menschen gemessen wird. Fast alle Aktivitäten von Frauen in der Öffentlichkeit, von denen die Rede war, haben religiöse Bedeutung und mussten daher als verdienstlich gelten.

Zu alledem kommt ein Moment hinzu, das in den Biographien, die ich präsentiert habe, deutlich spürbar ist. Ich meine die Achtung, die man Frauen in der Mamlukenzeit entgegenbrachte, zumindest in den Gesellschaftskreisen, mit denen wir es hier zu tun haben. Es liegt mir fern, zu idealisieren. Von Gleichberechtigung oder Chancengleichheit kann keine Rede sein. Selbst bei frauenfreundlichen Bemerkungen wird die Hierarchie vorausgesetzt und ist sogar ge-

---

[36] Dieser positive Eindruck findet in den theoretischen Schriften des islamischen Mittelalters jedoch keine Entsprechung. Vgl. Gil'adi, Avner: Children of Islam. Concepts of Childhood in medieval Muslim society. Oxford 1992. Der Autor stellt fest, dass alle Angaben über Kindererziehung unausgesprochen auf das männliche Kind bezogen sind (S. 32f.).

[37] S XII 895.

rade dort besonders spürbar. Dennoch ist unverkennbar, dass Frauen im religiösen und im intellektuellen Sinne ernst genommen und nach Verdienst gewürdigt wurden. Das spricht für die Gesellschaft der Zeit und für den Islam, der eine solche Haltung begünstigt, wenn er im rechten Geist interpretiert und gelebt wird.

Über die Autorinnen

Eva Cescutti, Dr. phil.; Studium der Klassischen Philologie und Vergleichenden Literaturwissenschaft in Innsbruck, Padua und Wien; Promotion 1995; Post-Doc-Stationen an den Universitäten Wien und München; wissenschaftliche Mitarbeiterin des IFK Internationales Forschungszentrum Kulturwissenschaften, Wien; Publikationen u.a.: Hrotsvit und die Männer: Konstruktionen von »Männlichkeit« und »Weiblichkeit« in der lateinischen Literatur im Umfeld der Ottonen. Eine Fallstudie. München 1998; gemeinsam mit Marlen Bidwell-Steiner u.a. (Hg.): The »Querelle des femmes« in the Romania. Wien 2002.

Annette Fulda, Studium der Musikwissenschaft an den Universitäten Freiburg im Breisgau und Basel; Diplom Bibliothekswesen Fachhochschule Hannover 1993; Bibliothekarin u.a. bei der Niedersächsischen Landesbibliothek Hannover und dem Institut für Ethik und Geschichte der Medizin der Universität Göttingen; M.A. Geschichte Universität Hannover 2003; Forschungsschwerpunkt: Sozialpolitik im Kaiserreich.

Katherine R. Goodman, Dr. phil.; Associate Professor für Germanistik an der Brown University, Providence, Rhode Island, USA; Publikationen: Women's Autobiography in Germany 1890-1914; Herausgeberin zusammen mit Edith Waldstein von: In the Shadow of Olympus. German Women Writers Around 1800 und Bettina von Arnim, zusammen mit Elke Frederiksen: Gender and Politics, Aufsätze zu R. Varnhagen, J. Schopenhauer, C. von Stein u.a.

Michaela Hohkamp, Dr. phil.; Studium der Geschichte, Soziologie und Politikwissenschaften in Göttingen; mehrjährige Beschäftigung am Max-Planck-Institut für Geschichte. Seit 1995 am Friedrich-Meinecke-Institut der Freien Universität Berlin. Forschungsgebiet: Politische Geschichte der Frühen Neuzeit aus kulturwissenschaftlicher Perspektive. Schwerpunkte: Verwandtschaft und Herrschaft, Geschlechtergeschichte, Landesgeschichte.

Renate Jacobi, Prof. Dr. (Islamwissenschaft und Arabistik); Promotion an der Universität Tübingen 1963; Habilitation Universität Saarbrücken 1970; Lehrtätigkeit an der Universität Saarbrücken 1971-1994; Lehrstuhlvertretung an der Freien Universität Berlin 1994-2000; Honorarprofessorin der Freien Universität Berlin seit 2001; Forschungsgebiet: Arabische Literatur des Mittelalters (Dichtung, Biographik).

Gabriele Jancke, Dr. phil.; wissenschaftliche Mitarbeiterin für Geschichte der Frühen Neuzeit/Geschlechtergeschichte an der Freien Universität Berlin; Forschungsgebiete: Selbstzeugnisse in transkultureller Perspektive, jüdische Geschichte, Frauenklöster, Patronage, Gastfreundschaft; Publikationen u.a.: Autobiographie als soziale Praxis. Beziehungskonzepte in Selbstzeugnissen des 15. und 16. Jahrhunderts im deutschsprachigen Raum. Köln u.a. 2002.

Gertrude Langer-Ostrawsky, Dr. phil.; Studium der Wirtschafts- und Sozialgeschichte an der Universität Wien; Absolventin des Instituts für Österreichische Geschichtsforschung (MAS); Archivarin im Niederösterreichischen Landesarchiv; Universitäts-Lektorin am Institut für Wirtschafts- und Sozialgeschichte der Universität Wien; Forschungsgebiete: Geschlechter-und Rechtsgeschichte, NS-Euthanasie.

Gisela Mettele, PD Dr. phil.; wissenschaftliche Mitarbeiterin des Forschungsprojekts »Stadt und Bürgertum im 19. Jahrhundert«, Universität Frankfurt am Main 1989-1994; seit 1994 Mitarbeiterin am Lehrstuhl für Wirtschafts- und Sozialgeschichte der Technischen Universität Chemnitz; Habilitation »Wanderer zwischen den Welten. Die Herrnhuter Brüdergemeine als internationale Gemeinschaft 1760-1857«.

Monika Mommertz, Dr. phil.; wissenschaftliche Mitarbeiterin an der Humboldt-Universität zu Berlin; Studium in Berlin und Barcelona; Promotion am Europäischen Hochschulinstitut Florenz, Universität Wien und Martin-Luther-Universität Halle-Wittenberg; Berlin-Brandenburgische Akademie der Wissenschaften, Max-Planck-Institut für Wissenschaftsgeschichte, DFG; Publikationen: ländliche Gesellschaft, Theorie und Methoden der Geschichtswissenschaft, Geschlechter-, Kriminalitäts-, Wissenschafts- und Bildungsgeschichte.

Cornelia Niekus Moore, Professorin für Deutsch und Niederländisch und Dekanin an der Universität Hawaii; Emeritierung 1999; Forschung in Berkeley und Wolfenbüttel (Herzog-August-Bibliothek); Forschungsgebiete u.a.: Literatur von und für Frauen, deutsche Leichenpredigtbiographie als Teil der Gattung »life writing«.

Karin Schmidt-Kohberg, M.A. in Tübingen 1997; wissenschaftliche Mitarbeiterin an der Universität Trier im Projekt »Mädchenerziehung und Frauenbildung« bei Prof. Helga Schnabel-Schüle 1997-2000; Stipendium der Landesgraduiertenförderung Rheinland-Pfalz 2000-2002; Publikationen u.a.: »...und hat sich selbsten ... an ein Strickhalfter hingehenckt ...« Selbstmord im Herzogtum Württemberg im 17. und 18. Jahrhundert. In: Johannes Dillinger (Hg.): Zauberer – Selbstmörder – Schatzsucher. Trier 2003, S. 113-220.

Jutta Schwarzkopf, PD Dr. phil.; Privatdozentin am Historischen Seminar der Universität Hannover; Lehrstuhlvertretung am Institut für Sozial- und Wirtschaftsgeschichte der Universität Hamburg; Forschungsgebiete: Zusammenhang von Geschlechts- und Klassenformation sowie Konstruktion des Geschlechts im Arbeitsprozess in Großbritannien im 19. Jahrhundert, Zusammenhang von Geschlecht, Sexualität und Gelehrsamkeit im elisabethanischen England.

Elena Taddei, Dr. phil.; Vertragsassistentin am Institut für Geschichte, Abteilung Neuzeit der Leopold-Franzens-Universität Innsbruck; Forschungsgebiete: Renaissance- und Reformationszeit, Frauengeschichte, Religions- und Konfessionsgeschichte.